谨以此书献给我敬爱的吴章法教授。

"北京大学普惠金融与法律监管研究基地"系列丛书

中国普惠金融
实践经验与市场化改革

顾　雷　著

中国金融出版社

责任编辑：肖丽敏　赵晨子
责任校对：刘　明
责任印制：陈晓川

图书在版编目（CIP）数据

中国普惠金融实践经验与市场化改革/顾雷著. —北京：中国金融出版社，2023.5

ISBN 978 - 7 - 5220 - 1949 - 9

Ⅰ.①中…　Ⅱ.①顾…　Ⅲ.①金融支持—经验—中国②金融市场—市场改革—研究—中国　Ⅳ.①F832.0②F832.5

中国国家版本馆 CIP 数据核字（2023）第 047505 号

中国普惠金融实践经验与市场化改革
ZHONGGUO PUHUI JINRONG SHIJIAN JINGYAN YU SHICHANGHUA GAIGE

出版
发行　**中国金融出版社**

社址　北京市丰台区益泽路 2 号
市场开发部　（010）66024766，63805472，63439533（传真）
网 上 书 店　www.cfph.cn
　　　　　　（010）66024766，63372837（传真）
读者服务部　（010）66070833，62568380
邮编　100071
经销　新华书店
印刷　北京九州迅驰传媒文化有限公司
尺寸　169 毫米 ×239 毫米
印张　24.75
字数　336 千
版次　2023 年 5 月第 1 版
印次　2023 年 5 月第 1 次印刷
定价　96.00 元
ISBN 978 - 7 - 5220 - 1949 - 9
如出现印装错误本社负责调换　联系电话（010）63263947

总　序

　　2005 年我国引入普惠金融，聚焦欠发达和贫困地区，帮助低收入群体，加大金融资源倾斜力度，推动各类金融机构提升精准扶贫和服务乡村及小微企业，为我国服务小微实体经济和取得脱贫攻坚全面胜利贡献了值得称赞的力量。

　　普惠金融，主要是指立足机会平等和公平正义要求及商业可持续原则，以可负担的成本为遭到传统金融排斥的且有金融需求的社会各阶层的"长尾客户"提供适当、有效的金融服务，小微企业、农民、城镇低收入人群等弱势群体成为重点服务对象。近年来，国家已将普惠金融摆到国家战略地位，但社会上对普惠金融的定位一直存在着它与扶贫、慈善孰优孰劣，以及与传统商业金融有何差异的争论，其核心之一就是对普惠金融利率的高与低存在不同观点。

　　孟德斯鸠在两千年前就说过："有商业的地方，便有美德。"虽然我国传统社会自古以来都本能地痛恨商人，无论是《论语》还是《道德经》，认为商人基本都是唯利是图的，"无商不奸"的形象根深蒂固，似乎这样才符合传统社会对商人的印象。于是，就出现了这样的怪象，人们在享受着发达商业社会所带来的便利和体验着从未有过的富足安逸生活的同时，却经常轻视商业和责备商人。

今天，这种误解依然在普惠金融领域流传。人们对扶贫慈善似乎更能理解和接受，而对那些借钱给低收入人群并收取一定利息的商人却依然鄙视。但是，我们只要对普惠金融和公益慈善稍加对比分析，就不难发现二者各有其应有的功能和作用。破除人们对普惠金融的误解，用利率趋低普惠金融服务社会低收入人群，为全社会提供及时、可得、有效和安全的金融服务是何等的必要。

有人认为，对于低收入人群更应该发放扶贫资金或者慈善款项，而不是施以具有一定利率的普惠金融信贷。要厘清这个问题，首先需要搞清楚金融活动与扶贫慈善的本质区别。从本质上讲，一切金融活动归根结底是以金融消费者为核心展开的，最终由金融消费者决定市场走向。作为以盈利为目的的金融机构，必须满足金融市场的各种消费需求。因此，在商业模式下，金融机构会时时刻刻关注消费者各种各样、变化多端的金融需求，并随之调整业务模式和经营方式，提供相应的金融产品和金融服务，这时的金融消费者才真正受到重视。而社会民间的扶贫或公益慈善是免费提供的，从事扶贫或公益慈善更多的是为了满足自我道德需求，或者是为了实现既定的某种理想情怀，以此获得精神满足，其行动方式的设计通常是以道德标准为中心展开的。所以，两者价值观差异直接反映在对客户或者金融消费者的服务动机、理念的不同上，并由此带来行为方式的差异。慈善行为无法做到真正的可持续发展，往往是在阶段中产生，在相持中消失，而金融行为可以长久坚持发展，真正做到持续存在，并在商业化发展中不断壮大。

其次，虽然慈善家或公益机构想帮助低收入人群，但人的需求是无限的，而满足无限需求的手段、资源都是有限的。这种矛盾和窘境是必然的，加上缺少定价这一至关重要的市场信号，不可避免地掺杂着很多人为的不确定因素，导致资金供给和市场需求脱节，服务对象和资金流向背离，所以，这种慈善帮助在一定程度上是效率低下和短暂的。

最后，由于缺乏市场渠道，金融消费者很难提出自己的真实资金要求。

一方面，得到了扶贫资金或者慈善款项，这在道德上已经不允许受惠者再提出更多要求；另一方面，由于受惠者无所失而有所得，不清楚自己更迫切的要求是什么，很难对自己免费得到的钱款有更多珍惜之情，发生挥霍和浪费也并不意外。比如，你送他 10 万元，他很高兴地接受了，但他可能花费在普通消费上，而根本不知道该如何用 10 万元来摆脱贫困，最糟糕的是他可能会认为这是理所应当的事情。"有付出才会珍惜"，免费获得的东西更容易造成无谓的浪费，正可谓"授之以鱼，不如授之以渔"。如果免费发放的物资的实际成本高昂且数量稀缺，就更会导致慈善行为难以为继。

普惠金融较之纯粹的公益扶贫或慈善事业，最大的优势在于普惠金融具有自动扩张资金资源的特色，这是公益扶贫或慈善事业无法比拟的。因为公益慈善不能为自身的扩展提供必要的资源。比如，办一家公益性的扶贫机构，所需投放经费较少，但如果将这个扶贫机构推广到全国，需要投放的资金将成十倍、百倍地增加，庞大的资金来源可能无法解决。加之没有利润和价格优势，扶贫机构主要依靠精神凝聚力，缺乏自我扩张的能力，在更多情况下是处于不稳定状态的。

另外，也有不少业内人士有不同于扶贫或慈善的强烈商业化主张。他们认为，既然普惠金融的本质是金融，就必须按照市场化方式运作，无关善恶；既然是普惠金融，就应该供需双方随行就市确定利率，不论高低。但我认为这样的观点并不全面。要搞明白这个问题，必须对利率趋低的普惠金融功能做一些分析。普惠金融应该贯彻实施保本微利、可持续发展的原则，这是它与传统商业金融的差别所在。

如果交易成本过于高昂，付出的边际成本过于庞大，那么，任何使用收益到最后都可能是负相的，难以确保金融消费者最有效地使用这种稀缺资源。更为重要的是，金融机构提高利率虽然可以增加收益，但对金融消费者来说，成本高于收益，负担重于承受，很难获得生活中最有价值的财富，尤其对低收入群体并不公平，非但不能远离贫困，反而会陷入更深的贫困之中，不能真正地改善生活状态。

如何平衡两者的关系？我认为，利率趋低的普惠金融可以解决这一矛盾。利率趋低是指既区别于捐赠慈善的无偿性，又区别于以追求高利润为目标的商业金融，兼顾供求双方利益，以实现普惠金融的保本微利和可持续发展特征的一种利率。

利率趋低的普惠金融是一种能够把资金效用最大化的资源配置方式，特别是在数字化时代，金融机构可以借助大数据、云计算，为金融消费者提供边际成本较低的金融产品，这极大地改善了消费者的整体福利，为小微企业、个体工商户和低收入人群提供廉价、快速、高效的金融服务，纾解小微企业融资难、融资贵的困局，使金融服务覆盖面逐步扩大，优质金融产品供给不断丰富，使民营企业、小微企业、个体工商户、"三农"机构、小作坊、"双创"组织等都能及时获得宝贵有效的资金支持。最关键的是，利率趋低的普惠金融在提供有偿服务的同时，能够获得适当的收益，能够积攒起自身的资源储备，让可持续地减缓和摆脱贫困与金融科技能力完美结合。如果换成高利率，这些机构和个人未必能承受得起高昂的利息负担，而且更容易产生二次借贷，借新债偿还旧贷款，从此进入"以贷养贷"的恶性循环。

我们不能忽视普惠金融服务的对象是低收入群体这一重要特征，这也是普惠金融与传统商业化金融的最大区别。因为普惠金融服务的对象是低收入群体，而传统金融只是针对普通社会群体和机构，不存在任何特殊照顾，商业规则当然是畅通无阻的。特惠金融和财政补贴由于有了政府特殊性的资金支持，并不属于普惠金融范畴，或者说只是"普惠"的文字表达，并不是金融学意义上的普惠金融。例如，2021 年中国银保监会、国家网信办、教育部、公安部、中国人民银行五部门联合下发《关于进一步规范大学生互联网消费贷款监督管理工作的通知》，禁止小贷公司对大学生发放互联网消费贷款、非持牌机构对大学生放贷，不得针对大学生群体精准营销，不得向放贷机构推送引流大学生。这就是针对大学生这个特定对象提出的限制性法令。

由此可见，服务对象是十分重要的表征，也是普惠金融区别于传统金融、特惠金融和财政补贴的一个最大区别，决定了普惠金融利率的走向只能是趋低，不能向高，否则，资金就无法顺畅地流向这些特殊群体，金融促进实体经济就成了一句空话。

利率趋低的普惠金融最适合社会低收入群体，因为他们拥有的资金很少，最需要有效率的普惠金融资源，既不是可能低效、均等的扶贫慈善，更不是利率畸高的高利贷投机。只有在利率趋低的普惠金融下，社会低收入群体才不会陷入"扶贫扶贫，越扶越贫"的恶性循环，打通金融服务实体经济的"毛细血管"，真正实现支持小微客户发展、推动就业、提升税收收入、刺激消费的目标。这就是普惠金融应该遵循保本微利、可持续发展原则的意义所在。

总之，普惠金融拥有市场化、便利性高和灵活性强特点，无论是在产品结构还是产品体验上均与传统的信贷产品有较大的区别。毫无疑问，普惠金融是我国信贷体系的重要工具之一，不仅是传统信贷体系的有益补充，也可以促进形成多层次、广覆盖、可持续和高质量的信贷体系，助力供给侧结构性改革。例如，对不同的金融服务对象，可以通过客户数据的不断积累，对个人信贷、小微企业、大中型企业提供不同利率的金融信贷。显然，这些不同层次的信贷体系需要不同的利率结构，如果金融市场中只有高利率，只存在一元结构，绝对无法满足不同经济结构人群、不同所有制形态企业的不同需求。

北京大学普惠金融与法律监管研究基地经过多年的潜心研究，秉持利率趋低普惠金融为学术理念，坚持普惠金融应该成为最好的可持续性公益金融的观点，提出普惠金融不是慈善，可以有利率，但普惠金融供给方不应该成为榨取社会低收入群体的高利贷，利率应该趋低而不能走高的观点。有利于弱势群体、利率趋低的可持续发展应该成为中国普惠金融的标签，这是深刻剖析普惠金融在当今社会扮演的金融扶持弱势群体角色以后的一种体验。

今天，北京大学普惠金融与法律监管研究基地将近年来研究普惠金融和法律监管的学术成果编撰成册，形成"北京大学普惠金融与法律监管研究基地"系列丛书，尤其是在普惠金融监管方面，对近年来普惠金融领域涌现的联合贷款、助贷、小额信贷等创新业务进行了详细分析，还对社会大众普遍关心的非法集资行为"非法性"、非法放贷入刑尺度、小贷公司定罪反思以及网贷P2P查禁问题进行了深入解析，全面评估各种创新业务的风险所在，提出了监管依据、监管原则和监管建议，有利于我国金融机构、互联网金融平台、金融科技公司以及金融中介防控风险，帮助监管部门更合理地开展金融监管，提高城镇市民阶层、农村农户以及社会大众识别违法犯罪行为的能力。当然，系列丛书中的某些观点并不成熟，还需要在普惠金融市场中不断得到验证。作为一部学术著作，当然可以有争论、探究之处，但是，在普遍追捧效益第一、利益至上的数字经济时代，利率趋低的普惠金融是一个替社会低收入群体说话的金融理念，是一个兼顾经济效益和社会平等的公平观点，也是一份可取的学术爱心，值得肯定。

是为序。

中国社科院农村发展研究所研究员

中国小额信贷联盟理事长

杜晓山

2021 年 3 月 30 日

序

　　市场化改革是普惠金融发展壮大的重要阶段，也是实现公平与效率相统一的必经之路。我国普惠金融在经历前期爆发式增长后，逐步进入了平稳发展阶段。随着金融科技的不断迭代更新，推动了银行、互金平台、小贷公司、金融科技企业、第三方支付机构、融资担保公司等普惠金融业务合作不断深入，普惠金融的新模式、新业态不断涌现。在客户触达、远程开户、智能风控、线上支付、网络转账方面提供更加简单、方便和快捷服务，从风险分担机制、抵押担保条件、个人增信、支付结算程序上勇于创新、精于实践，不断优化市场体系、产品体系和风控体系，形成成本可负担、商业可持续的长效发展机制，有序推进数字普惠金融发展，聚焦社会责任投资，补齐中小微企业、新型农业经营主体直接融资短板，解决小额信贷使用不足、效率不高问题，发挥商业性、普惠型、合作化金融作用，将互金平台与金融机构融合起来，形成资金方与助贷机构优势互补，进一步扩大信贷业务广度和深度，加强普惠金融服务供给，促进小额信贷资金流向"三农"机构、个体工商户等弱势群体，有效解决中小微企业融资难、融资贵问题。

　　近年来，我国消费金融公司借助大数据、云计算、人工智能等金融科技技术，不断创新业务模式、产品和服务方式，为市场提供了多样化、个性化的消费金融服务，刺激了居民消费，推动了消费市场的复苏，促进了国内经济发展，构建了灵活便捷的消费金融服务生态圈。与此同时，通过大数据、生物识别等数字化科技手段，推广精准画像、智能推介等新模式，使多元场景下为"千人千面"用户画像成为可能，满足了青少年、残疾人、妇女以及老年群体的特殊需求，解决了不同地域、不同群体消费偏好与消费习惯差异的问题，让更多的社会低收入人群开启新生活、提升幸福感。

增加消费金融供给是扩大内需、促进消费复苏的主要措施之一。如何保障消费金融的健康稳定发展一直是政界和学术界关注的焦点，消费金融研究涉及社会学、心理学、营销学、行为学等多学科理论。然而，当前对消费金融的研究并未形成体系，对下沉市场如何拉动消费、消费金融资金来源等问题需要进行系统理论梳理。对此，《中国普惠金融实践经验与市场化改革》针对消费金融数量与价格关系、风险成本与数据成本替代关系以及提前消费与延迟消费矛盾问题进行深入探讨，在如何创新消费金融融资机制、扩大服务主体、丰富消费金融产品、完善征信体系等方面提出了建设性意见，并对未来消费金融发展趋势作出了前瞻性的预测，为构建中国特色的消费金融体系提供了重要的实践经验和理论依据。

针对当前社会关注的小微企业、城市低收入群体和农户在助贷业务中遇到的问题，作者从现实困境、市场价值与监管策略三个方面进行了深入解析，诠释了合作主体（助贷机构）与金融机构在小额信贷发放过程中业务逻辑，并对助贷业务"断直连"做了重新评估，特别是对网络借贷 P2P 非法集资行为非法性、危害性以及风险防范问题进行了案例梳理，全面评估网络借贷各种风险所在，提出了本土化监管依据、监管原则和监管建议，不仅有益于我国金融机构、互金平台、金融科技公司以及金融中介机构防控风险，也有利于提高城镇市民阶层、农村农户以及社会大众识别违法行为和防范金融风险能力。另外，作者还对金融科技伦理问题进行了深入剖析，提出了本土化金融科技伦理规则、评估制度以及审查原则，从科技创新角度分析"能做什么"，从伦理道德层面阐述"该做什么"，探寻个人信息保护与合理使用的新模式，实现数据的可用不可见，建设多方共治的金融科技伦理体系，引导社会资本向 ESG 水平较高的企业倾斜。

当然，书中某些观点尚不成熟，还需要在普惠金融市场中不断验证，比如，新书虽然对 ESG 普惠价值与社会责任进行了深入探讨，但缺少本土化的实证案例加以佐证，这对国内企业环境保护和金融融合的说服力稍显不够。当前我国社会责任投资（ESG）正在从边缘经济试验转化为主流经济模式，越来越多的金融机构、企业、社会组织都在参与推动社会责任投资实践，读者需要真实的本土案例，普惠金融市场需要一种融合传统文化和道德伦理的金融科技（FinTech），更需要一种能够代表中国特色的社会责任投资，而不仅仅停留在影响力驱动的口号层面。

毋庸讳言，引进的社会责任投资是"舶来品"，虽然个别部分有助于我国企业履行社会责任，但其环境测评、社会标准、公司治理评价体系并不完全适合中国企业。令人遗憾的是，直接套用西方国家社会责任投资体系的声音在当前国内市场依然不绝于耳。

在全球化碳达峰进程中，我国可以借鉴各国经济组织在社会责任投资发展过程中的成功经验，但绝对不能盲目照搬照抄西方国家现成模式和固有体系。虽然我国社会责任投资是全球社会责任投资的组成部分，但我们更应该构建属于我们自己的社会责任投资体系。我国经济发展存在城乡差别、地区差别、东西部地区经济生态发展不平衡的特点，决定了我国社会责任投资与西方标准的评估标准、认证体系以及数据指标之间存在巨大差异，必须构建一套符合我国国情的 ESG 投资体系。与此同时，我们要积极参与到全球的社会投资体系建设中，向全世界展示中国智慧和方案，贡献中国力量，掌握话语权，并承担起促进人类命运共同体可持续发展的大国使命。我们要鼓励发展本国第三方数据验证机构或渠道，发展培育本土化社会责任投资评级机构，让本国企业更容易接受评估系统，建立稳定的国内外互动机制，积极引入和吸收国外先进经验，构建中国特色的社会责任投资体系。

作为一部学术专著，《中国普惠金融实践经验与市场化改革》汇聚了顾雷博士从事普惠金融理论研究以来的思考，对我国普惠金融市场面临的一系列问题给出了自己的回答，折射出一名学者对新时代金融市场化的思考，更是对普惠金融市场经验教训的总结。近年来，顾雷博士开始有针对性地撰写了中国普惠金融系列丛书，从《中国普惠金融创新业务与监管初探》(2021)、《中国普惠金融数字化转型与合规发展》（2022）到《中国普惠金融实践经验与市场化改革》（2023），基本上已经形成了对中国普惠金融发展与改革过程中的理论梳理和案例总结，内容十分丰富，论述比较全面，建议基本合理。这是一份可取的学术关注，值得鼓励和肯定。

借此出版之际，我希望新书不仅能对中国普惠金融创新实践起到推动作用，探索出一条更有成效的市场化改革之路，还能对国内普惠金融监管有所借鉴和参考，在市场创新和法律监管之间相互促进，互利共赢，传递出普惠金融与金融科技激情碰撞之声，共同推动我国普惠金融市场有序、健康发展，在互联网时代市场改革中发挥出越来越重要的作用。

是为序。

中关村金融科技产业发展联盟秘书长

中关村互联网金融研究院院长

刘勇

2023 年 2 月 14 日北京融汇国际大厦

前　言

今天，普惠金融在我国已经取得了长足进步。世界银行 2018 年发布的《全球普惠金融指数报告》显示：中国普惠金融指标大部分排在发展中国家前列，尤其是数字普惠金融处于世界领先地位，远远超过美国、英国等西方国家。中国人民银行发布的《中国普惠金融指标分析报告（2021 年）》显示：截至 2021 年 12 月 31 日，我国普惠小微贷款余额为 19.23 万亿元，同比增长 27.3%，增速比上年末低 3 个百分点；全年增加 4.13 万亿元，同比多增 6083 亿元。全国支农再贷款余额为 4967 亿元，支小再贷款余额为 12351 亿元，扶贫再贷款余额为 1750 亿元，再贴现余额为 5903 亿元。国务院发布的《关于金融工作情况的报告》显示：2022 年 1 月至 9 月（第三季度末），我国各类金融机构共支持银行发行小微企业专项金融债券 2255.1 亿元、"三农"专项金融债券 214.2 亿元。同时，我国人均拥有的银行账户数和持卡量均处于发展中国家领先水平，全国人均持有银行卡 6.4 张。乡镇银行业金融机构覆盖率为 94.6%，行政村金融服务覆盖率为 99.2%，全国小微企业贷款余额为 35.63 万亿元，普惠金融法律框架更加健全，金融消费权益保护力度不断加大。

但是，普惠金融市场依然存在较大风险，最典型的就是 P2P 借贷平台事件，造成对金融市场的巨大冲击。P2P 的本意是"点对点借贷"（Peer－to－

Peer Lending），即 P2P 平台作为信息中介，直接建立出借人与借款人的桥梁，简单、高效地提供资金撮合服务。2007 年，我国第一家 P2P 网贷平台拍拍贷建立。仅 6 年之后，P2P 网贷就开始出现全面危机，被监管机构紧急清理整顿，最后全部叫停。究其原因，很多 P2P 网贷机构表面上为中小微企业和个人提供便利性贷款，但实际上摒弃了以信用为基础的固有金融逻辑，暗地从事信用中介，充当影子银行，放高利贷，从事投机、超利贷款、非法自融以及暴力催收成为 P2P 网贷平台的主要业务。在这些网络借贷平台上，既没有合理的风险抵御机制，也缺乏有效的个人征信信息，因此，更多的 P2P 网贷平台是凭借高位利率对借贷人无情收割。于是，一个普惠金融创新模式被一批拜金主义的高利贷者一步步推向了深渊。事实证明，P2P 在我国普惠金融市场创新上走了一条弯路，至少不是一条正常发展之路，产生了巨大负面影响。

今天，我们清醒地认识到，任何金融创新和科技实验带来服务方式的变化，不可能改变金融风险的本质。网络科技只是数字化创新的一种手段，不能跨越金融规则，必须接受金融风险的存在，承认金融固有本质。

那么，什么是金融本质？什么又是金融风险？我们认为，金融风险与金融本质是一回事，不过是一个事物的两个方面。金融的本质就是金融风险的驱离。安全是金融的前提条件，也是金融作为高风险行业的基本规则。如果因创新而忽视了安全，最后我们将一事无成。从当前网络科技应用来看，网络科技作为金融业提质增效的一种数字化手段，能拓展金融服务边界、提升金融风险防范能力，但不能作为金融业获取利益的最终目的。只有具备清醒的认识，遵循"政府推动＋市场调控＋法规约束"模式，金融科技才能增强金融服务效率以及拓宽金融机构的发展空间，其中当然包括网络借贷。

大家有没有想过，所有创新活动、所有评估依据、所有营销手段、所有信贷目的究竟是为赚钱牟利，还是为老百姓提供安全可靠的金融服务？如果是前者，可以不择手段，投机取巧，不必在意金融风险，只要赚得盆满钵满就算赢家；如果是后者，必须控制金融风险，必须关注民意，必须保障财产安全，只有百姓满意才是胜利。

有的国家金融机构以盈利为核心，开展普惠金融的主要原因是贡献80%利润的传统金融领域竞争持续加剧，而过去被忽略的20%部分仍存在利润空间，服务长尾客户依然可以获取巨额利润。于是，追求超额利润成为西方社会普惠金融的唯一目的。而我国发展普惠金融的根本目的是站在人民群众的根本利益角度，在追求商业价值的同时，兼顾社会价值和企业责任，秉持普惠金融改革成果由全体人民共享。

如果仅仅把独具创新、数字统领、突破传统放在首位，强调商业价值、行业价值和机构价值，最终社会价值也会变得一文不值，最终劳动人民更将变得无足轻重，迟早会出现鸡飞蛋打的被动局面。最典型的例子就是P2P网络借贷。我国P2P网贷无疑是一次不折不扣的失败实验，带来的是一场值得我们铭记的惨痛教训。从P2P没落到金融科技崛起，我们需要明白一个客观规律：作为一个高风险行业，普惠金融始终需要立足安全，需要法律保障，需要高度自律，警惕每一个潜在风险。只有吸取网络借贷平台的失败教训，提高风险意识，才能开启今后网络借贷健康发展之路。

首先，相对于传统金融服务形式，普惠金融开展制度创新、服务创新和产品创新，探索符合不同地区特点的普惠金融发展路径，让每一个人都有可能获得金融服务。普惠金融更是一种责任，坚持以人民为中心的服务宗旨，聚焦传统金融机构服务不到的客户群体，向小微企业、个体工商户、农户、下岗失业人员、临时就业者、社会中低收入者、相对贫困人口提供可得的金融服务，在秉持可持续发展原则下，强调机会平等、市场平等、服务平等，无论穷人还是富人，每个人都有平等获得金融服务的权利，并且一个都不少。

我国普惠金融主张减少社会贫富差距，建立因病因灾返贫致贫的长效普惠机制，针对特困人员、低保对象、低保边缘户以及当地返贫致贫人口、脱贫不稳定户、因病因灾因意外事故等特定人群给予必要资金帮助，提高普惠金融返贫施救效能，为社会财富合理分配提供可得的金融支持，帮助全国低收入群体迈入中等收入行列，增加城乡居民获得财产性收入的机会，贴近民生需求，鼓励大众自主创新，支持农民工返乡创业，让更多农民工、新市民、临时就业者分享城市的金融资源和社区福利，融入城镇社区新生活，巩固脱贫攻坚成果，实现共同富裕。又如，践行"金融为民"初心使命，以"小信贷、大事业"为目标，让金融机构可以接触到更广泛的人群，让更多居民在家门口就能办理银行账户查询、小额存取款、转账、代缴费用等基础金融业务，还能办理电子银行、聚合支付、信用卡等延伸金融服务，让城镇和乡村居民都能分享到改革红利，合理平滑消费，提升普惠金融服务覆盖率、可得性和满意度，更好地满足全国各地人民群众多样化的金融要求。当然，普惠金融也不是慈善和救助，为了实现普惠金融长久发展，必须进行市场化改革，保证商业盈利和社会责任的内在统一，保证企业价值与市场公平的相互协调，成为以市场规律为基础的一种可持续的商业模式。

其次，普惠金融必须尊重市场风险，树立与"风险共进退"理念，只能契合共进，不可分割独处。在我国普惠金融发展过程中，存在对普惠金融领会不深、认识不清的两种倾向：一是基于自身经济利益的考虑，不愿意提供真正的普惠金融服务，甚至鼓吹普惠金融只是把过去被传统金融排斥的社会低收入群体或弱势群体包含进来的一种小额信贷，普惠金融并不存在惠及民众责任。这种错误的认识十分有害，迎合了投机主义者口味，让高利贷者可以借助普惠金融名义进行非法集资、高利放贷找到借口。这种利己主义借口只能导致更多的社会弱势群体面临更惨烈的盘剥，更多的社会底层金融消费者遭受更大的利益损失。二是错误地把普惠金融理解为扶贫工程，或者当成慈善公益行为，低估市场风险，大多数借款人、投资者风险意识不足，盲目投资，盲目借贷，采用降低信贷标准等方式盲目开展普惠金融，忽视了普惠金融发展过程中的风险问题。

再次，普惠金融必须与绿色金融、科创金融、供应链金融等融合发展，不可单打独斗。从普惠金融整体发展来看，不仅要解决低收入人群资金缺乏问题，更需要从供应链角度理解。当前，我国普惠金融发展滞后的主要原因在于金融供应链与产业链缺乏有效协同。以金融产品设计环节为例，目前，我国金融市场既缺少适合社会低收入人群的信贷产品，也缺少小微经济组织创新型信贷产品；在营销获客环节，缺少线上和线下全渠道触达个人的精准化金融服务模式；在风险定价环节，缺少初创经济组织的无抵（质）押风险控制评估系统，还缺乏居民个人信用信息体系，导致金融产品缺失严重，供应链金融经常发生断链。这能说是社会低收入人群手头资金多少的一个问题吗？

我国普惠金融落后的根源不在于我们手中资金的缺乏，而在于金融供应链与产业链缺乏协同，产业链、公司治理、社会基础设施也都存在不同程度的落后，从而直接影响资金流、信息流和数据流交互，最终制约普惠金融发展的广度、深度。比如，农村小额信贷服务只能解决农户手头一点资金借贷问题，无法解决农产品在"种""养""运""卖"等生产环节和流通环节资金失配问题。

从全局性视角来看，供应链金融各个元素相互渗透、彼此交融，共同发挥着市场配置信贷资源作用，拓宽了科技型融资渠道，逐渐将金融资源融入中小微企业、"双创"组织、"三农"机构、农村新型经济组织以及城镇家庭经营户的生产、分配、流通、消费多个环节。否则，单一的资金纾困作用是微不足道的，也是无法真正推动乡村振兴的。

最后，必须健全普惠金融制度性安排，巩固法律在金融市场中的统治地位。我国普惠金融尚未形成健全的金融风险控制体系，为此，我们必须秉持安全发展观，牢固树立底线思维，把握好推进普惠金融发展和防范金融风险的动态平衡，审慎监管和行为监管双管齐下，坚决守住不发生系统性金融风险的底线，构建起普惠金融监管框架，诸如"两权"抵押相关法律制度的制定，对互联网保险机构、小额贷款公司、典当行、商业保理企业等的监管规制落实完善，贯彻负责任金融理念，让金融机构、金融监管者和金融消费者"三主体"担负起各自责任，反对形式主义，杜绝教条主义，共同打造好金融教育、金融机构自律管理和金融消费者保护监管"三支柱"，帮助广大人民群众学金融、用金融、信金融，切实保护金融消费者长远利益。

本书对近年来普惠金融领域涌现的消费金融、助贷、P2P 借贷平台领域出现的问题进行了总结，尤其对 P2P 借贷平台的兴衰跌宕进行了分析和总结，帮助找出问题所在，前覆后戒，帮助金融消费者提高防范金融市场风险能力。我国太多的 P2P 借贷平台表面上是信息中介，暗地里却干着放贷收息的勾当，成为不折不扣的"影子银行"。显然，这样的 P2P 借贷平台背离了信息中介定位，承诺担保增信、错配资金池等延伸业务，已由信息中介异化为类银行信用中介。这是危险的业务行为，也是有害的创新行为，直接违背了《网络借贷信息中介机构业务活动管理暂行办法》规定的"不得非法吸收公众资金"红线，引发了互联网市场的重大震荡和金融消费者巨大的经济损失。这其中的经验和教训值得我们认真总结。

本书对社会责任投资（ESG）问题进行了梳理，引导市场资金向 ESG 水平较高的企业倾斜，激励国有企业积极参与环境保护、社会责任和行动，积极创新绿色金融产品和业务，推动绿色低碳的乡村振兴建设，形成资本发展与绿色转型发展的良性循环。本书提倡社会责任投资理念与普惠金融发展之间的融合，鼓励绿色环保和绿色金融产品创新，发展可交易的 ESG 金融产品，从公益发展成为可持续金融产品交易，产生规模化和流动性，实现可持续发展理念的金融属性。

本书还对社会大众普遍关心的金融科技伦理问题进行了深入解析，评估各种创新业务的风险所在，提出了本土化的金融科技伦理规则、评估制度以及审查原则，防范道德风险。近年来，我国科技创新快速发展，越来越多的前沿探索闯入"无人区"，面临的科技伦理挑战也日益增多。虽然说数字技术本身没有善恶之分，一旦失控或被居心叵测之人利用就会产生难以预料的危害。为此，我们倡导科技向善，在产品理念中注入伦理价值，释放内在的商业价值，才能帮助到老弱社群解决痛点，回馈社会。

当然，伦理在某种程度上是舶来品。西方社会有着悠久的宗教传统，伦理规范一直是宗教和社会生活的精神支柱。中国传统的儒家伦理仅仅解决人伦与社会秩序问题，而建制化科技是近代工业化产物，不可能从儒家理论中分化出符合现代科技伦理观念的元素。显然，我们没有与此相对应的实践经验，可资借用的传统文化资源也不多见，在科技伦理上存在先天不足。同时，中国社会变迁大多处于低水平重复状态，新型制度安排、新型文化创新在历代朝代的组合重生并不多见，更多的是遵循先例，缺少对于至善的一种形而向上的思考，很难推导出伦理规范的革命性变迁。显然，我们原有的传统道德、伦理规范可能跟不上数字化时代变化，致使伦理空白随处可见。更为遗憾的是，我国教育体制中缺少伦理教化和训练，导致我国科技人员对于科技伦理的认识与知识储备不足。这就意味着，科技行业迅猛发展的同时，一部分科研人员在利益诱导下，冒险主义抬头，机会主义发酵，不计后果开展缺乏责任的科技冒险活动，在一个缺乏必要科技伦理制约市场中"大展拳脚"，产生了大量的前所未有的法律后果、社会后果和经济后果，往往就是在中饱私囊之后，少数违规者留给大多数金融消费者后患无穷的风险和不测。

从这个意义上讲，一个没有规则的市场是混乱的，必然成为唯利是图投机商的一个冒险乐园；一个缺乏伦理的科技是危险的，必定沦为野蛮狂妄独角兽的一处杀戮场所。

今天，作为新兴的伦理子领域，金融科技伦理在研究的整个链条上存在诸多空白，时刻面临伦理失范的危险。我们应该对互联网金融科技人员进行科技伦理的熏陶、培育与反思，通过规范化前提与认知性要素的结合，牢记创新业务在各个环节上的伦理边界，秉持金融科技追求至善的终极目标，保证金融科技全过程始终置于伦理光照之下，保证每一位金融消费者内心的幸福感和安全感。

目　录

第一章
消费金融的发展与改进

消费金融在我国的发展相对来说比较晚。由于消费金融的研究涉及各个学科的多个方面，包括经济学、金融学、社会学、心理学、营销学、行为学等，目前我国还没有形成较为系统和完善的研究系统，但金融市场高潮迭起，不断涌现出消费金融的改革和创新之举。其中是否符合金融市场规范？是否真正有利于金融消费者权益？这些问题都需要深入研究、探讨和改进。

第一节　消费金融的概念、特征和类型

一、消费金融的概念和特征

（一）基本概念与业务范围

1. 消费金融

消费金融（Consumer Finance，CF）是最近几年才引入我国市场的一个新概念。广义的"消费金融"指的是与消费行为关系密切的金融活动的总体称呼。狭义的"消费金融"指的是居民对于商品的需求专门提供的金融服务。国外的学者对于消费金融的含义界定是从消费主体而不是服务主体出发的，他们认为消费金融本质上依旧是一种金融行为，是个人或者家庭这样的消费者进行的消费或者储蓄理财的金融活动。

一般来讲，消费金融是一种现代金融服务方式，是指以消费为目的的贷款服务，用来满足用户日常消费的借贷需求。根据是否依托于场景、放贷资金是否会直接划入消费场景中，消费金融业务又分为消费贷和现金贷。今天，为了满足居民个人和家庭对于某一产品或者某一服务的需求而提供的包括储蓄、借贷和进行支付的相关金融服务都可以视为消费金融，但在我国理论界，仅仅把消费金融纳入经济学和金融学的研究范围之内，并没有形成系统研究。消费金融大多被理解为为境内居民个人提供消费贷款的现代金融服务方式，学术界对于消费金融这一概念并没有一个明确共识，存在不少争论和主张。

2. 消费金融公司业务范围

消费金融公司是指由中国银保监会批准、在境内设立的，不吸收公众存款（可以吸收股东境内子公司和境内股东的存款），以小额、分散为原则，向我国境内居民个人提供以消费为目的贷款的非银行金融机构。这里的消费贷款不包括购买房屋和汽车信贷，借款人贷款余额最高不得超过人民币 20 万元。

我国消费金融公司名称中必须含有"消费金融"二字。成立消费金融公司可以吸纳股东子公司存款，部分可以发行金融债券，部分具备资质的消费金融机构还可以进行同业融资、二级资本债、正常类信贷资产收益权转让业务，部分可以发行 ABS 等，但不可以吸收社会公众存款。因此，消费金融公司资产负债结构和银行整体相似，属于重资产、重资本机构，商业银行一般为 93%～95%，消费金融公司则一般为 80%～90%，资产负债率也相差无几。因此，如果未经批准，任何机构不得在名称中使用"消费金融"字样。

消费金融公司业务范围包括发放个人消费贷款，接受股东境内子公司及境内股东的存款，向境内金融机构借款，经批准发行金融债券（包括发行 ABS 等），境内同业拆借，与消费金融相关的咨询、代理业务，代理销售与消费贷款相关的保险产品，固定收益类证券投资业务等。消费金融公司在规模扩大后可以申请发债或向银行借款，具有单笔授信额度小、审批速度快、无须抵押担保、服务方式灵活、贷款期限短等独特优势。我国消费金融体系结构如表 1-1 所示。

表 1-1　我国消费金融体系结构

种类	消费贷款	消费储蓄	支付系统
机构主体	银行、汽车金融公司、小贷公司、消费金融公司等	政府、银行、商业机构	银行、金融支付机构、商业机构
产品及服务	教育、旅游、餐饮、耐用消费品等	公交、美容、餐饮、商城购物等	网上银行、第三方支付、银行 APP、银行卡等
支付方式	信用卡、公务卡	购物卡、电话卡、礼品卡、一卡通、提货券	POS/EPOS 机、互联网终端、ATM、手机和电话

资料来源：根据公开资料整理。

（二）消费金融理论解释

国外最早研究消费金融和消费信贷的是美国经济学家埃德温·R. A. 塞利格曼（Edwin R. A. Seligman），在《分期付款经济学》中，他指出了消费信贷对于经济的促进作用，并预测消费金融产业的发展趋势。塞利格曼（Seligman）将生产和消费归于更大的范畴——效用。如果通过借贷的消费是有助于消费者健康和幸福的，那么这种消费就和生产一样，增加了社会的总效用。从这个意义上说，消费与生产没有本质区别，消费信贷也将消费与生产放在了同等的道德水平上。

1930 年，美国经济学家欧文·费雪（Irving Fisher）在其著作《利息理论》中分析了消费对于当期收入和未来收入的影响，并揭示了消费行为与个人总财富之间的关系，首次给利率理论奠定一个完整的分析架构。费雪（Fisher）从代际均衡和最优角度，对投资和消费的关系进行了重新梳理，认为投资是消费的代际权衡，消费也可看作是投资的代际权衡。投资和消费是一个硬币的两面，二而一，一而二。费雪（Fisher）为利率决定提供了一个明确的供求分析架构。他认为"消费耐心和投资机会之间是均衡的"，社会里总有人愿意推迟消费，将资源转借他人投资或消费，获得收入流，以便未来享受更高水平消费。消费信贷的需求是居民愿意进行跨期消费的资源合理配置的衍生品。

1936 年，英国人约翰·梅纳德·凯恩斯（John Maynard Keynes）在《就业、利息和货币通论》中表示，收入水平对于消费起到决定性因素，同时受到其他因素的影响。收入水平的高低决定居民的消费需求。当收入达到一定高度之后，由于边际消费倾向递减会引起消费需求不足。因此，凯恩斯主义的政策建议是政府应该加大对于经济的宏观调控，刺激消费和投资，比如，采取赤字财政政策和膨胀性的货币政策来扩大政府开支，降低利息率，增加投资，以提高有效需求，实现充分就业，从而刺激消费。

1949 年，詹姆斯·杜森贝里（James Stemble Duesenberry）认为消费取决于人们的相对收入，而不是实际收入，人们的消费容易随着收入增加而提高，但收入下降时消费下降有限，这被称为相对收入消费理论，同时他认为储蓄是为了未来，而消费是社会进行竞争的一种方式。通过竞争，多余下来的收入才放到储蓄里，表现出消费对于经济周期稳定的作用。

1957 年，美国著名经济学家米尔顿·弗里德曼（Milton Friedman）[①] 于 1956 年提出了"持久收入假定理论"，认为居民收入可以分为"一时收入"和"持久收入"两个层面。消费者的消费支出不是由他的现期收入决定的，而是由他的持久收入决定的。也就是说，理性的消费者为了实现效应最大化，不是根据现期的暂时性收入，而是根据长期中能保持的收入水平，即持久收入水平来作出消费决策的。人们可以预见到的可获得的长久性收入被称为"持久收入"。比如，存在银行中的存款、购买的国债、保本理财等稳定的且利息就是可预见的"持久收入"。一般情况下，居民消费水平是与"持久收入"成正比的。因此，"持久收入"就是提前消费的一种方式，是消费者在预估自己"持久收入"之后，通过银行将未来的需求提前至即期的一种方式。这种生命周期与消费水平相关性就是消费金融的最初理论。

1958 年，杰克·赫舒拉发（J. Hirshleifer）、嘉斯特（Juster L. T.）和沙耶（Shay R. P.）在欧文·费雪（Irving Fisher）的基础上进行了更深入研究，他们认为消费者在选择耐用消费品的最佳跨期消费模式时，产生了对金融支持的需求。

1962 年，摩根（Morgan）等提出消费决策影响收入假说的消费理论。摩根（Morgan）与戴维（Davy）合著的《美国的收入和福利》一书中指出，消费者往往是先决定购买，然后才设法从各种来源中去寻找收入，以至于一定

---

① 米尔顿·弗里德曼（Milton Friedman，1912 年 7 月 31 日至 2006 年 11 月 16 日），美国著名经济学家，芝加哥大学教授、芝加哥经济学派领军人物、货币学派的代表人物，主张自由放任资本主义而闻名。弗里德曼被誉为 20 世纪最具影响力的经济学家之一，研究宏观经济学、微观经济学、经济史、统计学。1976 年他荣获诺贝尔经济学奖，以表扬他在消费分析、货币供应理论的贡献。

时期的消费支出会超过收入。他们认为消费者往往先选择消费，然后根据消费水平决定所需要的收入，并去实现收入，而消费信贷业务正好为消费者提供了先消费的机会。

1966 年，弗兰科·莫迪利安尼（Franco Modigliani）等的生命周期假说认为居民会将整个生命周期中所赚取的财富平均分配到生命的每一个阶段进行消费，即每个居民的消费额是固定的，独立于持久收入和当期收入。

1976 年，罗伯特·J. 巴罗（Robert J. Barro）以抵押价值合约双方的非对称性为依据，探讨了利率和抵押品之间的关系。巴罗认为，居民不会将政府发行公债融资看作是幸运的意外收获，他们宁愿将一部分收入储蓄起来以支付未来税收负担，因此消费需求不会上升，更不会出现消费支出的乘数效应。

1981 年，约瑟夫·E. 斯蒂格利茨（Joseph E. Stiglitz）分析了信息不对称对于市场的影响，指出了银行风险的来源主要在于高息揽存和高抵押门槛，同时指出了银行利润降低的原因所在。

2002 年，亚历西亚（Alesie）、霍赫居特尔（Hochguertel）和伟伯（Weber）分析了消费信贷与利率的关系，指出在利率水平受到限制的情况下，不同类型贷款的构成会发生变化。2003 年，克鲁克（Crook）在美日德法等国消费信贷问题的研究中发现，消费者获得信贷的可能性与年龄关系密切。

通过以上理论我们可以知道，消费者为保持消费水平，在收入或储蓄不足时需要提前支出未来的收入，从而产生消费借贷行为，这为消费金融的发展提升了空间。世界各国对消费金融有着不同理解。美联储界定的消费金融是家庭金融的一部分，特指家庭收入成长模式、家庭资产分布和负债来源状况。美国联邦存款保险公司认定的消费金融，是指消费信贷，包括房屋抵押贷款、房屋净值贷款、信用卡以及其他个人信贷。美国银行家协会界定的消费金融，是指银行消费贷款，主要包括直接性汽车贷款、非直接性汽车贷款、房屋净值贷款、房屋改建修缮贷款、游船贷款、休闲车贷款、移动房屋贷款和个人普通贷款。

（三）相邻消费贷结构对比

1. 小贷公司：杠杆最多仅能放大到 4 倍

2020 年 9 月 7 日，中国银保监会发布《关于加强小额贷款公司监督管理的通知》（银保监办发〔2020〕86 号），明确小额贷款公司通过银行借款、股东借款等非标准化融资形式融入资金的余额不得超过其净资产的 1 倍；通过发行债券、资产证券化产品等标准化债权类资产形式融入资金的余额不得超过其净资产的 4 倍。

2020 年 11 月 2 日，中国银保监会和中国人民银行联合发布《网络小额贷款业务管理暂行办法（征求意见稿）》，其中就有对经营网贷业务的小贷公司其通过非标准化融资形式（如银行借款和股东借款）融入的资金余额、标准化债券类资产形式（发行债券和资产证券化产品）融入的资金余额分别不得超过其净资产的 1 倍和 4 倍的限制。因此，在市场实践中，小贷公司的杠杆率实际上最多有 4 倍杠杆资金在消费金融领域里使用。

2. 消费金融公司：杠杆可达 10 倍

目前，持牌的消费金融公司放贷规模可以达到净资产的 10 倍，即杠杆可以放大到 10 倍。如果再通过资产证券化等形式，杠杆还可以进一步放大，远远超过小贷公司的 5 倍。在小贷公司受到约束以及消费信贷领域严监管态势持续的情况下，消费金融公司作为持牌金融机构的性价比在不断提升。

需要注意的是，由于持牌消费金融公司主要是通过信用下沉、三方合作、银行提供资金等模式完成，在资本补充和资金来源方面不如银行直接和充足，业务难以快速上量，需要借助银行、股东、互联网金融等第三方力量来解决资金、场景和流量的困境。这意味着持牌消费金融公司资产质量可能会比较差，资金成本较高，其资产端的收益诉求也会比较高，这是值得关注的。

（四）消费金融公司种类划分

当前，我国消费金融公司基本上分为三类，即银行系、产业系和互联网系。

1. 银行系消费金融公司发起人股东主要是商业银行

银行系消费金融公司具有天然资金优势，可获取较低成本的资金，同时，消费金融公司贷款额度小、手续简单、审批速度快、产品和服务定制化的特点，弥补了传统商业银行的不足，再加上银行自身的风险控制体系，容易实现盈利。目前主要代表有招联消费金融、中银消费金融等公司。

银行系消费金融模式主要包括以下几种：

（1）控股或参股持牌消费金融公司。例如，中国银行是中银消费金融的股东，招商银行是招联消费金融的股东。①

（2）与互联网电商平台合作。例如，中国建设银行与土巴兔合作推出装修贷，中信银行与小红书联合建立的小红卡，有效整合线上线下资源，扩展金融消费场景。

（3）自主推出信贷产品。例如，用理财持牌质押申请消费贷款。商业银行利用庞大的客户基础和客户数据，为客户提供多样化、个性化的消费金融服务。

（4）打造自己的电商平台。例如，中国工商银行的"融 e 购"、招商银行的"掌上生活"等平台借助商业银行线下网点资源多的优势，打破地域限制，聚集线上流量，提供形式多样的消费金融服务。

---

① 中银消费金融有限公司成立于 2010 年 6 月，是经中国银保监会批准设立的全国首批消费金融公司之一，中国银行旗下的综合经营公司，也是上海第一家消费金融公司。总部设于上海，已在 25 个省、市、自治区设立了 27 家区域中心，普惠金融服务遍及全国。招联消费金融有限公司成立于 2015 年 3 月，是经中国银保监会批准、由招商银行和中国联通共同组建的持牌消费金融公司，注册地址位于深圳前海，注册资本 100 亿元。招联消费金融旗下拥有"好期贷""信用付"两大消费金融产品体系，为用户提供全线上、免担保、低利率的普惠消费信贷服务。招联金融已全面覆盖购物、旅游、教育、装修等众多消费场景，服务数千万客户，消费金融业务覆盖全国广大地区。

2. 产业系消费金融公司是以实体企业资本为主要股东的消费金融公司

此类消费金融公司更容易实现产融结合，更容易获取线下和渠道等流量优势，在场景金融方面具有一定优势。例如，海尔消费金融公司就在自身家电消费分期业务上，提供比其他消费金融公司或平台更多的利率优惠。当前主要代表是马上消费金融和海尔消费金融公司。

3. 互联网系消费金融公司是以各大互联网平台为控股股东的消费金融公司、自营消费分期及分期购物电商平台等

这些公司具有比较完善的互联网消费场景和完备的用户交易数据，可以提升其消费业务的交易体验，增强消费业务客户的忠诚度和黏性。目前主要代表包括苏宁消费金融公司、蚂蚁花呗、蚂蚁借呗、京东白条、分期乐等。

（五）消费金融监管指标

1. 设立条件

《消费金融公司试点管理办法》（银监会〔2013〕2号令）明确了设立消费金融公司的三个条件：

（1）主要出资人（可以为非金融企业）持有其股权比例不低于30%、金融机构作为主要出资人其必须有5年以上消费金融业务经验、境外金融机构作为主要出资人必须在中国设立代表处2年以上或设有分支机构。

（2）非金融企业作为主要出资人，必须满足以下条件：

①最近1年营业收入不低于300亿元人民币或等值的可自由兑换货币（合并会计报表口径）；

②最近1年年末净资产不低于资产总额的30%（合并会计报表口径）；

③财务状况良好，最近2个会计年度连续盈利（合并会计报表口径）；

④信誉良好，最近2年内无重大违法违规经营记录。

（3）消费金融公司至少应当有1名具备5年以上消费金融业务管理和风险控制经验，并且出资比例不低于拟设消费金融公司全部股本15%的出

资人。

2. 约束指标

目前，我国消费金融公司主要受《消费金融公司试点管理办法》（银监会〔2013〕2 号令）规制，主要约束指标有以下 6 个：

（1）最低注册资本不低于 3 亿元；

（2）资本充足率不低于银监会有关监管要求；

（3）同业拆入资金余额不高于资本净额的 100%；

（4）资产损失准备充足率不低于 100%；

（5）投资余额不高于资本净额的 20% 等；

（6）消费金融公司发放消费贷款额度上限为 20 万元人民币。

3. 监管要求

（1）2020 年 7 月 17 日和 2021 年 2 月 19 日，中国银保监会相继发布《商业银行互联网贷款管理暂行办法》（银保监会〔2020〕第 9 号令）和《关于进一步规范商业银行互联网贷款业务的通知》（银保监办发〔2021〕24 号），对商业银行开展线上消费金融业务提出了具体要求。

①单户用于消费的个人信用贷款授信额度应当不超过人民币 20 万元（同消费金融公司）。其中到期一次性还本的，授信期限不超过一年。

②明确商业银行与合作机构共同出资发放互联网贷款的，单笔贷款中合作方的出资比例不得低于 30%。①

③明确商业银行与单一合作方发放的本行贷款余额不得超过本行一级资本净额的 25%，商业银行与合作机构共同出资发放的互联网贷款余额，不得超过本行全部贷款余额的 50%。

（2）2020 年 6 月 24 日，中国银保监会发布的《关于开展银行业保险业

---

① "单笔贷款中合作方的出资比例不低于 30%" 的规定和 2020 年 11 月 2 日发布的《网络小额贷款业务管理暂行办法（征求意见稿）》一致，即在单笔联合贷款中，经营网络小额贷款业务的小额贷款公司的出资比例不得低于 30%。

市场乱象整治"回头看"工作的通知》，明确线上贷款的检查重点，适用商业银行与消费金融公司。

①线上线下统一授信管理不到位；

②贷款用途违规或被挪用于限制性领域；

③过度依赖合作机构，信贷管理等核心职能外包、风险控制流于形式；

④与无放贷业务资质的机构合作共同出资放款；

⑤接受无担保资质合作机构提供的担保增信；

⑥银行资金借助互联网平台进行监管套利。

（3）2020年11月6日，中国银保监会办公厅发布《关于促进消费金融公司和汽车金融公司增强可持续发展能力提升金融服务质效的通知》，对消费金融行业提出以下要求：

①鼓励加快核心数据及客户资源积累，加大风险管理人才引进和专业能力培养力度，强化自主风险控制能力建设。

②通过降低管理成本、获客成本和风险成本，最大限度地降低利费水平。

③自主开展对客户的信用评分，摒弃"高收益覆盖高风险"粗放风险控制思路，不得将授信审查和风险控制等核心业务外包、不过度依赖担保或保险机构的风险兜底，加强对催收公司甄别，杜绝暴力催收行为。

二、我国消费金融发展简史

20世纪八九十年代，我国经济逐渐步入快速发展阶段，居民财富水平得到了提升，越来越多的人不满足传统的勤俭节约的消费习惯，对超前消费的购物方式开始认同并追捧，消费金融应运而生。有学者将消费金融的出现比作是"对于传统社会的流动性束缚来说是一种挑战"。[①] 确实如此。在现代社会中，受过高等教育的青年人，对于超前消费这种观念的接受程

---

① 消费金融是为了满足居民对某种服务的需求而提供的金融服务［N］．豆蔻财经，2022 – 10 – 17.

度比较高，他们越来越不认可存钱过苦日子的生活，开始尝试将未来现金流转化成购车、旅游或者学习等当前消费以提高生活质量。于是，不断增长的消费金融需求与消费金融发展越来越贴合，出现分期付款的消费金融也在情理之中。

我国消费金融市场经历了开启萌芽期（1985—2008 年）、试点探索期（2009—2012 年）、稳定发展期（2013—2014 年）、高速发展期（2015—2017 年）、规范整顿期（2018 年至今），目前已经进入规范整顿期（见表 1 - 2）。

表 1 - 2　我国消费金融发展主要阶段

发展周期	主要标志（大事件）
开启萌芽期 （1985—2008 年）	1985 年 6 月，中国银行发行了我国第一张银行卡，标志着我国消费金融正式启动
试点探索期 （2009—2012 年）	2009 年 7 月，我国首批 4 家消费金融公司获准试点，提供不包括放贷、车贷的金融服务
稳定发展期 （2013—2014 年）	2013 年 11 月，中国银监会扩大了消费金融公司的试点范围，由此消费金融进入稳定发展阶段
高速发展期 （2015—2017 年）	放开市场准入，将原在 16 个城市开展的消费金融公司试点扩大至全国，将审批权下放到各省级银监局，并允许符合条件的国内外银行业机构和互联网企业发起设立消费金融公司
规范整顿期 （2018 年至今）	监管机构开展整顿消费金融行业，尤其是暴力催收、多头借贷、高利贷消费、欺骗消费者以及商业欺诈等进行严肃整治

第一阶段（1985—2008 年）：开启萌芽期

1985 年，中国银行发行国内第一张信用卡"中银卡"，拉开我国消费金融业务的序幕。在开启萌芽阶段，以银行提供房屋按揭贷款、信用卡为主，持牌汽车金融公司也开始提供汽车销售的信贷产品。当时消费信贷主要服务于央行征信体系覆盖的高净值、高收入人群，产品以信用卡和汽车贷为主，审核手续比较严格，提供的消费金融产品相对有限，服务人群也以央行征信体系覆盖的人群为主。

第二阶段（2009—2012 年）：试点探索期

为解决商业银行对个人信贷需求覆盖不足的问题，2009 年 7 月，中国银监会颁布了《消费金融公司试点管理办法》，在北京、上海、天津、成都 4 个城市开放消费金融试点，随后国内首批 4 家持牌消费金融公司应运而生，分别是北银消费金融、中银消费金融、捷信消费金融和锦程消费金融。[①] 同年，这 4 家公司相继开业，在消费金融领域作出贡献。2012 年末，我国金融机构人民币各项贷款余额为 62.99 万亿元，其中消费信贷余额达到 10.27 万亿元，消费信贷占贷款总余额的 16.42%。[②] 2013 年 11 月，监管部门扩大了消费金融公司试点范围，试点城市放开至 16 个。

在试点探索阶段，消费金融公司主要服务特点是小额、快速、无抵押担保，在一定程度上弥补了银行信贷无法覆盖的消费金融需求缺口。但当时中国银监会对消费金融公司资质要求较高，持牌消费金融公司仅 4 家。根据《消费金融公司试点管理办法》，金融机构作为消费金融公司的主要出资人，要求最近一年年末总资产不低于 600 亿元人民币，而非金融企业作为消费金融公司的主要出资人，要求最近一年营业收入不低于 300 亿元人民币，且最近一年年末净资产不低于资产总额的 30%。所以，绝大多数意向投资主体只能通过与大公司、大金融集团合作申请消费金融牌照。

第三阶段（2013—2014 年）：稳定发展期

在稳定发展阶段，大型电商、消费分期电商纷纷布局消费金融，市场参

---

① 北银消费金融：注册资本 3 亿元人民币，北京银行全资子公司，成为全国首家消费金融公司。中银消费金融：注册资本 5 亿元人民币，由中国银行出资 2.55 亿元，占股 51%，百联集团出资 1.5 亿元，占股 30%；陆家嘴金融发展控股公司出资 0.95 亿元，占股 19%，成为全国第二家消费金融公司。四川锦程消费金融：注册资本 3.2 亿元人民币，由成都银行出资占比 51%，马来西亚丰隆银行出资占比 49%，成为全国第三家消费金融公司，是首家合资消费金融公司。捷信消费金融：在前 3 家成立后，中国银监会又给 PPF 集团发放了天津试点的牌照，由 PPF 集团全资建立的捷信消费金融有限公司在天津成立，注册资金为 3 亿元人民币，成为中国首家外商独资的消费金融公司。

② 消费金融非凡十年：金融为民，服务实体 [N]. 马上消费研究院网站，2022 – 10 – 21.

与主体日益丰富，诸如网贷平台、P2P 平台、细分领域平台等民间资本加入消费金融行业，监管机构对消费金融公司的试点城市进一步放开。2013 年 11 月 14 日，中国银监会发布《消费金融公司试点管理办法》（修订版），提出扩大消费金融公司试点，新增沈阳、南京、杭州、合肥、泉州、武汉、广州、重庆、西安、青岛 10 个城市参与试点工作，香港和澳门的金融机构可在广东试点设立消费金融公司，支持居民家庭大宗耐用消费品、教育、旅游等信贷需求，探索社会资本设立消费金融公司。至此，加上 2009 年放开试点的 4 个城市，全国共有 16 个城市放开消费金融试点。

第四阶段（2015—2017 年）：高速发展期

2015 年 6 月 10 日，国务院决定放开市场准入，将原在 16 个城市开展的消费金融公司试点扩大至全国范围，并将审批权下放到各省级银监局，鼓励符合条件的民间资本、国内外银行业机构和互联网企业发起设立消费金融公司。这就意味着国家已经给"消费金融"开闸，推进消费金融公司设立常态化，把消费金融推向了更高、更广的应用范围。

2015 年 7 月 18 日，中国人民银行等十部门发布《关于促进互联网金融健康发展的指导意见》，鼓励消费金融发展，催生了消费金融快速进入亿万级行业。随后，在 7 月、8 月这两个月里获准成立的消费金融公司，其数量接近过去 5 年消费金融公司的总和，由此可见，当时我国消费金融行业发展势头迅猛。

2016 年 3 月，中国人民银行、中国银监会联合发布《关于加大对新消费金融领域金融支持的指导意见》，鼓励有条件的银行业金融机构围绕新消费领域设立特色专营机构，鼓励消费金融公司针对细分市场提供特色服务，在各类消费集中场所新设或改造分支机构作为服务消费为主的特色网点，推进消费信贷管理模式和产品创新，鼓励金融机构创新消费信贷产品。比如，《关于加大对新消费金融领域金融支持的指导意见》规定，对于银监会批准经营个人汽车贷款业务的金融机构办贷款，可以突破以往 15% 和 30% 的最低首付要求。

在高速发展期内，全国各地相继成立并开业了杭银消费金融、华融消费金融、晋商消费金融、盛银消费金融、长银消费金融、包银消费金融、中原消费金融 7 家消费金融公司，加上未开业的富滇消费金融、冀银消费金融，全国范围内已有 20 家持牌消费金融公司。此外，通过网络购物和社交积累了大量用户数据与丰富风险控制经验的互联网平台，绕过消费金融公司牌照，通过申请互联网小贷牌照，直接在某些特定的消费市场开展消费信贷业务，利用场景细分、大数据丰富以及贷款申请系统，直接对借款人授信，并以此与渠道商合作或自行开发渠道。至此，消费金融行业步入快速发展期。例如，阿里巴巴和京东就是在这个时期把消费金融做得风生水起。2014 年 2 月，京东推出了自己的互联网金融消费产品——京东白条。① 随后，蚂蚁金服紧随其后推出了"花呗"服务和"借呗"服务。② 应该说，这两个消费金融产品直至今天在金融消费领域的发展都是比较好的。

第五阶段（2018 年至今）：规范整顿期

2017 年末，消费金融行业内多次出现了滥发高利贷、暴力催收、裸条贷

---

① "京东白条"是我国首款互联网信用支付产品，用户可以享受"先消费、后付款、实时审批、随心分期"的消费体验。用户在京东商城享受先用后付和分期购物服务，最长可达 24 期，账单还可分期和最低还款，执行利率低于银行信用卡。

② "花呗"全称是蚂蚁花呗，是蚂蚁金服推出的一款消费信贷产品，申请开通后，将获得500～50000 元金额不等的消费额度。用户在消费时，可以预支蚂蚁花呗的额度，享受"先消费，后付款"的购物体验。2016 年 8 月 4 日，蚂蚁花呗消费信贷资产支持证券项目在上海证券交易所挂牌，这也是上交所首单互联网消费金融 ABS。截至 2018 年 1 月，蚂蚁金服已主动对两家小贷公司增资 82 亿元，注册资本从 38 亿元提升至 120 亿元。5 月 18 日，花呗宣布向银行等金融机构开放。2021 年 9 月 22 日，"花呗"正式接入央行征信系统，如果用户拒绝接入将无法使用。"借呗"，现名信用贷，是支付宝推出的一款贷款服务，按照芝麻分数的不同，用户可以申请的贷款额度不等。借呗的还款最长期限为 12 个月，贷款日利率为 0.045%，随借随还。2018 年 1 月 9 日，或因涉杠杆过高并违反央行相关监管规定，主动关闭了部分用户账号，以控制借贷余额。2021 年 11 月 8 日，支付宝"借呗"名称已经变更为"信用贷"。

款等违法违规现象，严重侵犯消费者合法权益。为此，同年6月28日中国银监会、教育部、人力资源社会保障部联合发布了《关于进一步加强校园贷规范管理工作的通知》（银监发〔2017〕26号），要求商业银行和政策性银行应在风险可控的前提下，有针对性地开发高校助学、培训、消费、创业等金融产品，向大学生提供定制化、规范化的金融服务，合理设置信贷额度和利率，一律暂停网贷机构开展在校大学生网贷业务，要求网贷机构按照分类处置工作要求。对于存量校园网贷业务，根据违法违规情节轻重、业务规模等状况，确定整改完成期限，明确退出时间表，主动下线校园网贷相关业务产品，暂停发布新的校园网贷业务标的，有序清退校园网贷业务待还余额。对拒不整改或超期未完成整改的，依法依规予以关闭或取缔，对涉嫌恶意欺诈、暴力催收、制作贩卖传播淫秽物品等严重违法违规行为的，移交公安、司法机关依法追究刑事责任。同年11月27日，互联网金融风险专项整治工作领导小组办公室下发了《关于立即暂停批设网络小额贷款公司的通知》（整治办函〔2017〕138号），要求各级小额贷款公司监管部门一律不得新批设网络（互联网）小额贷款公司，禁止新批小额贷款公司跨省（区、市）开展小额贷款业务。同年12月1日，互联网金融风险专项整治工作领导小组办公室联合P2P网贷风险专项整治工作领导小组办公室发布了《关于规范整顿"现金贷"业务的通知》（整治办函〔2017〕147号），分别对校园贷、网络小额贷款、现金贷业务进行了限制，特别是针对无场景依托、无指定用途、无客户群体限定、无抵押的"现金贷"进行了清理整顿，对于过度借贷、重复授信、不当催收、畸高利率、侵犯个人隐私问题进行了追责，禁止发放"校园贷"和"首付贷"，禁止发放贷款用于股票、期货等投机经营，以防止金融风险外溢和突发社会风险，各类机构以利率和各种费用形式对借款人收取的综合资金成本应符合最高人民法院关于民间借贷利率的规定，要求银行业金融机构不得将授信审查、风险控制等核心业务外包，要求"助贷"业务应当回归本源。

2018 年 4 月 9 日，国务院办公厅印发了《关于全面推进金融业综合统计工作的意见》（国办发〔2018〕18 号），明确要求建立地方金融管理部门，开展监管地方金融组织统计工作。此前没有纳入金融统计工作的互联网消费金融等平台，将逐步纳入地方金融管理部门统计监管工作之中。同年 4 月 27 日，中国人民银行、中国银行保险监督管理委员会、中国证券监督管理委员会、国家外汇管理局印发的《关于规范金融机构资产管理业务的指导意见》（银发〔2018〕106 号）正式落地，对资产管理机构的资金杠杆、产品嵌套加强约束，间接约束了消费金融平台资金来源、资金杠杆的无序扩张。

2018 年，在从严监管政策影响下，多家消费金融公司加快发起设立。在获批于业的 22 家持牌消费金融公司基础上，又新增了厦门金美信消费金融有限责任公司。另外，行业拟发起设立 3 家消费金融公司，并有 1 家获批筹建。①

2019 年，我国消费金融行业在调整中逐渐走上正轨，各项规章制度逐步完善，积蓄力量，稳步发展，正在普惠金融领域发挥出越来越大的作用。比如，首批持牌机构捷信消费金融以 3C 数码产品为主要业务范围，占据了全国 60% 的线下市场，广铺门店。截至 2019 年末，捷信线下销售网点达 27.28 万个，业务范围涵盖 29 个省 311 个城市。自此，消费金融行业进入全面整顿和规范阶段，2018—2019 年成为消费金融合规发展之年。

2020 年，金融市场"非持牌"时代终结，消费金融持牌化成为趋势。监管部门相继批筹重庆小米消金、北京阳光消金、重庆蚂蚁消金、苏银凯基消金、唯品富邦消金 5 家消费金融公司。

2021 年，金融监管部门对于新设消费金融公司持更加审慎态度，仅有宁波银行和南京银行于 2022 年上半年通过并购方式拿到消费金融牌照。全国消费金融行业发展态势基本稳健，保持持续过往的业务。

---

① 厦门金美信消费金融有限责任公司批准成立，四川省唯品会富邦消费金融有限公司、永赢消费金融有限公司、北京阳关消费金融有限责任公司拟发起设立，中信消费金融有限公司获批筹建。

三、我国消费金融发展背景分析

(一) 政策法律因素

近年来，一系列相关金融政策相继颁布，为我国消费金融发展提供了良好的法律环境。2009 年中国银监会发布《消费金融公司试点管理办法》（中国银监会令〔2009〕第 3 号），并经国务院批准，北京、上海、成都和天津各设立一家消费金融公司进行试点。2013 年中国银监会发布《消费金融公司试点管理办法》（修订版）（中国银监会令〔2013〕第 2 号），并宣布扩大消费金融试点范围，新增沈阳、南京、杭州、合肥、泉州、武汉、广州、重庆、青岛和西安 10 个城市参加消费金融试点工作。2015 年 6 月 10 日，国务院决定下放消费金融公司审批权，将原来 16 个城市开展的消费金融试点扩大至全国范围。2016 年《政府工作报告》指出，在全国开展消费金融公司试点推广工作，鼓励金融机构创新消费信贷产品。我国消费金融行业相关政策法规统计表如表 1 - 3 所示。

表 1 - 3　我国消费金融行业相关政策法规统计表

时间	颁布部门	政策名称	主要内容
2009 - 08	中国银监会	《消费金融公司试点管理办法》	为消费金融公司成立、监管和规范运作提供法律保障和制度性安排
2013 - 11	中国银监会	《消费金融公司试点管理办法》（修订版）	消费金融公司应当按照法律法规和银监会有关监管要求做好金融消费者权益保护工作，业务办理应当遵循公开透明原则，充分履行告知义务，使借款人明确了解贷款金额、期限、价格、还款方式等内容，并在合同中载明
2015 - 07	中国人民银行等十部门	《关于促进互联网金融健康发展的指导意见》	鼓励互联网金融创新，拓宽从业机构融资渠道，鼓励民间资本进入

续表

时间	颁布部门	政策名称	主要内容
2016-03	中国银监会	《关于加大对消费金融领域金融支持的指导意见》	推进消费信贷管理模式和产品创新、鼓励金融机构创新消费信贷产品
2017-06	中国银监会、教育部、人力资源社会保障部	《关于进一步加强校园贷规范管理工作的通知》	针对当前各类放贷主体进入校园贷市场，缺乏相应制度和监管约束，以及放贷主体自身风险控制机制缺失等问题，切实规范校园贷管理，杜绝校园贷欺诈、高利贷和暴力催收等行为，未经银行业监督管理部门批准设立的机构不得进入校园为大学生提供信贷服务
2017-11	互联网金融风险专项整治工作领导小组办公室	《关于立即暂停批设网络小额贷款公司的通知》	各级小额贷款公司监管部门一律不得新批设网络小额贷款公司，禁止新增批小额贷款公司跨省（区、市）开展小额贷款业务，有效遏制当下的现金贷业务乱象
2017-12	互联网金融风险专项整治工作领导小组办公室联合P2P网贷风险专项整治工作领导小组办公室	《关于规范整顿"现金贷"业务的通知》	开始在全国范围分别对校园贷、网络小额贷款、现金贷业务进行清理整顿，逐渐消除对校园学生的不良影响
2018-04	国务院办公厅	《关于全面推进金融业综合统计工作的意见》	要求全面推进金融业综合统计工作，此前没有纳入金融统计工作的互联网消费金融等平台，此后将逐步纳入地方金融管理部门统计监管工作中
2018-04	中国人民银行、中国银保监会、中国证券监督管理委员会、国家外汇管理局	《关于规范金融机构资产管理业务的指导意见》	间接约束金融消费平台的资金来源、资金杠杆率等

时间	颁布部门	政策名称	主要内容
2019－01	中国银保监会、国家发展和改革委员会、工业和信息化部等多部门	《关于印发〈融资担保公司监督管理补充规定〉的通知》	为各类放贷机构提供客户推介、信用评估等服务的机构，未经批准不得提供或变相提供融资担保服务。对于无融资担保业务经营许可证但实际上经营融资担保业务的，监督管理部门应当按照《条例》规定予以取缔，妥善结清存量业务。拟继续从事融资担保业务的，应当按照《条例》规定设立融资担保公司
2019－11	中国银保监会	《关于银行保险机构加强消费者权益保护工作体制机制建设的指导意见》	建立消费者权益保护审查机制，对面向消费者提供的产品和服务，在设计开发、定价管理、协议制定等环节开展消保审查，将消保审查纳入银行保险机构风险管理和内部控制体系，风险控制关口前移。健全消费者权益保护内部考核机制，消保内部考核应全面覆盖相关部门和人员，并纳入机构综合绩效考评体系、问责体系和人力资源管理体系
2019－12	中国人民银行	《金融消费者权益保护实施办法（征求意见稿)》	保护金融消费者长远和根本利益的现实需要。金融消费者权益保护工作是直接与金融消费者打交道的工作，是为金融消费者排忧解难、主持公道的工作。做好金融消费者权益保护工作的本质就是要保护好金融消费者的长远和根本利益
2019－12	中国人民银行、中国银保监会等4部门	《关于进一步规范金融营销宣传行为的通知》	建立健全金融营销宣传内控制度和管理机制。金融产品或金融服务经营者应当完善金融营销宣传工作制度，指定牵头部门，明确人员职责，建立健全金融营销宣传内控制度，并将金融营销宣传管理纳入金融消费者权益保护工作，加强金融营销宣传合规专题教育和培训，健全金融营销宣传管理长效机制
2020－03	中国银保监会	《中国银保监会非银行金融机构行政许可事项实施办法》	消费金融公司的出资人应当为中国境内外依法设立的企业法人，并分为主要出资人和一般出资人。主要出资人是指出资数额最多并且出资额不低于拟设消费金融公司全部股本30%的出资人，一般出资人是指除主要出资人以外的其他出资人

资料来源：根据公开资料整理。

（二）宏观经济因素

近年来，我国社会主要矛盾已经转化为人民日益增长的美好生活需要和不平衡不充分发展之间的矛盾。因此，如何增强消费金融对经济促进作用就显得十分重要。因为消费金融产业的蓬勃发展将有力拉动内需，折射出消费金融光明前景。

目前，我国经济增长步入新常态，GDP 保持中高速增长，近年来平均增长速度在 3%~6%，居世界主要经济体前列。同时我国城镇居民的家庭收入也增长迅速，全国居民人均可支配收入实际增长 7.4%，快于经济增速。早在 2016 年，中国的人均 GDP 达到 5.4 万元，约 8800 美元，超过 8000 美元这一国际上公认的消费结构变化拐点。我国居民人均可支配收入首次突破 3 万元，达到 30733 元。收入决定消费，居民可支配收入持续增加，意味着我国消费规模持续扩大，消费结构持续优化。

《中国消费金融行业现状深度研究与投资前景分析报告》显示：2021 年，全国居民人均可支配收入为 35128 元，比上年名义增长 9.1%；居民人均消费支出为 24100 元，比上年名义增长 13.6%。因此，居民对消费金融不再抵触和排斥，开始有底气接受消费金融了。虽然 2020 年受疫情影响，消费市场受冲击较大，但随着疫情逐渐好转，国民经济继续恢复，消费需求逐步回升。数据显示：2021 年，我国全社会消费品零售总额完成 44.1 万亿元，增长 12.5%，全国消费总量达到 44 万亿元是一个新的台阶，内需对经济增长的贡献率全年是 79.1%，对经济增长贡献率达到 65.4%，进一步凸显了消费市场的作用，重新成为经济增长第一拉动力。显然，随着我国宏观经济水平与家庭收入的同向提升，居民可支配收入不断增加，消费能力同步提升，消费作为经济增长领头羊的地位进一步巩固。

（三）微观市场因素

消费金融政策从试点到扩大范围，再到全国推广，消费金融公司从 4 家发展到 30 家。在微观层面归功于中国银保监会将审批权下放到省级部门，以"成熟一家，审批一家"为主线，积极推动消费金融公司常态化设立，未来还会继续有一批消费金融公司获批筹建。

（四）消费文化因素

随着我国经济发展和人民生活水平的提高，消费理念正在悄然改变，尤其是新消费主义崛起大大提升了用户对消费金融的接受度与使用意愿，从"理性消费"进一步发展到"感性消费"，信用消费、超前消费的消费模式逐渐被消费者接受，比如，医疗、教育等享受型高阶消费占比呈现上升态势，智能设备、出境游及购物、文化消费等新的消费热点逐步涌现，跨境电商、O2O 等新的消费方式进一步促进网络消费的发展。[①]

《中国消费金融行业现状深度研究与投资前景分析报告》显示：2021 年在我国居民消费结构中，享受型消费占比已从 2016 年的 56.8% 增长到 58.4%。从基本到升级消费、非理性到理性消费、被动到主动消费、标准化到定制化消费、个人到家庭服务消费、固定场景到移动场景消费，这些消费升级和消费理念转变，不断助推消费金融大爆发。

（五）金融科技因素

大数据、云计算、5G、人工智能、区块链等前沿科技的不断融入，行业"科技+消费金融"属性进一步凸显，特别是移动互联网技术让网购、消费更加方便，能够全方位地为社会所有群体提供金融服务，覆盖更多的中低端或者潜力客户，包括农民工等流动人口以及大学生等潜力客户群体，

---

① O2O（Online To Offline），即将线下商务的机会与互联网结合在一起，让互联网成为线下交易的平台。这样线下服务就可以用线上来揽客，消费者可以用线上来筛选服务，还有成交可以在线结算，很快达到规模。该模式最重要的特点是推广效果可查，每笔交易可跟踪。随着我国移动互联网技术的普及，以街库为代表的 O2O 商务社区化综合平台，将继社交热、电商热之后成为消费金融新阵地。

让各线城市和城镇居民都可以接触国内外的高品质产品，促使消费金融更具普惠性。

众多消费金融公司和小贷公司逐渐转战线上运营，强大的技术应用能力促使消费金融线上生态逐步完善，例如，捷信金融 2020 年初宣布更多发力线上线下相结合的 O2O 场景。招联金融也在积极探索以线上模式为主、兼具 O2O 模式的产品，将消费金融嵌入购物、旅游、装修等各类消费场景中。

>> 【案例 1-1】

中原消费金融发挥数字科技优势，针对小微农户和生产养殖基地中的群体，推出主打线下大额的柚卡 APP。针对普通有消费需求的乡村居民群体，中原消费金融在乡村在线 APP、普惠通 APP 中上线了 H5 全流程普惠金融产品，拓宽金融服务体系，走出与传统金融机构差异化发展的路径，让农村居民足不出户即可享受消费金融信贷产品。

案例来源：《消费金融下沉田间地头，金融服务乡村振兴现新模式》。

今天，我国金融行业已迈入数字化时代，消费金融行业也深受影响，率先进入了金融数字化阶段。拥有数字化技术的消费金融机构，可以广泛使用数字和训练模型，不断生成数字化信息，将各种数据源源不断地嵌入就业创业、租房买房、餐饮外卖、孩子上学等场景中，获得更便捷、低成本的金融消费。比如，马上消费对智能风险管理体系进行数字化升级，打造了 10 万多个风险控制变量，构建 300 多个大数据风险控制模型，为多个行业提供个性化的数字化转型方案。①

2022 年 1 月，国务院《"十四五"数字经济发展规划纲要》出台，金融领域数字化转型上升至国家战略的高度。消费金融立足于行业发展需要，正

---

① 消费金融非凡十年：金融为民，服务实体 [N]. 马上消费公众号，2022-10-24.

在不断升级数字化能力，在创新与技术驱动的消费金融行业中不断将数字化能力推向新高度。

2022 年 9 月，中国银行业协会发布的《中国消费金融公司发展报告（2022）》明确指出，消费金融具有客单价低而高频次的特征，在业务处理中需处理大量的数据。国内越来越多的消费金融公司利用数字科技优势，通过"线上＋线下"方式，不断下沉金融服务重心，将消费信贷服务扩大到广大农村地区，为广大农村地区提供消费金融服务。

四、消费金融作用机制

（一）有效促进实体经济

首先，根据凯恩斯（Keynes）的"绝对收入理论"[1]，互联网消费金融可以提高消费者的边际消费倾向，使得消费者并不畏惧消费。米尔顿·弗里德曼（Milton Friedman）的持久收入理论认为，居民收入有暂时收入和持久收入两种，消费者进行理性选择的依据是持久收入，借助于消费信贷进行平滑消费，可以提前支配个人可支配收入进行适当、合理的消费，进而推动实体经济稳定发展。

其次，根据美籍意大利人弗兰科·莫迪利安尼（Franco Modigliani）提出的"生命周期理论"，消费金融可以将消费者的未来消费提前到现期消费，实现消费者的最优选择，即让本来应在中年或老年时期的消费提前到青年时期来进行。因此，消费金融可以帮助消费者摆脱当前可支配收入的约束，使得预算收入增加，导致预算线向右平移，缓解了消费者由于大额的刚性支出

---

[1] 凯恩斯（Keynes）绝对收入理论认为，在短期内，居民收入对消费具有促进作用，收入与消费的关系体现了边际消费倾向（MPC），如果收入的增长大于消费的增加，则边际消费倾向递减。当收入增加一单位时，高收入者的消费增量要小于低收入者的消费增量，所以低收入人群的边际消费倾向较高。

带来的生活压力，最终实现消费者均衡。①

随着互联网技术的普及、消费金融的发展以及国外消费观念的影响，居民选择在大额刚性支出上提前消费，还在教育、医疗美容、租房、装修等方面进行提前消费，关键因素就是互联网消费金融。有学者曾经分析认为，消费金融与互联网技术相融合可以产生新型金融服务，就是结合风险控制模型和用户交易数据，建立的信用评分体系，为消费者设定不同的授信额度，最终为消费者提供了跨期消费的支持。② 事实也是如此。今天，消费者虽然流动性不足，但数字化消费金融可以提供消费信贷或分期付款服务，满足了年轻消费者提前实现大额消费支出，满足经济状况不佳的老年消费者对于商品和消费信贷的需求，增加了社会当期消费，提振了市场活力和商业发展。

（二）改善区域消费金融失衡

有学者研究发现，我国居民消费结构差异表现为东部地区的享受型消费占比较高，中西部和东北地区的生存性消费占比较高，居民对优质教育文娱资源的需求旺盛。③ 于是，消费金融可以开展精细化、差异化消费信贷业务，在一定程度上改善了区域消费金融失衡问题，释放了被忽略的部分消费潜力。消费金融公司在和当地中等收入群体的合作中，掌握其消费习惯和个人信用，为借贷群体提供更为匹配的金融服务，开创当地消费特色。例如，盛银消费金融针对北方冬季供暖需求，推出了可分期缴纳采暖费的"暖心贷"产品，缓解了辽沈地区中低收入家庭的经济压力。

---

① 莫迪利安尼（Modigliani）、安多（Ando）等提出的生命周期理论，消费者在有限收入下，将一生的全部收入合理分配在各种物品的消费上，以获得最大效用。相对于绝对收入理论，生命周期理论更强调在一生的各个阶段进行针对性的消费分析，帮助消费者在当前消费和预期消费之间进行选择。作为一个后凯恩斯主义者，莫迪利安尼对经济学理论作出了两个重要贡献：一是家庭储蓄的"生命周期理论"；二是决定公司及资本成本的市场价值的莫迪利安尼—米勒定理。
② 安静. 互联网消费金融对居民消费需求的影响机制［J］. 科学猫杂志，2020－10－31.
③ 当下我国消费金融公司践行普惠金融"还有很长的路"要走［N］. 逐木鸟财经，2022－09－26.

（三）强化场景消费市场

随着经济转型、消费升级和科技创新，消费金融服务机构在线上、线下与各类消费场景方合作，形成了庞大的场景消费金融市场。一般来讲，场景消费金融的产业链可分为资金端、平台端、场景端。[①] 消费金融场景主要包括购物消费、房产后市场消费、教育消费、汽车后市场消费、文旅消费、医疗消费等，各消费金融机构积极打造线上、线下、O2O 结合的综合场景，营造全场景消费金融生态，形成多种场景消费金融模式。我国场景消费金融的主要种类如表 1 - 4 所示。

表 1 - 4　我国场景消费金融的主要种类

场景	消费金融产品	服务内容
购物场景	借呗、分期乐、京东白条	用于购买商品或服务时，分期支付或赊账方式获得消费信贷
医疗场景	钱大夫、快康达	用于补充医疗、医疗保险和医疗服务以及特定疾病治疗消费信贷
教育场景	课栈网、蜡笔分期	用于购买教育类的产品和服务，如学费贷款、技能培训和在职考试等
装修场景	优优宝、土巴兔	用于个人或机构装修的产品、材料和施工等消费信贷
旅游场景	携程、去哪儿、驴妈妈、途牛	用于旅游费用的消费信贷
婚庆场景	结婚宝、新婚宝	用于婚礼筹办、婚庆场合以及婚庆礼品购置等新消费信贷

资料来源：根据消费金融公司公布资料整理。

---

① 一般地讲，资金端指提供场景金融消费服务的资金提供方，包括商品的供应商、服务的提供商等。场景消费金融通常需要资金提供方和消费供给方进行合作，商定具体的资金流转方式，资金来源于股东存款、自有资金、同业拆借及消费金融资产证券化等渠道。平台端指提供场景金融服务的机构，即资金的借出方，如银行系消费金融机构、消费金融公司、网络小额贷款公司、网络 P2P 平台等。场景端指场景消费金融中的各类消费场景。按照不同的消费场景类型，可划分为购物场景、教育场景、租房场景、装修场景、旅游场景、婚庆场景等。

以京东为例，京东金融首先连接京东集团内部的商城客户及电商场景，不断开拓外延场景，比如与场景结合的消费金融产品——京东白条。有研究机构将我国消费金融场景细分为 6 个不同场景：电商场景（在京东商城平台上为用户提供赊购服务）、校园场景（作为校园生态的衍生场景，关注大学生购物、培训、创业、就业等消费金融服务）、旅游场景（通过与首付游合作，为用户提供旅游消费信贷产品，不断延伸旅游场景）、房产后市场场景（为满足用户租房、装修等消费需求，为用户提供"一次授信、分期付款"的消费金融服务）、教育场景（通过与教育机构合作为消费者提供购买培训、教育项目等消费金融业务）、汽车市场场景（通过与第三方汽车生态链机构合作，为用户提供除车贷外的汽车相关场景消费金融业务）。①

《2022 年中国消费金融行业研究报告》认为，消费金融的终极状态是全场景消费贷，信用卡与互联网信用支付产品的融合将加速这一进程。为用户不同场景需求而开发的场景金融，丰富着金融市场，涉及 3C、家电、家装、旅游、教育/培训等各个场景。② 目前，我国场景消费金融正朝着针对长尾客户的消费场景不断细分化、个性化，全面覆盖"衣、食、住、行、游、学、玩、美"等线上线下场景，为我国实体经济发展提供重要支撑。未来，现金贷市场将被全面挤占，消费金融终极状态是没有现金贷的全消费场景金融服务。

（四）促进消费金融市场良性发展

消费金融公司的持牌特性增加了消费者的信任度。相比网络小贷公司

---

① 尹振涛，程雪军. 我国场景消费金融的风险防控研究［N］. 金融监管与风险观察，2019 - 04 - 21.

② 3C 消费市场是金融系中第一阶段，属于传统型的消费金融，主要经营 3C 商品的分期贷款。3C 其实就是一种认证，经过国家 3C 认证的商品称为 3C 商品，3C 商品形成的市场就叫 3C 市场，而从事 3C 市场里面的金融活动统称为 3C 消费金融。3C 类消费金融与消费场景紧密结合的一种业务，从事 3C 类消费分期业务的机构以电商系平台为代表，比如苏宁、京东等。这类机构拥有丰富的消费场景，同时拥有大量的用户消费数据。也有传统性持牌性金融公司大力发展 3C 消费市场，其中捷信，马上首当其冲，这类公司在实体店安放大量一线销售人员。

和民间借贷组织，消费金融公司有中国银保监会颁发的牌照作为支撑，拥有比较可靠的消费信用保证，确保消费者从正规渠道借贷，放心消费，安心还贷。消费金融平台已经成为我国年轻一族获取消费信贷的新兴途径。随着消费观念开放，我国消费金融公司为盘活中等收入和年轻一族的消费能力与消费欲望，做了一系列创新性尝试，有效促进了我国消费市场的良性发展。

中新经纬研究院研究表明：2022 年第一季度，最终消费支出对我国经济增长贡献率为 69.4%。国务院办公厅 2022 年 5 月 16 日发布了《关于进一步释放消费潜力促进消费持续恢复的意见》（国办发〔2022〕9 号），提出优化消费金融服务，包括发展普惠型消费金融，刺激消费市场，促进经济增长和居民消费，提高人们生活水平和幸福感。

（五）践行 ESG 理念和理性消费

中国银行业协会发布的《中国消费金融公司发展报告（2022 年）》统计显示：据不完全统计，2021 年我国消费金融公司共计为 5.6 万名客户办理延期还款 35.95 亿元；为 24.7 万名逾期客户减免利息 2.98 亿元；为 16.8 万名逾期客户减免费用 1.63 亿元。这些都充分显示出消费金融公司正在通过消费信贷服务为实体经济提供高效、便捷的金融渠道。

一是将绿色理念融入机构传统业务、积极践行低碳举措。消费金融行业身处金融数字化转型的浪潮中，通过科技驱动来实现智能化、无纸化运营，正在成为消费金融公司践行绿色理念、提升竞争力的重要体现。头部消费金融机构积极探索低碳发展的模式创新和技术创新，比如，马上消费不断以科技力量完善绿色金融服务和管理体系，形成一条"金融＋科技＋碳中和"的绿色创新模式，走出一条可持续发展的道路。

二是瞄准重点客群，发扬普惠精神，在疫情纾困、金融消费者保护等重点领域有所担当、有所作为。近年来，在疫情常态化防控背景下，消费金融公司主动承担起社会责任，通过延期还款、降费让利等重要举措向困难个人以及小微企业提供呵护，为其注入资金流动性"活水"，助力其顺利渡过当下难关。比如，马上消费通过科技手段不断降低运营成本、风险成本、让利用户，扩大普惠服务的广度和深度。尤其是在服务"新市民"方面，马上消费联合合作伙伴资源，创造性地推出多项举措，积极满足"新市民"的各类消费和服务需求。①

在疫情期间，我国消费金融公司更是主动实施了延缓还款、减免息费等一系列措施，体现出金融消费公司在履行 ESG 中的社会责任担当。比如，兴业银行在 2022 年半年报披露，兴业消费金融公司坚持深耕消费金融细分领域，将 ESG 发展理念融入普惠金融实践中，不断提升科技创新、场景挖掘的专业型能力，体现从追求"利润为王"到践行"金融为民"的追求，真正实现消费金融业务与现实社会的有机融合。

三是系统化梳理 ESG 事业，促进公司治理，专门披露相应的外部报告。截至 2021 年末，已有马上消费、捷信消费金融、中信消费金融等机构先后开展相应动作：2021 年末，头部机构马上消费率先发布了首个消费金融业的《企业社会责任（ESG）报告》，成为行业内首家发布社会责任报告的消费金融公司，围绕绿色金融、乡村振兴、普惠金融、服务实体、消保建设等方面进行了详细展示，主动把节能减排、乡村振兴、消费者保护融入企业的治理中，为其他消费金融公司发展提供样本。2022 年，中信消费金融有限公司发布《中信消费金融 2021 年度环境、社会及公司治理（ESG）报告》，通过推出"7 天无理由还款"权益，用户在首次借款的前 7 天内提前还款，不收取任何费用，体现出从"消费主义"到"理性借贷"的转变，鼓励用户适度消费，彰显了厉行节约的环境保护意识。

---

① 践行 ESG 理念，缘何成为消费金融行业共识？［N］. 腾讯网，2022 - 10 - 10.

第二节　国外消费金融发展与启示

一、美国

当今世界，美国消费金融市场较为发达。我国消费金融在很大程度上也是效仿美国。回顾与总结美国消费金融发展过程，有助于我国消费金融吸取经验和教训。

在 19 世纪末 20 世纪初时，美国还没有真正意义的现代消费金融服务。当时美国个人信贷来源有三个：家庭亲朋间借贷、典当行和高利贷。在西方基督教教义的影响下，欧裔居民为主的美国社会对个人借贷特别是个人借贷消费十分反感，进行借贷的人通常被视为走投无路的穷人。他们情愿向慈善机构申请慈善贷款也不愿意向典当行或高利贷机构进行借贷。

真正对美国消费信贷事业起关键作用的是第一次世界大战后美国的生产过剩。这迫使制造商和销售商为了扩大商品销售，最初是贩卖缝纫机，后来是促销汽车、家用电器，大多数都是耐用消费品，采取了分期付款销售模式。在"消费主导型"经济增长模式影响下，消费信贷迅速风靡美国，短短十几年间就改变了美国人的消费习惯。于是，美国消费金融在第二次世界大战以后快速发展起来，有学者认为当时的美国出现了"现代意义的消费信贷"。①

20 世纪 50 年代，信用卡的发明，成为早期的信用凭证"签账卡"，让当时的分期付款方式风靡全美，促进了美国汽车等耐用消费品的生产和销售，这是对消费信贷具有革命意义的事件，并一直沿用至今，成为全球商业销售的主要模式之一。

---

① 宁静，薛畅，李一维. 我国消费金融公司发展与现状研究［J］. 人大复印资料，2011（11）.

20世纪70年代以后，为了扩大商品销量而向消费者提供消费贷款，除商业银行外，专业消费金融公司、信用社、联邦政府储蓄机构、证券化信贷资产池机构、专业保险公司等纷纷加入消费金融行业，成为美国消费金融的参与主体，快速推动了个人消费信贷发展。

21世纪以后，美国原有的地下信贷业务逐渐合法化，个人财务公司和小额贷款公司开始出现，非银行金融机构逐渐加入美国消费金融市场，小贷公司、私人投资银行、担保公司瞄准了收入水平偏低但较稳定的消费者群体。这一部分消费者在教育、结婚、旅游、装修等方面有着巨大资金需求，但由于他们或因收入较低，或因工作年限较短而储蓄存款较少，难以获得商业银行贷款。因此，非银行金融机构针对这类商业银行无法惠及的客户，提供各种与居民生活息息相关的消费金融产品，包括家庭住宅修缮贷款、学生助学贷款、购买日常生活用品贷款、医疗贷款、汽车贷款等，逐渐把美国发展成为全球最大的消费金融市场。

> ≫≫ **【案例 1 - 2】**
>
> 美国第一资本投资国际集团（Capital One Financial Corp）是一家主要经营信用卡、房屋按揭贷款、汽车贷款以及存款的银行机构。在竞争残酷的美国银行业，美国第一资本投资国际集团演绎了从一家名不见经传的小公司跃升为美国著名金融集团的传奇。
>
> 案例来源：根据公开资料整理。

美国对消费金融市场监管相对宽松。由于消费金融公司并不吸收公众存款，不受银行法的限制，因而金融监管机构只对其业务进行监管。但是，美国消费金融公司可以采取同业拆借、在金融市场发行短期票据和长期债券、借款等方式吸纳资金，加之美国法律也未对其资金来源、业务范围、产品种类等做严格的限制，这就使美国消费金融公司可以灵活、便捷地提供服务。

在美国，商场驻点是消费金融最为常见的一种类型，十分方便与客户面对面交流、办公，也为贷款的申请提供了便利。同时，美国各地海量的邮局网点也成为消费金融市场的主体，在邮局网点可以采取 POS 机和 ATM 构建自己的分销网络，促进当地消费金融的繁荣发展。

在美国，催收公司也会帮助消费金融公司承担起接受不良资产的责任。当然，很多消费金融公司成立了自己的催收公司，负责公司内不良资产的回收或者其他消费金融公司不良资产回收，这在很大程度上助推了美国消费金融的稳定发展。

当然，信用评估制度也为美国消费金融助力不少。在美国，与消费金融公司有关的信用机构有两类：一类是专业的信用报告机构，它们收集并保存消费者的信用资料，其中最主要的 3 家分别为 Experian 信息服务公司、Trans 联合公司及 Equifax 公司。在强大的征信公司支持下，形成了具有公司特色的信用评级系统，更专业化地选择潜质客户，规避风险的产生。另一类是信用调查机构，它们通过面对面访谈等方式收集消费者性格、声誉、生活方式等包括个人特征在内的调查性信用报告。有学者初步统计：目前美国有 1000 多家专业个人征信系统。个人征信系统几乎记录了消费者所有的消费记录、信贷情况和收入状况，对消费金融公司的贷前审查具有极大的指导意义。①

二、日本

日本的消费信贷比美国发展得晚一些，现有的消费金融市场基本是"二战"后才形成的。从历史上看，日本消费金融源于民间借贷，具有地下钱庄和高利贷的性质。日本商业银行的消费信贷业务占比较小，消费金融服务的主要提供者是日本的非银行金融机构，主要包括消费者无担保贷金公司、信用卡公司、分期付款公司以及私人贷款机构等。日本消费金融主要服务对象

① 浅析国外消费金融公司的发展经验 ［N］. 田华说财，2022 - 06 - 01.

包括上班族、职业白领、普通公司员工、家庭主妇和学生等客户，其产品涵盖汽车贷款、旅游、房屋贷款、婚庆、教育、电子产品和服装等各领域的消费金融贷款。

20世纪50年代，金融消费信贷在日本大型商店发展起来，各地陆续推出代币券服务，消费者可以持此进行分期付款。之后，日本电器产业迅速扩张，东芝、松下株式会社纷纷设立了专门的消费信贷部门，以信贷消费满足消费者需求和复苏日本战后萧条的经济。

20世纪60年代中期后，日本经济开始持续增长，非银行消费信贷业务在大阪、京都等老城市开始兴起，起初的贷款对象大多为和服作坊等手工业者，特点是贷款金额小、周转速度快。虽然消费信贷利率较高，但能为手工业者提供周转资金，成为一种运转较为成功的信贷模式，深受小手工业、小作坊或个体经营户的欢迎。当时日本百货公司和信贩公司联营的分期付款式消费信贷已有相当规模，出现了专营消费信贷的"信用贩卖"和百货商场合作形式，成立了统一经营消费信贷的商业企业协会。

1964年，日本成功举办奥运会，刺激了国内经济增长，使日本民众对耐用消费品和休闲娱乐等消费产品的需求迅速上升，但当时日本人收入却没有得到同步提高，这直接导致了消费信贷需求再一次爆发式增长。此外，日本城市化得到了较大发展，大多数城镇都聚集着一大批上班族，他们渴望消费，但银行也不敢贷款给这些初入社会的打工年轻人。于是，一些消费金融贷款公司抓住年轻上班群体，向他们推荐小额消费金融信贷业务，并在随后的十几年中，这些城镇里打工一族逐渐成为消费信贷最大的客户群体。

20世纪70年代后，消费信贷规模不断膨胀，消费金融群体越来越繁杂，当时日本的消费信贷逐渐发展为对资金使用不指定用途的一般消费贷款，消费者可以按自己的意愿和需要购买商品。但是，由于当时消费金融未引起政府的足够重视，加之金融监管体系不健全，监管严重缺位，日本的消费金融债务违约的发生频率大幅增长，从无担保小额贷款逐渐引发"消金三恶"现象，即高利率、多重借贷、暴力讨债，曾造成严重的社会危害。[①] 到了 80 年代初期，日本"消金三恶"日益严重，消费金融市场成了"消金地狱"。

20 世纪 80 ~ 90 年代后，为整顿市场，保护本国消费者权益，日本开始了"逐步规范阶段"。1983 年，日本发布了贷金业自律行政命令并颁布《贷金业法》，开始对贷金业者实行注册登记制度。从此，日本贷金业成为不吸收存款而向消费者和中小企业提供融资的行业，被政府纳入正规金融体系，并将贷金业者放贷利率上限由 109.5% 下调至 73%。有学者称为"严格的法律约束逐渐引导日本消费金融公司步入法制化、规范化的发展轨道"。[②] 从此，规定消费金融公司向借债者融资的最高限额不得超过其年收入的 1/3，禁止签订可能逼迫借债者自杀的生命保险契约，建立了严格的个人消费信贷市场准入制度，"贷金业"规范成为不吸收存款而向消费者和中小企业提供融资的行业。然而，由于日本司法机构执法效果欠佳，未有效遏制"消金三恶"现象，加之 90 年代日本经济泡沫破灭，银行已没有足够资金和能力进入消费信贷市场，非银行消费金融贷款公司扮演起主要角色。

在被称作日本"失去的十年"（1991—2000 年）中，以武富士为代表的非银行消费金融贷款公司开始扮演起市场的主要角色，迎来了当时日本消费信贷的巅峰。当时，日本 Acom 和 Promise 两家消费金融公司在 1993 年率先登陆资本市场，Aiful 则在 1997 年成功上市。1998 年 12 月 2 日，武富士在东京证券交易所上市。1999 年 5 月，日本通过《非银行金融机构债券法》，允许符合条件的贷金公司发行债券、开展资产证券化业务，并允许其把资本市场的融资用于发放消费信贷。数据显示，当时日本个人消费占 GDP 比重在 52% 左右，并在后面 10 年中不断攀升。[③]

---

① 从 20 世纪 60 年代开始，日本经济高速发展，民间消费金融公司崛起，日本进入了消费信贷的黄金时代。然而，过度消费导致了高利率、多重借贷、暴力讨债的"消金三恶"，一些底层用户陷入债务危机，甚至出现自杀或离家出走的极端事件，软暴力催收导致的社会问题更是备受诟病和舆论指责。

② 张小琳. 国外消费金融发展管窥［J］. 金融博览财富，2016 - 03.

③ 沈万鑫. 高利贷首富的衰落：日本消费金融崛起与大溃败［N］. 懂财帝，2018 - 08 - 15.

从 1999 年 12 月开始，鉴于"消金三恶"所遗留的社会问题，日本民众对贷金业产生反感情绪，日本消费金融再次进入了"监管强化期"。[①] 2000 年，为了防范贷款信用风险，日本把对中小贷金公司的监管权从地方收归金融厅。2001 年 3 月，日本构建了以金融厅为核心、日本银行共同参与的金融监管新机构——消费者信用数据中心（Credit Risk Database，CRD）。这是一家非营利、非公益的一般社团法人，其经营宗旨是不追逐利润，不向社会公开信息，而只向加入该组织的会员提供信息服务。2003 年 4 月，日本出台《地下金融对策法》，对所谓"地下金融"即未向政府注册而私自开展贷款业务的机构进行整治，以期遏制日本社会四处蔓延的高利贷势头。

与此同时，为了加强惩治力度，2006 年日本政府开始分阶段对《贷金业法》进行修订，比如，对贷款行业进行适当性管制，放贷机构的准入条件、行业自律机构以及行为监管作出明确规定，主要包括以下几个方面。

1. 提高准入门槛

为保证贷金业者贷款业务的合理实施，最低净资产额由个人 300 万日元、法人 500 万日元，全部提高到 2000 万日元。

2. 强化行业自律组织

在组织方面，贷款业协会的目的在于保护资金需求者的利益，协助贷款行业正常运营。协会是法人或者全国性组织，有意设立协会的从业者必须取得日本内阁总理大臣的认可。

3. 贷款业务的行为限制

（1）利率：禁止贷款从业者与债务人约定超过《利息限制法》第四条规定上限的契约。

（2）额度：贷款人的贷款余额不得超过年收入的 1/3。

（3）催收：贷款从业者无正当理由，在不适当的时段，不得拨打电话或

---

① 周艾琳. 日本现金贷也疯狂：从民间"消金三恶"到银行"过剩融资"［N］. 第一财经，2017－12－14.

传真资料给债务人或至债务人居住处。不得要求债务人以外之人代替债务人清偿债务。当债务人以外之人拒绝告知债务人的居所和联系方式，或者拒绝其他对债权催收的协助后，不得仍要求其协助催收。

2006年，日本最高法院规定年利率不得超过20%，允许借款人向消费金融公司索要此前贷款中利息超过20%的部分。也就是说，先前所有超过《利息限制法》上限利息在法律上均为无效，消费金融机构、投资者权益不再受日本法律保护。之前收取的超过年利率20%的利息，消费金融机构也得归还给客户（借款者）。更有甚者，贷款额不得超过借贷者年收入的1/3，之前多出的利息部分还要全部退还给客户（借贷者）。

从此，日本民间的消费金融巨头纷纷开始破产了。最典型的例子是武富士。20世纪90年代，整个日本消费信贷市场，最后形成四大行业巨头：武富士、Aiful、Promise、Acom。而其中只有武富士是唯一白手起家的企业，其他3家都有大公司背景，比如，Acom和Aiful背靠三菱财团，Promise属于三井住友财团。1998年12月，武富士在东京证交所上市，1999年，《福布斯》全球富豪排行榜上，创始人武井保雄以78亿美元个人资产荣登日本首富。2000年3月，武富士在伦敦证交所上市。2002年3月，武富士的放贷金额超过210亿美元，成为日本最大的消费金融公司，并一路将创始人武井保雄送上了日本首富的宝座。直到武井保雄去世的2006年，他都稳居日本富豪榜第二的位置，仅次于软银集团的孙正义。从2007年开始，武富士经营每况愈下。2009年，武富士不得不停止提供新的贷款。2010年6月18日，《利息限制法》正式生效，日本近4000个注册消费信贷公司中，超过六成被禁止发放新的贷款。消费金融公司举步维艰，偃旗息鼓，而银行却开始扮演了收割丰收果实的角色。面对蜂拥而至的讨息者，武富士于2010年9月30日向东京地方法院申请破产保护。同年10月29日，日本最大的消费金融公司——武富士在东京证券交易所的股票摘牌退市。

除了武富士，日本前四大消费信贷公司削减广告支出、关闭各地门店、大幅裁员，总共退还了利息 650 亿日元，但都无法挽救一泻千里的颓势。以 Acom 为例，这家日本第二大消费金融公司自 2006 年起向贷款人返还超额利息。根据其年报统计：在 2006—2017 年，Acom 一共向贷款人返还利息 9984 亿日元，严重影响经营业绩。在 2004—2006 年，Acom 净利润在 600 亿日元以上，但在 2006 年《贷金业法》修正并实行后，Acom 在 10 年内累计亏损 5770 亿日元，已经濒临破产。另一家日本消费金融公司 Aiful 也在 2006 年《贷金业法》实施之后，贷款余额出现了连续 8 年负增长，一度从 2006 年的 2 万亿元跌至 2014 年的 3200 亿元，下降幅度达到七成之多。

虽然当时 Acom 的背后是三菱日联金融集团，Aiful 的背后是住友信托银行，资金实力雄厚，而且这些消费金融寡头得以用股价缩水近九成为代价换来经营策略的调整，但是，如此巨额的返还利息也使得日本消费金融机构雪上加霜，加之持续十几年的严监管更使得日本民间消费金融遭受打击，从此，日本消费金融公司一蹶不振，直至今天。

有文章引用日本金融服务协会数据：仅 2006—2010 年，借款人已通过诉讼，追讨超过 4.4 万亿日元"超征利息"（约合人民币 2724 亿元）。日本消费金融公司的消费贷款供给额曾达到 10 兆亿日元规模的巅峰，在《贷金业法》修正的 2006 年以后急剧下降，在 2010 年缩减到 2.4 兆亿日元，约为原有规模的 1/4。2011 年，日本消费者金融市场规模仅为 12 万亿日元，与《贷金业法》实施前 2000 年几乎缩小了四成。①

今天，以武井保雄为代表的日本消费贷已成为前尘往事。但我国消费金融正异军突起，越来越多的民间消费金融机构高举普惠金融大旗，以互联网金融创新名义却在享受着资本逐利的狂欢。这种近似疯狂的消费金融模式在我国有一个广为人知的名字——"现金贷"，却与当年的日本"消金三恶"消费贷有着相似之处。现金贷在我国兴起有合理之处，满足了传统金融机构

---

① 日本消费贷第一公司武富士的覆灭可以教会今天的中国公司什么？［N］．腾讯网，2022 - 11 - 09．

无法触及群体的融资和消费需求，对于我国消费信贷驱动有一定贡献。但现金贷行业普遍存在高利率、多头借贷、暴力催收等不良现象，非正规消费金融机构更是触犯监管规定红线，将消费信贷利率逼近 24%，甚至超过 36%。这与日本当年的"消金三恶"如出一辙。

　　从日本消费金融发展的情况看，以高息覆盖高坏账、债务人多头借贷借新还旧的模式是难以持续的。我国必须认真吸取日本消费金融失败的教训，在利率上限、贷款额度、行业自律、数据共享方面作出一定调整，进一步去除消费金融行业劣质玩家，将优质玩家纳入监管体系，从"百花齐放"的粗狂式发展纳入"能者为之"的理性发展轨道中。已经有学者预言，如果那些"现金贷"平台再不回头，哪怕已成为或者即将成为消费金融行业巨头，都有可能成为下一个中国版的"武富士"。①

三、欧盟

（一）西班牙

　　全球最大的消费金融公司——桑坦德消费金融有限公司（Santander Consumer Finance，S. A.），于 1964 年在西班牙开业，为欧洲著名的消费金融零售商。目前，桑坦德消费金融有限公司已在全球 15 个国家开展业务，与泛欧洲地区同类机构相比，其在多项核心发展指标上均处于欧盟市场领先水平。例如，通过与遍布全国的汽车经销商和零售商密切合作的方式开展业务，ToB 与 ToC 相结合的模式优化了信贷资源与风险成本，特别是成本收入比和资产收益率为行业第一，可以通过差异化竞争，广泛选择目标客户，聚焦那些被金融机构忽视而有稳定收入的中低端个人客户，按照他们的消费习惯，主要办理小额无抵押无担保的特定用途贷款及无特定用途的现金贷款，并积极与大型零售商合作，利用各种直销及网点销售渠道，延伸社区、街区和郊

---

　　①　日本现金贷启示录："消金三恶"的鼎盛与衰败 [N]. 亿欧数据，2017 - 10 - 29.

区家庭，极大地方便了中低收入的个人客户。

作为欧洲地区领先的消费金融零售商，桑坦德消费金融公司的主要业务包括汽车金融（新车和二手车）、个人贷款、信用卡、租赁、耐用消费品贷款和其他业务。桑坦德消费金融公司的业务模式和特点主要体现在以下两个方面。

1. "漏斗式"的营销模式

桑坦德消费金融公司主要通过与遍布全国的汽车经销商和零售商密切合作的方式开展贷款业务，采取以汽车经销商和零售商为对象的间接营销与以个人客户为对象的直接营销相结合的模式，进一步优化配置信贷资源与风险成本。

在这种模式中，桑坦德消费金融公司通过与遍布全国的汽车经销商和零售商合作，将办理贷款的场所直接放在经销商和零售商的营业网点中，借助这些商家积累多年的口碑与声誉，由经销商和零售商负责对个人客户进行营销，初步获取客户，在短时间内打开市场，进一步积累品牌效应。随后，公司根据经销商和零售商所收集的个人客户信息和付款记录，建立个人客户资料数据库，采取"漏斗式"的营销模式，基于一定条件筛选目标客户群，通过营销邮件、电话呼叫与短信等方式，进一步将其转变为直接个人贷款客户，不断扩大客户群。这种独特、高效的销售模式和渠道管理可以帮助其主动寻找和吸引目标客户，而不是被动地等待未知的客户上门。

2. 自动化的信贷管理模型

桑坦德消费金融公司利用自动化的贷款审批系统，根据标准化的客户信息输入即可完成快速审批，并能够有效地控制有关风险，识别防范欺诈行为。

通过自动化与高集成度的评分卡系统集中处理贷款申请，对客户进行贷款审批。公司日常业务中，87%的汽车贷款和98%的耐用品贷款审批都通过评分卡进行，剩余的贷款则进入风险审批中心由分析师人工审批，最大限度地避免了人工处理的操作风险。

公司的客户数据库能够自动对不同合约的信息进行相互匹配，若发现不匹配的情况将发出警报。公司设立的反欺诈委员会将会对发出识别警报的申请人信息进行监测与分析，及时发现污点申请人并采取相应措施，有效地避免信贷欺诈行为。在催收上利用客户细分技术，结合还款行为特征和预期损失风险评分对客户进行细分，并根据评分情况采取不同的催收手段以确保催收效率的最大化。[①]

（二）英国

英国的消费金融是指专业提供消费者信贷，可细分为消费者信贷、汽车消费信贷、房屋消费信贷和普通商品消费信贷。近年来，英国兴起了一种"工资日贷款"的消费信贷公司，专门针对那些信用等级较低且急需小额信贷的个体客户，向其提供利率较高、数额较小、贷款较快的微信消费型贷款。

（三）欧盟

欧洲的消费金融起步晚于美国。但从 20 世纪六七十年代以来，欧盟已成长为仅次于美国的全球第二大消费金融市场。欧洲消费金融公司将市场定位于收入不高但收入来源稳定的人群，尤其是年轻人群体。这类群体具有相对开放的消费观念，对于旅游、房屋装修、婚庆、教育等又有较大的消费需求，成为欧洲市场消费金融重点目标客户。从消费贷款用途来看，欧洲消费金融公司主要向客户提供特定用途贷款和无特定用途贷款。其中，特定用途贷款包括汽车贷款、房屋修缮贷款、家庭耐用消费品销售商户贷款等；无特定用途贷款包括现金贷款、现金透支、循环贷款等。有学者研究发现，欧洲消费金融公司有直接营销与间接营销两种模式。直接营销是指消费金融公司直接发展客户，这种模式往往需要较多的分支机构或营业网点作为支撑；间接营

---

① 程雪军．消费金融系统三：国外主要消费金融公司模式研究［N］．未央网，2015 - 12 - 31.

销是指消费金融公司通过与经销商或零售商合作扩大客户群体，例如，与大型零售商合作，由零售商向消费者营销，锁定目标客户并向其提供消费贷款。另外，一些欧洲的消费金融公司，诸如 Cetelem 还发行了自己的信用卡，提供循环信贷功能，在客户、产品定位、营销模式、风险管控等方面都有自己独特的优势和特长所在。①

总体上看，欧洲消费金融公司贷款的特点是数额小、业务量多、客户品级多样、风险大。消费金融公司主要针对有稳定收入的中低端个人客户，包括年轻人群、年轻家庭，或需将家用电器等消费品更新换代的家庭。比如，大学毕业而工作年限比较短的群体有较强烈的购买欲望，他们可能会选择消费金融服务；年轻家庭对家用耐用消费品、房屋装修、子女支出等都有较大的需求，由于工作时间不长、储蓄不足，可能没有合适的担保途径来获得银行融资服务，他们也是消费金融公司的潜在客户。

欧洲消费金融公司主要办理标的金额较小的无抵押无担保的特定用途贷款，如家庭耐用消费品销售商户 POS 机贷款、商家会员卡、住房装修贷款等，以及未设特定用途的现金贷款，如现金贷款、现金透支、循环信用等，消费金融产品更加丰富多样。同时，欧洲消费金融公司的分销网络比较灵活多样，经常与大型购物中心、百货公司结盟，提供即时贷款申请服务，一般设置较多的营业网点可以满足消费者地域性的便利，也可以利用各种直销渠道，拓展包括电子邮件、呼叫中心、电话传真等贷款申请渠道，还可以利用邮局网点等销售渠道。

四、国外消费金融经验的启示

（一）坚持以客户为中心

欧洲消费金融公司在营销模式选择上往往会采取客户至上的原则，秉持

---

① 张小琳．国外消费金融发展管窥［J］．金融博览财富，2016 - 03.

以客户为中心去设计多种消费金融产品，以客户的满意度为标准满足客户的不同需求。比如，欧盟各国消费金融中普遍存在的"直销模式"，即消费金融公司主动寻求客户，并根据客户需要开发消费产品的营销方式。这种直销模式的优点是省去了很多不必要的中间环节，减少了中间环节产生的各种费用，节省了开支和时间，也增加了客户资源。

这一点值得我国消费金融公司认真学习。我国不少消费金融公司长期存在侵犯消费者权益或无视消费者利益的行为。比如，消费金融公司收费较高，尤其是利息很高，一般可以达到10%～13%，收取平台服务费质价不符，同时还对合作机构缺乏管控，经常存在诱导消费者贷款、过度消费以及夸大误导营销宣传，产品定价管理不审慎，对合作商户风险管理不到位，等等。

消费者权益无小事。消费金融要实现可持续发展，不能只顾企业自身利益，要以客户利益为第一原则，促使金融消费者利益最大化。比如，消费金融公司必须在48小时内回应客户咨询或投诉，及时为客户排忧解难，或由客户经理亲自回访，了解客户遇到的难题，给客户提供最优的解决方案。

为此，我国消费金融公司需要强化全流程管控，按照《消费金融公司试点管理办法》要求，将法律法规和监管要求逐项分解落实到业务运行的各个环节，细化到业务岗位职责中，以客户为中心设计产品，面向不同的客户群体提供的产品和服务各有特色，以满足不同消费者的需求。

（二）完备的法律才能提供更好的保护

欧盟、美国或日本有着比较完备的消费金融法律体系，诸如《社会保障法》《信贷法》《破产法》。健全的法律可以减免很多企业和客户的后顾之忧，不用为信用风险而担心，能够增强居民提前消费的信心和勇气。例如，美国几十年来先后制定了一系列消费金融法律，包括但不限于：

1968年《消费信贷保护法》（*Consumer Credit Protection Act*）；

1970 年《公平信贷报告法》（*The Fair Credit Reporting Act*）；

1970 年《信用卡发行法》（*Credit Card Distribution Law*）；

1974 年《统一消费信贷法典》（*Consumer Credit Protection Act*）；

1975 年《平等信贷机会法案》（*Equal Credit Opportunity Act*）；

1977 年《公平债务催收行为法》（*Fair Debt Collection Practices Act*）；

2020 年《贷款真实性法案》（*Truth in Lending Act*）、1977 年《社区再投资法案》（*Community Reinvestment Act*），包含了 1990 年《金融服务业现代化法（*Financial Services Modernization Act*）；

2000 年《爱国者法案》（*The Patriot Act*）、《信用卡法案》（*The Credit Card Act*）；

2010 年《多德—弗兰克华尔街改革和消费者保护法》（*Dodd - Frank Wall Street Reform and Consumer Protection Act*）、《消费者保护法》（*Consumer Protection Laws*）。

反观我国消费金融法律体系，最近十几年已初步形成了一个消费者权益保护法律体系，这个体系以《消费者保护法》为核心，以《产品质量法》《商标法》《反不正当竞争法》《食品卫生法》《药品管理法》《计量法》《标准化法》《广告管理条例》《价格管理条例》等配套法律为组成部分。可以看出，我国更多的是针对企业或机构的消费保护，并不是针对个人消费金融方面的保护，而且法律中口号式的成分更多一些，技术型规范偏少一些，基本停留在宏观指导范畴，在一定程度上导致我国消费金融法律存在操作性不强问题，难有直截了当解决消费金融问题的方案。

（三）适时监管和及时调整是市场发展的保证

创新多、变动快、变化大是消费金融市场运行特点，境外很多国家修法的频率比较高，可以随着市场出现的问题制定单一的法规或政策，及时调整某一个方面的消费金融问题。我国经济、金融相关法律法规修订周期明显偏长，七八年甚至更长时间修改一次很普遍，由此造成消费金融法规跟不上市场发展。比如，现行消费金融公司法规是 8 年前颁布的。《消费金融公司试点管理办法》是中国银监会 2013 年第 18 次主席会议通过，自 2014 年 1 月 1 日起施行，至今已长达 8 年之久。其间，我国消费金融行业经历了很大的发展变化，从试点探索期（2009—2012 年）到稳定发展期（2013—2014 年），再从高速发展期（2015—2017 年）到规范整顿期（2018 年至今），时间跨度大、市场变化大、行业起伏大，但消费金融法规修改几乎停顿。从某种意义上说，现行的《消费金融公司试点管理办法》已经很难适应日新月异的消费金融行业发展需要。

其实，消费金融行业未来规范重点是及时更新法律法规，适应消费金融市场变化。如果消费金融领域法律法规和政策跟不上市场发展，发生了滞后现象，一方面无法及时解决消费金融领域的新矛盾和新问题；另一方面如果监管部门出现与法院职能接口不顺、立法形式不规范、内容重叠交叉甚至立法冲突等问题，由此导致消费金融执法难问题，容易产生部门利益"寻租"现象。因此，只有不断修正法律法规，不断提升消费者权益保护工作水平，构建完善的消费金融法律体系，才能真正加强金融消费者权益保护。

（四）必须建立完善的个人征信体系

目前，我国个人征信系统很不完善，一些民间机构存在无许可证却开展个人征信业务的情况。这些机构提供的信用信息不但存在虚假内容，还在用户注册时非法采集用户的脸部信息，严重影响金融消费公司的业务发展。

为此，我们有必要向美国消费金融在个人征信方面学习经验。目前美国大概有 1000 多家专业的个人征信系统，负责借款人信用情况的征集，几乎记录了消费者所有的消费记录、信贷情况和收入状况。完善的个人征信系统对于消费金融公司业务开展具有很大帮助，对于消费金融公司贷前审查具有极大的指导意义。因此，我们必须着力构建个人失信行为认定、记录、归集、共享、公开、惩戒和信用修复等机制，推动社会信用体系迈入高质量发展的新阶段，营造公平诚信市场环境的作用。

（五）加强自身产品和服务创新

消费金融公司加强产品与服务创新，为消费者提供量身定做的服务，联合传统线下的大型零售商、银行和保险公司建立合作伙伴关系，比如，与大型商超连锁建立合作关系，联合开发消费产品，从相互竞争走向相互合作，共同开发，平分市场份额，加快市场扩张步伐，以创新赢得市场。

在服务创新方面，消费金融公司通过线上购物平台建立第三方支付机制，还可以联合银行发行联名信用卡。此外，学习借鉴国外开发合适特定人群的金融产品和服务模式。比如，美国国家经济研究局调查发现：收入低于500美元的贫穷家庭只有12%使用分期付款方式，负债率却随着收入增加而上升，而在收入1750～2000美元的家庭中却达到了32%的峰值，可见消费信贷在其发展初期，必须找准服务对象，并不是普通大众都可以。[①] 因此，消费金融机构应加快开发新型消费信贷产品和多样化消费信贷产品，为中低收入人群提供便利的金融服务，真正实现普惠金融。

（六）走特定化和差异化发展道路

在客户定位上，消费金融公司应明确定位于中低消费人群，通过拓展业务合作和销售渠道，锁定潜在客户，加强营销力度。在产品设计上，通过对消费市场和居民需求进行细分与研究，根据市场需求的特点探索与之相适应的业务和产品结构，按照客户家庭分层设计更多个性化的信贷产品，不断丰富产品功能，为客户提供全面化、专业化、标准化、自动化的融资服务。

---

① 宁静，薛畅，李一维. 我国消费金融公司发展与现状研究 [J]. 人大复印资料，2011（11）.

第三节 我国消费金融现状及存在的问题

一、我国消费金融发展现状

（一）消费金融机构布局趋于均衡

十年来，我国消费金融公司规模不断壮大，目前共有 30 家消费金融公司（见表 1-5），除 12 个省级地区还未设立消费金融公司外，其余我国主要经济区域基本都能实现消费金融的覆盖。

表 1-5 我国 30 家消费金融公司统计

成立年份	数量（家）	消费金融公司名称（开业日期）
2010 年	4	北银消费金融（20100106）、四川锦程消费金融（20100106）、中银消费金融（20100106）、捷信消费金融（20100212）
2014 年	6	招联消费金融（20140828）、兴业消费金融（20141014）、海尔消费金融（20141203）、苏宁消费金融（20141211）、湖北消费金融（20141216）、马上消费金融（20141230）
2015 年	4	中邮消费金融（20150106）、杭银消费金融（20150707）、华融消费金融（20151023）、盛银消费金融（20151113）
2016 年	7	晋商消费金融（20160104）、长银消费金融（20160616）、包银消费金融（20161108，蒙商消费金融）、哈银消费公司（20161108）、尚诚消费金融（20161117）、中原消费金融（20161216）、长银五八消费金融（20161230）
2017 年	1	幸福消费金融（20170118）
2018 年	2	金美信消费金融（20180427）、中信消费金融（20180817）
2019 年	1	平安消费金融（20191121）

中国普惠金融
实践经验与市场化改革

成立年份	数量（家）	消费金融公司名称（开业日期）
2020 年	5	重庆小米消费金融（20200110）、北京阳关消费金融（20200110）、重庆蚂蚁消费金融（20200914）、苏银凯基消费金融（20200929）、唯品富邦消费金融（20200929）
2021 年	0	待批
2022 年	1	建信消费金融公司（20220927）

资料来源：根据消费金融公司公开资料整理。

除了上述已经成立的 30 家消费金融公司外，目前全国还有多家机构正在申报过程中，包括华夏银行、富滇银行、新加坡大华银行、美的集团、甘肃银行、吴江银行、申能集团、中国移动通信集团，其中亮点有上海申能集团与新加坡大华银行准备处理中外合资的消费金融公司，美的集团联手中国台湾地区永丰银行共同成立消费金融公司。

从全国各省、市、自治区角度看，我国消费金融公司数量超过 1 家的省级行政区已达到 7 个，分别为北京、上海、重庆、广东、福建、江苏和四川，其中北京、上海和重庆各拥有 3 家消费金融公司。

1. 上海、北京和重庆各拥有 3 家消费金融公司，广东、福建、江苏、四川各拥有 2 家消费金融公司

（1）北京、上海和重庆分别拥有 3 家消费金融公司。其中，上海拥有中银消费金融、尚诚消费金融和平安消费金融；北京拥有北银消费金融、中信消费金融和北京阳光消费金融；重庆拥有马上消费金融、小米消费金融和蚂蚁消费金融。

（2）江苏、四川、广东和福建各拥有 2 家消费金融公司，分别是江苏拥有苏宁消费金融（南京）和苏银凯基消费金融（昆山），四川拥有锦程消费金融（成都）和唯品富邦消费金融（成都），广东拥有中邮消费金融（广州）和招联消费金融（深圳），福建拥有兴业消费金融（泉州）和金美信消费金融（厦门）。[①]

---

① 毛小柒. 30 家消费金融公司全面梳理 [N]. 腾讯网，2022 - 09 - 28.

以上 7 个省级行政区合计拥有 17 家消费金融公司。

2. 全国 13 个省级行政区各拥有 1 家消费金融公司

全国 13 个省级行政区各拥有 1 家消费金融公司，分别为辽宁的盛银消费金融（盛京银行）、黑龙江的哈银消费金融（哈尔滨银行）、天津的捷信消费金融、山东的海尔消费金融（青岛）、内蒙古的蒙商消费金融（蒙商银行）、河北的幸福消费金融（石家庄）、陕西的长银消费金融（西安）、浙江的杭银消费金融（杭州）、湖北的湖北消费金融（武汉）、安徽的华融消费金融（合肥）、山西的晋商消费金融（太原）、河南的中原消费金融（郑州）以及湖南的长银五八消费金融（长沙）。

3. 尚有 11 个省级行政区未设立消费金融公司

全国还有 11 个省级行政区未设立消费金融公司，分别为西藏、新疆、青海、宁夏、甘肃、江西、云南、贵州、吉林、广西等地。有学者总结这些省份地区尚未设立消费金融公司的原因，主要是当地经济状况和消费市场不理想，消费潜力不足，对经济提振作用不大。不过目前这 11 个省级行政区已经在慢慢尝试突破，如甘肃地区的甘肃银行、云南地区的富滇银行正在排队争取设立省内消费金融公司。①

目前，我国 30 家消费金融公司中有 27 家具有银行系背景，19 家具有互联网背景。

1. 具有全国性银行背景的消费金融公司有 8 家

按批筹时间顺序依次为中银消费金融、招联消费金融、兴业消费金融、中邮消费金融、建信消费金融、阳光消费金融。如果考虑到中信集团背景的中信消费金融和平安集团背景的平安消费金融，具备全国性银行背景的消费金融公司有 8 家（见表 1 - 6）。

---

① 毛小柒. 30 家消费金融公司全面梳理 ［N］. 腾讯网，2022 - 09 - 28.

表1－6　具备全国性银行背景的消费金融公司背景及持股比例

名次	消费金融公司名称	银行系股东	持股比例（％）
1	建信消费金融	中国建设银行	83.33
2	中邮消费金融	中国邮政储蓄银行	70.50
3	中信消费金融	中信银行	70.00
4	兴业消费金融	兴业银行	66.00
5	阳光消费金融	中国光大银行	60.00
6	中银消费金融	中国银行	42.80
7	平安消费金融	平安集团	30.00
8	招联消费金融	招商银行	24.15

资料来源：根据消费金融公司公布资料整理。

值得一提的是，2022年9月27日，中国建设银行发布关于获准筹建消费金融公司的公告：中国建设银行拟与北京市国有资产经营有限责任公司及王府井集团股份有限公司，共同出资设立"建信消费金融公司"。建信消费金融公司作为建设银行所属一级控股子公司管理，注册资本为人民币72亿元。其中，中国建设银行出资人民币60亿元，持股比例为83.33％；北京国资公司拟出资人民币8亿元，持股比例为11.11％；王府井拟出资人民币4亿元，持股比例为5.56％。从股东背景来看，建信消费金融系完全国资系持牌消费金融公司。除了国有银行建设银行外，王府井实际控制人为北京市人民政府国有资产监督管理委员会，北京国资公司实控人为北京市人民政府，都是以国有资产为背景的控股股东。[①] 预计2022年12月开业后，建信消费金融将成为持牌消费金融的新实力派选手，为金融消费者提供服务，这使我国消费金融公司数量增加到31家。

2. 具有地方性银行背景的消费金融公司有16家

全国具有地方性银行背景的消费金融公司有16家（见表1－7），按批筹时间顺序依次为北银消费金融、锦程消费金融、苏宁消费金融、湖北消费金

---

① 建信消费金融获批筹建！建行出资60亿元持股83％［N］. 中关村金融科技产业发展联盟网站，2022－09－28.

融、杭银消费金融、盛银消费金融、晋商消费金融、陕西长银消费金融、蒙
商消费金融、哈银消费金融、尚诚消费金融、中原消费金融、长银五八消费
金融、幸福消费金融、小米消费金融、苏银凯基消费金融。

表 1 - 7　地方性消费金融公司股东背景及持股比例

名次	消费金融公司名称	银行系股东	持股比例（%）
1	中原消费金融	中原银行	78.13
2	盛银消费金融	盛京银行	60.00
3	哈银消费金融	哈尔滨银行	53.00
4	陕西长银消费金融	长安银行	51.00
5	长银五八消费金融	长沙银行	51.00
6	苏银凯基消费金融	江苏银行	50.10
7	蒙商消费金融	蒙商银行	44.16
8	杭银消费金融	杭州银行	41.00
9	晋商消费金融	晋商银行	40.00
10	锦程消费金融	成都银行	38.86
11	尚诚消费金融	上海银行	38.00
12	北银消费金融	北京银行	35.29
13	湖北消费金融	湖北银行	31.91
14	小米消费金融	重庆农商行	30.00
15	幸福消费金融	张家口银行	17.90
16	苏宁消费金融	南京银行	15.00

资料来源：根据消费金融公司公布资料整理。

需要指出的是，蒙商消费金融公司的互联网背景，2019 年 6 月 18 日，
蒙商消费金融的注册资本由 3 亿元增加至 5 亿元，股权比例调整为蒙商银行
44.16%、微梦创科网络科技（中国）40% 以及深圳萨摩互联网科技
15.60%，其中，微梦创科网络科技（中国）为微博网络（香港）的全资子
公司，而后者的前两大股东则分别为新浪（45.20%）和阿里（30.40%）。[①]

―――――――――――

① 毛小柒. 30 家消费金融公司全面梳理 [N]. 腾讯网，2022 - 09 - 28.

3. 具有外资金融机构背景参与的消费金融公司有 6 家

具有外资金融机构背景参与的消费金融公司有 6 家（其中以台资背景为最多），分别为捷信消费金融、唯品富邦消费金融、苏银凯基消费金融、阳光消费金融、金美信消费金融以及重庆蚂蚁消费金融（南洋商业银行15.01%和国泰世华银行10%）（见表1-8）。

表1-8 外资参与的消费金融公司股东背景及持股比例

名次	消费金融公司名称	大股东	持股比例（%）
1	捷信消费金融	派富集团	100
2	金美信消费金融	台湾地区 中国信托商业银行	34
3	苏银凯基消费金融	台湾地区 凯基银行	33.40
4	唯品富邦消费金融	台湾地区 富邦华一银行	25
5	阳光消费金融	台湾地区 王道银行	20
6	重庆蚂蚁消费金融	南洋商业银行 国泰世华银行	15.01 10

资料来源：根据消费金融公司公布资料整理。

4. 具有互联网背景的消费金融公司有 11 家

目前，中国联通、海尔集团、苏宁易购、百度、携程、国美、小米、蚂蚁科技集团、唯品会、微梦创科网络科技（中国）以及陆金所11家互联网公司也均已控股或参股消费金融公司，分别为招联消费金融、海尔消费金融、苏宁消费金融、哈银消费金融、尚诚消费金融、金美信消费金融、小米消费金融、蚂蚁消费金融、唯品富邦消费金融、蒙商消费金融以及平安消费金融（见表1-9）。

表1-9 互联网背景消费金融公司股东背景及持股比例

名次	消费金融公司名称	大股东	持股比例（%）
1	唯品富邦消费金融	唯品会	75
2	招联消费金融	中国联通	50
3	小米消费金融	小米	50

续表

名次	消费金融公司名称	大股东	持股比例（%）
4	蚂蚁消费金融	蚂蚁科技集团	50
5	苏宁消费金融	苏宁易购	49
6	蒙商消费金融	微梦创科网络科技（中国）	40
		深圳萨摩互联网科技	15.60
7	尚诚消费金融	携程	37.50
8	金美信消费金融	国美	33
9	海尔消费金融	海尔集团	30
		海尔集团财务	19
10	哈银消费金融	百度	30
11	平安消费金融	陆金所	29

资料来源：根据消费金融公司公布资料整理。

（二）消费金融规模逐年增长

十年间，随着国内经济持续增长和城乡家庭稳定增收，我国消费金融逐渐在"政策支持 + 消费拉动"双重驱动下稳步发展。国内消费信贷规模增长达 5 倍之多，尤其是消费贷款余额占比提升达到 80%。这是我国社会与家庭消费规模和信心的表现。消费金融公司从最初的 4 家增长到今天的 30 家，整个消费金融产业正在经历"政策试点期—政策修订期—政策全国推广期"的典型产业演变历程。

2012 年以来，我国消费贷款规模呈现逐年增长态势。2017 年，我国消费贷款同比增长率达到 62.7%，成为 2012 年以来增长最快的一年。2018 年，虽然我国消费贷款增长速度有所放缓，但也一直保持在 15% 的水平上下。2019 年，我国消费贷款增长率为 17.47%，消费贷款规模总计 13.34 万亿元，较 2012 年增长 11 万亿元，规模扩张显著。2019 年，我国居民消费总支出中有 34.6% 来自贷款消费，较 2012 年增长 22.8 个百分点，涨幅较大，说明我国居民提前消费意识增加，贷款消费使得居民消费自由度提升，同时也说明居民对贷款依赖程度进一步提高，过多的贷款消费可能增加居民未来偿债压力。

中国银行业协会发布的《中国消费金融公司发展报告（2022）》最新数

据显示：截至 2021 年 12 月末，我国消费金融公司数量增至 30 家，贷款余额突破 7000 亿元，达到 7106 亿元，同比增长 44.2%；资产总额达到 7530 亿元，同比增长 43.5%。2022 年，我国消费金融信贷余额增加势头不减，突破 50 万亿元大关，成为近年来的新高，如表 1-10 所示。

表 1-10　我国消费金融 10 年间信贷规模占比

年份	金融机构人民币贷款余额（万亿元）	消费信贷余额（万亿元）	消费信贷占贷款总余额之比（%）
2012 年	62.99	10.27	16.42
2022 年	192.69	54.88	28.48

数据来源：中国银行业协会《中国消费金融公司发展报告（2022）》。

消费金融有力地支持了社会零售品的零售业务。根据马上消费研究院统计，2021 年，我国社会消费品零售总额达到 44.1 万亿元，比 2012 年增长 1.1 倍，年均增长 8.8%。[1] 2022 年 12 月 30 日，重庆银监局批复通过了重庆蚂蚁消费金融公司增资方案，注册资金由 80 亿元增加到 185 亿元，并同意杭州金投数字科技集团有限公司、浙江舜宇光学有限公司、传化智联股份有限公司投资入股该公司。[2] 今天，消费金融抓住了发展机遇，促进了消费业务量提升，消费金融已经成为国内经济增长的第一拉动力。

（三）消费金融模式业已形成

1. 电子商务交易平台模式

互联网消费金融已经形成，主要是电商或互金平台自己构建或合作搭建的消费平台，通过对交易平台消费者交易数据或外来数据的分析，为消费者提供不同等级的分期购买及小额信贷服务。互联网消费金融的主要模式是"互联网＋消费金融"，主要是指银行、消费金融公司或者互联网企业出资成

---

[1]　消费金融非凡十年：金融为民，服务实体 [N]. 东方财富网，2022-10-21.
[2]　重庆银保监局：批复通过重庆蚂蚁消费金融公司增资方案 [N]. 上海证券报，2022-12-30.

立的非存款借贷公司以互联网技术和信息通信技术为工具，以满足个人或家庭对除房屋和汽车之外的其他商品和服务消费需求为目的，向其出借贷金并分期偿还信用活动。目前，各大电商平台都有自己的互联网消费金融产品，如京东白条、天猫分期、花呗、借呗等。

电商平台消费金融模式：京东白条，天猫分期。

①京东白条模式。京东根据消费者在京东的历史交易数据对其进行授信，授信额度为6000~15000元。消费者在京东商城进行消费，如果消费者选购的是京东自营商品，支付环节在京东内部完成；如果消费者选购第三方卖家的联营商品，由京东将贷款先行支付给第三方卖家，最后，消费者按照约定向京东还款。

京东白条模式的收益来自消费者分期付款的手续费，京东白条有助于销售模式的提升，可带来额外的利润。在这个过程中，京东是实现风险的承担者，消费信用风险是主要风险。

②天猫蚂蚁微贷模式。天猫商家开通分期购物服务，确定可分期的具体商品，再根据消费者历史数据对其进行授信，消费者在商家店铺选择分期商品，蚂蚁微贷向商家支付贷款，消费者通过支付宝进行还款。

天猫蚂蚁微贷模式的主要收益来源于天猫商家及消费者支付的手续费，在这个过程中，蚂蚁微贷是风险的主要承担者，消费信用风险是天猫分期的主要风险。对于风险控制，选择优质消费者以及通过消费者交易数据对其授信进行控制是关键。

2. 银行构建消费金融平台模式

银行构建消费金融平台模式一般是消费者通过办理信用卡或消费贷款获取资金。目前，为了避免受到更多互联网金融的冲击，传统金融机构也在积极打造自己的互联网消费金融领域。

3. 分期购物平台模式

网络贷款平台是资金盈余方和资金短缺方进行交易的平台，双方通过签订贷款协议，为各种消费平台提供消费信贷，消费平台为其提供消费场景，两者相互帮助，成为互联网消费金融的一个重要形式。

4. 专业消费金融公司

与银行类似，消费金融公司模式是依靠向资金需求者出借以消费为目的的贷款。尽管它的规模不大，但它的运营形式较为灵活，所以在这个提倡自在、脱媒、平等的互联网金融市场上具备自己本身特有的长处，也成为互联网消费金融一个不可或缺的模式。

（四）消费金融结构日趋合理

目前我国消费金融结构逐渐完善，初步形成了以居民住房按揭贷款为主体，各种信用卡贷款、旅游、医疗贷款、教育等综合消费贷款为辅的消费信贷体系，涉及居民吃穿住行领域的消费金融产品种类较为丰富。

（五）消费金融整治逐渐规范

1. 宏观政策环境日益完善

（1）消费基础设施建设。2019 年 2 月 12 日，商务部等 12 个部门联合发布了《关于推进商品交易市场发展平台经济的指导意见》（商建函〔2019〕61 号）。2019 年 4 月 8 日，商务部发布了《关于进一步推动城乡便民消费服务中心建设的通知》（商办服贸函〔2019〕132 号）。2019 年 3 月 18 日，工业和信息化部发布了《信息消费示范城市建设管理办法（试行）》（工信部信软〔2019〕63 号）。

（2）消费领域信用建设。2019 年 4 月 9 日，商务部发布了《关于印发〈2019 年市场秩序工作要点〉等文件的通知》（商秩司函〔2019〕221 号），将消费领域信用建设作为 2019 年商务信用建设工作要点之一。

（3）体现全面与细化并重趋势。2019 年 1 月 28 日，国家发展改革委等10 部门发布了《关于印发〈进一步优化供给推动消费平稳增长促进形成强大国内市场的实施方案（2019 年）〉的通知》（发改综合〔2019〕181 号）。2019 年 6 月 3 日，国家发展改革委、生态环境部及商务部发布了《推动重点消费品更新升级畅通资源循环利用实施方案（2019—2020 年）》。2019 年 8 月 16 日，国务院办公厅发布了《关于加快发展流通促进商业消费的意见》（国办发〔2019〕42 号）。

（4）细分领域消费政策支持。2019 年 1 月 4 日，国家体育总局、国家发展改革委发布了《体育总局、国家发展改革委关于印发〈进一步促进体育消费的行动计划（2019—2020 年）〉的通知》（体经字〔2019〕13 号）。2019 年 8 月 12 日，国务院办公厅发布了《关于进一步激发文化和旅游消费潜力的意见》（国办发〔2019〕41 号）。2019 年 9 月 4 日，国务院办公厅发布了《关于促进全民健身和体育消费推动体育产业高质量发展的意见》（国办发〔2019〕43 号）。2019 年 11 月 24 日，国家发展改革委等 9 部门发布了《关于节假日旅游出行环境促进旅游消费的实施意见》（发改社会〔2019〕1822 号）。

2. 消费金融监管重点

（1）2020 年 7 月 17 日和 2021 年 2 月 19 日，中国银保监会相继发布《商业银行互联网贷款管理暂行办法》（银保监会〔2020〕第 9 号令）和《关于进一步规范商业银行互联网贷款业务的通知》（银保监办发〔2021〕24 号），对商业银行开展线上消费金融业务提出了具体要求：①明确单户用于消费的个人信用贷款授信额度应当不超过人民币 20 万元（同消费金融公司）。其中到期一次性还本的，授信期限不超过一年（不受该期限限制的消费金融牌照价值得到提升）。②明确商业银行与合作机构共同出资发放互联网贷款的，单笔贷款中合作方的出资比例不得低于 30%。① 明确商业银行与单一合作方发放的本行贷款余额不得超过本行一级资本净额的 25%，商业银

---

① 这项规定和 2020 年 11 月 2 日发布的《网络小额贷款业务管理暂行办法（征求意见稿）》基本一致，即在单笔联合贷款中，经营网络小额贷款业务的小额贷款公司的出资比例不得低于 30%。

行与合作机构共同出资发放的互联网贷款余额，不得超过本行全部贷款余额的50%。③地方性银行不得跨注册地辖区开展互联网贷款业务（消费金融公司不受该规定限制），这直接提升了消费金融公司的牌照价值。

（2）2020年6月24日，中国银保监会发布《关于开展银行业保险业市场乱象整治"回头看"工作的通知》（银保监发〔2020〕27号），明确线上贷款的检查重点适用银行与消费金融公司，主要包括线上线下统一授信管理不到位，贷款用途违规或被挪用于限制性领域，过度依赖合作机构，信贷管理等核心职能外包、风险控制流于形式，接受无担保资质合作机构提供的担保增信，银行资金借道互联网平台进行监管套利。

（3）2020年11月6日，中国银保监会发布《关于促进消费金融公司和汽车金融公司增强可持续发展能力提升金融服务质效的通知》，主要明确以下三点内容：第一点，适当降低拨备监管要求。实现将逾期60天以上的贷款全部纳入不良贷款以及资本充足率不低于最低监管要求的前提下，消费金融公司、汽车金融公司可以向属地银保监局申请将拨备覆盖率监管要求降至不低于130%，汽车金融公司可以申请将贷款拨备率监管要求降至不低于1.5%。第二点，鼓励拓宽市场化融资渠道。支持消费金融公司、汽车金融公司通过银登中心开展正常的信贷资产收益权转让业务，进一步盘活信贷存量，提高资金使用效率，优化融资结构，降低流动性风险。第三点，资本补充方式。支持符合许可条件的消费金融公司、汽车金融公司在银行间市场发行二级资本债券，拓宽资本补充渠道，发行二级资本债券应符合《商业银行资本管理办法》对二级资本工具的合格标准。

3. 消费金融公司监管处罚案例与统计分析

近年来，我国一些消费金融公司存在一些违法监管规定和法律规定的行为，概括起来有以下十大类：

（1）营销宣传存在夸大、误导；

（2）未向客户提供实质性服务而不当收取费用；

（3）对合作商管控不力；

（4）营销宣传中告知义务履行不充分；

（5）费率存在变相突破监管规定；

（6）产品定价管理不规范、个别服务定价不合理；

（7）消费贷款管理不规范，执行存在偏差；

（8）合作商管理制度不健全、管控不严；

（9）催收管理不到位、存在不合规催收；

（10）消费者权益保护体制机制不完善、部分职能未落实到位等问题。

部分消费金融公司受监管处罚统计如表 1－11 所示。

表 1－11　部分消费金融公司受监管处罚统计

序号	处罚对象	处罚日期	处罚文件	处罚事由	罚款结果
1	北银消费金融公司	2015－11－02	京银监发〔2015〕199 号	当事人变相突破监管规定发放消费贷款，造成个人消费信用用途不明确，部分资金挪作他用等	100 万元
2	湖北消费金融公司	2017－03－28	鄂银监罚决字〔2017〕1 号	违反规定从事未经批准的业务活动	50 万元
3	北银消费金融公司	2017－08－08	京银监罚决字〔2017〕14 号	提供虚假报表，开展监管叫停业务等	900 万元
4	中邮消费金融公司	2017－08－28	粤银保监罚决字〔2017〕29 号	违反规定从事未经批准或未备案的业务活动	80 万元
5	湖北消费金融公司	2017－12－26	鄂银监罚决字〔2017〕48－52 号	贷前调查、贷时审查不合格，导致贷款资金挪用	警告、40 万元
6	中银消费金融公司	2018－07－14	沪银保监罚决字〔2018〕27 号	在 2016 年 7 月办理部分贷款时，存在以贷收费的行为	138.68 万元
7	杭银消费金融公司	2018－05－14	浙银保监罚决字〔2018〕13 号	消费信贷不审慎并形成不良信贷	警告、50 万元
8	中银消费金融公司	2018－09－26	沪银保监罚决字〔2018〕43 号	借款人收入情况贷前调查不尽职，没有严格执行个人贷款资金支付管理规定等	150 万元

序号	处罚对象	处罚日期	处罚文件	处罚事由	罚款结果
9	陕西长银消费金融公司	2018－11－27	陕银保监罚决字〔2018〕75号	个人贷款贷后管理不到位	26万元、警告
10	盛银金融消费公司	2019－09－06	辽银保监罚决字〔2019〕38号	银行业金融机构贷款资金支付管理不审慎，引发个人贷款业务风险	20万元
11	中原消费金融公司	2019－09－26	豫银保监罚决字〔2019〕9号	贷后管理不到位，导致资金违规流入证券市场	30万元
12	华融消费金融公司	2019－11－18	皖银保监罚决字〔2019〕34号	消费贷款用途不合规，违反审慎经营原则，形成重大风险	60万元
13	四川锦程消费金融公司	2020－06－28	川银保监罚决字〔2020〕91号	贷后管理不到位，严重违反审慎经营原则	40万元
14	兴业消费金融公司	2020－09－23	泉银保监罚决字〔2020〕1号	未尽到贷款"三查"职责，违规发放不符合消费用途贷款	50万元、警告
15	中银消费金融公司	2021－04－28	沪银保监罚决字〔2021〕40号	贷款调查、审查不尽职，存在以贷收费行为	100万元、警告
16	长银五八消费金融公司	2021－07－12	湘银保监罚决字〔2021〕16号	贷后管理不到位	30万元
17	中邮消费金融公司	2021－09－18	粤银监罚决字〔2021〕56号	贷后管理严重违反审慎经营原则	50万元
18	金美信消费金融公司	2021－09－26	厦银保监罚决字〔2021〕31号	信贷管理机制存在缺陷，贷款管理不到位，导致部分贷款资金被挪用	290万元、警告
19	盛银消费金融公司	2021－10－27	辽银保监罚决字〔2021〕43号	发放无指定用途的个人消费贷款	20万元
20	（待公布）	—	—	—	—

资料来源：《30家消费金融公司全面梳理》整理。

显然，消费者权益保护是近年来消费金融领域政策层面的关注点，监管机构严格执行法律规定，对违反规定的消费金融公司进行坚决的处罚。比如，2020 年 10 月 22 日和 2021 年 6 月 11 日，中国银保监会消费者权益保护局相继发布《关于招联消费金融公司侵害消费者合法权益的通报》（银保监消保发〔2020〕11 号）和《关于马上消费金融股份有限公司侵害消费者合法权益的通报》（银保监消保发〔2021〕11 号），对这两家消费金融公司存在的不良经营行为进行了处罚。比如，招联消费金融公司在相关宣传页面、营销话术中，未明确说明展示利率为日利率、月利率还是年利率，"超低利率""零门槛申请""全民都可借""随借随还""想还款可以提前还款"等宣传内容与实际情况不符，存在夸大、误导情况。又如，马上消费金融公司营销宣传存在夸大误导，告知义务履行不充分；学生贷款管理不规范，执行存在偏差；联合贷款管理不规范，存在监管套利行为；催收管理不到位，存在不合规催收；消费者权益保护体制机制不完善，部分职能未落实到位。2021 年 5 月 24 日，北京银保监局出台《关于进一步加强辖内汽车金融公司、消费金融公司消费者权益保护工作的通知》（京银保监发〔2021〕246 号），就汽车金融公司、消费金融公司在价格管理、合同管理及行为管理等方面提出了具体的要求。

二、我国消费金融行业政策与法规梳理

自我国消费金融开始发展以来，各种消费金融的政策和法规就没有停止过。

第一阶段（1985—2008 年）：开启萌芽期

这个阶段，我国消费金融市场开始启动，但真正意义上的消费金融政策和法规并没有。

第二阶段（2009—2012 年）：试点探索期

2009 年，《消费金融公司试点管理方法》（2013 年第 2 号）颁布后，中

国银监会批准成立了首批持牌消费金融公司（4家），分别在上海、北京、成都和广州试点筹建。在试点探索期，持牌消费金融公司在审核方面的要求相对宽松，其产品主要服务特点是小额、快速、无抵押担保，在一定程度上弥补了银行信贷无法覆盖的消费金融需求缺口。

试点探索期消费金融行业政策法规统计如表1-12所示。

表1-12　试点探索期消费金融行业政策法规统计

时间	政策/法规	主要内容
2009-07	中国银监会颁布《消费金融公司试点管理办法》	消费金融公司的注册资本应为一次性实缴货币资本，最低限额为3亿元人民币或等值的可自由兑换货币，消费金融公司的主要出资人要求具有5年以上消费金融领域的从业经验，最近一年年末总资产不低于600亿元人民币或等值的可自由兑换货币
2013-09	中国银监会对《消费金融公司试点管理办法》进行修改	放宽了消费金融公司的申请设立条件，取消了营业地域注册的限制。增加吸收股东存款业务范围，以拓宽消费金融公司的资金来源。同时，新增10个城市参与消费金融公司试点。合格的香港、澳门金融机构可在广州试点设立消费金融公司，试点城市扩大至16家

资料来源：根据公开资料整理。

第三阶段（2013—2014年）：稳定发展期

随着互联网经济的快速发展，大型电商、消费分期平台、网贷平台、P2P平台、小贷等快速布局消费金融，市场参与主体日益丰富。消费金融政策法规纷纷出台，总体上鼓励消费金融创新，激发国内消费市场，促进消费金融发展和升级。

稳定发展期消费金融行业政策法规统计如表1-13所示。

表1-13　稳定发展期消费金融行业政策法规统计

时间	政策/法规	主要内容
2015-11	《关于积极发挥新消费引领作用加快培养指导意见》	推动金融产品和服务创新，支持发展消费信贷，鼓励符合形成新供给、新动力条件的市场主体成立消费金融公司，将消费金融公司试点范围推广至全国

续表

时间	政策/法规	主要内容
2015-12	国务院《关于印发推进普惠金融发展规划（2016—2020年）的通知》	正式提出促进我国消费金融公司发展，激发消费潜力，提高消费升级，最大限度地满足消费者对美好生活的向往
2016-03	《政府工作报告》	鼓励金融机构创新消费信贷产品，提升金融普惠程度，进一步加强国内消费金融服务，推动国内消费金融普及程度
2016-03	《关于加大对新消费领域金融支持的指导意见》	鼓励有条件的银行业金融机构围绕养老、家政、健康信息和绿色网络、旅游休闲、教育、文化、体育、农村等新消费领域设立特色专营机构。通过消费信贷与互联网技术相结合的方式，创新消费信贷抵（质）押模式，开发不同首付比例、期限和还款方式的信贷产品，满足客户多样化的消费信贷需求。鼓励汽车金融公司、消费金融公司等鼓励发行金融债券，鼓励消费金融机构通过发行金融债券、同业拆借、小额信贷、资产证券化等方式，建立多元化的融资渠道，鼓励符合条件的汽车金融公司、消费金融公司通过同业拆借市场补充流动性，大力发展个人汽车、消费、信用卡等零售类贷款信贷资产证券化，扩大消费金融公司相关业务的落地性
2016-04	《中国人民银行关于信用卡业务有关事项的通知》	完善信用卡业务市场化机制，引导发卡机构建立健全多样化、差异化、个性化的信用卡产品和服务体系，促进信用卡产业转型升级
2016-04	《关于促进消费带动转型升级的行动方案》	为促进居民消费扩大和升级，带动产业结构调整升级，加快培育发展新动力，提出包括汽车、旅游等在内的十大方向的发展计划

资料来源：根据公开资料整理。

第四阶段（2015—2017年）：高速发展期

这一阶段，我国消费金融行业突飞猛进，更多的是鼓励消费金融业务模式创新，鼓励消费金融产品创新，而消费金融监管方面的法规和政策颁布得不多。

第五阶段（2018年至今）：规范整顿期

从2018年开始，监管部门针对这些乱象加大整治力度，多项规范管理通知出台，国家鼓励消费金融的同时，针对"校园贷""现金贷"、网络小贷、P2P等业务以及非持牌机构进行严格的管理、整顿、清退。消费金融行业开始逐渐进入规范期，对非持牌消费金融机构管控趋严以及牌照发放门槛提高，正规持牌消费金融机构竞争优势凸显，迎来政策红利期。

规范整顿期消费金融行业政策法规统计如表1-14、表1-15所示。

表1-14 规范整顿期消费金融行业政策法规统计（1）

时间	政策/法规	主要内容
2017-06	《关于进一步加强"校园贷"规范管理工作的通知》	暂停网络机构等未经银监会批准设立的机构开展"校园贷"业务。商业银行和政策性银行应在风险可控的前提下，有针对性地开发金融产品，并合理设置信贷额度和利率
2017-12	《关于规范整顿"现金贷"的通知》	明确"现金贷"业务具有无场景依托、无指定用途、无客户群体限制、无抵押等特征，明确各类互联网机构以利益和各种费用形式对借款人收取的综合资金成本应符合最高人民法院关于民间借贷利率的规定，且向借款人收取的综合资金成本应统一折算为年化形式，进一步规范和限制银行业金融机构参与现金贷业务
2018-08	《关于进一步做好信贷工作提升服务实体经济质效的通知》	积极发展消费金融，增加消费金融对实体经济的拉动作用
2018-09	《关于完善促进消费体制机制 进一步激发居民消费潜力的若干意见》	顺应居民消费升级趋势，切实满足居民的中高端消费愿望，持续提升传统消费，大力培育新兴消费，不断激发潜在消费
2018-10	《完善促进消费体制机制的实施方案（2018—2020年）》	加快消费信贷产品创新和管理模式，加大对重点领域消费的支持力度，不断提升消费金融的服务质量和效率
2019-04	《关于办理"套路贷"刑事案件若干问题的意见》	对"套路贷"进行了定义，属于新型黑恶犯罪，具有很强的欺骗性、隐蔽性，与普通的民间借贷有本质的区别，属于司法打击范围

续表

时间	政策/法规	主要内容
2019 – 05	《关于开展"巩固治乱象成果促进合规建设"工作的通知》	针对消费金融公司，提出要按照相关要点开展整治工作，主要包括公司治理质量、资产质量和业务经营三大方面
2019 – 08	《关于加快发展流通促进商业消费的意见》	鼓励金融机构创新消费信贷产品和服务，推动专业化消费金融组织发展，鼓励金融机构为居民购买新能源汽车、绿色智能家电、智能家居、节水器具等绿色智能产品提供信贷支持，加大对新消费金融领域的支持力度
2019 – 10	《关于办理非法放贷刑事案件若干问题的意见》	首次明确超过36%的实际年利率为非法放贷行为，非法放贷数额以实际出借给借款人的本金金额认定，打击消费金融领域的违法犯罪行为

资料来源：根据公开资料整理。

2020年，消费金融行业爆雷集中，相关监管政策也就此密集，包括牌照发放速度变快、全面清退 P2P、信用卡利率市场化、支持消费金融等政策。其中，对消费金融行业最有影响的是"断直连"政策。

2021年4月，金融监管部门联合对十几家网络平台企业进行了约谈，其中就包括要求平台机构在与金融机构开展引流、助贷、联合贷业务合作中，不得将个人主动提交的信息、平台内产生的信息或从外部获取的信息以申请信息、身份信息、基础信息、个人画像评分信息等名义直接向金融机构提供。也就是说，我国网络平台（助贷机构）不允许直接与商业银行进行消费贷业务合作，要么通过征信机构，要么别搞，这就是所谓的信贷数据"断直连"。

在过去很长时间里，互联网、大数据公司会涉及用户基本信息、借贷信息的采集整理等业务，其数据均直连金融机构，而随着《征信业务管理办法》（中国人民银行令〔2021〕第4号）落地，数据"断直连"也有了规则依据，将成为行业基本要求。因为《征信业务管理办法》规定在业务层面规范"替代数据"的采集和使用，互联网、大数据企业与金融机构的合作模式将被重塑，其中最受影响的无疑是助贷业务。①

"断直连"在一定程度上可以解决各平台机构自行对接个人信息数据的乱象，收归持牌征信机构统一管理，也可以防止个人用户信息被过度收集、滥用和泄露，加强了个人隐私信息保护。但问题是，数据"断直连"涉及的体量大、环节复杂，在接入征信机构的具体操作模式、征信信息界定等方面仍有许多不清晰的地方。此外，"断直连"切断了网络与商业银行之间的信贷合作途径，加剧了资金与流量之间的不匹配程度，对助贷业务产生巨大影响。

表1-15　规范整顿期消费金融行业政策法规统计（2）

时间	政策/法规	主要内容
2020-03	《非银行金融机构行政许可事项实施办法》	要求消费金融公司应当遵守并在拟设公司章程中载明对资本补充和流动性支持的相关条款，加强了对相关外部支持的强制性，明确了消费金融公司可募集发行优先股、二级资本债券、金融债及经银保监会许可的其他债务和资本补充工具
2020-04	《关于稳定和扩大汽车消费若干措施的通知》	鼓励金融机构开展汽车消费信贷等金融新兴业务，通过适当下调首付比例和贷款利率、延长还贷期限等方式，加大对汽车个人消费信贷支持力度。持续释放汽车消费潜力
2020-07	《商业银行互联网贷款管理暂行办法》	该办法界定了互联网贷款内涵及范围，明确了风险管理要求，对合作机构加以规范，并强调核心风险控制环节应独立有效开展。该办法明确规定消费金融公司开展互联网贷款业务参照执行
2020-08	《最高人民法院关于审理民间借贷案件适用法律若干问题的规定》	新的民间借贷利率司法保护上限以1年贷款市场报价利率（LPR）的4倍为标准。对消费金融公司开展借款业务影响很大，但暂时不适用于国内金融机构
2020-09	《金融消费者权益保护实施办法》	为了保护金融消费者合法权益和规范金融机构提供金融产品与服务的行为，维护公平、公正的市场环境及促进金融市场健康稳定运行而制定的法规

---

① 《征信业务管理办法》考虑了互联网平台、数据公司等机构与金融机构业务合作模式的调整，对市场机构给予了一定的业务整改过渡期，过渡期为办法施行之日至2023年6月底。

续表

时间	政策/法规	主要内容
2020－10	《关于招联消费金融有限公司侵害消费者权益问题的通报》	首次通报批评消费金融公司普遍存在的四大问题。包括营销宣传存在夸大、误导，为向客户提供实质性服务而不当收取费用，对于合作机构管控不力，催收管理不到位，存在暴力催收问题
2020－11	《关于促进消费金融公司和汽车金融公司增强可持续发展能力，提升金融服务质效的通知》	拨备覆盖率的监管放松至130%，有利于缓解消费金融公司的风险控制压力，同时，支持符合许可条件的消费金融公司发行二级资本债券，资本补充渠道得到一定程度的拓宽
2020－11	《关于平台经济领域的反垄断指南（征求意见稿）》	从垄断协议、滥用市场支配地位行为、经营者集中滥用行政权力、排除限制竞争4个方面作为切入点，定义了平台经济领域的垄断行为，引导平台经济领域经营者依法合规经营，促进线上经济持续健康发展。其中包括消费金融公司
2021－01	《消费金融公司监管评级办法（试行）》	从合规、风险控制、服务、资本、科技五大指标将消费金融公司分为A、B、C、D 4级，进行分类监管
2021－04	金融监管部门联合对十几家网络平台企业进行约谈，发出"断直连"监管要求	要求平台机构在与金融机构开展引流、助贷、联合贷业务合作中，不得将个人主动提交的信息、平台内产生的信息或从外部获取的信息以申请信息、身份信息、基础信息、个人画像评分信息等名义直接向金融机构提供。不仅对助贷业务，对消费金融也产生了较大影响
2021－09	《征信业务管理办法》	自2022年1月1日起，信用信息的采集、整理、保存、加工等全流程合规管理"断直连"，明确了征信业务边界，加强了信息主体权益保护。对消费金融产生了较大的间接影响
2022－04	《关于进一步释放消费潜力促进消费持续恢复的意见》	适应常态化疫情防控需要，促进新型消费，加快线上线下消费有机融合，扩大升级信息消费，培育壮大智慧产品和智慧零售、智慧旅游、智慧广电、智慧养老、智慧家政、数字文化、智能体育、"互联网＋医疗健康""互联网＋托育""互联网＋家装"等消费新业态。加强商业、文化、旅游、体育、健康、交通等消费跨界融合，积极拓展沉浸式、体验式、互动式消费新场景，大力实施消费帮扶，助力中西部地区特别是欠发达地区提升发展能力和消费水平

资料来源：根据公开资料整理。

2021 年，我国消费金融行业在政策上继续秉持严监管策略，金融监管部门不断完善、夯实消费金融监管框架，促进消费金融行业有序、公平开展业务活动。

三、消费金融存在的问题和深层矛盾

（一）消费金融法律制度不够完善

虽然 2015 年 7 月 18 日中国人民银行等 10 个部门联合发布《关于促进互联网金融健康发展的指导意见》为互联网金融监管指明了方向，但是现有法律制度主要是基于传统金融业务，例如，《银行法》《保险法》《证券法》等，对消费金融电子合同有效性确认、资金监管、交易者身份认证、个人征信与使用等问题上都还没有作出明确规定，尤其是互联网消费金融法律制度规定不够完善，还需要不断地完善和发展，短期内估计也难有较大改观。

（二）对低线城市消费拉动效果较弱

虽然近年来有消费金融公司响应国家号召，在中西部地区扎根，但是对当地消费的拉动收效也不是十分明显。这可能与二线或三线城市的中等收入群体的储蓄率较高有关，消费金融产品的地区特色和消费特征不明显，缺乏地区针对性，对当地消费者的吸引力不强。

（三）消费金融资金来源有限

我国《消费金融公司试点管理办法》明确规定，消费金融公司不允许吸收公众存款，初期资金来源于全部自有资金，可以从事同业拆借、向金融机构借款、办理信贷资产转让，以及经批准发行金融债券等业务。这在很大程度上限制了消费金融公司的资金来源。从现有消费金融业务来看，耐用消费品、"3C"等产品消费信贷风险较高，当坏账率变大，消费金融公司自有资本难以冲销所有风险时，流动性较差，就需要靠外来资金支撑业务发展。同时，由于资产证券化要求严格，信贷资产转让业务基本行不通，发行债券由于严格审批条件也不好使用。因此，消费金融资金来源有限，流动性支持较弱，成为消费金融公司无法持续发展的重要原因。

另外，我国人们消费习惯是比较保守和节俭的，一般都有"量入为出"的消费思想，借钱消费从传统中国社会来看是很难被真正接受的。千百年来，我国形成了先赚钱，再花钱的消费习惯，这样才有底气和信心。因此，这在很大程度上决定了我国消费贷款的需求不足，提前消费的观念很难广泛普及。加之我国在教育和住房价格方面长期高企，居高不下，老百姓的现金基本上都投入了购房、购车等大宗消费品中，助推了预防性储蓄，对中小型消费品需求遭到了较大遏制。

（四）消费金融信息尚未全部对接征信系统

除一些持牌消费金融机构可以将信息对接央行征信系统外，绝大部分消费金融机构，诸如产业系消费金融公司、互联网系消费金融公司、创业系消费金融公司尚未对接央行征信系统，特别是互联网消费金融对征信体系的依赖程度更高，如果征信体系不完备，使其在贷前应用大数据分析时，因缺失信贷信息更容易面临较大的信用风险。

（五）消费金融监管与处罚均存在不足

今天，有些互联网消费金融公司从事的是消费金融业务，但是这些互联网公司并不是金融公司，没有纳入金融监管范畴，这更使投机者铤而走险，钻营监管套利，导致互联网消费金融领域的诈骗行为越来越多，给社会带来一定的危害性。对此，早有学者指出，与传统消费金融相比，在互联网消费金融服务中，对"失信者"的惩戒方式比较单一，在一定程度上增加了"失信者”的投机风险，影响了互联网消费金融持续健康发展。①

套路一：采取“AB贷”伎俩而套取信贷资金。

在消费金融贷款过程中，若部分营销客户条件不符合银行贷款资质，不良中介想方设法包装客户贷款资料，移花接木，采取“AB”贷，即客户A自身资质不符合条件，无法通过银行贷款审批，中介伪造银行贷款审批流程的截图告知客户A因其风险系数高，须增加担保人，极力说服客户A寻找资质较好的客户B为其担保，在实际贷款办理中，不良中介并未为客户A申请贷款，而是使用客户B的身份信息申请贷款，借款人实质为B，但是贷款资金却由客户A使用，客户B直到被银行催收才知道本人是借款人而非担保人，中介公司会将矛头直接指向银行端的审批问题，并煽动客户与银行对质，极易引发矛盾纠纷。②

套路二：诱导客户签署代扣协议扣取高额“中介费用”。

在办理贷款过程中，在客户不知情的情况下诱导客户签署《居间服务协议》和《代扣协议》，贷款发放后，直接从客户账上扣划10%～30%不等的高额“中介费用”。在诱导客户签署代扣协议时，通常的借口如下：一是欺骗客户该笔资金是银行提前扣划的“贷款利息差”；二是向客户谎称扣走资金为“还款履约保证金”，欺骗客户正常还款几期后将予以退还；三是向客户谎称为预收取本笔资金的利息，欺骗客户仅需还款几个月后，即可不用归还这笔贷款。除通过代扣协议套取客户资金外，部分不良中介会在贷款放款后，以所谓帮助客户“做流水”、制造生产经营状况为由，要求客户将部分贷款资金转到指定账户，后续客户要求退还时，不良中介拿出客户在不知情的情况下签署的《居间服务协议》和《代扣协议》声称已转资金将直接抵作

---

① 蔡宛，陈婷，冯俊桦. 浅析消费金融发展现状、问题和对策［N］. 参考网，2022－04－25.
② 金融知识普及月：关于防范不良贷款中介新型套路的风险提示［N］. 福建银保监局网站，2022－09－13.

服务费用，无法退还。客户求助无门，最后只能无奈接受。①

套路三：银行、支付机构没有及时披露必要信息。

银行、支付机构应当依据金融产品或者服务的特性，及时、真实、准确、全面地披露金融消费者对该金融产品或者服务的权利和义务。

▶▶▶【案例 1 - 3】

2020 年 11 月金融消费者汪某投诉，称其 2020 年 10 月使用在 A 银行办理的收款二维码收款 7000 元，但一直未到账。联系 A 银行后，银行一直未处理。经核实，汪某办理了 A 银行的商户收款业务及收款二维码，办理业务时工作人员提醒汪某只能用于实体店交易。10 月 29 日，汪某将收款二维码用于网络收款，对方在异地扫码识别后付款，因此被 A 银行系统判定商户涉及"微信／支付宝风险或交易异常"，银行为规避风险而暂停其收款等功能，其账户内 3 笔交易金额共计 7252 元未提至银行卡。随后汪某提供相关资料，银行将其资金解冻。

案例来源：《金融探索之消费金融：典型案例之银行、消费金融公司篇》。

这个案例说明，银行、支付机构必须及时履行重要信息披露的义务。如果银行、支付机构为规避风险而未及时披露有关信息，应该视为违法行为。同时，金融消费者在使用金融产品和服务之前，也应该仔细阅读合同条款，确保自身合法权益免受不明不白的侵害。

套路四：庞大流量背后的欺诈风险。

消费金融是金融从业者的蓝海，也是黑中介、欺诈分子以身试法的冒险之地，一直是很多欺诈分子眼中的一块"大肥肉"。上海金融行业信息协会、上海大数据联盟专门统计过，当前在我国消费金融领域大多存在"套现者"

---

① 金融知识普及月：关于防范不良贷款中介新型套路的风险提示［N］. 福建银保监局网站，2022－09－13.

"刷单者",甚至与"套现中介"合谋骗贷,不偿还借款,或者通过伪造、骗取信息,利用他人信息进行欺诈。①

套路五:多头借贷引发逾期忧患。

2017年6月29日,上海金融行业信息协会与互联网普惠金融研究院联合主办,中国信息通信研究院、大数据发展促进委员会、上海大数据联盟、首席数据官联盟、中国大数据技术与应用联盟协办的《"数据猿·超声波"之金融科技·商业价值探索高峰论坛》上发布的消费金融行业数据显示:大约11%的P2P网贷消费金融客户通过互联网渠道向10家及10家以上的机构有过申请贷款行为。在持牌消费金融或银行线上信用卡,有34%的用户在10家及10家以上的机构申请过贷款。这些数据表明多头借贷在消费金融行业非常普遍。

目前,虽然百行征信、朴道征信、钱塘征信和上海资信4家个人征信信息机构收集了大量的个人信贷数据,但这些个人征信信息的真实性、合规性也存在考量空间,尤其在商业利益驱使下,不能完全保证信息的可靠性。因此,常规个人银行信贷数据已经无法满足现在风险控制体系需求。金融消费者在借款资金进行消费时,应该警惕过度负债风险。尤其是小微企业主或个人应根据自己实际情况适度负债,如果举债不当,到期无法偿还将影响企业信誉和个人信誉。

套路六:商业欺诈。

欺诈是整个消费金融行业所面临的普遍性问题。由于我国消费金融风险控制体系有待健全,面临的国内外欺诈风险更为严峻。常规的欺诈分子经常使用虚假身份进行借款,申请地址甚至高达几十组,其中团伙作案更加猖狂,他们经常通过变动地址、工作单位的文字表述等手段进行欺诈行为。例如,首先骗取客户身份信息或账号信息,不法分子利用网络、短信等发送假网站、

---

① 京东金融——消费金融:一场未来大数据风险控制的盛宴 [N]. 腾讯云网站,2018-04-19.

假链接骗取账号密码，验证码，或冒充中介、客服直接骗取客户信息。然后冒用客户身份在消费金融平台进行借贷或购物套现。这些欺诈行为可能发生在账户注册、激活、登录、交易、信息修改等各个环节。

因此，在业务办理前，应多咨询正规金融机构专业人员，警惕不法中介机构的营销揽客行为。如果对金融业务存在疑问，通过官方渠道向有关银行业金融机构咨询核实。不要轻信陌生来电推销"低息快捷""贷款额度已批"等贷款业务，防范上当受骗、资金受损。同时，消费者注意保管好个人重要证件、账号密码、验证码等信息。在办理业务过程中杜绝让外部人员"代客操作"，不随意授权他人办理金融业务，谨慎对待签字、授权等环节，避免被外部人员欺诈。

（六）信用卡规模扩张遇瓶颈

近年来，我国信用卡规模扩张遇瓶颈，扩张速度明显下降，这对消费金融产生了一定影响。《中国消费金融行业现状深度研究与投资前景分析报告》显示：2017 年，我国信用卡和借贷合一卡发卡量的增幅最高，较 2016 年末增长 26.5%。但从 2019 年开始，市场进入缓慢增长期，增幅逐年下降。截至 2021 年末，我国信用卡和借贷合一卡发卡量为 8 亿张，增幅已降至 2.85%；卡量占银行卡发卡总数的 8.65%，较 2014 年的 9.22% 减少了 0.57%。需要说明的是，《中国消费金融行业现状深度研究与投资前景分析报告》数据显示：由于受到疫情影响，2020 年，我国信用卡不良率达到了 2.14%，不良率呈现上升态势。毫无疑问，信用卡不良率的上升趋势可以使消费金融行业不良资产压力逐步增加，面临的风险也相对较高，对信用卡扩张规模产生不利影响，进而导致我国消费金融业务下沉。

（七）消费金融数量与价格矛盾

在实体经济中，规模经济效应是最基本的一个发展特征，即随着业务规模增大，单位成本趋于递减。但是，在消费金融领域却并不完全遵循这样的一般规律，产生了规模扩大与成本递增的结论——普惠悖论。普，就是要扩大金融服务规模和范围，需要不断下沉客户群，服务信用程度较低的客户，必然带来较大的信用风险，不得不提高产品价格，最后就难以做到惠。对于较低信用的客户而言，要想提高消费金融可获得性，就不得不承受较高的价格和成本，这就是普惠金融的可获得性与可负担性之间的矛盾。也就是说，在消费金融领域，产生普惠悖论的根源在于消费金融的风险成本，是一种随着业务规模增加而递增的特殊成本，是一种随着社会低信用客户比例的增加而必然带来的风险成本，表现为消费金融数量与价格矛盾，这种矛盾短时间内很难彻底根除。

（八）风险成本与数据成本的替代矛盾

降低风险不能依靠高价格来覆盖高风险，只能通过收集大数据来筛选相对优质客户从而降低信用风险。在这种逆向选择机制下，例如，面临大数据成本与风险成本之间的替代矛盾，数据成本是一种变动成本而不是固定成本。随着数据数量增加，数据挖掘难度越来越高，数据获得成本自然也越来越高，而且增加的非核心数据，对进一步了解客户信用情况作用也不大，不排斥花了大价钱买来的是"一箩筐"干扰数据，反而增加了信用风险。所以，随着数据规模的增加，数据的边际收益递减而边际成本递增，这说明数据并不是越多越好，不能落入数据崇拜陷阱，应该存在一个最优数据规模。同样地，风险成本也不是越低越好，存在一个最优风险成本，这是由最优数据规模决定的。在市场实践中，风险成本与数据成本往往并不完全吻合，也很难完美匹配，需要经营者根据市场情况不断进行调整。

（九）提前消费与延迟消费的矛盾

由于消费金融的借款用途和还款来源是分离的，这就产生了两者之间的矛盾。如果客户借款的用途是真正用于消费，可能造成两种结果：一种是客户经常性借款提前消费，可能形成一种注重消费和个人享受的生活方式，可能并不利于今后还款，最终造成还款困难和信用风险；另一种是注重个人享受还可能降低其努力工作事业心，不利于升职加薪，降低未来还款的能力。

如果客户借款的用途不是真正用于消费，可能造成两种结果：一种是用于购房或投资高风险项目，最终将投资失败风险转移给消费金融机构，还可能将市场风险传导到金融机构形成系统性风险；另一种是将消费金融借贷资金用于购房或者高风险股票投资，不符合监管对于消费金融用途管控要求，从而带来合规风险。

所以对客户来说，通过消费金融实现提前消费，但不得不付出较高的消费信贷成本，也不得不减少未来的消费。提前消费与延迟消费只能二选一，鱼和熊掌不可兼得。

（十）需求长期性与供给短期性的矛盾

一般来讲，人一生中的收入是年轻时候低，中年收入高以及老年收入低。但是消费需求往往是相反的，年轻和年老的时候高，中年的时候低。消费金融就是将中年时期的高收入变现为青年时期的高支出，而养老金融是将中年时期高收入通过储蓄和投资变为老年时期的生活保障。但是，现实中消费金融提供的期限都比较短，从几个月到一年，最多不超过 3 年。不过对于当前大多数年轻人来说，3 年之内的收入很难大幅度增长，除去必要的消费支出之外，没有什么可剩下的钱来按期还本付息，最终有可能寅吃卯粮、拆东墙补西墙去归还消费金融公司借款。有研究报告指出：消费金融的长期性需求和短期性供给之间的两难选择，是当前消费金融领域中借新还旧现象普遍存在的重要原因。[①]

---

① 消费金融的十二种深层矛盾［N］. 腾讯网，2022 - 09 - 24.

第四节　促进消费金融政策与监管建议

一、建立和完善消费金融法律体系

健全的法律法规是消费金融行业发展的根本保障。美国就有较为完善的消费金融法律体系，比如，1968 年《消费信贷保护法》和 1974 年《统一消费信贷法典》为美国消费金融发展提供了可靠的法律保障。反观我国消费金融市场更多的是一些政策性文件，诸如《关于加大对新消费领域金融支持的指导意见》《关于进一步做好信贷工作，提升服务实体经济质效的通知》《关于完善促进消费机制体制，进一步激发居民消费潜力的若干意见》《完善促进消费体制机制实施方案（2018—2020 年)》等，真正的消费金融法律法规并不多见。

因此，我国应该加快建立消费金融法律法规体系，努力推动消费金融立法与消费市场改革无缝链接，做到消费金融改革于法有据、于民有利，加强消费金融监管，切实保护消费金融参与者的权利，加快起草消费金融领域法律法规，以弥补法律空白。

二、丰富消费金融机构主体

当前，我国消费金融政策对消费金融设立主体资格要求严格，导致绝大部分持牌的消费金融机构都是由商业银行主导的，但在国际上成熟的市场中，消费金融机构的设立主体多元化，并不是主要由商业银行主导。比如，国外消费金融公司的设立主体和提供消费金融业务的主体比较丰富，欧盟和美国银行或者工商企业都可以成立消费金融公司开展业务。美国可以提供消费金融业务的机构有银行、财务公司、储蓄机构、信用社、非银行金融机构，日本有专门提供消费金融的金融公司、票据贴现公司、当铺、信用卡公司、邮购公司、综合租赁公司等。因此，未来我国应该丰富消费金融机构主体，大力发展专业型消费金融公司。比如，金融财务公司、互联网专业小额贷款公司、农村消费金融组织。多元化经营主体有利于消费者选择，也有利于消费品价格趋低。

当然，有一个问题值得我国重视。美国很多消费金融公司从属于某家大型财团或者金融控股集团，虽然它们单独开展业务，但是本质上属于集团的一部分。虽然大集团、大财团雄厚的资金可以提供消费金融公司的信用保障，但是价格却是由大集团最后决定的。其实，这样对消费者不利，可能形成价格垄断，导致消费金融公司在很大程度上与集团的业务进行捆绑销售，为客户提供的服务带有浓厚的大集团、大财团色彩。这一点我国需要尤其关注，尽量避免出现消费金融被大集团、大财团控制的局面，增加消费金融市场化程度。

三、加强消费金融融资创新机制

当前我国消费金融资源有限，流动性支持不足。因此，可以通过着力建立多元化融资渠道，对从事消费金融的公司适度放宽融资条件，简化金融产品发行核准程序，丰富消费金融资产证券化方式，积极拓宽消费金融融资来源。比如，加快推进消费信贷管理模式和创新产品，向国外消费信贷的丰富品种看齐，增加家庭耐用消费品贷款、销售商户 POS 贷款、商家会员卡、汽车贷款、住房装修贷款等具有特定用途的品种以及无特定用途的信用贷款，诸如循环信用、信用卡透支、现金贷等。又如，创新消费信贷抵（质）押模式，开发不同首付比例、期限和还款方式的信贷产品，推动消费信贷与互联网技术相结合。当然，最重要的是拓宽消费金融机构多元化融资渠道，鼓励消费金融公司发行金融债券，发展个人汽车、消费、信用卡等零售类贷款信贷资产证券化，盘活信贷存量，扩大消费信贷规模，提升消费信贷供给能力。

四、逐步完善消费金融领域社会征信体系

逐步完善消费金融领域社会征信体系，尤其是将互联网消费金融信息纳入征信系统，推进多维数据，诸如个人商业信用数据、个人五险一金数据、个人消费数据、个人金融数据、个人银行信贷数据、个人税务数据等整合，逐步形成覆盖人群广泛、信息多元化的征信数据库，有利于消费者权益保护。

五、减少负债消费和过度消费

负债消费和过度消费都对金融消费者是一种伤害，对我国消费金融的发展不一定有利。要对消费者进行保护，必须给消费者一个安全健康的消费环境，开展必要、适度的消费，让消费者根据自身实际情况进行消费。

现阶段，我们要警惕过度负债消费或过度消费。① 树立负责任的消费观念，让消费者清楚意识到借贷有成本，量入为出，根据自己企业的实际情况适度负债。如果过度消费，到期无法偿还将影响个人信誉。一旦产生违约记录，个人可能会被计入央行的征信体系，以后想再获得其他金融服务或者乘坐高铁、飞机等都会受到限制。

从近些年互联网金融市场情况来看，从各种各样的电子产品分期到汽车分期，再到利用分期进行分期贷款，再到各个 P2P 网贷平台的诞生，让年轻人不管在任何情况下只要打开手机就会出现各种各样的互联网贷款产品，导致很多的年轻人"经不住"诱惑而去办理贷款和分期电子产品。以"校园贷"为例，校园贷是指对在校学生发放的各类贷款，常见的有校园消费贷款、刷单贷、培训贷、裸条贷、美容贷等。骗子会打着低利息、低门槛、无

---

① 负债消费，一般是指承担消费主体不可承受的债务进行消费的行为。过度消费，不属于经济学的专业术语，本质上是一种对于过程或者结果的描述。从字面意义来看，"度"是适度，超过了适度水平的消费，就叫过度消费。过度消费是一种不可持续的消费行为，最终都会引起一些不良后果。

利息幌子进行引诱。[①] 其实，骗子是在偷换概念，在贷款办理后，将利息换成了所谓的手续费、违约金、迟延履约金、保证金等加在一起，依然会高出国家规定的银行同期利率数倍。

因此，有学者曾经提议，在机构内部可以建立投诉机制，可以让消费者进行监督和评估。[②] 但更主要的是我们消费者本身要拒绝过度的、超出个人能力的消费，杜绝盲目攀比，量力而为，学会调节个人消费心理。对于陌生来电推销"低息快捷""贷款额度已批"贷款业务等行为，应保持警惕，不要轻信，防范资金受损。

六、积极拓宽消费金融资金来源

当前我国消费金融资金来源有限，流动性支持不足，未来必须不断加大流动性支持，积极拓展消费金融资金来源，为消费金融行业提供融资便利。例如，通过着力建立多元化融资渠道，对从事消费金融的公司适度放宽融资条件，简化金融产品发行核准程序，丰富消费金融资产证券化方式，积极拓宽消费金融融资来源。又如，国家可以发放有关消费券，增加社区居民消费的欲望，刺激消费金融市场。

七、建立差异化监管机制

目前，我国电商平台、商业银行、网络借贷平台、消费金融公司以及小贷公司纷纷参与到消费金融业务中，参与主体比较复杂，各自的业务结构、经营方式以及评价体系都不尽相同。以消费金融公司和电商平台为例，其发

---

① 校园贷的基本套路：第一步，额外利息和费用。贷款平台预先在借贷本金中扣除利息及各项费用，实际到手资金远少于贷款申请及合同金额。第二步，通过设置合同陷阱规定高违约金，故意让其逾期违约，债台高筑。第三步，通过介绍其他贷款平台，让其签订数额更高的借款合同，高息借钱以贷还贷，导致债务成几何倍数增长。第四步，实施"软暴力"。逾期无法偿还的就以"轰炸通讯录"、发"征信黑名单"、恐吓信等方式进行催债，严重侵犯借款人合法权益。

② 中国消费金融的现状与对策分析［N］. 慧根财经，2021－07－25.

放的消费贷款大部分是无抵押、无担保的信用贷款，而且经营风险要比商业银行高很多。因此，是否可以考虑对不同的消费金融服务主体实行差异化监管，对经营范围、经营模式不同的金融机构建立不同的监管标准，例如，对消费金融市场准入、业务范围、风险管理等方面作出不一样的规定，避免"一刀切"现象，真正促进消费金融市场健康、快速发展。

八、普及金融知识和倡导理性消费

要争取做到金融知识进万家，提高人们金融素养，尤其对比较落后的地区，针对老年人进行消费金融知识普及，提高保护自身合法权益的意识，妥善保管重要身份信息，注意保管好个人重要证件、账号密码、验证码等信息。在办理业务过程中，杜绝让外部人员"代客操作"，避免被外部人员欺诈。对推荐"消费贷"的朋友保持警惕，不轻信"低门槛、无抵押、低利率"的贷款，如遇平台或个人怂恿借贷，第一时间向有关部门或律师求助。

早有研究机构倡导人们理性消费，让更多的人懂得所有的投资都是有风险的，不存在低投资高收入的消费产品。[①] 确实如此，近年来，我国消费理念发生了较大变化，节俭消费理念的主流地位日益受到挑战。有学者认为，消费有理性消费和非理性消费。非理性消费是以符号象征意义而非实用性为导向的消费，其目的不是满足实际需要，而是在不断追求对被制造出来、被刺激起来的欲望的满足。[②]

确实如此。非理性消费可以满足一部分社会成员的物质欲望，也会在一定程度上拉动经济增长，但对社会发展弊大于利。我们倡导理性消费，不是盲目进行消费物品的决策，消费是真实的需要，不受广告、劝导等外部因素影响，就不会明显偏离整个社会消费的平均状态，理性消费支出与现实的收

---

① 中国消费金融的现状与对策分析 [N]. 慧根财经，2021 - 07 - 25.
② 张来明，侯永志. 倡导和推动理性消费刻不容缓 [N]. 中国经济时报，2015 - 12 - 05.

入相匹配。当然，这并不意味着不能进行适度透支消费，但消费支出也必须在个人和家庭长期预算允许的范围内，让个人财务资源得到优化配置，用节制的消费行为战胜消费者的不切实际的消费欲望。

第五节　消费金融未来发展趋势研判

一、消费金融市场整体呈现增长态势

《2022 年中国消费金融行业研究报告》认为，随着互金平台的逐步持牌化与业务转型，预计未来消费金融公司将是仅次于银行的第二大消费金融供给主体。行业集中度方面，互金平台细分市场集中度继续上升，持牌机构细分市场呈相反变化趋势，行业整体集中度下降。

《中国消费金融行业现状深度研究与投资前景分析报告》显示：2014 年以来，我国消费金融市场整体呈现增长态势。从狭义消费信贷余额规模来看，2021 年已经从 2014 年的 4.2 万亿元上升到 17 万亿元，年复合增长率达 22.1%。国内消费场景多元化和消费产品升级化也将继续刺激居民消费。预计未来几年，狭义消费信贷余额规模将以 7.9% 的年复合增长率持续增长，到 2026 年将接近 25 万亿元。

二、移动互联网渗透率不断提升

随着互联网不断向消费金融渗透，消费金融移动互联网线上化渗透率也在不断提升。《2022 年中国消费金融行业研究报告》数据显示：2021 年，我国狭义消费信贷线上化渗透率已经从 2014 年的 0.4% 提升到 69.4%。随着手机等移动终端的普及和应用，移动互联网也将成为人们消费需求中的重要手段，社会成员都可以随时随地享受互联网消费金融服务。这是传统消费金融服务所无法企及的，移动互联网消费金融普及化、社交化已经成为我国消费金融发展的必然趋势。

三、以流量思维更新经营理念

在流量"数量"拓展上，中国光大集团消费金融研究机构提出通过加深场景合作扩大公域及第三方流量来源，积极拓展和接入头部互联网场景、平台的优质流量，选择垂直细分领域的龙头场景、平台接入流量合作，打造集约、并行的流量经营模式，建立"集约""并行"的消费金融流量经营模式。[①]

在未来消费金融市场中，消费金融公司结合互联网流量聚集的特点，扩大内生的私域流量，建立流量特征、风险偏好等市场解释变量进行调配资源、运算决策，实现各业务环节由串行运营向并行运营转变，实现流量经营收益、风险、成本的全局最优化组合，打造数字智能流量经营的核心竞争力。

四、大数据风险控制成为核心能力

首先，在获客环节就要利用大数据风险控制，从还款能力、还款意愿等多角度对客户进行审核，对不同客户进行差异化评估，并基于评分卡进行审批、授信、差异化定价、额度调整、风险预警等流程，实现信贷批量化要求。例如，年轻人群和中低收入人群征信数据不健全。如果按传统方法线下收集客户信息来判断还款能力或还款意愿，不仅效率低下还无法判断信用信息真伪。但是，通过大数据对客户群体消费数据收集、分析，就比较容易获得有效风险控制模型，通过可量化的自动化决策机制给出可信任的参考授信额度，达到快速授信、实时放贷的目的。

其次，大数据风险控制可以植入具体的消费场景中，诸如教育培训、租

---

① 中国光大集团消费金融课题组. 我国消费金融发展趋势及建议 [N]. 新华网，2021 – 08 – 26.

房、购车、餐饮、婚庆、旅行、美容等场景，并根据不同场景的不同用户群需要作出促进消费决策。曾经有学者研究数据显示：坐过商务舱或 1 年乘坐飞机 4 次以上的客户违约率较低；在本地生活方面花钱越多的人违约率越低；访问财经媒体天数越多，违约率风险越低；同一手机号使用 9 年以上的用户违约率大概仅为 6‰；而三四线城市打游戏花钱较多的人违约率比较高。① 因此，消费金融公司应该根据不同客户设计出各不相同的消费金融产品，确定差异化贷款政策，才能有效避免贷款的挪用风险。

最后，结合消费金融流量经营特点，完善模型开发、验证、监控和高频迭代机制，防范模型及策略退化等相关风险，做好风险管理和不良催收的有效适配。例如，通过消费金融客户社交关系、大数据储存用户与各种 ID 对应的数据库，在用户进行借贷时进行身份匹配，及时辨别消费金融客户申请的位置、时间点、申请过程中的哪些异常点来判断是否存在失联可能。②

同时，将流量合作场景、平台等全面纳入风险管理体系，进行欺诈风险的评估，计算信用风险等级，建立准入、监测、预警机制，防范合作平台自融、欺诈、跑路和爆雷等输入性风险。

五、消费金融公司适度扩容

我国消费金融公司发展的背景之一是应对经济下行，挖掘内需潜力。虽然我国已经有 30 家持牌消费金融机构，但体量依然比较小，至今没有做到一省一家的规模，仍然有大量地区没有消费金融机构存在。为此，有学者初步估算，即便按照 100 万亿元的经济总量来计算的话，未来仍有 10 万亿元的增长空间。③ 因此，我国消费金融机构可以适度扩容，借助消费金融公司最大

---

① 为什么说大数据风险控制是互联网金融必然趋势？［N］. 零壹财经，2016 – 11 – 04.
② 数据库包括：姓名、身份证号的实名 ID，手机号、地址、银行卡号等准实名 ID，QQ 号、微博号、设备指纹（PC 或手机硬件设备编号）等的匿名 ID。
③ 毛小柒 . 30 家消费金融公司全面梳理［N］. 腾讯网，2022 – 09 – 28.

限度地放大杠杆倍数，促进我国消费金融业务发展，挖掘国民消费潜力，更好地为金融消费者服务。

六、消费金融着力点是消费者

目前，我国大多数消费金融公司与消费者关注的重点不一样。消费者注重产品使用感受，关注遭遇风险以后能否减少经济损失。而金融消费公司关心自身公司是否遭受经济损失，更关心如何将预期的信贷款项早日收回。由此可见，两者的出发点和归属点是不一样的，最后采取的预防措施和得到的结果自然也有所不同。

其实，消费金融公司的着力点应该是消费者，应该作出一定的调整，不仅要利用金融科技及时掌握消费者收入和社交动态数据，构建科学的风险控制模型，更要关心消费者还款意愿和还款能力，避免单一的数据对消费者造成信用判断偏差，帮助消费者避免经济。

七、立足区域消费和差异化发展战略

随着越来越多的农村居民走入城镇，选择在三四线小城市工作和生活，年轻群体超前消费习惯将产生巨大的消费金融需求。因此，未来三四线城市下沉市场将是消费金融公司争夺资源的重要区域。

消费金融公司面对超大型城市、一线城市以及三四线城市不同的消费群体，其需求偏好、消费习惯和优势产业当然存在区别，消费金融公司应该发挥其场景不受限制的优势，立足区域消费特征，慎重考察其使用特征、场景、市场规模以及金融产品的市场渗透力、普及度和难易度，加强对当地消费群体考核和跟踪，在形象、产品和服务方面差异化发展，设计具有地方特色的场景贷产品，不断打磨服务流程，打开当地消费市场。

八、消费金融公司两极分化不断加剧

从市场层面上看，目前的监管政策将进一步导致全国消费金融公司发展格局呈现出两极分化的态势，规模超过 200 亿元的消费金融公司仅 8 家（总资产合计超过 4000 亿元），分别为蚂蚁消费金融、招联消费金融、捷信消费金融、马上消费金融、兴业消费金融、中银消费金融、中邮消费金融以及杭银消费金融。而且市场集中度较高：8 家消费金融公司的体量占比在 80% ~ 90%。有学者初步统计：8 家消费金融公司的总资产规模合计占到全部消费金融公司的 80% ~ 90%，剩余 22 家消费金融公司的体量实际上还比较小，合计在 1000 亿 ~ 2000 亿元，占到全部消费金融公司的 10% ~ 20%。①

在 2020 年疫情冲击下，居民消费意愿降低，国内消费金融公司贷款余额增速较前期有所放缓，更加导致了我国消费金融两极分化加剧。2021 年我国消费金融公司财报公开数据显示：招联、兴业、马上、中银、中邮的营业利润排在消费金融公司前五位。这 5 家消费金融公司都有商业银行作为核心持股股东，为其提供稳定的信贷资金和丰富的客户资源。而蒙银、长银、盛银消费金融公司，由于地区经济发展相对落后，控股股东实力较弱，资产规模和营业利润都处于靠后位置，使得我国消费金融公司头尾部差距进一步拉大。

同时，在趋严监管背景下，消费金融公司竞争比较优势正在发生变化。随着各大商业银行加速向零售业务转型，银行系消费金融公司凭借更低资金成本、较高的风险管控管理等优势，快速崛起。在此背景下，曾经以线下模式为主的消费金融公司没有及时跟上互联网时代步伐，就无可避免地遭到市场淘汰。最典型的案例就是捷信消费金融，在最近的 2 年时间里，很快失去消费金融行业老大地位，总资产也从 2019 年的 1045 亿元萎缩至 2020 年末的 652 亿元。有学者初步统计：2020 年，捷信消费金融资产规模出现了大幅"跳水"。截至 2020 年末，捷信消费金融总资产为 652.07 亿元，较 2019 年末的 1045.36 亿元下滑 37.62%；总负债为 537.61 亿元，较 2019 年末的 932.27 亿元下滑 42.33%。2020 年，该公司实现净利润 1.36 亿元，同比下降

---

① 毛小柒.30 家消费金融公司全面梳理［N］. 腾讯网，2022 – 09 – 28.

88.1%；营业收入112.32亿元，同比下降35.2%。① 这也说明了我国消费金融公司两极分化愈演愈烈。

九、消费金融行业利率趋势性走低

首先，金融监管部门不断加强对大型互联网平台等市场主体收费方面的监管力度，消费金融利率中所包含的导流成本应有一定程度下行，并推动消费金融利率下行。2021年3月，中国人民银行指出，所有贷款产品均应明示贷款年化利率。2021年6月以来，部分地区窗口指导辖区内的消费金融公司设定24%的红线，就是要求其个人贷款利率控制在24%以内。此外，监管层近年来还不断出台一系列政策打击"校园贷""医美贷""教育贷"的政策，总体上对个人消费信贷是收紧的，也会影响消费金融利率走势。

其次，中国人民银行不断引导人民币存贷款利率下调，2022年9月15日国有六大银行先后发布下调各个期限人民币存款利率，随后不久，我国股份制商业银行9月20日也公布了各自的人民币存款利率，直接影响贷款利率走势，包括消费金融公司在内的金融机构融资成本趋于下行，尤其在强监管政策导向下，我国消费金融利率易下难上。与此同时，随着自营业务比例的提升，"高收益覆盖高风险"业务模式将会受到不小挑战，消费金融公司对客户选择更为审慎，优质客户意味着消费贷款利率也会更低。

十、消费金融公司未来政策倾斜推测

未来我国消费金融公司的牌照越来越饱和，也越来越稀缺和珍贵，因此，未来消费金融公司的申设将有如下可能的倾斜。

（一）设立服务对象上分析

以"三农"市场为拓展对象的消费金融公司可能更容易获批，特别是针

---

① 刘双霞. 老牌消费金融巨头跌落，捷信消费金融正寻求新股东［N］. 金融界，2022－04－13.

对家电、农机具等耐用消费品贷款，而普通商品的消费金融公司在经营特色上将被有所限制。

（二）设立地域上分析

目前，"一地一家"的限制已经被打破，考虑到北京、上海和重庆已分别拥有 3 家，广东、福建、江苏和四川也已经分别拥有 2 家，因此，我们认为对于 15 个副省级城市以及仅 1 家消费金融公司的浙江省来说，也存在一定的申设空间。更为重要的是，对于在区域金融中心、创新综合试验区、经开区、高新区等政策导向性比较明显的区域设立消费金融公司更容易获得批筹。

（三）设立资金来源上分析

虽然目前在银行间市场、金融债等方面有所放开，但消费金融公司的资金来源仍比较单一，未来仍需要政策层面继续加持，比如资产证券化、资本债发展空间依然很大。

第二章
我国P2P借贷平台发展与经验教训

P2P 借贷模式诞生于欧美，本来仅仅是针对特定范围的小众交易模式，然而引入我国以后的短短十年里，遍地开花，对社会产生了巨大影响。P2P 借贷平台确实缓解了低收入群体的小额信贷需求，帮助小微企业、个体工商户以及个人解决了资金问题，但很多 P2P 借贷平台存在违规操作、越界经营现象，给整个互联网金融市场造成了很多灾难，不少 P2P 借贷平台涉及非法集资、诈骗等违法行为，导致金融市场风险加剧，给金融消费者带来很大伤害，教训惨痛。黄奇帆曾经一针见血地指出："这些年，P2P 问题就在于打着互联网金融的旗帜，搞着传统社会的老鼠会、民间乱集资、乱放高利贷业务，P2P 公司向网民高息揽储、向网民无场景地放高利贷，通过资金池借新债还旧债，形成互联网体系下的庞氏骗局"。[①]

由于 2014 年、2015 年的疯狂运作，P2P 网贷平台从 2016 年开始便出现了大面积破产的局面，许多企业借款在 2017 年迎来集中回款期。2018 年随即出现集体爆雷，侵犯隐私、暴力催收更是屡见不鲜。2019 年，信而富、陆金所接连宣布退出网贷市场；头部平台团贷网在运营 6 年后资金链断裂，"85 后"亿万富翁唐军因涉嫌非法吸收公众存款而被捕入狱；42 岁的比特易创始人惠轶曾踩雷 P2P、爆仓 BTC，后疑似自杀。后来，深圳红岭创投、合力贷等多家 P2P 网贷平台主动清盘退出；e 租宝也因被爆出非法融资而爆雷，公司高层被追究法律责任。网贷之家数据显示：截至 2020 年 12 月 31 日，全国实际运营的 P2P 网贷机构由高峰时期的约 5000 家逐渐清理退出，已经完全归零。据不完全统计，目前我国 P2P 平台爆雷跑路无法兑付的总金额已经超过万亿元。不少家庭的投资血本无归，很多无辜借款者缴纳了天价的学费。因此，我们应该认真总结经验教训，为今后我国网络借贷行业健康发展打下坚实基础。

---

① 我国 P2P 平台的起源、发展、爆雷的原因及未来 ［N］. 天琪卓越，2019 – 09 – 03.

第一节　我国 P2P 借贷基本概念与分类

一、P2P 借贷基本概念

一般来讲，P2P（Peer to Peer Lending）借贷是指点对点网络借款，是一种将小额资金聚集起来借贷给有资金需求人群的一种民间小额借贷模式，意思是"个人对个人"借款。网络信贷起源于英国。2005 年 3 月，英国人理查德·杜瓦、詹姆斯·亚历山大、萨拉·马休斯和大卫·尼克尔森 4 位年轻人共同创办的全球第一家 P2P 网贷平台 Zopa 在伦敦上线运营。Zopa 是"可达成协议的空间"（Zone of Possible Agreement）的缩写。在 Zopa 网站上，投资者可列出金额、利率和想要借出款项的时间，而借款者则根据用途、金额搜索适合的贷款产品，Zopa 则向借贷双方收取一定手续费，而非赚取利息。

十多年后的今天，Zopa 的小额借贷业务已扩大至意大利、美国和日本，平均每天线上的投资额达 200 多万英镑。典型的模式：网络信贷公司提供平台，由借贷双方自由竞价，撮合成交。在 P2P 借贷模式中，资金借出人获取利息收益，并承担风险；资金借入人到期偿还本金，网络信贷公司收取中介服务费。显然，Zopa 小额借贷方式让传统银行难以覆盖的借款人也能享受贷款的高效与便捷，解决一时的资金短缺困难。

2006 年，我国首家 P2P 网络借贷平台拍拍贷在上海成立。由于 P2P 完全借鉴了国外的无抵押无担保的纯线上模式，让人眼前一亮，但纯线上中介模式似乎在中国遇到了水土不服的问题。在其后几年间，鲜有创业人士涉足其中，国内网贷平台一直没有发展起来。2009 年，红岭创投上线人人贷，借鉴银行的风险准备金制度，首创了 P2P 行业的风险拨备金垫付模式，让很多试图尝试互联网投资的人士认识了 P2P 网络借贷模式。于是，全国网络借贷平台开始发展到 20 家左右。

2011 年，网络借贷市场陆续出现了一些试水者，几十家网络借贷平台踊跃上线。2012 年，我国网络借贷平台进入发展期，网络借贷平台逐渐增多。当时全国比较活跃的网络借贷平台已经超过 350 家。2013 年，网络借贷平台发展逐渐加速，以每天 2 家上线的速度增长，平台数量大幅度增长所带来的资金供需失衡现象开始显现。据不完全统计，当年国内含线下放贷的网络借贷平台每月交易额近 70 亿元。

2015 年 7 月，中国人民银行等十部门发布了《关于促进互联网金融健康发展的指导意见》，作为第一个具有规范性质的互联网金融法规，明确了网络借贷的含义：网络借贷包括个体网络借贷（P2P 借贷）和网络小额贷款，并且表示支持互联网企业依法合规设立互联网支付机构、网络借贷平台、股权众筹融资平台、网络金融产品销售平台，建立服务实体经济的多层次金融服务体系，更好地满足中小微企业和个人投融资需求，进一步拓展普惠金融广度和深度。从此，短短两年网络借贷平台数量在国内迅速增长，2017 年全国 P2P 借贷机构就已经多达 3000 家（不含隐性或地下存在形式），一发不可收拾。

二、P2P 借贷主要分类

（一）国资系

国资系 P2P 平台由于资金实力强大，国企背景的 P2P 网贷平台主要是国企独资筹办的 P2P 平台，或是由国企控股和参与管理的 P2P 平台，可信度高，属于具有一定"国资背景"的"大土豪"。

国资系 P2P 平台一般起投门槛普遍较高，平台年化收益率普遍在 8% ~ 12%。同时，国资背景的 P2P 平台由于有股东国资公司隐性的信用背书，风险要比民营 P2P 平台低一些。国资系适合手中闲置资金较多、追求稳定收益且风险承受能力较低的投资者。

（二）银行系

我国银行系 P2P 平台分为三种模式：一是银行自建 P2P 平台；二是由子公司投资入股新建独立的 P2P 公司；三是银行所在集团设立独立 P2P 公司。虽然收益率表现平平，通常在 8% 以下，普遍低于 P2P 行业的平均收益率，基本都是长期标，流动性比较差，但凭借着强大的银行信誉实力，银行系 P2P 平台俨然成为大家追捧的"高富帅"。另外，拥有银行信用背书的银行系 P2P 平台能让投资者相对安心，这些平台跑路和倒闭的概率不大。银行系适合风险承受能力较低、对收益率和资金流动性要求不高的投资者。

（三）民营系

没有雄厚的资金背景，没有强硬的投资平台，出身于草根系的民营系 P2P 平台创业时虽然并不被投资者看好，但是因其投资门槛低（民营系 P2P 平台的投资门槛偏低，50 元或者 100 元都可以加入），收益率高，一般平台的收益率都在 15% 左右，且民营系 P2P 平台大多数具有债权转让功能，流动性强，依然吸引了一批又一批的投资者。

当然，由于没有强硬背景，民营系 P2P 平台出现跑路和倒闭的概率要比国资系和银行系平台相对高一些，但这不意味着民营系 P2P 平台就不值得投资。其中，还是有一些资金实力雄厚，风险控制和管理能力突出的平台的。民营系适合追求高收益且对资金流动性要求较高的投资者。我国 P2P 平台鼎盛时期的前 10 名统计如表 2 - 1 所示。

表 2 - 1　我国 P2P 平台鼎盛时期的前 10 名统计（截至 2018 年 12 月）

P2P 平台	核心优势
陆金所	平安集团旗下，金融全牌照，资产逾万亿元，资产估值为 400 亿美元，履约险加持
拍拍贷	美股上市平台，市值约 80 亿元人民币，线上信贷先驱，盈利能力较强

续表

P2P平台	核心优势
宜人贷	美股上市平台，市值约50亿元人民币，国内最早的P2P平台，深耕信贷业务逾十年，履约险加持
开鑫贷	股东背景为国家开发银行，隶属于财政部，总资产14亿元，典型的国资系
桔子理财	母公司乐信集团美股上市，市值约90亿元人民币，风险控制较好，坏账率最低的P2P平台
小赢科技	美股上市平台，市值约60亿元人民币，履约险加持
麻袋财富	控股股东为中信产业基金管理，基金规模约1100亿元，小额信贷龙头之一，资产质量优质
51人品	港股上市平台，市值约为41亿元人民币，线上卡贷类龙头
微贷网	美股上市平台，市值约为48亿元人民币，车贷平台的老大
积木盒子	控股2家上市公司，积木集团和品钛，小微企业贷款龙头

资料来源：根据公开资料整理。

表2－1中，除陆金所、拍拍贷在2019年成功转型外，其他8家P2P平台都在后续的清理整顿中逐渐倒闭关门，退出了网络借贷市场。

三、P2P借贷标的类型

（一）净值标

净值标指在债权还没到期的时候，原来的投资者用债权资产作为抵押，从平台上借出一部分钱。净值标又称黄牛标，主要用于投资者资金变现，平台会根据一个公式计算出投资者能够发布的额度，一般是用户在平台资产总值的70%～80%。净值标简单地说就是借别人的钱去投资，自己吃利差。例如，投资者A在P2P借贷平台投了10万元，投资期限为12个月，到第4个月的时候需要用到这10万元，投资者A把自己原来的那笔投资作为抵押，从平台上借到了9万元。这个时候，投资者既是10万元那笔借贷的投资人，也是9万元那笔借贷的借款人。

在过往P2P平台收益走低的时期，很多人玩起了净值标套利。例如，A

在原来有 12% 收益率的时候投资 10 万元，等到行业利率下降时，A 以 10% 的收益发出一笔 8 万元的借款。这就等于只占用了 2 万元，却拿到了中间 8 万元 2% 的利息差。对于平台而言，净值标太多不是件好事，容易滋生大量监管套利行为。

（二）抵押标

借款人用实物在 P2P 网络借贷平台进行抵押后所发布的借款标。抵押物需要经过评估并在相关部门（房管局或车管所）办理抵押登记手续。对于抵押物，P2P 网络借贷平台大都采取非足值抵押方式，一般为抵押物评估净值的 60%～80%。借款人必须在约定期限内如数归还借款，否则出借人有权处理抵押物用于偿还约定的借款本金、利息、罚息违约金等其他费用，用于偿还投资者以及借款人需要支付给平台的费用。简单来说，就是借款人使用了自己的某些物品进行抵押，这类物品可以是汽车、房子，也可以是金银，还可以是有价证券等。

相比其他借款标，如果 P2P 网络借贷平台发布的借款标都是真实的，有抵押物的借款标相对更安全。如果借款人还不起债的时候，可以处理抵押物来做偿还。抵押贷风险相对可控，收益相对较低，贷款金额会比信用标大一些。

（三）担保标

由个人或第三方机构对借款人的借款提供担保而发布的借款标的，一旦借款人出现逾期未还款或者 P2P 网络借贷平台跑路的情况，担保人或担保机构有责任对其担保的借款项目承担垫付、追偿等连带责任。

在大多数情况下，P2P 借贷平台的主力标都是有担保公司进行担保的。借款者向担保机构申请担保时，不一定要有抵押物，担保方会根据借款者的偿债能力和信用高低，决定是部分担保还是本息全额担保，一般来说风险比较低。

（四）信用标

信用标是指不需要提供抵押和担保，借款人仅凭借个人信用就能取得的贷款。P2P 最早的借款标，就是以借款人的信用作为其借款额度的标准发布的借款。由于国外个人信用体系较为健全，在国外较流行，但是我国信用体系不健全，信用标在各个平台运行一段时期后逾期量较大。

具体来看，信用标的风险主要体现在 P2P 平台拿到的数据是否真实，对数据计算方法是否合理公道。信用借款对借款者的信用要求比较高，借款对象大多为公务员、医生、教师等机关企事业单位的在编人员以及中小企业承办人、个体工商户、白领等有固定职业和固定收入的人员。信用贷的好处是业务拓展比较快，借款人直接提交资料就可以借到款，借款利息高，投资者能拿到的收益也比较高。由于缺乏抵押，风险比较大，也没有有效催收手段，坏账率通常也比较高。

（五）债权转让标

债权转让标是指在投资还没到期的时候，原来的投资者牺牲一小部分收益，转让自己手中的债权，实现退出的目的。例如，A 在平台上投了 10 万元，投资期限为 12 个月，到第 4 个月的时候 A 有急事需要用到这 10 万元，通过债权转让，A 牺牲一小部分收益，把这笔投资剩下的 8 个月转让给 B 投资者。

四、P2P 借贷运营模式

（一）平台自营模式

P2P 借贷平台的借款人多由个人或中小型企业组成。借款人在平台上发起贷款申请，平台对借款人的真实身份进行核验，对其信用等级、借款记录、借款信息等进行线上评估，并将合格的融资信息发布在平台上，对接投资者的投资需求。

在 P2P 借贷平台自营模式中，以无担保的纯线上模式为代表，拍拍贷（更名为"信也科技"）成为了第一个经营主体。拍拍贷在 2007 年 6 月成立于上海，是我国第一家 P2P 网络借贷平台。拍拍贷的最大特点就是采用纯线上模式运作，从获客、提交申请，到信用审核、风险控制，再到促成交易、放款、还款的全部流程都在互联网上完成。平台本身不参与借贷，而是提供一个平台来实现信息匹配、工具支持等功能。借款人在申请借款之前首先要经过拍拍贷的信用评级，该信用评级会根据借款人提供的基本信息资料，把借款人分为 A、B、C、D、E、H 6 个等级，并根据不同的信用等级确定客户的最低贷款利率和贷款额度限制，借款人则在最低规定利率和最高限制利率之间自主选择适合自身的利率水平。

应该看到的是，国内 P2P 借贷平台大数据运营时间不长，也没有足够的数据建立自己的数据库，风险控制模型、信审资源更是处于摸索阶段，当时国内纯线上模式存在较多隐性评估和隐性风险，并在后续清理整顿阶段就暴露出来了。

（二）转让模式

P2P 平台与汽车金融公司、小额贷款公司及保理公司等进行合作，将债权引入 P2P 平台。P2P 平台只对第三方债权进行审核，将合格的债权信息发布在平台上。投资者不直接通过平台与借款人签订债权协议，而由第三方债权公司对借款人的信息进行审核并发放借款。

实际上，线下交易债券转让模式一直是以宜信为代表。宜信由创始人唐宁于 2006 年 5 月在北京成立。宜信的借贷交易模式为债券转让模式，即借贷双方通过第三方买卖双方的债券来实现双方借贷，贷款人的资金并不直接转账给借款人，而是通过先以个人名义借给宜信公司，然后再由宜信转给借款者。宜信模式的实质是将债权拆分和转让。

2019 年 3 月，宜信旗下的宜人贷宣布将宜信惠民、宜信普惠、指旺财富三大板块整合纳入上市公司体系，宜信旗下的 P2P 借贷业务基本上全军覆没。同时，宜信惠民业务全部并入宜人贷，宜人贷将品牌升级为"宜人金科"，主要开展财富管理业务。[1] 宜信财富官网显示，其旗下理财项目涵盖类固定收益、私募股权、资本市场、公募基金、传承服务以及地产基金。在数字化转型背景下，宜信财富逐渐向线上转型。截至 2021 年，85 家分支机构已注销45 家，存续33 家停止营业，在业的仅7 家。[2] 所以，目前宜信 P2P 的转让模式基本处于停止状态。

（三）助贷模式

P2P 借贷平台充当助贷机构角色，就是利用自身获客能力及风险控制优势，通过与商业银行合作，将手里掌握的线上合格的借款人信息推送给银行，由银行审核后向借款人提供资金。在这种模式下，助贷机构负责审核借款人信息，承担放贷风险，实现风险控制审核及贷后管理全流程。银行则对借款人进行审核评估，并依法放贷给借款人。助贷机构向银行等金融机构与借款人收取一定服务费。"贷款银行 + 助贷机构"模式不仅为银行微贷业务带来新的盈利增长点，还实现了小微企业及个人资金的快速融通。

我国 P2P 和其他金融机构监管比较如表 2 - 2 所示。

表 2 - 2　我国 P2P 和其他金融机构监管比较

监管项目	P2P 借贷平台	小贷公司	担保公司	商业银行
监管机构	—	地方金融办、小贷行业协会	地方金融办	中国银保监会、中国人民银行
资本金	—	有限责任公司注册资本不得低于 500 万元；股份有限公司注册资本不得低于 1000 万元	注册资本 500 万元以上	有明确的核心资本充足率规定

---

[1] 科金君．P2P 清零，网贷第一股宜人金科何去何从？［N］．金融界，2021 - 01 - 11.
[2] 宜信15 周年面临三大挑战，旗下 P2P 尚有近百亿未兑付［N］．开甲财经，2021 - 05 - 31.

监管项目	P2P借贷平台	小贷公司	担保公司	商业银行
准备金	—	充分计提呆账准备金，确保资产损失准备充足率始终保持在100%以上，全面覆盖风险	融资性担保公司应该按照当年担保费收入的50%提取，并按不低于当年年末担保责任余额1%的比例提取担保赔偿准备金	遵循法定拨备覆盖率要求
杠杆率	—	同意借款人的贷款余额不得超过小贷公司资本净额的5%	融资性担保公司的融资性担保责任余额不得超过其净资产的10倍	4%的杠杆率

资料来源：周波青根据公开资料整理。

从理论上说，P2P运营模式应该是一种信息中介，就是通过互联网渠道，P2P借贷行业为投资者与借款人提供整合的借贷需求信息，为拥有借款与出借资金需求的用户搭建规范、专业、透明的互联网线上平台。但是，国内很多P2P平台不只做信息中介，还开展了"类影子银行"信用中介业务。所谓信用中介，即不仅提供信息交互的平台，还为不同风险收益偏好的资金寻找项目。投资者的钱并不是直接投给借款人，而是与其他投资者的钱共同注入一个类资产池，再一起投到项目中。这就产生了巨大的投资风险，给投资者造成了潜在风险。过去，我国绝大多数P2P公司已经"变异"成信用中介了，这也是我国P2P平台后期被金融监管部门清理整顿的最主要原因。

五、P2P与银行信贷的主要差别

（一）审核标准不同

P2P借贷的进入门槛较低，P2P借款操作过程简单，成本较低。如果是P2P网贷，他们评估借款人的信用其实不一定是看征信的，现在还有大部分平台是没有接入征信平台的，他们会通过大数据来评估借款人的信用和还款能力。大部分的P2P网贷平台都会通过大数据来查询借款人的个人信息，包括收入、负债、贷款记录、信用卡记录等与信贷或者还款能力有关的项目。

传统银行信贷门槛过高，银行贷款审核就比较复杂。小额贷款基本上只看借款人的征信，大额贷款则需要抵押物或者担保人之类的，基本都是通过查询客户的征信报告来评估其信用水平是否符合借贷标准。这也使个人和实力较弱的中小型企业无法通过银行信贷来满足自身的资金需求。

（二）申请门槛不同

网贷门槛可以说是非常低的，只要没有特别严重的逾期记录，申请人提供自己身份信息就能贷款。不过，网贷公司利息会比较高，一旦逾期可能面临暴力催收。

银行贷款就不一样了。银行小额贷款属于信贷类，征信肯定是免不了的，大额贷款不仅需要征信无污点，还要求贷款人提供银行流水、资产证明或者抵押实物。如果有担保人，担保人还需要提供自己的收入和财产证明。只要有逾期或者资信不良，银行肯定不会发放贷款。可见，传统金融模式的操作过程复杂，成本较高，这也是为什么传统金融很少涉及小额贷款的原因。

（三）贷款利率的差异

根据我国互联网金融法律规定，借款利率一旦超过24%这个分界线，利息是属于自行协商范围，借款人可以不还，国家也不会强制要求归还。例如，2020年8月20日最高人民法院发布了《关于审理民间借贷案件适用法律若干问题的规定》，针对在不同情况下，民间借贷的利率与利息作了全面规定：

1. 借贷双方约定的利率未超过年利率24%，受法院保护。

2. 借贷双方约定的利率超过年利率36%，超过部分的利息约定无效。不仅不受法院保护，而且如果借款人请求出借人返还已支付的超过年利率36%部分的利息的，人民法院会判决出借人返还。

3. 借贷双方约定的利率超过年利率24%，未超过年利率36%的部分，如果借款人未支付，法院不保护，若出借人请求借款人支付该部分利息，法院不会支持；如果已支付，付了就付了，借款人请求出借人返还已支付的该部分利息，法院也不会支持。

4. 借贷双方对前期借款本息结算后将利息计入后期借款本金并重新出具债权凭证。如果前期利率没有超过年利率24%，重新出具的债权凭证载明的金额可认定为后期借款本金；超过年利率24%部分的利息不能计入后期借款本金。但是，按前款计算，借款人在借款期间届满后应当支付的本息之和，不能超过最初借款本金与以最初借款本金为基数，以年利率24%计算的整个借款期间的利息之和。出借人请求借款人支付超过部分的，人民法院不予支持。

5. 关于逾期利率。借贷双方对逾期利率有约定的，从其约定，但以不超过年利率24%为限。未约定逾期利率或者约定不明的，人民法院可以区分不同情况处理：

（1）既未约定借期内的利率，也未约定逾期利率，出借人主张借款人自逾期还款之日起按照年利率6%支付资金占用期间利息的，人民法院应予支持；

（2）约定了借期内的利率但未约定逾期利率，出借人主张借款人自逾期还款之日起按照借期内的利率支付资金占用期间利息的，人民法院应予支持。

6. 没有约定利息但借款人自愿支付，或者超过约定的利率自愿支付利息或违约金，且没有损害国家、集体和第三人利益，借款人以不当得利为由要求出借人返还的，人民法院不予支持，但借款人要求返还超过年利率36%部分的利息除外。

当然，民间借贷与P2P借贷是否为一回事，在金融理论界有不同的意见。从借贷性质上看，两者并没有本质区别，P2P借贷平台从一开始就是走民间与个人之间借贷的道路，并不属于国家金融系列的正规金融机构信贷性质。因此，使用最高人民法院的司法解释并无不妥。

（四）放款地点和时间

P2P借贷基本上都是在网上申请，而且是24小时都能审核，一般没什么问题2小时之内都会放款，个别的网贷机构可以在30分钟内就能放款。

银行贷款则必须在网点规定的营业时间内办理，而且贷款流程相当复杂，一般需要写贷款申请书、工资流水单、个人身份证、收入证明、婚姻状况证明等，贷款申请提交后一般会在一两个星期内完成审批，然后再签订贷款的合同，一般在一个月内会到账。

（五）抵押规则

大多数P2P模式不需要抵押（个别需要实物抵押），风险较高，而透明性低，存在较大市场风险和道德风险，容易产生信贷逾期不还、个人严重失信行为，这也是2020年国家金融监管部门取缔P2P借贷的一个重要原因。而传统金融信贷很多情况下需要实物抵押，商业银行一般不会放弃对借款人实物抵押的要求，综合来看信贷风险就相对较低。

第二节　我国P2P借贷发展简史

一、P2P借贷突发原因分析

（一）资金供给端资源充足

最近十多年国内经济发展期，我国居民可支配收入增长率屡次超过GDP增长，远超通货膨胀率，收入和工资的增加带动了居民财富总量的增加，老百姓手中的钱越来越多，但投资渠道并不多，除股票市场、债券市场外，并没有太多的投资渠道。作为中介机构，P2P 借贷平台通过互联网连接货币供应和需求市场，可以快速提高投资者的投资收益。也就是说，在扩张性货币政策刺激下，金融市场热钱涌动，货币源源不断地通过信用创造出来，这就给了 P2P 生存发展的土壤。只要热钱足够多，存进来的资金比结息和取出去的资金多，这种游戏就能继续下去。于是，高达 20%～30% 及以上的年收益吸引着很多人趋之若鹜，蜂拥而至。有财富幻想的居民构成了 P2P 借贷平台第一批资金供给者，成为我国 P2P 网贷发展的人员基础和资金来源。

（二）资金需求端释放能量

在万众创业背景下，不仅小微企业、"双创"人员、农户、个体工商户以及居民个人对融资需求被充分释放，而且社会低收入者资金需求也被激发出来。这些人通常缺乏有效担保和抵押，由于传统金融机构对此类人员贷款要求高，需要审查线下收集的证据、分析财务报表、进行抵押担保、领导层层审批等，需要较长时间完成最终贷款。所以，传统金融主要服务于高净值客户。而小微企业、"双创"人员、农户、个体工商户以及低收入群体长期遭受传统金融机构排斥，很难享受传统金融机构的小贷信贷服务。相比之下，P2P 网络借贷门槛低，大大提高了小微企业、"双创"人员、农户、个体工商户以及低收入群体融资可用性，使得这些"长尾人群"比较容易获得信贷支持，解决短时间的生活、生产或经营方面的资金困难。

正如有学者描述的那样：我国金融抑制问题的核心是利率管制，导致中小微企业和个人得不到资金支持，金融需求被压抑了。而网络借款的出现正好可以缓解这部分人员的资金短缺问题。[①] 所以，社会中强烈的资金需求瞬间被释放出来，在很大程度上催生和促进了 P2P 借贷平台发展壮大。

---

① 青儿．国内 P2P 发展小史：13 年历程高速发展的 4 个原因 [N]．AD 财经，2020－05－04．

（三）科技成为 P2P 的动力因素

P2P 网络借贷早期受制于技术手段，P2P 借贷平台在信用审核过程中发现和评估风险方面的能力有限，不能有效识别出风险借款人，不仅风险控制成本较高，而且信贷服务也无法快速且低成本送达。但随着科学技术进步，风险控制能力得到加强，大数据的积累和分析方法的成熟、云存储成本的下降和计算能力的增加使 P2P 借贷平台能够以非常低的成本判断客户的风险发放贷款，大部分流程都是自动化实现的，节约了经营成本，使 P2P 网络借贷平台的年化利率较高，成功吸引处于信贷长尾的借款人，包括小微企业、"双创"人员、农户、个体工商户以及低收入群体。

二、P2P 借贷发展阶段

（一）国外 P2P 借贷发展过程

1. 英国

20 世纪的大部分时间，英国银行业由 5 家大型银行垄断，导致个人与企业信用贷款难度较大，手续烦琐、速度慢、门槛高，个人和企业资金的供需匹配效率低。"店大欺客"，僵化的银行体制根本解决不了普通百姓的小额资金需求，人们对于银行贷款越来越不满。21 世纪，人们向往的是更简单、更便捷的贷款方式。于是，互联网创新发展和信贷需求多样化催生英国网络小额信贷。

2005 年，P2P 的萌芽在英国悄然诞生。Zopa 是世界上最早的 P2P 网贷公司，2005 年 3 月成立于英国伦敦。Zopa 的创始人吉尔斯·安德鲁（Giles·Andrews）在债券市场（Bond Market）和 EBay 的概念中获得灵感，债券市场为公司提供融资渠道；而 EBay 是当时最大的交易市场（Marketplace），注重的是个人与个人之间的沟通和交易；而个人贷款市场缺少一种连接需求资金的个人与投资者的中介，于是结合前两者的优点，在 2005 年 3 月，Zopa 在英国伦敦成立，P2P 借贷行业的帷幕就此拉开。①

Zopa 是 "Zone of Possible Agreement" 的缩写，意思为一个人的最低限（借款者获得的最低贷款利率）与另一个人的最高限（投资者获得的最高回报率）的重叠区域。Zopa 将其自身定位为一种连接贷款者（投资者）与借款者的网络平台：借款者登录 Zopa 网站上传借款申请；经过 Zopa 的匹配，投资者借钱给他们，并获得一笔不小的贷款利率作为回报。而 Zopa 收取投资者总资金 1% 的手续。2014 年 2 月的数据显示：借款者的借款利率为4.5% ~ 15.5%，高信用借款者平均借款利率为 5.6%；贷款者获得的平均年利率收益为 3.9% ~ 4.9%。

自 2010 年起，Zopa 连续 4 年获得 "英国最受信赖的个人信贷机构奖"（Most Trusted Personal Loan Provider）；2010 年获得开放商业奖（Open Business Award），一起竞争此奖的还有 BBC、BT 和 EBay 等实力型公司，还获得英国最好 P2P 借贷公司、Smarta 100 等十余项奖项，受到了社会与大众的广泛关注，注册会员大量增多，从开始的 300 名会员增到 2007 年的 14 万名会员。目前，Zopa 已有 50 余万名会员，融资额达 1.35 亿英镑。提供小额贷款服务的金额为 1000 ~ 25000 美元，利率完全由会员自主商定。他们运用信用评分的方式首先将借款人按信用等级分为 A +、A、B 和 C 4 个等级，然后出借人根据借款人的信用等级、借款金额和借款时限提供贷款。为了降低风险，Zopa 会自动将出借人的资金分割为 50 英镑的小包，由出借人自己选择将这些小包出借给不同的借款人，借款人按月分期偿还贷款。

如今，Zopa 是英国最大的 P2P 借贷公司。自成立起共进行过 4 轮融资用于公司发展，总计 7000 万英镑。借款用途前三种目的为汽车贷款、偿还信用

---

① Zopa 的联合创始人共有 7 位：毕业于牛津大学的吉尔斯·安德鲁（Giles·Andrews），是 Zopa 现任 CEO；而理查德·杜瓦尔（Richard·Duvall）等其余 6 位均为英国 Egg 网络银行高管。Zopa 是由 Egg 银行的原班人马创立的，这些人当中有出色的企业战略经理、经验丰富的 IT 经理、网络系统创新经理。

卡贷款、购买家庭必需品消费贷款。Zopa定位信息中介，通过向双方收取手续费实现盈利，随后该模式迅速在世界各国复制和传播。

英国作为老牌国际金融中心，无论是金融人才和资源集聚，还是创新意识，在全球都是领先的，经验和知识的积累对于创新必不可少。英国政府鼓励支持，将政策认同与引导激励措施并举，鼓励P2P网络借贷等替代金融模式发展成为小微企业融资的重要渠道，使P2P网络借贷在英国中小企业贷款和消费贷款中的市场份额不断提高。2015年，英国为10000家中小企业提供了P2P网络借贷商业贷款，总额（不包括房地产行业贷款）达到8.81亿英镑，相当于2014年英国中小企业贷款的3.9%。另外，监管宽容引导，容忍创新与加强引导并重。英国的金融发展政策环境较好，金融监管体系较为健全，政府对P2P网络借贷的监管主要由金融服务局（后转到金融行为监管局）负责，由其制定监管政策、目标指引、设计指标并开展监督；P2P金融协会（P2PFA）作为行业自律组织承担实质性监管任务。监管重点是保护消费者权益，防止消费者损失和欺诈事件的发生。截至2021年末，P2P金融协会会员包括Zopa、Rate Setter、Funding Circle、Thin Cats、Landbay、Lend Invest、Lending Works和Market Invoice 8家。2014年6月，P2P金融协会还出台了违约率计算标准，对不良贷款、资本损失或违约进行了界定，明确了违约状况的月底报告制度，协会会员按照这些标准计算自己平台贷款的违约率并对公众公开。[1]

2. 美国

Prosper是美国的一家P2P（个人对个人）在线借贷平台网站，于2006年创立，世界排名2万左右。网站撮合了一些有闲钱的人和一些急于用钱的人。用户若有贷款需求，可在网站上列出期望数额和可承受的最大利率，潜在贷方则为数额和利率展开竞价。Prosper贷款业务曾在2008年遭到美国证券交易委员会（SEC）的禁止，获得相应的资格后于2009年重新开业。2013

---

① 他山之石：英国P2P网络借贷规范发展历程［N］. 搜狐网，2016 – 09 – 23.

年 11 月 13 日，Prosper 的日成交量首次突破了 527 万美元。借款方需要向 Prosper 平台说明自己借钱的理由和还钱的时间。Prosper 平台负责交易过程中的所有环节，包括贷款支付和收集符合借贷双方要求的借款人和出借人。Prosper 的收入来自借贷双方，收取借款人每笔借贷款 1%～3% 的费用以及出借人年总出借款 1% 的服务费。

2007 年 5 月，美国加州上线了"贷款俱乐部"（Lending Club），成为全美第一家按照美国证券交易委员会 SEC 标准设立的 P2P 贷款平台。2014 年，Lending Club 在纽交所上市。Lending Club 市场估值超过 5.4 亿美元，并且吸引了包括美国前财长萨默斯、摩根士丹利前 CEO 麦晋桁和 KPCB 合伙人玛丽米克等一大批行业精英加入董事会。目前，Lending Club 已经占到美国 P2P 借贷规模的 80% 左右，具有信息配对、利率制定、法律文书制定、账目催收等运作功能。

在美国，Lending Club 是通过信用配对认定、法律文书上报和风险隔离等多方面实现监管的。首先是信用配对与认定。Lending Club 为放款人提供了各类工具，使得放款人能够依据信用级别、收益率、地域、借款目的等各种关键词搜索借款申请，并通过相关程序开通有关借款资金业务。对于借款人，Lending Club 会通过其社会安全号码查询信用状况，并且会通过调研核实其提交信息的准确性，只有满足 FICO 分数 660 积分以上的人才能申请贷款。

其次是利率制定。Lending Club 上的借贷利率是由 Lending Club 依据借款人的信用评分加上其他信息制定出来的，并不是由借贷双方协商的。Lending Club 依据信用评分把信用等级分为 A～G 7 个等级，每个等级又分为 5 个次等级。对于每一个等级，都有一个相应的基准利率。在此基础上，再依据借款人的借款金额、期限、最近的信用调查次数、信用记录长度等做一些调整，形成最后借款利率。这样的好处是可以最大限度地避免放款人利用借款人专业知识贫乏的问题形成不公正交易。①

---

① 姜欣欣. P2P 平台的模式借鉴与发展转型［N］. 金融时报，2016－03－21.

最后是盈利模式确认。Lending Club 平台盈利主要来自借贷活动中收取的管理费和交易费。①运营方从借款方一次性收取不超过 5% 的管理费，从放款方每笔本金或利息收入中收取 1% 的管理费，占净收入的 10%～15%，借款人每次向投资者支付本金和利息，Lending Club 从投资者账户扣除 1% 的服务费，以及向机构投资者收取每年 0.7%～1.25% 的账户管理费。②向借款人收取的交易费，占净收入的 75%～90%。每次成功获得贷款的借款人一次性支付给平台 1%～6% 的交易费。③其他较为重要的收入还有出售贷款收入和非利息收入，占比不足 10%。2019 年末，Lending Club 交易费为 5.99 亿美元，占比 78.9%；投资者费用为 1.25 亿美元，占比 16.4%。

最为重要的网贷双方资格审定，这家机构又是如何做的呢？

先看对于放款人的资格审定。其一，并不是所有人都能在 Lending Club 上进行投资。目前，美国只有加州等 28 个州的居民具有投资资格；其二，投资者的账户分为标准账户、个人退休金账户［包含 401（k）、IRS 等各类账户］、高级账户、共同账户等类型。标准账户最低金额为 25 美元，投资收入需要纳税；个人退休金账户可以享受利息税收优惠，开户金额达到 5000 美元且每年金额保持在 10000 美元以上，可以免受 100 美元的年费优惠；高级账户最低金额为 25000 美元，主要满足放款人的自动化投资，只要放款人设定好一定的参数，账户便可以循环自动运行投资。

再看对于借款人的资格审定。其一，借款者资质要求。Lending Club 上超过 90% 的申请都是被拒绝的，要申请借款必须满足严格的条件：生活在加州等规定的 42 个州、具有唯一的社会安全号码、信用记录评分（FICO）在 660 分以上、债务收入比率低于 35%，等等。其二，借款人在申请时，必须填写借款申请单说明贷款的金额、目的、期限等，并填写姓名、地址、电子邮箱、个人收入等。当然，为保护借款人隐私，在借贷展示中，借款人的姓名、地址等暴露个人身份的信息会被隐去。

除放款人、借款人的特殊要求外，Lending Club 所有的贷款都是通过银行账户自动扣除进行还款的。如前所述，对于逾期的借款，Lending Club 将通过电子邮件和电话与借款人联系并敦促还款；对于逾期 60 天以上的还款，Lending Club 将其交由第三方催收机构处理；对于某些卷款逃跑者，Lending Club 也可能采取法律诉讼的形式扣押其不动产或者银行财产。①

由于美国金融体系发达，各类金融机构已满足大量不同融资需求，P2P 的高速成长针对特定市场范围。在增速上，以美国为例，2012—2016 年，Prosper 和 Lending Club 贷款增速平均每年实现 100% 的增长速度。在规模上，根据《费埃哲公司 2016 年报告》统计：美国使用 P2P 贷款人群不到 1%，远低于我国的 3.8%。②

2016 年以后，美国金融政策收紧、资金面不宽裕，金融市场动荡导致机构投资者抛售 P2P 资产以避险，平台生存难度加大，特别是 Lending Club 丑闻被揭露，平台 CEO 篡改贷款信息违规促成交易事件动摇了投资者对 P2P 行业信心，行业整体规模迅速收缩。同时，美国很多金融巨头进军个贷市场挤占 P2P 空间，例如，高盛上线个人无抵押网络借贷平台 Marcus、花旗、富国先后开通了网上个人借款业务，其拥有良好的品牌效应、较低的资金成本、成熟的风险控制等一系列机制，直接影响了 Lending Club 运营。

2020 年，Lending Club 收购了 Radius Bank，并宣布关闭其点对点借贷平台，自 2020 年 12 月 31 日起，Lending Club 将不再作为 P2P 贷方运营。目前，Lending Club Corporation 作为 Lending Club Bank 的银行控股母公司运营，该公司提供工商业、小型企业和设备贷款以及设备租赁、无抵押个人贷款和汽车贷款、患者贷款和教育贷款。Lending Club 还运营着一个连接借款人和投资者的在线借贷市场平台，但规模和影响力已经不大了。

---

① 姜欣欣. P2P 平台的模式借鉴与发展转型［N］. 金融时报，2016 - 03 - 21.
② 任泽平，方思元，梁珣. 反思 P2P 从遍地开花到完全归零［N］. 新浪财经，2020 - 11 - 30.

（二）我国 P2P 借贷发展阶段

1. 初始发展期：2007—2011 年

2007 年，我国首个 P2P 借贷平台——"拍拍贷"成立，开辟了我国互联网金融服务的新纪元。发展初期，我国 P2P 借贷平台较少、用户规模小、社会影响力低，主要开展信用借贷业务，借款人在提供个人详细资料后，平台进行一系列审核和信用等级评估，给予一定授信额度，借款人基于授信额度并借助平台发布的借款标的筹集资金。总体上看，这一阶段我国 P2P 借贷平台发展速度相对较慢，社会对 P2P 借贷认知度尚低，存量平台及交易规模相对较小、市场活跃度低。全国的网络借贷平台只发展到 20 家左右，活跃的平台只有不到 10 家，截至 2011 年末，月成交额大约为 5 亿元，全国有效投资者才 1 万人左右。

值得一提的是，2011 年中国银监会发布《关于人人贷有关风险提示的通知》（〔2011〕254 号文），第一次对网络借贷行业的风险进行了官方层面提示，提出网络借贷业务存在七大风险：①干扰了宏观调节；②业务的合法性很难界定；③业务风险很难控制；④修饰性描述过多影响金融机构口碑；⑤监管部门不明晰；⑥信用风险高，贷款不良率高；⑦部分房产抵押业务存在风险隐患。但当时网络借贷行业刚刚兴起，不仅没有引起金融市场的足够重视，也没有引起投资者的关注。今天，我们回过头去看这 7 条监管提示，每一条都是千真万确的监管警示，如果当时认真总结经验教训，就不会发生后来的风险爆发期。

2. 快速扩张期：2012—2013 年

这一阶段，我国金融市场尚不完善，居民理财渠道有限，小微企业、个人融资难度大，个人及企业融资需求进一步增长，P2P 平台的创业者具备民间借贷经验，了解民间借贷需求，吸取前期平台教训，采取线上融资线下放贷的模式，以本地借款人为主，对借款人进行有关资金用途、还款来源以及抵押物等方面的考察，结合民间借贷开始对小微企业融资，采用"线下审

核 + 线上融资"模式，同时平台承诺保障本金和利息。数据显示：2013 年 P2P 借贷平台数量达到 514 家，同比增长 105.6%。截至 2012 年末，月成交金额达到 30 亿元，投资者为 2.5 万 ~ 4 万人。[①]

自 2007 年 6 月中国第一家网贷平台——"拍拍贷"成立以来，全国各地 P2P 借贷平台不断涌现，交易数额日益增长，呈现出快速发展的业务特点。

2007 年，上海拍拍贷上线开启网络借贷先河；

2009 年，深圳红岭创投上线开创了平台本金垫付模式；

2010 年，北京人人贷上线，是目前获得最大单笔融资的网络借贷平台；

2011 年，上海陆金所上线，是第一家银行背景网络借贷平台；

2012 年，网络借贷平台数量发展至近 200 家；

2013 年，互联网金融元年，同年末，速贷融创平台上线。

从 2013 年开始，国家表明鼓励互联网金融创新的态度，并在政策上对 P2P 网络借贷平台给予了支持。大量非银行金融机构、小贷公司、融资担保公司涌入 P2P 行业，私人老板、互金平台和民间借贷机构也开始组建自己的 P2P 网络借贷平台，自融、资金池、庞氏融资等层出不穷，平台数量急剧增加，投资者及借款人的数量也不断攀升，市场景气度得到大幅度提升。

在这一阶段，在线平台的共同特点是吸引那些追求高利率、每月利率约为 4% 的投资者，年化利率高达 30% ~ 40%。这些平台在网上融资后偿还银行贷款、私人高利贷或投资于自有项目。由于自筹资金和高利率加剧了该平台本身的风险，从 2013 年 10 月开始，全国十多个 P2P 借贷平台陆续撤资数百万元人民币，导致投资者产生心理恐慌，集中提款，这些自筹资金平台上即时运行危机。截至 2013 年末，全国约有 75 个平台倒闭、逃跑或无法提取现金，涉及资金总额约 137 亿元人民币。

3. 风险爆发期：2014—2016 年

2014 年，我国 P2P 借贷平台数量已经呈现指数级增长态势。中国人民银

---

① 12 年 P2P 变迁史，回顾与展望［N］. 财商研习汇，2019 – 11 – 18.

行数据显示：2014 年 P2P 借贷平台数量达到 2238 家，同比增长 335.4%。与此同时，P2P 借贷行业风险开始爆发，部分平台由于风险控制能力及经营能力薄弱，资金链断裂。有学者统计：这一阶段，我国 P2P 行业出现两次爆雷潮：2013 年，宏观经济下行导致部分 P2P 平台信用风险压力大幅度提升，平台自融、假标等乱象丛生，集中违约、资金抽离爆发，引发了部分平台卷款跑路问题。2014 年，股市持续上涨，大量 P2P 资金转投股票市场，流动性抽离，更导致大批 P2P 借贷平台倒闭。这一阶段跑路行为占问题平台的比例达65%，拉开了我国 P2P 借贷平台爆雷的序幕。

2014 年 4 月 21 日，中国银监会提出网贷监管的四条红线，一是要明确这个平台的中介性质，二是要明确平台本身不得提供担保，三是不得将归集资金搞资金池，四是不得非法吸收公众资金。同年 8 月 3 日，中国银监会相关人员提出 P2P 监管的五条导向，就是"明定位""不碰钱""有门槛""重透明""强自律"。同年 8 月 22 日，中国银监会提出了 P2P 理财发展的六大原则，即信息中介、行业门槛、银行托管、专业人才、资金规模、打击诈骗行为。同年 9 月 27 日，P2P 发展的六大原则又被中国银监会的相关人员延伸为十大监管原则，就是在六大原则的基础上，增加实名制、不得担保、信息披露、收费机制和小额等原则内容。

2015 年 12 月，中国银监会会同工业和信息化部、公安部、国家互联网信息办公室等部门研究起草了《网络借贷信息中介机构业务活动管理暂行办法（征求意见稿）》，拉开了 P2P 借贷行业的监管序幕。互联网金融公司全面爆雷，钱宝网、雅堂金融、唐小僧、联璧金融等上百家 P2P 网贷平台轰然倒塌。2016 年 4 月，中国银监会印发《P2P 网络借贷风险专项整治工作实施方案》，成立了网贷风险专项整治工作领导小组，全面排查 P2P 借贷平台问题，整顿网络借贷市场。[①]

宜人贷是最后一批停止运营的 P2P 平台，截至 2020 年 4 月 30 日，宜信

---

① 任泽平，方思元，梁珣. 反思 P2P 从遍地开花到完全归零［N］. 新浪财经，2020 – 11 – 30.

旗下两家 P2P 累计借贷金额为 3811 亿元，当前借贷余额为 99 亿元。2020 年末，宜人金科重组剥离宜人贷主体，宜信方面以 6700 万元取得对宜人贷的控制权。宜人金科因重组带来一次性亏损 6.56 亿元，经调整后净亏损为 3690 万元。重组完成后，宜人金科重新定位为综合性个人金融服务平台。至此，曾经风光一时的宜人贷就此基本结束。

>> 【案例 2-1】

2012 年，宜信正式推出个人对个人（P2P）咨询服务平台"宜人贷"，开始了狂飙突进的互联网金融之路，2015 年，宜人贷在美国纽交所上市，成为"中国互联网金融第一股"。

2017 年市值巅峰时，宜人贷每股 53 美元，市值高达 49 亿美元，狂甩其他上市的互联网金融公司。如今，宜人贷市值不到 10 亿美元，只有当初巅峰市值的 1/5。

宜信的利率和服务费率均已经远远超过成立之初的标准，借款成本从 20% 飙升至 36%，几乎触碰了高利贷红线，市场指责之声不绝于耳。从 2017 年开始，P2P 行业爆雷潮频现，躲过爆雷潮的宜信，却没有躲过裁员的命运。据说宜信这几年已经裁减了大批员工。2018 年，监管高压之下，宜信又不得不对其部分业务进行重组。2019 年 3 月，宜信集团又将宜信惠民、指望财富、宜信普惠三大板块整合纳入宜人贷上市后的公司中。

案例来源：根据公开资料整理。

短短 10 年时间，P2P 网络平台经历了冰火两重天。宜信从名不见经传小公司到最终崛起，转而又由盛及衰、跌入低谷的历程也不难看出：成就宜信的并不是唐宁的前瞻性眼光，也不是其善于效仿孟加拉小额信贷模式的智慧，而是我国过去 10 年互联网时代的发展红利，确切地说是我国互联网金融市场推波助澜的结果。有学者指出，与其说宜信集团整体上市的梦想破灭是因为

严监管政策的大势所致，不如说是宜信的背离初心，不仅让唐宁当初的情怀南辕北辙，更让唐宁成为中国"尤努斯"的梦想折翅。今天看，宜信曾经是网络行业的一面旗帜，但终究抵不过市场和政策的变化，加上宜信一直背负着高利贷、恶意催贷的骂名，在互联网行业前所未有的清理整顿严监管下，宜信的未来充满不确定性。①

4. 清理整顿期：2017—2019 年

伴随网络借贷平台的停业或跑路，监管部门注意到 P2P 借贷行业的风险，制定及推出了相关的监管文件。

2016 年是 P2P 的"监管元年"。3 月，互联网金融协会成立，8 月，中国银监会等四部门联合发布了第一个 P2P 借贷行业国家级监管政策——《网络借贷信息中介机构业务活动管理暂行办法》，随后关于存管、备案、信息披露三大主要配套政策陆续落地，网贷行业"1＋3"制度框架基本搭建完成，主要着眼于平台信息备案合规及行业整治，大量不合规平台被清出的同时，年新增正常运营平台数量持续减少。

2017 年是 P2P 的"备案元年"。6 月，在中国人民银行等十七部门联合印发的通知中，要求实现 P2P 网贷从业机构数量及业务规模"双降"。12 月，P2P 网贷风险专项整治工作领导小组下发《关于做好 P2P 网络借贷风险专项整治整改验收工作的通知》，要求各地应在 2018 年 4 月末前完成辖内主要 P2P 机构的备案登记工作、6 月末之前全部完成；并对债权转让、风险备付金、资金存管等关键性问题作出进一步的解释说明。对于各类 P2P 平台，通知提出五项原则：①验收合格的 P2P 平台，予以备案登记，确保其正常经营。②积极配合整改验收工作但最终没有通过的平台，可根据具体情况，或引导其逐步清退业务、退出市场，或整合相关部门及资源，采取市场化方式，进行并购重组。③对于严重不配合整改验收工作，违规行为严重甚至已有经侦介入或已失联的平台，应由相关部门予以取缔。④对于逃避整改验收，暂

---

① 宜信裁员"崩盘"过后，唐宁梦断中国"尤努斯"［N］. 蓝科技，2021－09－22.

停自身业务或处于不正常经营状态的机构，需予以高度重视，即便恢复经营后也需酌情予以备案。⑤对于行业中业务余额较大、影响较大、跨区域经营的机构，由机构注册地整治办建立联合核查机制，向机构业务发生地征求相关意见。①

2018 年是 P2P 的"爆雷集中年"。6 月，北京市网贷整治办发文要求网贷机构不得增长业务规模、不得新增不合规业务、存量违规业务必须压降、资金端门店必须逐步关停、资产端门店数量应予以控制。8 月，合规检查问题清单第 108 条中规定：网贷机构截至检查时点的规模总量较 2017 年 6 月增长幅度较大，就属于规模控制不到位，但并未对增幅作出明确规定。

配合国家监管政策，各地方政府在此基础上出台了配套措施，深挖当地网络借贷行业的问题平台。例如，深圳市要求辖区内 P2P 借贷平台在 2018 年 10 月 12 日前完成机构自查，北京要求各机构于 2018 年 10 月 15 日前完成自查，提交自查报告。2018 年 11 月 19 日，北京市副市长殷勇在第九届财新峰会上提出，对于 P2P 违规存量整治将实行"三降"，明确要求平台缩减待收余额、降低出借人数、减少门店数量。2018 年 12 月 6 日，深圳市互联网金融协会发布《关于进一步规范网络借贷信息中介行业专项整治期间有关行为的通知》，提出十条自律要求，要求互金整治期间 P2P 网贷机构待偿余额不得增加、出借人数不得增加、存量违规业务必须持续下降、线下门店数量必须持续压缩。2018 年 12 月 20 日，杭州互金协会也提出类似要求。

从 2018 年开始，全国各地爆雷潮突然而至，成为环环相扣的流动性危机的开始。2018 年 6 月 16 日，唐小僧爆雷，市场解读为平台返利模式的陷落，

① 对于 2016 年 8 月 24 日后新设的 P2P 平台，本次网贷整治期间原则上不予备案登记。此外，对于自身未纳入本次整治的各类机构，在整改验收期间提出备案申请的，各地整治办不得予以进行验收及备案登记；对于《P2P 管理暂行办法》规定的十三项禁止性行为及单一借款人上线的规定，P2P 自 2016 年 8 月 24 日不再违反，相应存量业务未化解完成的 P2P 不得备案登记；对于开展过涉及首付贷、校园贷及现金贷等业务的 P2P，应暂停新业务，逐步压缩存量，否则不予备案。

行业内出现了流动性冲击波，但大平台依旧具有吸引力。2018年7月14日，"投之家"爆雷，市场开始对所谓的大平台失去信心，引发行业流动性恐慌。之后半个月内，日出借人数从2.3万人降至6000人左右，流动性压力袭击所有平台。全国各地很多实力薄弱的平台在冲击下陷入困境，引发爆雷潮。据统计，我国P2P网贷行业待还余额在2017年9月末达到最高峰的1.275万亿元，开启了连续14个多月的下滑通道。2018年3月，行业待还余额首次跌破万亿元。①

P2P网贷行业爆发了一系列风险事件，遭遇史上最严重的信任危机，存量平台加速减少、借贷规模持续下滑、活跃借款人和出借人数量锐减、头部平台待还余额加速下降、债权转让攀升且利率畸高等。据不完全统计，2018年6月，问题平台数量至少有98家，创下14个月以来的最高值。同年7月形势继续恶化，问题平台至少达到142家，平均每天4~5家，影响数百万出借人，其中不乏一些规模较大、历史悠久的平台出现问题，主动宣布逾期、重组、清盘。当然，倒闭跑路、携款潜逃的也为数不少。

2018年7月22日前后，北京、上海、深圳、广州四地宣布启动新一轮P2P网贷机构现场检查，将按照国家互联网金融风险专项整治工作统一部署，坚持问题导向，开展P2P网贷平台现场检查工作，依法分类处置。

2018年7月23日，针对近期网贷平台主动终止业务、退出市场频发的现象，北京市互联网金融行业协会向成员机构率先下发《北京市网络借贷信息中介机构业务退出规程》，旨在指导、规范网贷机构主动退出网贷业务，保护出借人、借款人、网贷机构及其他网贷业务参与人的合法权益，避免出现群体性事件，维护社会和谐稳定，实现网贷机构平稳退出。

2018年8月12日，互联网金融风险专项整治工作领导小组办公室、网贷风险专项整治工作领导小组办公室联合召开网贷机构风险处置及规范发展工作座谈会，拟订10项举措应对网贷风险，其中第三条提到，指导网贷机构通过兼

---

① 盘点2018年P2P十大事件［N］. 零壹财经，2018－12－25.

并重组、资产变现、与金融机构合作等多种市场化手段缓释流动性风险。

2018 年 8 月 13 日，P2P 网络借贷风险专项整治工作领导小组办公室发布《关于开展 P2P 网络借贷机构合规检查工作的通知》，并发布《网络借贷信息中介机构合规检查问题清单》，要求合规检查定于 2018 年 12 月末前完成。

P2P 网络借贷整治办要求严格按照网络借贷"1 + 3"制度框架及有关规章制度，统一明确标准，提高质效，从严把关，提出了合规检查的 10 个具体要求：①是否严格定位为信息中介，有没有从事信用中介业务；②是否有资金池，有没有为客户垫付资金；③是否为自身或变相为自身融资；④是否直接或变相为出借人提供担保或承诺保本付息；⑤是否对出借人实行了刚性兑付；⑥是否对出借人进行风险评估并进行分级管理；⑦是否向出借人充分披露借款人的风险信息；⑧是否坚持了小额分散的网络借贷原则；⑨是否发售理财产品募集资金（或剥离到关联机构发售理财产品）；⑩是否以高额利诱等方式吸引出借人或投资者加入。①

2018 年 8 月 15 日，中国银保监会召集四大资产管理公司（AMC）高管开会，要求四大资产管理公司主动协助化解 P2P 借贷平台的爆雷风险。四大资产管理公司之一的中国长城资产管理公司率先成立参与 P2P 风险处置工作领导小组，将在上海、浙江、广东、北京等地区成立工作小组，统筹推进 P2P 风险处置各项工作。虽然四大资产管理公司是专业开展不良资产处置的机构，但此前资产管理公司和 P2P 合作处置不良资产的案例很少，类似将资产管理公司及旗下产品搬到 P2P 上销售的合作案例也不多见。关键是资产管理公司和 P2P 合作处置不良的动力不足。因为 P2P 形成的不良资产具有分散、小额、清收难等特性，双方意愿都不会太强。从市场实际情况看，四大资产管理公司与 P2P 合作的案例并不多见，最后形成了不了了之的局面。

2018 年 8 月 20 日，为了稳定网络借贷市场局面，中国互联网金融协会连续 3 天向会员机构下发包括《关于加强对 P2P 网络借贷会员机构股权变更

---

① 零壹财经. 关键时刻——P2P 网贷危机调研报告 [N]. 零壹财经，2018 – 10 – 06.

自律管理的通知》（互金函〔2018〕124 号）、《关于防范虚构借款项目、恶意骗贷等 P2P 网络借贷风险的通知》（互金函〔2018〕125 号）、《关于开展 P2P 网络借贷机构合规检查工作的通知》（网贷整治办函〔2018〕63 号）三份自律文件，全面强化备案要求，旨在防范网贷机构虚构借款项目、恶意骗贷等风险，提高网贷平台透明度，要求全国各地对部分经营不合规的 P2P 借贷平台被强制清出。截至 2018 年 12 月末，我国 P2P 借贷行业仅有 509 家准合规正常运营平台。P2P 网贷行业待还余额降至 7420 亿元，距离巅峰时刻已经跌去 41.8%。

与此同时，北京、上海、广东、浙江等地互金协会陆续发布 P2P 平台退出指引，引导平台在优先保护出借人的前提下，主动终止网贷业务。据零壹数据统计，深圳、济南、杭州、北京、广州、安徽、上海、沈阳、莆田、大连、广东、江西共 12 个省市发布退出指引，覆盖网贷机构退出原则、退出程序、退出方案的制订、材料上报和相关信息披露等要求。①

从 2019 年上半年开始，受到国内宏观经济下行，流动性减少，金融去杠杆持续推进，逾期率提高，加剧平台偿付危机。于是，更多的 P2P 借贷平台开始了新一轮关门倒闭潮，网贷平台小老板卷钱逃跑的数量激增，P2P 借贷平台数量再次急速下降。因此，监管部门多次发声表示网贷平台整治仍将以出清为主要目标，引导平台退出和转型。同年 1 月 27 日，互联网金融风险专项整治工作领导小组办公室、P2P 网贷专项整治工作领导小组办公室发布了《关于做好网贷机构分类处置和风险防范工作的意见》（175 号文），明确监管思路，即以清退为主、转型为辅，清退主要是针对已经出险、风险已经暴露或者有较大风险隐患的机构平台。2019 年 11 月 27 日，互联网金融风险专项整治工作领导小组办公室、网络借贷风险专项整治领导小组办公室联合印发《关于网络借贷信息中介机构转型为小额贷款公司试点的指导意见》（83 号文），从金融政策、转型时效、转型条件及监管措施等几个方面对 P2P 行

---

① 盘点 2018 年 P2P 十大事件［N］. 零壹财经，2018 - 12 - 25.

业提出明确要求。截至 2019 年 12 月，网贷行业正常运营平台数量下降至 344
家，相比 2018 年末减少了 727 家，基本处于谷底状态。

我国网络借贷主要监管政策一览如表 2－3 所示。

表 2－3　我国网络借贷主要监管政策一览

发布时间	发布机构/法规和政策/主要内容
2015－07－18	中国人民银行、工业和信息化部等部门发布《关于促进互联网金融健康发展的指导意见》，按照"依法监管、适度监管、分类监管、协同监管、创新监管"原则，确立了网络借贷等互联网金融主要业态的监管职责分工，落实了监管责任，明确了业务边界
2015－08	最高人民法院发布《关于审理民间借贷案件适用法律若干问题的规定》，在划定24%的民间借贷利率红线的同时，进一步明确 P2P 平台的"媒介身份"。另外，最高人民法院指出 P2P 平台作为提供媒介服务的中介平台，无须随行担保责任，这被视为 P2P 行业未来去担保化的重要开端
2015－12－28	银监会会同工业和信息化部、公安部、国家互联网信息办公室等部门《网络借贷信息中介机构业务活动管理暂行办法（征求意见稿）》，明确网贷监管体制机制及各相关主体责任、网贷业务规则和风险管理要求、借款人和出借人的义务、信息披露及资金第三方存管内容，全面规范了网贷机构及其业务行为，为行业的发展明确了方向
2016－02	国务院颁布《关于进一步做好防范和处置非法集资工作的意见》，要求完善相关法规，尽快出台非存款类放贷组织条例，P2P 网络借贷、股权众筹集资等监管规则，促进互联网金融规范发展
2016－04	国务院发布《P2P 网络借贷风险专项整治工作实施方案》，通过督促整改批、取缔关停一批等整治措施，鼓励和保护有益的创新，形成正向激励机制，正本清源。同时建立健全行业奖惩机制、举报机制、信息披露和投资者保护机制，实现规范与创新并重，促进行业良性发展
2016－05	教育部发布《关于加强校园不良网络借贷风险防范和教育引导工作的通知》，明确要求各高校建立校园不良网络借贷日常监测机制、实时预警机制、应对处置机制。之后在 2017 年 9 月，教育部明确要求"取缔校园贷款业务，任何网络贷款机构都不允许向在校大学生发放贷款"
2016－08－24	中国银监会发布《网络借贷信息中介机构业务活动管理暂行办法》，依据法律法规及合同约定为出借人与借款人提供直接借贷信息的采集整理、甄别筛选、网上发布，以及资信评估、借贷撮合、融资咨询、在线争议解决等相关服务；对出借人与借款人的资格条件、信息的真实性、融资项目的真实性、合法性进行必要审核等

发布时间	发布机构/法规和政策/主要内容
2016－10－13	国务院办公厅发布《互联网金融风险专项整治工作实施方案》，按照"打击非法、保护合法，积极稳妥、有序化解，明确分工、强化协作，远近结合、边整边改"的工作原则，区别对待、分类施策，集中力量对P2P网络借贷、股权众筹、互联网保险、第三方支付、通过互联网开展资产管理及跨界从事金融业务、互联网金融领域广告等重点领域进行整治
2016－11－03	中国银监会办公厅、工业和信息化部办公厅、工商总局办公厅发布《网络借贷信息中介机构备案管理登记指引》，建立健全网络借贷信息中介机构备案登记管理制度，加强网络借贷信息中介机构事中事后监管
2017－02－22	中国银监会发布《网络借贷资金存管业务指引》，要求建立客户资金第三方存管制度，实现客户资金与网络借贷信息中介机构自有资金分账管理，防范网络借贷资金挪用风险
2017－06	银监会 教育部等六部门发布《关于进一步加强校园贷规范管理工作的通知》，要求现阶段一律暂停网贷机构开展在校大学生网贷业务，逐步消化存量业务。杜绝网贷机构发生高利放贷、暴力催收等严重危害大学生安全的行为
2017－07	中国人民银行等十七部门发布《关于进一步做好互联网金融风险专项整治清理整顿工作的通知》，各省领导小组应按照清理整顿的有关要求完成本行政区域的互联网金融活动的状态分类，形成机构分类清单以及清理整顿状态分类阶段总结报告
2017－08－24	中国银监会发布《网络借贷信息中介机构业务活动信息披露指引》，建立网络借贷信息中介机构及其分支机构，通过其官方网站及其他互联网渠道向社会公众公示网络借贷信息中介机构基本信息、运营信息、项目信息、重大风险信息、消费者咨询投诉渠道信息等相关信息的披露制度
2017－11	互联网金融风险专项整治工作领导小组办公室发布《关于立即暂停批设网络小额贷款公司的通知》，自即日起，各级小额贷款公司监管部门一律不得新批设网络（互联网）小额贷款公司，禁止新增批小额贷款公司跨省（区、市）开展小额贷款业务
2017－12－13	P2P网贷风险专项整治工作领导小组办公室发布《关于做好P2P网络借贷风险专项整治验收工作的通知》，要求各地应在2018年4月底前完成辖内主要P2P机构的备案登记工作、6月底之前全部完成
	P2P网络借贷风险专项整治工作领导小组办公室发布《关于印发小额贷款公司网络小额贷款业务风险专项整治实施方案的通知》，方案重点排查和整治网络小贷公司，涉及审批管理、经营资质、股权管理、融资端及资产端等11个方面，并要求在2018年1月底前完成摸底排查

续表

发布时间	发布机构/法规和政策/主要内容
	全国P2P网络借贷风险专项整治办发布《关于开展P2P网络借贷机构合规检查工作的通知》，监管将合规检查总体分成三个步骤：机构自查→自律检查→行政核查
2018-08	互联网金融风险专项整治工作领导小组办公室、P2P网络借贷风险专项整治工作领导小组办公室下发《关于报送P2P平台借款人逃废债信息的通知》（"网贷国十条"），要求各地应根据前期掌握信息，上报借本次风险事件恶意逃废债的借款人名单。同时表示，全国互金整治办协调征信管理部门将上述逃废债信息纳入征信系统和"信用中国"数据库，对相关逃废债行为人形成制约，并要求各地于8月9日12时前反馈。同时，提出具体十条措施：一要畅通出借人投诉维权渠道。地方政府设立沟通窗口，解释政策、回应诉求。二要开展网贷机构合规检查。三要多措并举缓释风险。指导网贷机构通过兼并重组、资产变现、与金融机构合作等多种市场化手段缓释流动性风险。四要压实网贷机构及其股东责任。已退出机构要依据《破产法》《公司法》及有关监管要求制订清盘兑付方案，股东依法负连带责任。五要规范网贷机构退出行为。建立报备制度，明确退出程序，规范资产处置和债务清偿，确保出借人合法权利不受侵害。六要依法从严从重打击恶意退出的网贷平台。缉捕外逃人员，加大法律惩处力度。七要加大对恶意逃废债行为的打击力度。将恶意逃废债的企业和个人信息纳入征信系统和"信用中国"数据库，开展失信联合惩戒。八要帮助群众准确分辨非法吸储、集资诈骗等违法犯罪行为，增强投资风险识别能力和审慎意识。九要引导出借人依法理性维权。依法打击造谣、煽风点火、聚众闹事等非理性、超越法律界限的维权行为。十要严禁新增网贷机构。各地要禁止新注册网络金融平台或借贷机构，加强企业名称登记注册管理
2019-01-21	互联网金融风险专项整治工作领导小组办公室和P2P网贷借贷风险专项整治工作领导小组办公室发布《关于做好网贷机构分类处置和风险防范工作的意见》，坚持以机构退出为主要工作方向，能退尽退，应关尽关，加大整治工作的力度和速度
2019-01-24	P2P网贷风险专项整治工作领导小组办公室发布《关于进一步做实P2P网络借贷合规检查及后续工作通知》，向P2P平台提出了一项硬性规定：即完成行政核查的P2P平台，需逐步完成实时数据接入；其中，统计监测数据应报送至"国家互联网金融风险分析技术平台网贷机构统计报送系统"，信息披露数据应披露在"全国互联网金融登记披露服务平台"
2019-03	互联网金融和网络借贷风险专项整治工作领导小组办公室会同国家计算机网络应急技术处理协调中心联合发布《关于启动网络借贷信息中介机构运营数据实时接入工作的通知》，在营P2P网贷平台应在2019年6月底前全部完成实时数据接入，无法按时完成实时系统接入的网贷机构后续应逐步退出市场

续表

发布时间	发布机构/法规和政策/主要内容
2019 – 04 – 08	互联网金融风险专项整治联合工作办公室、网络借贷风险专项整治联合工作办公室发布《网络借贷信息中介机构有条件备案试点工作方案》，合规检查认定为基本合规的、业务全量接入银行存管系统、网贷实时数据接入系统及全国互联网金融登记披露服务平台的网贷机构，纳入观察期，观察期符合条件应当予以备案
2019 – 06	深圳互金协会正式推出 P2P 网贷平台良性退出投票系统，上海、云南和青岛对外公布清退 P2P 网贷平台名单
2019 – 07	中国银保监会叫停保险公司通过现金贷等网贷平台销售意外伤害险
2019 – 09 – 02	互联网金融风险专项整治工作领导小组、网贷风险专项整治工作领导小组发布《关于加强 P2P 网贷领域征信体系建设的通知》，明确支持在营网贷机构接入央行征信、百行征信等征信机构，表示持续开展对已退出经营的网贷机构相关恶意逃废债行为的打击，要求各地将形成的"失信人名单"转送央行征信中心和百行征信
2019 – 09	互联网金融风险专项整治工作领导小组办公室、P2P 网贷风险专项整治工作领导小组办公室联合下发《关于加强 P2P 网贷领域征信体系建设的通知》，支持在营 P2P 网贷机构接入征信系统
2019 – 10	两高、两部联合制定《关于办理非法放贷刑事案件适用法律若干问题的意见》，从司法层面明确了非法放贷的入刑标准
2019 – 11	互联网金融风险专项整治工作领导小组办公室、P2P 网贷风险专项整治工作领导小组办公室联合下发《关于网络借贷信息中介机构转型为小额贷款公司试点的指导意见》，为我国 P2P 借贷平台转型小额贷款公司指明了道路
2020 – 08	中国银保监会发布《商业银行互联网贷款管理暂行办法》，促进商业银行互联网贷款业务获客、产品设计、风险控制、催收等环节合规发展
2020 – 09	中国银保监会办公厅发布《关于加强小额贷款公司监督管理的通知》，进一步加强监督管理、规范经营行为、防范化解风险，促进小额贷款公司行业规范健康发展
2020 – 11	中国银保监会、中国人民银行发布《网络小额贷款业务管理暂行办法（征求意见稿）》，提出规范小额贷款公司网络小额贷款业务，防范网络小额贷款业务风险，保障小额贷款公司及客户的合法权益，促进网络小额贷款业务规范健康发展
2021 – 02	中国银保监会发布《关于进一步规范商业银行互联网贷款业务的通知》，进一步强化独立风险控制要求，督促商业银行落实风险控制主体责任，自主完成对贷款风险评估和风险控制具有重要影响的风险控制环节，促进业务健康发展

续表

发布时间	发布机构/法规和政策/主要内容
2021 - 03	中国银保监会等五部门印发《关于进一步规范大学生互联网消费贷款监督管理工作的通知》，对不同的放贷主体加强了约束管理：对非持牌的小贷公司，明确指出不得向大学生发放互联网消费贷款，并且要求公安机关强势介入，对大学生互联网消费贷款业务中存在的违法犯罪行为，坚决查处。对于持牌的消费金融公司、商业银行等金融机构，则要求它们自查自纠，积极整改。加强业务风险管理，严格执行"三查"制度，识别大学生身份和真实贷款用途

资料来源：周波青根据公开资料整理。

P2P 平台不能发产品续接老产品，但仍需按期兑付收益，甚至面临投资者赎回时补足其本金，资金链压力显著，除了拍拍贷这样元老级、头部级的 P2P 公司的转型之路外，其他中小 P2P 公司更多地面临被整顿清理的命运，大量 P2P 平台宣告清算或直接卷款跑路。根据网贷之家数据：截至 2019 年 12 月，P2P 平台累计成交量约为 9 万亿元，行业总体贷款余额为 4915.91 亿元，同比下降 37.69%，创近 3 年新低。贷款余额约占金融机构消费贷款规模的 1.1%。2019 年全年退出行业平台数量为 732 家，相比 2018 年的 1279 家有所减少，但影响更大，数家待收规模上百亿的平台开始转型退出。截至 2019 年末，我国准合规 P2P 平台数量将持续降至约 115 家，肃清工作逐渐接近尾声。

5. 转型发展期：2020 年至今

随着中国银保监会 2020 年 1 月 6 日发布《关于推动银行业和保险业高质量发展的指导意见》（52 号文），再次强调"坚决清理和取缔未经批准从事金融业务的机构和活动""深入开展互联网金融风险专项整治，推动不合规网络借贷机构良性退出"。52 号文不仅为 2019 年网络贷款行业对于合规落地各种遐想画上了一个句号，也为 2020 年网络贷款行业的监管思路给出了更加明确的预期。截至 2020 年末，头部平台加速转型，中小平台都持续退出，在此起彼伏的清理整顿浪潮中，P2P 借贷平台慢慢退出了历史舞台。

在短短不到十年的时间里，从 2012 年 P2P 平台开始野蛮扩张，高峰期运营平台约 5000 家，到 2018 年开始监管介入，清理整顿，再到 2020 年 12 月，我国 P2P 网络贷款平台数量已完全归零，我国 P2P 行业共经历了三次爆雷潮，两次重大监管清理整顿。P2P 借贷平台从遍地开花到完全归零，导致投资者财富大量流失，金融风险大幅加剧，教训深刻，值得反思。

三、P2P 借贷平台现状

2013 年，国内各大银行开始收缩贷款，很多投资者从 P2P 网络借贷平台上看到了商机，他们花费 10 万元左右购买网络借贷系统模板，然后租个办公室简单进行装修就开始上线圈钱。这一阶段，国内网络借贷平台从 240 家左右猛增至 600 家左右，2013 年底月成交金额在 110 亿元左右，有效投资者为 9 万~13 万人。[①]

从我国 P2P 平台借贷结构两端看，基本都是以自然人为主，是"大批中等收入的年轻投资者对大批低收入的年轻借款人"。据网贷之家调查结果显示：2017 年 40 岁以下的投资者占比超过 40%，月收入低于 1 万元的约为 80%、低于 5000 元的超过 30%；20~40 岁的借款人占比超过 80%，月收入 4000 元以下的超过 50%。而愿意支付 24% 甚至 36% 的年化利率来借钱的企业，大多是无法从银行贷款的劣质企业或规模很小的企业，这个群体抗风险能力极差。

2018 年开始的大规模清理整顿，导致了 P2P 借贷机构数量呈断崖式下降。2020 年 11 月 27 日，中国银保监会首席律师刘福寿表示，互联网金融风险大幅压降，全国实际运营的 P2P 网络贷款机构由高峰时期的约 5000 家逐渐压降，截至 2020 年 12 月已经完全归零。

2021 年，金融监管部门继续全面禁止 P2P 网络贷款。2021 年 3 月 8 日，中国银保监会发布了《关于进一步规范大学生互联网消费贷款监督管理工作的通知》，规定金融机构不得以大学生为精准营销目标。所有原先对在校大

---

① P2P 国内外的发展历程、现状及未来 ［N］. 网贷天下，2017－09－19。

学生开放的小贷平台都做了不同程度整改。那些专门为在校大学生提供不同分期服务的小贷 APP 均已下架。截至 2021 年 12 月，已经有超过 40 家小贷 APP 被下架。除此之外，小贷利率高于国家最新贷款基准利率 36% 的贷款平台也进行了整改或下架，已经关闭的平台有小鸡理财、团贷网、铜掌柜、微贷网、爱贷网、51 人品、聚优财、易港金融、浙金网、橙天金融、爱贷网等网络借贷平台。

目前，依然有个别网络借贷平台受到消费者（借款人）投诉。例如，我来数科平台上展示的多款信贷产品并未标示年化利率。① 投诉客户反映，其通过我来数科平台申请个人消费贷款，在还款时却发现除需还本付息外，每月另需支付一笔服务费。若加上服务费，上述用户贷款的实际年化利率接近 60%，用户质疑我来数科平台通过服务费推高综合贷款成本。② 截至 2021 年末，我来数科的累计投诉量已达 1.66 万条，近 30 天投诉量达 189 条，投诉内容主要为收取高额服务费、暴力催收等。

其实，早在 2017 年 8 月 4 日，最高人民法院印发《关于进一步加强金融审判工作的若干意见》（法发〔2017〕22 号）提出：人民法院严格依法规制高利贷，对金融机构的利率上限给出了年化利率 24% 的规定。若借款人以贷款人同时主张的利息、复利、罚息、违约金和其他费用过高，请求对总计超过年化利率 24% 的部分予以调减的，应予支持。2020 年 8 月，最高人民法院明确将民间借贷利率司法保护上限修改为 4 倍 LPR，基本上维持在 15% 左右。2021 年 7 月 29 日，根据监管部门的窗口指导，各地消费金融公司、银行等金融机构要将个人贷款利率全面控制在 24% 以内。由此可见，我来数科

---

① 我来数科（前身为"我来贷"）是 WeLab 集团旗下的纯线上金融科技平台，运营主体为卫盈联信息技术（深圳）有限公司。我来数科借助自主研发的实时大数据处理平台，以大数据、人工智能技术为核心，通过数据处理、风险管理和营销获客能力，与金融机构、互联网巨头、头部产业平台等展开合作，为工薪族、小微企业主提供消费信贷服务。我来数科平台的注册人数超 5000 万人，累计申请金额超过 6000 亿元。

② 张婷，龙秋月. 我来数科助贷产品被指综合年利率高达 60% 部分产品未表明年化利率［N］.中国科技投资财经号，2022 – 11 – 15.

的网络信贷利率是偏高的，已经涉嫌违反了金融监管的有关规定。

过去，像我来数科的例子很普遍。今天，尚未兑付的余额数量是巨量的，值得我们高度重视。截至2020年6月，根据P2P网络借贷专项整治工作领导小组会议透露的最新数据，"影子银行"存量业务尚未清零停业的网贷数量为1169家，尚未兑付的余额为4974亿元，仍然有上千亿元规模资金需要进行清偿。以微贷网为例，2020年7月4日，杭州市公安局上城区分局依法对"微贷网"立案侦查，案件正在依法侦办中。7月6日，在《微贷网处置情况通报》所列登记报案途径的基础上，杭州市公安机关已提请发布全国协查，出借人也可携带本人居民身份证、银行流水等相关材料到户籍地公安机关经侦部门登记报案。同年9月22日，杭州市公安局上城区分局发布了《关于微贷网的处置情况通报（四）》，主要内容如下：目前在政府监管下，微贷网团队及组织架构继续保持平稳，日常催收工作正常开展，回款情况正常。目前，微贷网接入人行征信工作进一步有序推进，公安机关会同区处置办继续加大依法催收力度，新增10条公安电催专线对逾期借款人开展催收工作，继续保持严厉打击恶意逃废债行为力度，提醒平台借款人自觉配合催收工作，依法履行还款义务。当地公安机关已累计归集资金22.19亿元，查封、冻结等追赃挽损工作同步持续开展，估计2023年底才能告一段落。①

虽然全国P2P借贷平台已经清零，但平台遗留的欠款问题并没有真正的全部清零。因为网络贷款的清退只不过意味着P2P借贷平台不会运营，并不代表能够兑现钱款的全部清零。P2P借贷平台清理归零是一组数字，就算数量清零，仍然面临处理恶意逃废债问题，庞大的存量资金风险化解仍然是一次巨大挑战。当前我国还有一千多万失信执行人，民间借贷的需求也会长期存在，最后出借人的本金能否全部回归，我们不得而知。现在最突出的问题不是要不要清退，而是退而不清、退而难清的问题非常突出。因此，如何保护各方参与者的合法权益成为目前最重要的事情，唯一能做的就是敦促平台

① 三家头部P2P最新消息：微贷网、爱钱进、凤凰金融［N］. 网贷之家网站，2020-09-24.

积极履行兑付工作，落实相关负责人的法律责任，早日实现清退。

P2P 网贷平台及其股东在处理这种问题时，很多都是采取甩锅或撇清关系的态度消极应对，一些 P2P 老板在应对清退工作时，大多采取不解释、不见面、不负责的"三不政策"。不解释就是下架产品，执行兑付方案，基本都没有问询出借人的意见，有些甚至还直接修改合同，在没有和出借人进行充分沟通的情况下，单方面就开始启动清退。不见面就是出借人意识到平台在开始清退后，纷纷千里迢迢来到平台实地了解情况，老板基本避而不见，派出所谓的接待人员，打发式地应付出借人。不负责就是 P2P 借贷平台老板无视《关于报送 P2P 平台借款人逃废债信息的通知》（"网贷国十条"），一味强调自己是信息中介，股东和平台责任却避而不谈。①

同时，P2P 借贷平台高层在兑现过程中虽然被限制了高消费，但这并没有影响到他们的消费，多个高层利用家属的信用卡、银行卡以及其他的支付方式进行消费，甚至有不少 P2P 借贷平台老板拿着这些资金用来家庭消费或者是转移到国外留给子女，多数网贷高层的子女早就成为外籍人士，为今天的转移资产做了国籍上的准备。②

由此可见，我国 P2P 借贷平台欠款清退将是一个十分漫长的过程，不可

---

① 2018 年 8 月 4 日，互联网金融风险专项整治工作领导小组办公室、P2P 网络借贷风险专项整治工作领导小组办公室下发《关于报送 P2P 平台借款人逃废债信息的通知》，其中就有十条新规：一要畅通出借人投诉维权渠道。地方政府设立沟通窗口，解释政策、回应诉求。二要开展网络贷款机构合规检查。三要多措并举缓释风险。指导网贷机构通过兼并重组、资产变现、与金融机构合作等多种市场化手段缓释流动性风险。四要压实网贷机构及其股东责任。已退出机构要依据《破产法》《公司法》及有关监管要求制订清盘兑付方案，股东依法负连带责任。五要规范网贷机构退出行为。建立报备制度，明确退出程序，规范资产处置和债务清偿，确保出借人合法权利不受侵害。六要依法从严从重打击恶意退出的网络贷款平台。缉捕外逃人员，加大法律惩处力度。七要加大对恶意逃废债行为的打击力度。将恶意逃废债的企业和个人信息纳入征信系统和"信用中国"数据库，开展失信联合惩戒。八要帮助群众准确分辨非法吸储、集资诈骗等违法犯罪行为，增强投资风险识别能力和审慎意识。九要引导出借人依法理性维权。依法打击造谣、煽风点火、聚众闹事等非理性、超越法律界限的维权行为。十要严禁新增网贷机构。各地要禁止新注册网络金融平台或借贷机构，加强企业名称登记注册管理。由此，业内称为"网贷国十条"。

② 已经清零的 P2P，为何高层能高消费，也不兑现？专家：有隐情［N］. 网易，2022 - 12 - 21.

能在短时间内结束，其中还会有反复，个别的 P2P 借贷平台死灰复燃，重操旧业，有的则增加保险费用，变相增加借款人的利息负担，继续危害互联网金融市场。比如，2022 年 11 月 26 日，北京金融法院发布《保险类纠纷审判白皮书》，提示金融消费者警惕银行和保险两家通过捆绑销售绑定消费者，贷款利息加上罚息、保费、违约金、服务费等费用后达到或远超 24%。比如，借款人向银行申请贷款，银行要求借款人一般要有房屋抵押，同时还须向与银行有合作关系的保险公司购买保证保险；借款人向银行偿还本息的同时，还须向保险公司支付保费、服务费。当借款人无力偿还银行贷款时，由保险公司先向银行垫付欠款本息，然后保险公司以保证保险合同纠纷为由向法院起诉，要求借款人支付保险公司所有费用，包括保费、罚息、违约金、服务费等。于是，个别保险通过此种方式与网络借贷平台放贷提供保险，以极小的"保费"为资本，撬动大额资金池，极易引发连锁、衍生性金融风险。① 显然，保险公司存在绕过国家对 P2P 平台的监管，规避法院对涉 P2P 平台案件审查，实现对借款人利息加码，本质上就是增加利率的行为。

为了减少保险公司为网络借贷平台等渠道商"兜底"，北京金融法院曾经向保险公司建议：银行采用此种模式开展的贷款业务，应提示其中存在的问题和风险，完善监管规则。对于案件中遇到的具体金融业务和监管规则问题，应主动向银保监会了解情况，确保审理符合市场实际和监管规则。

当然，我们也看到了网络贷款行业的希望，看到了市场中依然活跃着一批网络贷款公司。它们是最早从 P2P 借贷平台中发展起来的，只不过它们更加敬畏市场规则，转型较快，适应了市场变化，经受住了市场考验，成为继续正常运营的平台。

1. 借呗

借呗，现名"信用贷"，是支付宝推出的一款贷款服务，按照芝麻分数

---

① 北京大学金融法研究中心．北京金融法院：警惕银保联手"高利放贷"［N］．法律与新金融，2022 - 11 - 26.

的不同，用户可以申请的贷款额度不等。借呗的还款最长期限为 12 个月，贷款日利率是 0.045%，随借随还。2018 年 1 月 9 日，或因涉杠杆过高并违反央行相关监管规定，主动关闭了部分用户账号，以控制借贷余额。

2021 年 11 月 8 日，支付宝"借呗"名称已经变更为"信用贷"。为了便于用户更清晰地了解实际消费信贷服务提供方，与蚂蚁合作的金融机构独立为用户提供的消费信贷服务已更新为"信用贷"，并在信用贷页面展示金融机构名称。根据用户的芝麻分不同，给到的贷款额度也不一样，最长贷款期限为 12 个月，贷款日利率因人而异，大多日利率为 0.03% ~ 0.045%，可以随借随还，最高额度为 20 万元，由蚂蚁消费金融提供借款服务，有支付宝实名制账号，芝麻分 600 分以上就有机会开通。

2. 京东金条

京东金条是京东金融旗下的产品，于 2016 年 3 月上市，主要为信用良好的用户量身定制的现金借款服务。京东金融旗下的网贷产品不需要抵押担保，贷款额度较高，最高提现额度为 20 万元，也可以随借随还，按日计息，很方便，满足要求获得系统授信就能借钱，正常情况下一天 24 小时随时都可以申请，基本上都是系统自动审核，很少要打电话回访的，基本上当天借钱当天通过了就能拿钱，场景使用延伸可以满足用户各类场景下的现金需求。京东金条还可以随借随还，既可提前还款，也可分为 1 期、3 期、6 期、12 期等不同的期限还款，按天计息。

3. 360 借条

360 借条是 360 数科旗下信贷科技服务品牌，由 360 数科负责运营，依托 360 数科先进的互联网安全技术，诸如大数据分析、人工智能、云计算等核心技术领域的优势，结合借款人综合征信条件进行审核评估，聚焦金融服务需求，为用户提供安全便捷的金融科技服务。最高有 30 万元额度，申请资料简单，月利率为 0.8% 起步，可以等本等息按月分期还款，线上申请，到账很快，能满足很多人大额资金需求。

360借条还积极借助互联网现代信息技术手段，例如，360借条基于充足的社交人脉关系数据，把人脸识别技术和大数据审批模型相结合，建立用户信用画像，将梳理出每一位用户的信用行为画像，为用户的信用额度进行分级，5秒钟完成人脸拍摄及比对过程，后台再结合人脸评分应用，在综合其他征信手段的基础上，锁定客户真实身份，无须客户进行任何烦琐操作，就可为客户带来更为高效的体验。

4. 微粒贷

微粒贷是国内首家互联网银行微众银行面向微信用户和手机QQ用户推出的纯线上小额信用循环消费贷款产品，2015年5月在手机QQ上线，9月在微信上线。"微粒贷"采用官方邀请制，受邀用户可以在手机QQ的"QQ钱包"内以及微信的"微信支付"内看到"微粒贷"入口，属于信用贷款，没有单独APP，只能通过手机QQ或者微信借钱，最高可获得20万元借款额度。

在微信借钱，借款人首先要申请额度，通过系统授信后才能借款，提交申请最快几分钟就能出结果。但微粒贷只针对一部分用户开放，微信会对用户的综合资质进行审核，符合要求的用户才能获得邀请，不支持用户主动申请开通微粒贷。

作为微众银行推出的一款互联网银行贷款产品，微粒贷无须抵押和担保，不需要提交任何纸质材料，能够较好地满足信用良好用户的小额融资需求。微粒贷依托严谨的风险技术支持体系，提供7×24小时线上服务，办理手续便捷高效，全部流程都在手机上操作完成，借款到账速度快。微粒贷还支持用户随时结清贷款，借钱除利息外没有其他手续费。

微粒贷致力于向普罗大众提供便捷、高效的个人消费信贷服务。截至2022年末，微粒贷已辐射全国31个省、自治区、直辖市，超过60%的客户来自三线及以下城市，超过90%的客户为大专及以下学历和非白领从业人员。微粒贷笔均贷款仅约为8000元，约70%的客户单笔借款成本低于100元，广泛服务了普罗大众小额、灵活的消费信贷需求，有效降低了客户的融资成本。

5. 招联好期贷

招联好期贷是招联消费金融推出的贷款产品，正规持牌机构不会有套路，利率在法律保护范围内，能为借款人提供 2 万~20 万元的贷款额度，贷款最长可分 24 个月偿还，日利率 0.03% 起，审批很快，一次性授信可循环借款，每次借款需要重新审核，通过了会马上放款到银行卡里，不用等待。

6. 分期乐

分期乐是乐信旗下品质分期购物商城，成立于 2013 年 10 月，是我国分期购物电商模式开创者，一直秉持"乐在有度、乐见更好"的品牌理念。分期乐是可靠利息最低的借钱软件之一，主要的优势是额度高、审批快。最高的额度是 20 万元，申请后自动审批，最快可以一分钟放款。另外，分期乐最长可以免息 30 天。

目前，分期乐与苹果、华为、OPPO、vivo、欧莱雅、飞利浦等众多知名品牌建立合作，并成为众多品牌销售量仅次于京东、天猫的第三大互联网渠道。分期乐商城还引入了京东商城、小米有品、考拉海购等电商平台入驻，并将分期服务能力输出给洋码头、马蜂窝等众多优质的外部平台。

7. 好会花

好会花是由百信银行推出的一款信用贷款产品，该产品支持的最高授信额度为 30 万元，可以分 3~12 期，该产品面对的用户群体年龄范围为 20~50 周岁，且信用状况良好。[①]

通过"好生活，好会花"口号，好会花传达"能赚会花"的积极消费观，好会花纯信用、额度高，额度最高可达 20 万元，还款灵活，支持 3 期、6 期、12 期分期还款，按日计息，而且还支持消费、提现：可绑定微信、支付宝，主

---

① 百信银行（全称为"中信百信银行股份有限公司"）是国内首家获批的独立法人形式的直销银行，由中信银行和百度公司联合发起。市场定位是"为百姓理财，为大众融资"，将依托中信银行强大的产品研发及创新能力、客户经营及风险管控体系，以及百度公司互联网技术和用户流量资源，满足客户个性化金融需求，打造差异化、有独特市场竞争力的直销银行。百信银行推出了消费金融、小微金融和财富管理三大核心业务。

张让年轻人通过合理使用信贷服务享受更好的生活，深受广大青年消费者欢迎。

8. 新一贷

新一贷是平安银行旗下的个人信用贷款平台，也是平安银行专为拥有稳定连续性工资收入用户发放的，以其每月工资收入作为贷款金额判断依据，用于个人消费的无担保人民币贷款。

目前，新一贷开放了最高 50 万元的借款额度，年化利率低至 10.8%，最长可以分 36 期还款，优质用户可以选择分 48 期还款，借款人有稳定的工作且月收入不得低于 4000 元，个人征信没有不良信用记录即可，最大特点就是无须任何抵押、任何担保，消费者的信用就是最好的贷款通行证。新一贷的贷款可用于任何合理的个人或家庭消费，如购车装修、旅游、结婚、进修、购置家电等消费所需。

9. 国美易卡

国美易卡是国美金融旗下的贷款平台，国美易卡将消费金融分为线上消费金融与线下消费金融，产品涵盖消费分期、取现消费、公积金贷款、信用卡服务，为用户提供了两种借款模式：一是信用卡，二是公积金，信用卡模式最长 18 个月，最低月利率为 0.88%；公积金模式最长 36 个月，最低月利率为 0.66%。另外，国美易卡的贷款年龄要求相对严格，需在 18～45 周岁，借款后也可以随借随还。

国美易卡融合线上、线下资源优势，深化"场景＋金融＋科技"发展模式，加强外部场景突破，以创新科技手段带动普惠金融场景延展，通过多元化家庭金融服务体系，为客户提供全渠道、一体化的产品和服务。目前，国美易卡已完成全国 700 多个城市、2400 家线下门店的业务布局，累计为 2600 余万用户提供全方位的消费分期服务。

10. 省呗

省呗是 2015 年由深圳无域科技技术有限公司开发并推出的一款可为终端用户提供购物消费、娱乐、信用管理、知识推广等涵盖多场景、多领域的数字化消费优惠服务平台，2020 年正式上线。它的主要优势是无抵押、无担保，申请的门槛低。最高额度为 20 万元，最低年化利率为 10.95%，借 1000 元每天的利息仅为 0.16 元。

省呗致力于构建一套完整的生态闭环体系，不仅为终端用户提供新品质生活、新消费体验，还促使每位生态体系的参与者都可在其中发挥自身的价值、寻找到需要的资源。同时，省呗借助对流量精细化的经营实践经验，利用移动互联网技术提高客户精细化运营水平，为各行业提供内容聚合与流量分发平台。

11. 任性贷

任性贷是苏宁金融旗下消费信贷品牌，为个人用户提供购物、装修、旅游、教育、买车等多场景资金用途，为消费者提供普惠金融服务。任性贷给新用户的优惠力度比较大，最高可以免息 30 天，贷款额度最高是 30 万元，可以提前还款，使用方便。

目前，任性贷已接入华为 Pay、随行付、嘉联支付、驴妈妈、51 信用卡、小电科技、网易支付、挖财记账等多家平台。任性贷还不定期推出开通有奖、免息等活动，满足提前消费需求的同时，受到了年轻群体的喜爱和欢迎。2019 年 12 月 11 日，苏宁金融首单任性贷 ABS 在深圳证券交易所挂牌发行，发行规模为 8 亿元。其中优先 A 层规模为 6.96 亿元，占比 87%；优先 B 层规模为 0.4 亿元，占比 5%；次级层规模为 0.64 亿元，占比 8%。

12. 安逸花

安逸花是马上消费金融股份有限公司推出的一款循环额度的消费贷款产品，用户可以在额度范围内进行分期消费贷款，在享受安全、专业、智能、便捷的分期消费贷款的同时，可自主提现支付，可享受免息消费服务。

安逸花额度有效期为 5 年，年化利率（单利）为 7.2% ~ 24%，贷款日利率低至 0.02%，放款速度极快，最快只要 1 分钟，在同行中算是佼佼者。安逸花具有额度高的特点，额度最高可达 20 万元，贷款全程线上，使用身份证＋银行卡即可申请，操作简单，借款进度随时可查。安逸花最大的特点就是可循环，一次授信，循环使用。

13. 提钱花

提钱花是由中原消费金融推出的品牌，提钱花的月利率跟以上网络贷款平台有所不同，是固定的，月利率为0.06%，在贷款产品中利率较低，对征信要求比较高，需要征信良好。

14. 有钱花

有钱花是度小满金融（原名为百度金融，2018年6月更名）旗下信贷服务品牌（原名为百度有钱花），定位是提供面向大众的个人消费信贷服务，打造创新消费信贷模式。利用百度人工智能和大数据风险控制技术，为用户带来方便、快捷、安心的互联网信贷服务，具有申请简便、审批快、额度高、放款快、安全性强等特点。

有钱花已经布局多条产品线，包括"有钱花—小期贷""有钱花—满易贷""有钱花—尊享贷"，场景已覆盖日常消费、教育、医美等，可根据用户的借款需求进行精准匹配，为用户提供值得信赖的信贷服务。有钱花的贷款额度可以循环使用，按日计息，最快3分钟到账，借还很灵活。

第三节　我国 P2P 借贷成因和案例分析

一、借贷信息不对称

（一）平台及借款人资信状况难以判断

在 P2P 市场中，信息不对称是普遍存在的。作为个人出借一方，贷款人很难有精力分析、筛选借款人和平台的资信情况，对借款人基本情况并不了解。贷款人多受逐利心态的驱使，更看重投资回报，往往忽略隐藏在平台和借款人后面的风险。同时，P2P 项目发起人对信息透明度也并不感兴趣，只要流入的资金大于需要还贷的资金，违约率再高都没有问题，就可以利用虚假信息进行圈钱。于是，在发起人眼中，P2P 项目就变成了"资金游戏"，加大了行业潜在风险。由此，P2P 借贷平台公布的信息并不能完全保证其真实性，P2P 借贷平台未能作出有效的评估并且向广大贷款人提供较为可信的资信评估信息，这使得贷款人承担较大的投资风险。

（二）出借资金用途等信息不明确

从我国实际情况来看，大多数 P2P 借贷平台网站上标明的出借资金用途多较为简单，没有详细说明资金在项目的使用情况。以"人人贷"为例，在很多竞拍标的介绍中仅写明"资金周转""日常花费"等字样，这表明平台在借贷交易过程中信息披露不完全，甚至平台本身对借款人的借款用途也不了解，存在借款人欺诈的可能，容易导致借款人卷款跑路情形的发生。

（三）平台信息不对称导致信息效力弱化

部分 P2P 借贷平台存在自融、设立资金池等违规行为，而贷款人往往并不知情，例如，唐小僧、联璧金融等 P2P 网络平台爆雷之后引发一系列连锁反应，导致大量投资者利益受损。其中最大的原因就是平台信息不对称（Asymmetric Information）问题。在互联网金融活动中，各类人员对有关信息的了解是有差异的，平台拥有其他人员无法拥有的信息，并可能导致逆向选择（Adverse Selection），就是掌握信息比较充分的人员，往往处于比较有利的地位，而信息贫乏的人员则处于比较不利的地位。[①] 例如，卖家比买家拥

---

① 逆向选择，从经济学方面解释，就是指交易一方对交易另一方的了解不充分，双方处于不平等地位，由肯尼斯·约瑟夫·阿罗于 1963 年首次提出。阿克洛夫（George Akerlof）在 1970 年发表《柠檬市场》（*The Market for Lemons*）作了进一步阐述。三位美国经济学家阿克洛夫、斯彭斯、斯蒂格利茨因对信息不对称市场及信息经济学的研究成果而获 2001 年诺贝尔经济学奖。

有更多关于交易物品的信息，但反例也可能存在。前者例子可见于二手车的买卖，卖主对该卖出的车辆比买方了解。后者例子如医疗保险，买方通常拥有更多信息。因此，信息不对称造成了市场交易双方的利益失衡，影响金融市场公平、公正的原则。

今天，我们深刻反思这些 P2P 借贷平台信息披露问题，不难发现平台与贷款人之间信息不对称使得投资者、借款人对平台存在违规行为一无所知，确切地说是无从知晓，最后引发民众挤兑，导致资金链断裂，P2P 借贷平台最终破产倒闭都是必然的结果。

二、存在天然道德风险

在经济学范畴内，道德风险释义为，从事经济活动的人在最大限度地增进自身效用的同时作出不利于他人的行动。道德风险在 P2P 借贷平台则表现为平台负责人发布虚假信息、虚假企业资料，违规从事非法集资，最终导致无法兑付而潜逃跑路。

有学者研究认为，P2P 借贷平台涉及的道德风险分为两种：一种是负责人从一开始便谋划跑路的，构成早有预谋的违法行为；另一种是负责人开始是正常经营，但因为经营、管理、决策等多方面原因导致平台产生巨额亏损，最终不得不跑路，也可以说是被跑路。[①] 但无论是哪一种，跑路之前都会陷入道德风险的包围圈。

P2P 借贷模式天然存在违规改善盈利的内在动力。不仅在我国存在，在英美国家也普遍存在。例如，2016 年 Lending Club 违规借贷 2200 万美元以改善利润；2018 年 SoFi 平台夸大其贷款再融资收益、客户收益率以此吸引更多资金；2019 年 Prosper 错误计算和夸大平台年化收益率，并通过邮件等方式广泛宣传。[②] 在一系列丑闻背景下，就是 P2P 借贷平台道德风险的典

---

① 　P2P 网贷投资中的道德风险［N］．大唐普惠，2018－10－25.
② 　任泽平，方思元，梁珣．反思 P2P 从遍地开花到完全归零［N］．新浪财经，2020－11－30.

型表现。

我国 6000 多家 P2P 借贷平台（不包括未统计的民间地下网络借贷组织），最后只有几十家没有爆雷、立案，这么大灾难后果是出乎所有人意料的。可以讲，P2P 爆雷潮是新中国成立 70 多年来祸及人员最多、恶劣影响最深、所延续时间最长的金融风险。有业内人士初步统计：在这场金融劫难中，大约逼近 3 亿人的受害者中，有不少家庭的经济状况一夜间就回到了"解放前"，很多家庭就此解散，卷款潜逃、畏罪自杀的个人也不在少数。北京国际关系学院发起的"中国国家安全十大事件投票调查"最终数据显示，被排在第 55 项备选事件里的"P2P 借贷平台爆雷引发出借人维权"票数远远超过了所有其他事件的 98.7%。①

三、变相成为信用中介模式

P2P 借贷平台是专门从事网络借贷信息活动的信息中介公司，显然，P2P 借贷平台只是负责审核借款人资质、信息披露、撮合交易、协助投资者追索违约债权，收取服务费，利用自身的大数据风险控制能力筛选借款人，并在平台发布借款信息，由投资者自主选择投资标的。当投资者要退出时，必须在平台上将债权转让给下一个投资者才行。如果短期无法转让债权，就要继续持有，平台作为交易撮合者不存在资金链压力及挤兑风险。

但是，在信用中介模式下，P2P 借贷平台功能不仅限于筛选借款人，还可提供担保、匹配资金，具有信息中介、资金中介、风险中介的职能，异化成"影子银行"。也就是说，P2P 借贷平台以资金池模式运行，利用资金池统一进行资金和资产的运作，还可以保障刚兑，一旦出现违约兑付可以直接挪用资金补偿，而且通过不断滚动发行产品，实现借短贷长。这就变相成为提供本金担保甚至利息担保，具有间接融资特点。

---

① P2P 爆雷引发出借人维权，成为"国家安全十大事件"之首 [N]. 新浪财经，2020 – 01 – 25.

但问题是，P2P借贷平台缺乏金融机构的制度性保障优势，大多数平台风险控制能力较弱，资金池不透明，资金资产无法对应，平台发新产品还旧项目以维持运行，风险无法化解，造成连锁反应，出现挪用或自融又极易诱发庞氏骗局，资金池下所有产品无法风险隔离，其中某个产品的风险暴露将会或引发连环信任危机，出现挤兑事件。

> ▶▶▶【案例2-2】
>
> 　　和钱宝网、雅堂金融、联壁金融并列有民间四大"高返天王"之称的唐小僧网络平台，以年化利率5%～24%的高额收益在华东多地高调拉人头，向277万余名投资者非法募集资金593.57亿余元，其中116.04亿元用于兑付前期投资者本息。截至案发，造成11万余名被害人实际经济损失50.4亿余元。
>
> 　　2020年6月16日，上海市第一中级人民法院对被告人王某、卢某、陶某、官某某"资邦系"集资诈骗案进行了一审判决，其中1人被判处无期徒刑，另外3人被判有期徒刑10～14年不等、并处剥夺政治权利及罚金。
>
> 案例来源：上海市第一中级人民法院。

除了部分主观上就是恶意欺诈、非法集资的P2P借贷平台外，我国P2P借贷平台大多是倒在了资金链断裂上。而这些问题的出现，正是由于这些P2P借贷平台变信息中介为信用中介之后，"把所有问题都自己扛"。在这种情况下，一旦呆坏账比率稍有上升，出借人受负面消息影响而扎堆提现时，P2P借贷平台便在劫难逃。事实上，当年四大国有银行上市时，都是公共财政为巨量呆坏账强制性补充，使得四大国有银行上市前剥离了不良资产。换言之，传统银行信用中介的地位有国家做背书，这是现有大量的民间P2P机构望尘莫及的。

▶▶▶【案例 2 – 3】

"e 租宝"自 2014 年 7 月上线后，交易规模快速跻身行业前列。"e 租宝"在各大知名媒体上进行广告宣传，总计规模超过 1.4 亿元，为"e 租宝"打造了良好的商业形象。"e 租宝"用较高的收益率吸引眼球，旗下六款产品预期年化收益率达到 9%～14.6%，远高于银行理财产品，并通过推销人员贴身推销，抓住老百姓对于金融知识了解不多的弱点，承诺保本和灵活支取，集资规模迅速扩大。截至 2015 年 11 月末，"e 租宝"累计成交金额为 703 亿元，排名行业第四。

2015 年 12 月，公安机关对"e 租宝"立案侦查，曾经作为行业标杆的"e 租宝"摇身一变成为"P2P 第一大案"，涉及非法集资超过 500 亿元，受害者超过 90 万人，教训惨痛。2017 年 9 月 12 日，北京市第一中级人民法院公开宣判。对被告人丁某以集资诈骗罪、走私贵重金属罪、非法持有枪支罪判处无期徒刑，剥夺政治权利终身，并处没收个人财产人民币 50 万元，罚金人民币 1 亿元。同时，分别以集资诈骗罪、非法吸收公众存款罪、走私贵重金属罪、偷越国境罪，对被告人张某等 24 人判处有期徒刑 3～15 年不等刑罚，并处剥夺政治权利及罚金。

案例来源：中国银保监会网站。

"钰诚系"是在境外注册的钰诚国际控股集团有限公司，实际控制人为丁某。2014 年 2 月，"钰诚系"收购网络平台，2014 年 7 月，改造后的"e 租宝"打着网络金融的旗号上线运营。此后，"钰诚系"逐步形成以"e 租宝"为核心的集资、走私、诈骗业务体系。在"e 租宝"声称的"A2P"（Asset to Peer）模式下，钰诚集团通过下属的融资租赁公司与项目公司签订协议，然后通过"e 租宝"平台，以债权转让的形式对项目进行融资。在实际操作中，95% 的融资均为丁某通过购买企业信息伪造的虚假项目，警方调查显示：丁某指使专人，用融资金额的 1.5%～2% 向企业买来信息，共计高达8亿多元。"e租宝"通过购买的企业信息构建虚假融资项目，源源不断募集资金，并汇入自设资金池，采用借新还旧、自我担保等方式构建庞氏骗局，累计交易发生额达700多亿元。据江苏警方调查结果显示："钰诚系"除了将一部分吸取的资金用于还本付息外，相当一部分被用于个人挥霍、维持公司的巨额运行成本以及广告炒作。①

由此可见，不少平台打着金融创新服务实体经济名义，从信息中介嬗变为金融信用中介，采用了担保、债券分拆、资金池等多种方式，这些方式已经偏离了民间借贷范畴。但是，没有人和机构为此风险兜底。于是，后期爆雷也就不足为奇了。难怪当时就有学者撰文指出，除了部分主观上就是恶意欺诈、非法集资的P2P借贷平台外，大量出现问题的P2P借贷平台是倒在了资金链断裂上。而问题的出现，正是由于这些P2P借贷平台变信息中介为信用中介之后，"把所有问题都自己扛"。一旦呆坏账比率稍有上升，出借人受负面消息影响而扎堆提现时，P2P借贷平台便在劫难逃。②

四、宏观经济与行业影响

宏观经济环境层面，整体流动性收紧致使P2P借贷平台资金供给面承受压力，实体经济紧张又致使借款端违约率上升。同时，居民消费杠杆大幅度提高使借款人还款能力下降，在监管不明朗的情况下，部分借款人恶意拖欠，在一定程度上影响了投资者信心。

网络贷款行业层面，资产端同质化竞争导致劣质资产增多，投资者的刚兑预期等导致行业偿付压力巨大，部分平台自融和关联担保等隐患致使风险累积，一旦平台跑路，由于P2P的互联网属性，证据收集、追讨过程比较繁

---

① 根据张敏（原总裁）交代，整个集团拿百万年薪的高管有80人左右，再加上数以万计的员工，仅2015年11月，钰诚集团发给员工的工资就有8亿元，因此这方面的支出保守估计数十亿元。此外，丁宁赠予他人的现金、房产、车辆、奢侈品的价值达10亿余元。仅对张敏一人，丁宁除了向其赠送价值1.3亿元的新加坡别墅、价值1200万元的粉钻戒指、豪华轿车、名表等礼物，还先后"奖励"她5.5亿元人民币。

② 贺骏. 信息中介变为信用中介，谁来兜底P2P平台风险［N］. 中国经济网，2014－01－02.

杂，立案并侦破的案件很少，多数投资者血本无归。①

五、个人征信未与网络贷款同步接轨

英美国家个人征信系统比较健全，都对 P2P 借贷平台全部开放，支持网络贷款的正常运转。例如，美国 FICO 信用分模型基于大数据，对涉及消费者的信用、品德、支付能力的指标量化分档，并加权计算出每一位消费者的总得分，为 P2P 行业提供可信的信用评估依据。又如，英国有 3 家主流信用评分机构，它们拥有大多数英国公民的信用报告。2012 年，英国 P2P 金融协会就发文，强调要将客户资金和平台自有资本金隔开存放，以及分开管理这部分资金账户，账户每年要进行外部审计。②

然而，我国当前征信体制不发达。中国人民银行公开数据显示：截至 2017 年 8 月，中国人民银行个人征信系统收录自然人数为 9.3 亿人，其中仅有 4.6 亿人有信贷业务记录，征信数据覆盖度只有 50%。而且 P2P 借贷平台也不能接入央行征信系统，客户提供的基础资料有限，平台自身不具备大数据收集能力，又难以获得外部数据库，无法形成有效的信用评估数据。因此，P2P 借贷平台出现借款人多头借贷、大量违约情形也就不足为奇了。

六、自身制度设计存在重大缺陷

我国 P2P 借贷平台是一个新兴的行业，网络借贷平台设计一直比较简单，市场进入门槛低，很多公司仅仅花几千元就可以买到现成的网络平台，各路民间资本、海外资本以及港台资本纷纷入围，其中一些机构专业水准、管理能力、风险控制能力明显不足。例如，P2P 系统需要在没有中心节点的情况下提供身份认证、授权以及数据信息的安全存储、数字签名、加密、安全传输等工具。虽然技术人员自行开发，但是由于管理层不懂技术，技术人

---

① 零壹财经. 关键时刻：P2P 网贷危机调研 [N]. 零壹财经，2018 - 07 - 26.
② 我国 P2P 平台的起源、发展、爆雷的原因及未来 [N]. 天琪卓越，2019 - 09 - 03.

员对于业务模式又很陌生，开发出来的系统存在很多漏洞，使 P2P 系统没有足够的能力抵抗过量存储负载、Dos 攻击等攻击行为，无法完全防止恶意信息侵入系统，投资者的资金安全令人堪忧。因此，如何规范网络借贷平台经营成为当前亟须解决的问题。再如，对 P2P 借贷平台逾期催收问题从一开始就没有清晰的监管条款加以明确，什么行为可以算作合法催收。什么行为可以当成非法或暴力催收。这一切似乎到目前为止也没有明确规定，甚至还出现了反催收的问题。有一些人士认为，受害者投诉 P2P 借贷平台的这种方式是在反催收，而反催收也是违法的行为，不应该受到法律保护。① 众说纷纭，莫衷一是。

目前，有研究机构对 P2P 借贷平台催收进行了深入研究，指出以下八种不良催收行为都属于暴力催收。

第一种，在上午 8：00 至晚上 9：00 以外的时间进行催收属于暴力催收。第二种，同一天打电话、发短信超过 3 次。网贷平台用"呼死你"对借款人以及家人进行电话轰炸，使其不得安宁，属于暴力催收。第三种，骚扰家人、朋友。网贷平台通过多种渠道获取借款人家人、朋友的联系方式、地址，然后进行电话骚扰、短信骚扰、上门骚扰等，都属于暴力催收。第四种，用邮寄明信片等方式催债。网贷平台将借款人的欠款情况写在明信片上，然后邮寄到借款人的工作单位、所住小区等，让他人知道欠款的事情，属于暴力催收。第五种，恐吓或威胁。网贷平台安排工作人员在欠款人的家里堵门、泼墨汁、刷大字、静坐等，属于暴力催收。第六种，公开侮辱。如果网贷平台的工作人员在公共场合公开侮辱借款人，并书写打字，挂横幅等攻击欠款人，都属于暴力催收。第七种，损害名誉。如果网贷平台将借款人的个人隐私通过网络传播，甚至 PS 不雅照片进行传播，那么属于暴力催收。第八种，拘禁、殴打。如果网贷平台的工作人员对借款人以及家人进行拘禁、殴打，对借款人的精神和身体造成伤

---

① P2P 行业监管这六年，为啥这些身份不明的催收"屡禁不止"呢？［N］. 壹家媒，2022 - 10 - 22.

害的，那么不仅属于暴力催收，还属于非常严重的犯罪行为。①

七、超级债权人模式案例分析

超级债权人模式是指部分 P2P 借贷平台实际控制人自己承担第三方专业放贷人角色。平台实控人直接向借款人借款，再通过平台将债权拆分、组合、转让给投资者，完全背离信息中介职能，存在期限错配、资金池、债权转让有效性等一系列潜在风险。

> **▶▶【案例 2-4】**
>
> 2013 年 10 月，周某某在上海创立善林金融公司，主要从事互联网金融信息服务、借贷咨询、投资管理等业务。2015 年转向线上，公司先后设立"善林财富""善林宝""亿宝贷""广群金融"四大理财平台，销售非法理财产品。2018 年 4 月 9 日，其实际控制人投案自首，经公安机关调查，非法集资共计人民币 736 亿余元，涉及全国 62 万余人，其中实际未兑付投资者本金共计 217 亿余元。
>
> 2020 年 7 月 24 日，上海市第一中级人民法院宣判，对善林金融公司以集资诈骗罪判处罚金 15 亿元；对周某某、田某某以集资诈骗罪分别判处无期徒刑，并处罚金 7000 万元、800 万元。
>
> 案例来源：中国银保监会网站。

周某某被抓后主动向公安机关坦白，成立善林金融的目的就是填补个人投资房地产项目的资金漏洞，为其名下高通盛融投资实体经济输送资金。周某某基本上采取线下门店推销 + 线上互联网营销方式：一是设置 1000 余家线下门店，发展线上营销，以高额工资和提成招聘员工，对其培训后，以广告宣传、

---

① P2P 行业监管这六年，为啥这些身份不明的催收"屡禁不止"呢？[N]. 壹家媒，2022-10-22.

电话推销及群众口口相传等方式吸引客户，全力包装企业实力，塑造"大而不倒"的形象，包括高调做公益，参与各类机构评奖，骗取投资者信任。二是承诺高额收益，线下销售"鑫月盈"等债权转让产品，承诺年化收益率 5.4% ~ 15%，线上通过"善林宝"等平台，发布数款收益率 10% 以上的标的，并推出投资激励政策，老用户推荐新用户有返利等。

周某某骗来的资金基本上用于偿还旧债，维持庞氏骗局。当然，也有少数款项投向实体项目以躲避监管部门调查，其余则用于关联方。平台高额运营费用包括巨额品牌形象包装费、高额销售人员薪酬、豪华门店租赁费用等。公安机关最终调查结果显示：涉案的 736 亿余元中，567.6 亿元用于兑付前期投资者本息，34.6 亿元用于项目投资、收购公司股权、购买境外股票，35.4 亿余元用于善林资产端线下、线上放贷，其余部分被用于支付公司运营费用、员工薪酬、关联公司往来等。

由于公司运营管理混乱、投资项目经营不善等原因，公司资金缺口加大。2018 年 4 月，周某某向公安机关自首，承认善林金融在不具备任何资质的条件下，通过对外公开宣传、承诺保本保息等方式，向社会公众非法吸收资金，投资项目无盈利能力，仅依靠借新还旧维持公司运行。显然，经营动机不纯必然导致 P2P 借贷平台的经营模式隐藏着巨大风险。

第四节 我国 P2P 借贷平台转型与前景分析

一、P2P 借贷平台转型

（一）P2P 借贷平台转型方向

1. 转型小贷持牌公司

对于 P2P 借贷平台转型小贷公司难点，主要体现在两个方面：一是当前所有留存 P2P 借贷平台缺乏金融牌照，不像互联网小贷公司、消费金融公司都是由地方金融办颁发金融牌照。显然，能否在合规性、资本实力等各方面达到转型要求，拿到临时牌照是对 P2P 借贷平台的一个考验。二是转型后的经营压力主要来自区域限制。区域限制是指未能拿到全国经营牌照的机构面临经营区域的约束，并叠加产生对放贷空间造成大幅挤压。

2019 年 11 月 27 日，互联网金融风险专项整治工作领导小组办公室、网络借贷风险专项整治领导小组办公室联合印发《关于网络借贷信息中介机构转型为小额贷款公司试点的指导意见》（83 号文），指导符合条件的网贷机构转型为小贷公司，主动处置和化解存量业务风险，最大限度地减少出借人损失。例如，83 号文规定了转型期限，明确具体的时间；规定了注册资本及出资限制；支持新设小贷公司接入征信系统和将失信借款人纳入征信系统；纳入金融监管体系，P2P 转型更趋规范；加强行业自律，规定分级入会的标准；明确清退的"红线"和"黄线"等。但是，83 号文仍有部分条款内容值得探讨，可以进一步改进和完善。

（1）对新设小贷公司杠杆规定依然保守

83 号文提出"适当增加杠杆率，因转型设立的小贷公司通过银行借款、股东借款等非标准化融资形式，融资金额不得超过净资产的 1 倍，通过发行债券、资产证券化产品等标准化融资形式，融资金额不得超过净资产的 4 倍"。

首先，杠杆率规定过于保守。83 号文依然没有突破 2008 年发布的《关于小额贷款公司试点的指导意见》（23 号文）对杠杆的限制性规定。23 号文规定了小贷公司杠杆可以 1.5 倍。显然，83 号文不仅没有增加杠杆，反而比先前 23 号文规定的小贷公司杠杆率数值有所下降，是无法满足转型后的业务发展需求的，在新设小贷公司杠杆方面依然过于保守。

其次，83 号文禁止异地放款。在网贷业务的实际操作中，不少商业银行通过 P2P 借贷平台对异地放款。如果监管层对地方商业银行发展异地网贷业务系上缰绳，无形中对 P2P 借贷平台产生了极大限制，使得 P2P 借贷平台互联网贷款优势丧失殆尽。

最后，83 号文没有对转型后的金融牌照问题进行详细解释，总体上对金融牌照的未来预期不清晰，不利于 P2P 借贷平台未来的发展。不像互联网小贷公司都有地方金融办颁发金融牌照。P2P 借贷平台缺乏金融牌照，如果缺乏详细规定，P2P 借贷平台是不太可能转型小贷公司的。为此，83 号文的规定过于宽泛，原则性太强，具体执行力不够。

当然，要完全解决上述三个方面的问题并不容易，不仅需要时间，更需要立法。在未来制定《非存款类组织条例》时，可以先对互联网小贷公司的杠杆率进行一定幅度提升，提高互联网小贷公司的资本金规模，避免大型 P2P 借贷平台转型网络小贷需要缴纳几十亿元的实缴注册资本的窘境，对于金融牌照的处置，要么给转型后的 P2P 借贷平台重新颁发金融牌照，要么组织有金融牌照的小贷公司收购 P2P 借贷平台，进行业务重组，避免一转就死。

（2）设立新小贷公司的注册缴纳金额过高

83 号文规定：拟转型网贷机构设立的单一省级区域经营的小贷公司注册资本不低于人民币 5000 万元；拟转型网贷机构设立的全国经营的小贷公司注册资本不低于人民币 10 亿元，首期实缴货币资本不低于人民币 5 亿元，且为股东自有资金，其余部分子公司成立之日起 6 个月内缴足。

显然，10 亿元的注册资本红线将绝大多数平台排除在外。如此高昂的注册资金只适用于头部机构，对于一般的中小规模的 P2P 机构是无法企及的。这是否从另外一个侧面反映了对中小规模 P2P 机构的一个态度？我们不得而知，但从规范要求上看，83 号文更多的带有强制性的色彩，不利于大多数小规模的 P2P 机构的转型。即便是 5000 万元的门槛，也不是一般的 P2P 机构可以承担的。如果按照这样的注册资金，等待中小规模的 P2P 机构只能是死路一条。这种行政命令式的方式，是否会在引导机构转型并处置风险过程中，与先前提倡的"坚持机构自愿和政府引导"的原则相违背？

（3）必须明确区分违法和犯罪的界限

83 号文建立了转型后小贷公司新业务负面清单，在日常经营中必须严格执行 9 项禁止性规定，否则会面临取缔危险：

①禁止以任何方式吸收或者变相吸收公众存款；

②禁止通过互联网平台为本公司融入资金；

③禁止通过互联网平台或者地方各类交易场所销售、转让本公司的信贷资产；

④禁止发行或者代理销售理财、信托计划资产管理产品；

⑤禁止经营网络小额贷款业务小贷公司办理线下业务；

⑥禁止发放违反法律有关利率规定或违背信贷政策要求的贷款；

⑦禁止通过暴力、恐吓、侮辱、诽谤、骚扰等方式催收贷款；

⑧禁止隐瞒客户应知晓的本公司有关信息和擅自使用客户信息、非法买卖或泄露客户信息；

⑨禁止在公司账外核算贷款的本金、利息和有关费用。

虽然这 9 项禁止性规定有利于清理当前 P2P 机构的违规行为，有利于整顿当前网络借贷市场，但同时必须慎防将经济纠纷当作犯罪处理。我们在处置转型过程中的 P2P 借贷平台时，必须处理好以下两个方面的问题：

一是防止将经济纠纷作为经济犯罪处理。合理把握追究刑事责任范围，惩处少数、挽救多数，最大限度地保护互联网平台的健康发展，贯彻"宽严相济"刑事政策。对于 P2P 借贷平台前期非法吸收公众存款行为，如果没有非法占有目的，只是用于正常生产经营活动，并能够及时清退所吸收资金的，可以免予刑事处罚；情节显著轻微的，不宜当作犯罪处理。

二是对 P2P 借贷平台涉案人员按照分类原则区别对待。按照 2019 年 1 月 30 日最高人民法院、最高人民检察院和公安部发布的《关于办理非法集资刑事案件若干问题的意见》，重点惩处非法集资犯罪活动组织者、领导者和管理人员，包括单位犯罪中的上级单位（总公司、母公司）的核心层、管理层和骨干人员，下属单位（分公司、子公司）的管理层和骨干人员。而对于参与非法集资的普通业务人员，建议不再作为直接责任人员追究法律责任，只追究组织者、领导人的刑事责任。

总之，我们不能再延续以往"惩罚有余而宽大不足"的做法，应该本着"区别对待"原则，对于P2P借贷平台涉案人员积极配合调查、主动退赃退赔、真诚认罪悔罪的，可以依法从轻处罚；对于情节轻微的，可以免除处罚；对于情节显著轻微、危害不大的，可以不作为犯罪处理。如此区别对待处置，不仅有利于社会的安定团结，更有利于互联网金融市场的稳定发展。

（4）个别关键条款较为笼统

83号文明确了拟转型网贷机构基本条件：一是合规条件。网贷机构存量业务无严重违法违规情况。已退出的网贷机构不得申请转型为小贷公司。二是有符合条件的股东和管理团队。三是转型方案具有可行性。

第一条是明确的，实践中完全可以执行。但第二条和第三条就显得较为笼统，什么样的"股东和管理团队"是符合条件的？什么样的转型方案"具有可行性"？谁来评判？标准又在哪里？这些问题在83号文中并没有明确规定，至少在金融市场实践中是不清晰的，容易产生执行偏差，甚至是滋生腐败现象。

显然，83号文更像一个纲领性文件。对于大量进入停业、清算程序的P2P机构，应该如何处置停业、关门和清算的P2P网贷机构，83号文明显没有涉及，缺乏必要的操作性。从某种意义上看，83号文只规定了清退网贷机构不得转型的小贷公司，这相当于宣布了已经退出的网贷机构重生的可能，但没有给出具体的后续方案。

这是一个非常棘手的现实问题。因为这些平台机构涉及投资者众多、资金流量巨大、资产类型多样，特别是涉嫌非法集资的平台在刑事立案后，

P2P 借贷平台很可能进入无人管制的混乱状态。加之我国对非法集资平台的处置经验不足，难以对停业、关门和清算的 P2P 网贷机构实现资产保值、增值。

据此，结合当前 P2P 机构治理困境，我们是否可以参照我国 2004 年设立的金融资产管理公司"不良资产处置"经验，在非法集资企业进入清退程序或者被刑事立案后，即由金融资产管理公司处置这些平台机构，更专业地实现资产保值、增值。具体而言，中国华融资产管理公司、中国长城资产管理公司、中国东方资产管理公司和中国信达资产管理公司以及地方各金融资产管理公司都可以接手各地符合条件的 P2P 借贷平台，按照不良资产进行处理，通过购买不良信贷资产和非信贷资产，如不良债权、股权和实物类资产等，包括但不限于债务重组、诉讼及诉讼保全、以资抵债、资产置换、实物资产再投资、实物资产出租、资产重组、拍卖、协议转让和折扣变现等方式，完成对 P2P 借贷平台的不良资产进行处置，提高对投资者兑付比例。①

2. 转型助贷机构

拥有自营资产端、金融科技能力较强的头部 P2P 借贷平台，可利用互联网技术、资产端优势转型开展助贷业务。目前，最具代表性的是拍拍贷，它已经完成网贷业务清退，基本上转型助贷。例如，2019 年"拍拍贷"更名为"信也科技"（NYSE：FINV），在监管指导下，基于保护出借人和借款人双方利益的原则，已经完成存量业务的清零和退出，成功清退网贷业务，停止 P2P 服务，将业务重心转向金融科技，同时，拍拍贷引入金融机构资金，转型助贷机构，与银行合作开展贷款业务。信也科技在第二季度财报中表示，目前信也科技已对接银行、消费金融公司、信托等 30 余家持牌金融机构，资金来源保持稳定充足，资金成本呈下降趋势。公司正在与机构资金合作伙伴共同探索轻资产借贷模式。

---

① 顾雷. 对 P2P 机构转型小贷公司的几点反思［N］. 经济观察报，2019 – 12 – 02.

2019 年 12 月，北京大学数字金融研究中心在"P2P 的转型升级与未来发展"闭门会议上，与会专家曾经提出了一个观点，相比小贷，P2P 转型成助贷可能更好一点。因为转型助贷，只需要从业者接受身份地位的转化，机构的经营模式、经营方法和风险类型都相差不多。从互联网金融的先导者转换为持牌金融机构服务的附属，可以为 P2P 借贷平台所接受，毕竟在困难时期生存下来才是最重要的，这样才能为普惠金融行业保留一部分科技的力量。[①]

当然，P2P 转型助贷也需要警惕一些风险，有学者称为"过渡型风险"。例如，P2P 借贷平台如果把客户原始数据无条件交给银行可能涉及侵犯公民隐私风险，更为重要的是，合作模式可能有一部分风险从原先 P2P 借贷平台的资产余额里面转移到由银行提供资金的资产余额。这时 P2P 借贷平台余额还没有清完，又不能发新标，导致清退过程中产生比较大的风险。

3. 转型综合理财服务机构

转型综合理财服务机构，与基金、银行合作，开展货币基金产品、公募基金组合、股票型基金组合等信息推荐和服务，形成线上"产品超市"。

一些大型 P2P 借贷平台是否可以向银行方向转型？国外网贷业务已出现模式创新尝试，例如，部分大型网贷平台向银行业务转型，获取银行牌照优势，如 Zopa、Lending Club、SoFi 等已布局数字银行业务，变相说明网贷平台具有领先的技术优势，而银行牌照更具有模式优越性。另外，许多成熟银行布局金融科技类业务，包括收购金融科技公司、合作开发数字产品等，如花旗投资 C2FO、BlueVine、FastPay、摩根大通投资 Prosper、LevelUp 和 Gopago 等。但是，银行数量毕竟有限，不可能所有的 P2P 借贷平台都转型商业银行，商业银行也不可能对所有的 P2P 借贷平台都兼容并蓄。所以，转型综合理财业务可能是一条更为现实的途径。

---

① 2020 年，P2P 退潮后，普惠金融故事如何续写？[J]. 新金融评论，2019（12）.

对于转型综合理财服务机构，同样具有较高的进入门槛，相关业务需要有牌照资质，中小平台转型综合理财之路并不好走。3 家 P2P 借贷平台转型理财服务机构如表 2 – 4 所示。

表 2 – 4　3 家 P2P 借贷平台转型理财服务机构

P2P 借贷平台	App 名称	理财服务机构
宜人贷	宜人财富	在线财富管理平台
陆金所	陆金服	"一站式"理财平台
小赢网金	小赢理财	互联网金融平台

资料来源：根据公开资料整理。

根据《零壹财经》调查，原先的宜人贷、陆金所和小赢网金已经转型为综合理财服务机构。但并非是所有的 P2P 借贷平台都可以顺利转型的，因为理财超市门槛相对较高，很多产品需要拥有代销资质。对于自身已拥有多项业务或持有多张牌照的平台来说，他们才有可能拓展成"理财超市"。在这种情形下，从独立出借 App 到"理财超市"App 的切换只是一种业务整合及风险隔离的手段，而对于那些严重依赖 P2P 单一业务的平台来说，转型"理财超市"既面临资源匮乏而导致的合规风险，又存在较高的业务成本，还需要考虑平台的现有人气。①

4. 转型消费金融公司

转型消费金融公司也是 P2P 借贷平台可转型的主要出路之一。只有一部分自营资产端的 P2P 借贷平台更适合向消费金融公司转型，因为消费金融牌照申请门槛更高，例如，准入门槛高、资本家要求高、批设难度大、存量难消化等。同时，是否能获得筹建或入股资格还要取决于监管的态度。

教训是很深刻的。目前，我国 P2P 借贷平台真正转型消费金融公司较少。2020 年 4 月，陆金所才正式落定转型消费金融机构，目前仅有麻袋财富

---

① P2P 可否向"理财超市"转型？［N］. 零壹财经，2019 – 04 – 19.

和 PPmoney 网贷等在争取消费金融牌照。因此，未来网络借贷模式上，我们可以借鉴美国 Lending Club，不能死盯在对个人的信用贷款上，还可尝试金融超市模式（金融信息中介）、消费类贷款、家族财富管理等几类盈利模式。但无论何种模式，只能是提供中介服务，不能单独放贷和收息，只赚取中间手续费用，最大限度地保障放款人的利益。

（二）网络借贷模式价值评估

今天，虽然我国 P2P 借贷平台已完全清退，但网络借贷行业不应该就此消亡。在防控网络借贷金融风险的同时，我们要关注到来自草根阶层、社会低收入人群的金融需求，满足一部分愿意或希望通过网贷形式进行小额信贷的客户偏好，关注到整个网络借贷行业发展问题。

P2P 因为门槛低、收益高，受到大众的青睐，人人都可以贷款，人人都可以借钱给别人，这符合互联网"让一切自由连接"的精神。而且网贷可以不受时空限制，互联网系统支持网贷线上、线下相结合的业务模式，全方位地提供方便和快捷，拓宽了金融服务的目标群体和范围，可以为社会底层人士提供可得、便利的资金服务，真正实现小额投融资活动的低成本、高效率，为"大众创业，万众创新"打开方便之门。

目前，我国网络借贷行业正面临着一个转型发展过程，伴随各项监管细则的出台，确实会因为合规化进程而关闭一大批 P2P 借贷平台。然而，这些倒闭或关门的 P2P 借贷平台涉及的金额和投资者就整个全国网络借贷行业来说，占比仍然很小，基本上可以被网贷行业的增长体量所覆盖。

网络借贷平台既不同于传统上依靠银行的间接融资，也不同于资本市场上的直接融资，而是一种利用互联网平台将借款者与放款者联系在一起，使借贷双方拥有平等地位，实现信息对称交易的新型金融形式。不能因为 P2P 借贷平台的问题，殃及网络借贷的生存和发展，网络借款不应该就此消亡，网络借贷平台模式仍然具有生命力和可持续性。当然，网络借贷平台必须跟上"互联网 + 传统产业"协同发展的时代脉络，转型升级成为网贷信息中介机构发展的必然趋势，不借鉴就会重复犯错，不转型就会被市场淘汰。

未来，无论是转型小贷公司还是助贷机构，都会更广泛地运用人工智能技术、大数据技术提升业务模式和用户体验。我们要充分利用科技的力量来优化监管手段，适应新型金融形式发展，做好网络借贷引导和规范，满足小微企业、"三农"机构和个体工商户的金融需求，让更多的社会低收入阶层、弱势群体享受到及时、可负担的普惠金融服务。

二、网络借贷行业前景分析

（一）网贷规模收缩与地区集中度上升

未来，在全国各地网贷规模将持续收缩的同时，由于各地监管政策、平台缩减力度、各地金融市场等多方面因素的影响，各地区存量规模下降幅度不同，使得部分地区集中度呈现大幅上升。据网贷之家不完全统计：全国至少有 20 个地区相继对外公示了辖区内网贷机构清退名单，合计涉及超过千余家平台。较大力度的整治叠加"三降"的监管要求直接让网贷行业的规模持续缩减，正常运营平台数量同比减少 68.09%、贷款余额同比减少 37.69%，其中，湖南、山东、重庆、河南、四川、云南、河北、甘肃、山西和辽宁省大连市 10 个省市取缔不合规网贷业务十分坚决，这将使 10 个省市网络数量骤减。但网络贷款规模可能向北京、上海、江苏、浙江、安徽、江西、广东、广西以及海南 9 个省（地区）靠拢。网贷之家就曾经做过统计：北京 2019 年正常运营平台同比减少 56.28%、贷款余额同比减少 18.43%，但是正常运营网贷平台数量占比从 2018 年的 16.90% 上升至 2019 年的 27.41%、贷款余额占比从 2018 年的 42.10% 上升至 2019 年的 55.11%，出现这一现象与北京大平台居多且平均借款期限较长有关。[1]

---

[1]　2019 年中国网络借贷行业年报［N］. 网贷之家官网，2020 - 01 - 08.

类似北京地区网贷规模集中的现象，在上海、江苏、浙江、安徽、江西、广东、广西以及海南都有相同的趋势。因此，全国网贷行业继续以清退为主基调，大部分地区的网贷平台将完成清退，地区集中度提升的现象将进一步延续。

（二）网贷行业收益率将呈现下行趋势

早在 2017 年，为了更好地满足监管层对于"三降"的要求，资产端的供给规模开始下滑，供需变化的结果使平台将会主动降低出借端收益率，但并没有真正使得整个 P2P 行业收益率出现大幅下滑。①

2019 年 10 月，最高人民法院、最高人民检察院、公安部和司法部联合发布了《关于办理非法放贷刑事案件若干问题的意见》，在实际利率的界定上，市场更多认为是"IRR"计算结果，之前以"APR"方式计算收益率的平台须降低借款利率，否则将有被认定为非法放贷的风险。《关于办理非法放贷刑事案件若干问题的意见》还规定了非法放贷行为人以介绍费、咨询费、管理费、逾期利息、违约金等名义和以从本金中预先扣除等方式收取利息的，相关数额在计算实际年利率时均应计入，进一步导致网贷市场的借款利率下降。

2020 年 8 月 20 日，经最高人民法院审判委员会第 1809 次会议决定，对《关于审理民间借贷案件适用法律若干问题的规定》做一系列修改，最著名的一条就是修订民间借贷利率司法保护上限为 4 倍 LPR，以中国人民银行授权全国银行间同业拆借中心每月 20 日发布的一年期贷款市场报价利率（LPR）的 4 倍为标准，确定民间借贷利率的司法保护上限，取代原《规定》

---

① 2017 年 6 月，中国人民银行等 17 部门联合印发的《关于进一步做好互联网金融风险专项整治清理整顿工作的通知》中，明确各省领导小组在整治期间要采取有效措施，确保辖区内从业机构数量及业务规模"三降"，就是降出借和借款人数、降网贷业务规模、降网贷机构数量政策，旨在保证网贷平台清退工作深入进行。

中"以24%和36%为基准的两线三区"的规定。① 也就是说，原《规定》划分了民间借贷利率是24%和36%的上限，最高人民法院新修改的《关于审理民间借贷案件适用法律若干问题的规定》将原来的24%和36%的上限调整为一年期贷款市场报价利率（LPR）的4倍。例如，以2020年8月20日最新发布的一年期LPR为3.85%的4倍计算，民间借贷利率司法保护的上限为15.4%，相较于24%和36%，大幅度降低民间借贷利率的司法保护上限，促进民间借贷利率逐步与我国经济社会发展的实际水平相适应，也为民间借贷市场健康稳定发展预留了一定空间。②

毫无疑问，LPR 4倍标准的设定，传承了一直以来利率规制的历史传统，符合监管预期，符合借款人预期。这说明，未来我国网络借贷平台开展合规

---

① 2015年9月1日施行的《关于审理民间借贷案件适用法律若干问题的规定》首次以司法解释方式明确规定了民间借贷的内涵，对借贷利率划定了"两线三区"。"两线"指的是年利率24%的司法保护线和年利率36%的高利贷红线。即约定利率超过年利率24%的，人民法院不予以保护。对出借人起诉要求借款人支付利息的，人民法院司法保护的上限是年利率24%；出借人请求借款人支付超过年利率24%的利息的，人民法院不予支持；但对于年利率在24%～36%的利息，借款人已经支付的，人民法院也不予干预。"三区"指：（1）司法保护区，即借贷双方约定的利率未超过年利率24%，此时约定的利率合法有效，出借人有权请求借款人按照约定的利率支付利息。（2）无效区，即借贷双方约定的利率超过年利率36%，超过部分的利息应当被认定无效，借款人有权请求出借人返还已支付的超过年利率36%部分的利息。（3）自然债务区，即借贷双方约定的年利率在24%～36%，法院对出借人起诉主张该区间部分利息的，不予保护，但当事人愿意自动履行，司法不再干预，借款人抗辩要求返还或折抵该部分已支付利息的，法院同样不予保护。

需要说明的是，原来"自然债务区"本意旨在法律强制规范与当事人意思自治之间实现平衡，但从实施效果来看，自然债务区12%的利率差额空间，事实上属于法律不予以强制力保护但允许民间私力救济的范畴，客观上可能导致暴力讨债等现象发生。所以，2020年最高人民法院修订《关于审理民间借贷案件适用法律若干问题的规定》时予以删除，只保留了"司法保护区"和"无效区"两大类。

② 《关于审理民间借贷案件适用法律若干问题的规定》作如下修改：二十一、将第二十八条修改为："借贷双方对前期借款本息结算后将利息计入后期借款本金并重新出具债权凭证，如果前期利率没有超过合同成立时一年期贷款市场报价利率4倍，重新出具的债权凭证载明的金额可认定为后期借款本金。超过部分的利息，不应认定为后期借款本金。按前款计算，借款人在借款期间届满后应当支付的本息之和，超过以最初借款本金与以最初借款本金为基数、以合同成立时一年期贷款市场报价利率4倍计算的整个借款期间的利息之和的，人民法院不予支持。"二十二、将第二十九条修改为："借贷双方对逾期利率有约定的，从其约定，但是以不超过合同成立时一年期贷款市场报价利率4倍为限。未约定逾期利率或者约定不明的，人民法院可以区分不同情况处理：（一）既未约定借期内利率，也未约定逾期利率，出借人主张借款人自逾期还款之日起承担逾期还款违约责任的，人民法院应予支持；（二）约定了借期内利率但是未约定逾期利率，出借人主张借款人自逾期还款之日起按照借期内利率支付资金占用期间利息的，人民法院应予支持。"

合法的民间借贷业务，就必须按照最新司法解释降低借款端利率。同时，在借款端利率下降后，网贷平台为保证正常的运营，避免盈利空间被压缩，还需要同步下调出借端利率水平，保持借贷动态平衡，由此带动我国网络借贷行业收益率整体呈现继续下行的趋势。

（三）网络小贷审批更加趋严

2022年10月9日，中国银保监会就网络贷款公司监管回复用户，全面叫停新设网络小额贷款从业机构，并要求小额贷款公司根据借款人收入水平、总体负债、资产状况、实际需求等因素，合理确定贷款金额和期限，使借款人还款额不超过其还款能力，防止诱导借款人过度举债。

2022年10月20日，一份由江西省金融监管局发布的《关于取消抚州市6家小额贷款公司小额贷款试点资格的公告》再次引发了网点行业的广泛关注。江西省金融监管局的这则公告显示：根据《江西省地方金融监督管理条例》《江西省小额贷款公司监督管理办法》《江西省小额贷款公司分类监管评级办法（试行）》等规定，现决定取消抚州市东乡区民富小额贷款有限公司、广昌县众邦小额贷款有限责任公司、抚州高新区趣分期小额贷款有限公司、抚州微贷网络小额贷款有限公司、抚州市恩牛网络小额贷款有限公司、抚州爱盈普惠网络小额贷款有限公司6家小额贷款试点资格，不再列入小额贷款行业监管范围。其中有4家是经营网络借贷业务的小贷公司：抚州微贷网络小额贷款有限公司（"微贷网络小贷"）、抚州爱盈普惠网络小额贷款有限公司（"爱盈普惠网络小贷"）、抚州高新区趣分期小额贷款有限公司（"趣分期小贷"）以及抚州市恩牛网络小额贷款有限公司（"恩牛网络小贷"，现已更名为"抚州市恩牛网络技术有限公司"）。① 显然，这充分说明金融监管部门对网贷行业监管趋严的态度，减量提质成为未来一段时期的主要监管方向标。

---

① 黄鑫宇. 网络小贷向左，小贷向右，行业合规业者或迎展业新试点［N］. 新京报，2022 - 10 - 20.

早在 2017 年 11 月，互联网金融风险专项整治工作领导小组办公室也曾发布《关于立即暂停批设网络小额贷款公司的通知》。此后，市场上新增的网络小贷牌照数量屈指可数。2020 年以来，仅有抚州市新浪网络小额贷款、山东国晟小额贷款、深圳市小赢小额贷款、山东融越网络小额贷款等少数网络小贷牌照问世。[①] 除此之外，没有获批一家网贷小贷公司，彰显出网贷行业从严审批的监管态度。

2020 年 9 月 16 日，中国银保监会发布《关于加强小额贷款公司监督管理的通知》（银保监办发〔2020〕86 号），这是自 2008 年 5 月 4 日中国银监会、中国人民银行发布《关于小额贷款公司试点的指导意见》（银监发〔2008〕23 号）以后，再一次较完整地、明确地对小额贷款公司监管进行全面指导的文件。[②] 例如，《关于加强小额贷款公司监督管理的通知》（银保监办发〔2020〕86 号）鼓励回归本源、专注主业，服务实体经济，明确小额贷款公司应主要经营放贷业务，引导小额贷款公司行业提高对小微企业、农民、城镇低收入人群等普惠金融重点服务对象的服务水平。又如，注重发挥地方金融监管的主观能动性，减少不必要的监管统一设限，授权地方金融监督管理局结合当地实际，细化部分监管要求。首次提出贷款禁止用途、贷审分离、规范催收和跨区经营。这说明监管希望小贷公司贷款能服务实体经济，而不是进入股票投资、房地产领域。

2020 年 11 月 2 日，中国银保监会发布《网络小额贷款业务管理暂行办法（征求意见稿）》（以下简称《暂行办法》），制定了很多从严管理网络小贷业务的条款，《暂行办法》提到本省区域内经营的网络小贷注册资本应达到 10 亿元，跨省级行政区域经营的网络小贷须达到 50 亿元，且均为一次性实缴货币资本；主要股东参股跨省经营的小额贷款公司的数量不得超过 2 家，控股跨省经营小贷公司的数量不得超过 1 家。从成立条件上提高了网络小贷

---

① 廖蒙. 新设网络小贷全面叫停 [N]. 中国财经，2022 – 10 – 13.

② 《关于加强小额贷款公司监督管理的通知》规定，此前中国银监会印发的《关于小额贷款公司试点的指导意见》（银监发〔2008〕23 号）等小额贷款公司监管规定仍然有效，与该通知不一致的规定，以该通知为准，明确了该通知的权威性。

公司入行门槛。又如,《暂行办法》禁止核心业务外包。第十五条明确规定:主要作为资金提供方与机构合作开展贷款业务的,不得将授信审查、风险控制等核心业务外包,不得接受无担保资质的机构提供增信服务以及兜底承诺等变相增信服务。再如,《暂行办法》限制了联合贷款中小贷公司出借比例,在单笔联合贷款中,经营网络小额贷款业务的小额贷款公司的出资比例不得低于30%。这条规定对当时的联合贷款类小贷业务模式影响巨大,基本上导致了大多数联合贷款业务下跌或停止进行。

由此可见,清退整合小贷牌照与从严治理网络小贷机构并非偶然,而是2017年以来中央与地方金融监管部门一直延续的监管政策。可以想见,未来对网络小贷的审批将延续从严治理的监管思路,加强小额贷款平台对申请贷款信息的核实,加强对合作机构的审核等,推动网络小额贷款行业规范经营,使得从业机构服务实体经济的质量及专业水平持续得到全面提升。

(四) 加速接入征信系统

2019年9月2日,互金整治办与网贷整治办联合下发《关于加强P2P网贷领域征信体系建设的通知》,通知明确支持网贷机构在线接入央行征信、百行征信等征信机构,要求各地将"失信人名单"转送央行征信中心和百行征信,加大对网贷领域失信人的惩戒力度,持续开展对已退出经营的网贷机构恶意逃废债行为的打击。

百行征信2019年10月25日在"数据共享推介会"公布的数据显示:拓展机构数虽然突破1200家,百行征信接入服务协议机构达402家,培训接入机构200多家,接入征信系统报送数据机构165家,其中P2P网贷机构为101家。[①] 显然,数据显示我国大部分网贷平台仍然未纳入征信体系,101家网贷机构的比例是很小一部分。百行征信与央行征信也暂时没有互通,网贷行业信息不对称的问题依旧存在。

---

① 陈果净. 网贷行业全面纳入征信系统 [N]. 经济日报, 2019 – 09 – 05.

随着网贷行业风险的积累，有必要加强网贷机构对借款人信用状况的了解，需要把网贷借款信息共享给传统金融体系，填补信息空白，为强化风险控制管理提供一个"抓手"。例如，P2P网贷机构应当依法合规归集、报送相关信用信息，并向金融信用信息基础数据库运行机构、百行征信等征信机构提供所撮合网贷交易的利率信息。如果超过法院支持的4倍LPR利率部分，借款人可以不还也不会纳入征信系统。也就是说，利率超过《最高人民法院关于审理民间借贷案件适用法律若干问题的规定》中有关人民法院支持的借贷利率的，信息主体有权按照《征信业管理条例》向金融信用信息基础数据库运行机构、百行征信或P2P网贷机构提出异议，要求更正。即使P2P借贷平台退出或倒闭，借钱也还是要偿还的。因为即使P2P借贷平台退出，借贷关系仍然存在，这是对良性退出的重要保障。

第五节　我国 P2P 行业的经验和教训

一、P2P 借贷平台法律定位必须清晰

《网络借贷信息中介机构业务活动管理暂行办法（征求意见稿）》重申了P2P的法律性质，也就是"专门经营网贷业务的金融信息服务中介机构"，其本质是信息中介而非信用中介。

过去，很多P2P借贷平台表面上是信息中介，但暗地里干着银行的放贷收息事情，成为不折不扣的影子银行。显然，这样的P2P借贷平台背离了信息中介定位，承诺担保增信、错配资金池等延伸业务，已由信息中介异化为类银行信用中介。这是危险的业务行为，也是有害的创新行为，直接违背了《网络借贷信息中介机构业务活动管理暂行办法（征求意见稿）》规定的"不得非法吸收公众资金"等4条红线。

当然，最重要的是尽快制定颁布《非存款类组织条例》，明确金融牌照的获得程序、方式以及条件，对于一些具有较好网络技术资源基础的网络借贷平台可以批准其获得金融牌照，帮助这些P2P机构获得合法的经营许可，开展正常的借贷业务。

二、提高 P2P 借贷审核门槛

国内P2P借贷模式主要分为两类：一类是正规的信息中介，只对借贷双方进行信息匹配，以拍拍贷为代表。另一类是违规的信用中介，包括担保模式、超级债权人模式、类资产证券化模式等，共性均为资金池方式运营，背离信息中介定位，存在期限错配、自融、庞氏融资等多种违规操作。[①] 例如，震惊行业的P2P第一大案"e租宝"、善林金融案等，均为异化的信用中介，单笔涉案规模均超过百亿元水平，受害投资者超过百万人。由于行业监管缺失，大量P2P在发展过程中以类信用中介模式冲规模，挤压正规信息中介生存空间，劣币驱逐良币，导致风险快速积聚。根据最高人民法院统计：2017年1月至2022年8月，全国法院审结破坏金融管理秩序罪、金融诈骗罪一审刑事案件11.71万件，18.63万名被告人被判处刑罚，其中就有不少是对P2P借贷平台及其经营者的判决和裁定。[②]

从国内P2P借贷平台教训看，很多P2P借贷平台都把路走歪了。如果坚守信息中介模式，只进行信息撮合，不涉入资金交易，搭建"信用评级"模式，这条路虽然困难一点，但最终还是能长久走下去的。但事实正好相反，大多数P2P借贷平台都成为信用中介或影子银行，直接参与了小额信贷的信贷审核、风险测评和预后催收。这需要我们认真总结一个问题，即P2P借贷平台是如何变成信用中介和影子银行的？

---

① 　任泽平，方思元，梁珣. 反思P2P从遍地开花到完全归零［N］. 新浪财经，2020－11－30.
② 　参见最高人民法院于2022年9月22日发布的《人民法院依法惩治金融犯罪工作情况暨典型案例》。

除了高额利润诱惑之外，监管审核不力恐怕也是一个重要原因。再以美国 Lending Club 为例，美国证监会（SEC）对于网贷双方资格审核一直有着比较严格的规定。这在一定程度上限制了 P2P 平台的无序生长。对于放款人资格认定而言，首先，并不是所有人都能在 Lending Club 进行投资，只有加州等 28 个州的居民具有投资资格。其次，Lending Club 平台每天只能分 4 批将审核合格的新贷款放入平台，每笔贷款的最低投资限额是 25 美元，这就限制了金融风险扩大的可能。

对于借款者资格认定而言，对借款者资质要求较高，申请 Lending Club 借款必须满足严格的条件，例如，生活在加州等规定的 42 个州、具有唯一的社会安全号码、信用记录评分（FICO）在 660 分以上、债务收入比率低于 35%，等等。借款者在申请中必须填写借款申请单说明贷款的金额、目的、期限等，并填写姓名、地址、电子邮箱、个人收入等。当然，为保护借款者隐私，在借贷展示中，借款者的姓名、地址等暴露个人身份的信息会被隐去。Lending Club 依据借款者提供的信息尤其是信用报告，确定这笔贷款的利率水平，提交详细报告，在网上公示 14 天。如果借款在期限内全部被购买，则借款者只需要在 Lending Club 上进行账户验证便可以收到款项；如果在期限内，只有一部分借款被购买，借款者可以申请额外两个星期的网上展示期或者接受已有借款金额。[①]

美国金融监管当局对 P2P 借贷平台的审核一直是比较严格的。例如，2012 年 3 月，美国联邦存款保险公司（FDIC）曾表示：PayPal 不是银行，无权从事商业银行的放款业务。同年 6 月，纽约州金融服务局马上就叫停了 PayPal 在该州的所有业务，认为其在该州非法从事银行业务（Illegal Banking）。在按照监管要求对业务模式进行艰难的调整之后，PayPal 一直到 2013 年 10 月才在纽约州取得支付牌照（Money Transmitter）。[②]

---

① 姜欣欣. P2P 平台的模式借鉴与发展转型［N］. 金融时报，2016 – 03 – 21.
② 杨涛. 从金融伦理看互联网金融的社会责任［J］. 当代金融家，2016（10）.

我国应该借鉴美国对网络借贷监管考核标准，不能再像过去那样，单凭几个"志同道合者"就可以注册一个 P2P 公司，就可以大肆向公众筹集资金。从金融市场实践看，并不是越多的 P2P 网贷公司就表明市场越好，恰恰相反，鱼龙混杂的局面并不利于网络平台健康发展，必须严格审查网络贷款主体资格，适度提高审核门槛。例如，经过中国互联网金融行业协会统一培训和注册才能有资格开展网贷业务。那些没有经过协会统一考试和取得资格执照的平台必须被淘汰，保持互联网金融市场的规范性和系统性。

三、禁止 P2P 借款利率自由化

国内 P2P 行业从诞生到泛滥，从繁荣到清零，主要原因之一是 P2P 借贷平台不甘于只赚佣金和手续费，而非要去赚"利差"。从资金来源看，这些 P2P 借贷平台用于放贷的资金通常来自自有资本和银行贷款。而 P2P 借贷平台从银行贷款，本身就须向银行支付一定比例的贷款利息，这使得 P2P 借贷平台资金成本比银行更高，贷款利率自然会更高一些。除了贷款利息，还有一些 P2P 借贷平台会收手续费、管理费、担保费等各种费用，最终核算的综合年化利率就更高一些，大多数都超过了我国监管机构、最高人民法院要求的民间借贷机构贷款利率不得高于 LPR 基准利率 4 倍的规定。相比互联网大平台，一些 P2P 网贷就非常粗暴了，大多数都超过200%，个别年化利率甚至超过400%。利滚利，高企的利率，借款人永远都还不清。我国部分 P2P 借贷平台年化利率统计如表 2-5 所示。

表 2-5 我国部分 P2P 借贷平台年化利率统计（2020 年 12 月）

P2P 借贷平台	借款额度（元）	总利息（元）	月还款（元）	年利率（%）	每月利息（元）
用钱宝	1000	90.00	1090.00	108.00	90.00
现金白卡	1000	149.94	1149.94	213.43	214.20
蓝领贷	1000	119.98	1119.98	199.05	257.10
拿下钱包	1000	205.80	1205.80	293.75	294.00
江湖救急	1000	166.67	1166.67	219.20	200.00

P2P借贷平台	借款额度（元）	总利息（元）	月还款（元）	年利率（%）	每月利息（元）
月光族	1400	54.08	1454.08	75.76	231.77
乐宝宝	1500	270	1770.00	216.00	270.00
钱包手机	3000	630.00	3630.00	425.09	2700.00
快贷	8000	288.00	1381.33	12.23	55.00

资料来源：根据公开资料统计整理。

但问题是，P2P借贷平台既没有银行的资本实力，又没有银行的风险控制手段，无法控制风险，最后面临倒闭也就不足为奇了。因此，P2P借贷平台借款者和放款者自由确定利率的做法并不可行。当然，有一些P2P借贷平台的利率并不高，深受借款人欢迎，如表2-6所示。

表2-6 我国部分网贷平台/产品年化利率对比及排序

排序	产品名称	网贷平台/背景	年化利率
1	工行融e借	中国工商银行	LPR + 0.5%
2	京东金条	京东金融	6.8% ~9.1%
3	有钱花	度小满金融	7.2%
4	360借条	360数科	7.2%
5	安逸花	马上消费	7.2% ~17.28%
6	微粒贷	腾讯公司	7.2% ~18%
7	滴水贷	滴滴金融	7.3%
8	借呗	蚂蚁集团	10% ~12%
9	加邮贷	中邮消费金融工商	10.8% ~23.76%
10	小橙花	平安消费公司	14% ~24%

资料来源：根据公开资料整理。

上述这些网贷平台对产品进行了标准化的定价，减少了信息的不对称，保持低位利率水平，维持了公平、公正和公开的交易，其利率定价将逐步回归理性化，能够降低平台风险，有效避免了双方协商高昂的利率消耗的大量时间和精力，投资者资金安全性反而进一步提高。

四、限制平台直接对接放款人的可能

借款人和放款人直接对接的教训是不能忘记的。首先，无论是借款人还是放款人，必须在特定网站上进行匿名注册并提供基本信息。借款人必须填写贷款申请表，P2P借贷平台从社会征信系统信用数据库调用其信用报告，审核其信用状况。然后，P2P借贷平台根据借款者提交的贷款申请书和个人信用报告、收入证明确定贷款利率范围，再按照信用评分将利率分为几个等级作为基准利率，加入借款人其他信息形成最终利率。

其次，经过审核后的贷款需求在P2P借贷平台网站上公布，便于放款人浏览和选择，内容包括贷款金额、利率、期限和客户信用等级，甚至可以包括借款人的工作单位、贷款目的、收入情况等。放款人依据自身投资偏好，选择购买经过审核的贷款。

再次，放款人并不直接向借款者发放贷款，而是购买由P2P借贷平台发放的与贷款相对应的收益凭证。以美国Lending Club为例，放款者向P2P借贷平台购买收益权证，而P2P借贷平台则向网上银行购买收益权证，网上银行向借款人提供资金。由于借款人和放款人并不直接发生关联，这种业务模式既可以降低P2P借贷平台的运营风险，又能减少借贷双方纠纷和欺诈发生。因为一旦放款人决定投资一笔贷款，承保的网络银行会根据命令审核、筹备、拨款和分发贷款到对应的借款者账户。随后，承保银行就会把贷款收益权卖给P2P借贷平台，以换取该平台通过出售对应的收益凭证所获得的本金。承保银行和P2P借贷平台对贷款均没有所有权，也不承担违约风险。P2P借贷平台承担本金和利息回收工作，按月收取借款人的还款，并通过电子转账方式转入放款人的银行账户。对于逾期借款，P2P借贷平台进行催收，或交由第三方专业机构进行催收直至进入司法程序。

最后，我们可以借鉴美国Lending Club一些风险隔离做法。例如，Lending Club采用了Prosper形式，成立一个特殊法律实体，将所有贷款放入特殊法律实体中。① 这样即使平台本身出现各种风险，也不会影响投资者的资金回收，在法律上为投资者提供了破产隔离保护层，让网络借贷平台远离市场风险，从某种程度上保护了投资人和借款人。

五、建立完善的个人信用系统

星图金融研究院 2015 年的一项研究表明：截至 2014 年末，中国人民银行有信贷记录自然人仅为 3.5 亿人，年增长保持在 3000 万人左右，信贷服务仍在存量客群中打转轮回。在信用缺失的背景下，P2P 借贷平台能够快速兴起，就是凭借着大数据的优势。如果中国人民银行有信贷记录自然人达到 14 亿人，国有金融机构都可以凭借央行征信系统放贷小额信贷，P2P 借贷行业不可能有如此快速的发展规模。因为从我国金融消费者文化习惯看，在国有银行与私人机构之间选择借款，大多数金融消费者都应该会偏向于国有银行，对私人网络借贷机构并不会特别看重。

这从侧面说明，P2P 网贷的快速发展与我国个人征信系统缺失之间并不匹配。伴随着个人征信大数据化，收集、处理及分析海量数据的能力大大提升，以及数据的深入挖掘技术不断进步，有能力将分散状态的数据得以整合，经过数据清洗、校验及分析过程后，提取有用的征信信息共享，打破信息孤岛，就不会再出现 P2P 借贷平台信息严重不对称的高利贷问题。

六、扩展更多社会资金投资渠道

今天，现在 P2P 借贷平台基本清零了，批判与反思成了主流声音。作为一种投资者警示教育，严厉批评未尝不可，但当今社会依然有太多的机构和个人需要小额信贷的支持和帮助。如果把网贷行业进行简单化评判，一概否定了事，无法解决社会资金匮乏问题。因此，不仅要引导商业银行扩大面向民营企业发展的信贷业务，在防范风险的前提下，改进信贷审批权限和审批

---

① 姜欣欣. P2P 平台的模式借鉴与发展转型［N］. 金融时报，2016 - 03 - 21.

程序，加快金融产品创新步伐，为民营企业量身定做金融产品，加快数字化金融产品的创新步伐，鼓励国有银行、非银金融机构加大减费让利力度，为中小微企业、民营企业、工商个体户、农村经济组织以及"双创"组织量身定做普惠金融产品，在帮扶发展的过程中发掘自身增长的新"蓝海"。同时，通过消费金融机构拓宽融资渠道，包括同业拆借、股东增资、信贷资产证券化、银团贷款等多种方式。为此，有学者呼吁，拓展更多的社会融资渠道，制定清晰明确的普惠金融发展政策，设置好"红绿灯"，最大限度地保持融资策略的连续性和稳定性，进一步完善适应民营企业发展需要的多元化融资模式，为融资创造更多便利条件，为经济发展提供稳定预期。① 值得欣慰的是，2022年马上消费金融、招联消费金融、捷信消费金融、中邮消费金融等26家消费金融公司已经获得了同业拆借资格，进入全国银行间同业拆借市场，标志着进入了银行间标准化产品市场，可通过对标准化产品的运用，增强资金融入能力，降低融资成本，扩展更多的社会资金投资渠道。

---

① 金观平. 拓宽民营企业融资渠道［N］. 经济日报，2022－04－02.

第三章
助贷现实困境、市场价值与监管策略

助贷业务是资金方和第三方中介机构（助贷机构）为目标客户提供贷款服务的合作方式，就是有一定专业技术能力的助贷机构与持牌金融机构、类金融机构等资金方，通过商务合同约定双方权利义务，由助贷机构提供获客、初筛等必要贷前服务，由资金方完成授信审查、风险控制等核心业务后发放百分之百的放贷资金，使借贷客户获得贷款服务的合作方式。2019 年 10 月，中国人民大学中国普惠金融研究院发布的《助贷业务创新与监管研究报告》曾经提出：助贷机构天然继承了互联网打破实际距离的优势，推进了金融服务低成本化供给，成为资金方和数字平台实现优势互补的有效形式，其实质是在银行资金能力与获客能力失衡、金融牌照与展业能力错位以及金融市场分工不断深化背景下诞生的新商业模式。

从本质上说，助贷是数字平台对小微企业和个人信贷服务的一种方式，也是数据作为生存要素在信贷领域的一次重组，更是数字化时代信贷资源重新配置的一次尝试。通过资金方与助贷机构的优势互补，进一步扩大信贷业务深度与广度，加大金融供给，可以使得资金方较为顺畅地流向"三农"机构、个体工商户，推动就业，刺激消费，有效解决小微企业融资难问题。

从功能上说，助贷业务是传统信贷体系的有益补充，通过与资金方的互补合作，可以顺畅地流向 C 端客户，打通金融服务实体经济的"毛细血管"，提升场景黏度，增加客户留存率，形成多层次信贷体系，承担起金融微循环的底层功能，填补了银行业金融服务不能满足融资需求的空白领域。事实证明，如果没有助贷机构帮助，小微企业和个体客户基本无法通过正常渠道从商业银行获取可负担的资金。

从风险控制上说，助贷机构天然拥有大量小微企业和个人客户数据资源，具备高效的小额贷款风险控制模型，可以帮助银行类金融机构进行客户筛选和评估，有助于提高商业银行的风险控制能力，助力银行业数字化转型成为服务小微企业有效载体。

但是，回顾近年来几次监管新规不难发现，我国助贷行业监管不断趋严。

虽然助贷这一模式由来已久，直到 2017 年《关于规范整顿"现金贷"业务的通知》（整治办函〔2017〕141 号文）出台后才得到大众普遍关注，明确"ABS 不得出表""未依法取得经营放贷业务自主的任何组织与个人都不得经营放贷业务"以及银行与第三方机构合作开展业务时不得将授信审查、风险控制等核心业务外包的 3 条红线直接影响了当时所有互联网金融平台开展业务的模式。2019 年 1 月发布的《关于加强互联网助贷和联合贷款风险防控监管提示的函》提出立足当地不跨区域经营要求，不得为无牌机构提供资金或者联合放贷。2019 年 3 月，《关于做好网贷机构分类处置和风险防范工作的意见》（整治办函〔2018〕175 号）发布，鼓励 P2P 平台转型小贷、助贷，进一步推进了助贷规模的扩大。

2020 年，助贷对互联网消费金融行业放款规模与余额规模的贡献分别达到了 86.2% 与 75.7%，模式占比达到历史顶峰。2020 年底"蚂蚁 IPO 事件"之后，监管对助贷业务风险空前关注、政策要求明显偏严。[①] 随后颁布的《商业银行互联网贷款管理暂行办法》《网络小额贷款业务管理暂行办法（征求意见稿)》《关于进一步规范商业银行互联网贷款业务的通知》都对互联网贷款、助贷联合贷等业务作出相关要求，一系列政策体现了监管层对助贷模式业务规模的有意控制。从此，数字平台在开展电商、支付、搜索等各类服务时获得的用户身份、账户、交易、消费、社交等海量信息，将不能再以"助贷"名义与金融机构开展信贷业务合作，相当于未经许可不得再开展与商业银行业务合作。

---

① 2020 年 8 月 25 日，上交所受理了蚂蚁集团的科创板 IPO 申请。与此同时，蚂蚁集团向港交所递交上市申请标志着其沪港两地上市之路正式开启。蚂蚁集团最快将于 10 月 20 日前后挂牌上市。若上市成功，蚂蚁集团将创下全球最大 IPO 纪录。10 月中旬，蚂蚁因战配基金违反金融监管规定而被推迟 IPO。争议焦点主要是作为 IPO 主体的蚂蚁集团与独家代销蚂蚁战配基金的子公司蚂蚁基金销售公司是否存在利益冲突，蚂蚁集团是否承销了自己的 IPO。11 月 3 日晚间，上交所紧急叫停原定于 11 月 5 日 IPO 的计划。12 月 27 日，微信公众号"蚂蚁集团"发布公告称，蚂蚁集团 26 日接受了金融管理部门的约谈。蚂蚁集团会在金融管理部门的指导下，成立整改工作组，全面落实约谈要求，规范金融业务的经营和发展。直至今天，蚂蚁集团的科创板 IPO 一直搁浅。

2021 年，助贷对互联网消费金融规模的贡献率有所下降。未来，随着政策过渡期逐渐结束，预计助贷业务模式的占比将逐步下降，自营业务规模与占比将逐步上升。如何在资金与流量不匹配的条件下发挥好助贷业务支持中小微弱作用？如何在新冠疫情肆虐的情况下，调整好助贷监管策略，形成银行业金融机构与数字平台优势互补局面，彰显助贷支持实体经济的金融贡献与社会价值？为了探索上述问题，通过线上访谈、问卷调查、现场咨询等形式，涉及传统商业银行、互联网银行、助贷机构、小贷公司、律师事务所，试图从国外助贷业务发展潮流、助贷现实困境、市场价值以及监管策略调整 4 个角度，就助贷行业发展问题进行探讨，对助贷监管原则提出了新思路、新方法，希望有助于我国助贷业务稳定、健康发展，践行普惠金融的市场实践。

第一节　国际助贷业务实践及启示

一、国际助贷业务分类

（一）客户支持类助贷

客户支持类助贷依据自身提供的金融基础服务吸引客户，汇集客户的基础身份、资产和信用等金融信息，运用大数据、人工智能对有资金需求的客户初筛，筛选出符合资金方前置条件的目标客户群后，推荐给银行、消费金融公司等资金方，由资金方在线下自行负责借款用户的筛选、风险控制、催收等。

以 Credit Karma 为代表，为客户提供免费的信用报告简化查询服务，并给出信用卡和贷款的指导意见。同时，该平台通过嵌入金融机构预授信模型的方式，实现预授信审核所需要的数据内部处理。Credit Karma 本身不提供贷款，换言之，贷款不是其表内业务。相反，该公司是一个在线贷款市场，汇集了多个金融机构包括贷款利率、费率、贷款期限、月还款额等基本信息在内的金融产品，主要包括小额、短期的抵押或者信贷。用户在 Credit Karma 平台上选择某款贷款产品后，将填写简短的信息申请。平台把信息申请传输至金融机构，金融机构预审核后将联系用户完成其机构内申请流程的其余部分。

在信贷需求难以提振的今天，这种"一站式"客户支持类助贷解决了需求方对于金融信息掌握不足，以及办理业务时间成本高的问题，为金融需求方提供了便利化的服务，也使得贷款价格更为透明。客户支持型助贷模式下，助贷机构本质上是外包业务服务商，只要不是联合放贷，而是提供数据、技术、场景、客户等方面的支持，就属于业务外包，不需要准入和持牌监管。

在我国，客户支持型助贷不是"通过互联网平台实现的直接借贷"，也不是"商业银行经营互联网贷款业务"，客户支持型助贷不属于中国银监会、工业和信息化部、公安部、国家互联网信息办公 2016 年 8 月发布的《网络借贷信息中介机构业务活动管理暂行办法》第二条规定的"网络借贷信息中介机构"，也不是中国银保监会 2020 年 4 月 22 日公布的《商业银行互联网贷款管理暂行办法》规定的"互联网贷款"，中国银监会 2010 年发布的《银行业金融机构外包风险管理指引》和 2013 年 2 月发布的《银行业金融机构信息科技外包风险监管指引》未对外包服务提供商提出牌照要求。因此，客户支持型助贷无须申请牌照，仅须按《公司法》《企业法人登记管理条例》等有关规定办理工商登记即可。

（二）风险控制支持类助贷

风险控制支持类助贷参与到贷款审批的前、中、后期的风险管理中，通过数据挖掘潜在客户，提供风险管理模型帮助金融机构完善信贷决策机制，并开展资金监管和催收业务。例如，FICO 通过黑匣式的算法将个人消费者各类数据转化为信用评分，并向征信机构、银行、保险等机构提供信用报告。FICO 向包括澳大利亚国家银行、澳新银行、非洲银行、菲科萨银行在内的金融机构提供了从传统授信模式到机器学习的数字化授信模式转型的方案，还向金融机构提供贷款发放和催收商的应用程序，帮助金融机构共建反欺诈壁垒。

风险控制支持类助贷的优势并非是向金融机构提供客源，而是在更为深入的风险控制技术领域，完成对银行数字化转型的赋能，助力商业银行拓宽授信渠道和模式。《美国银行家》杂志调研显示：相对于金融科技公司，银行对自身决策能力的信心较低——平均而言低至 20～30 个百分点。因此，通过输出模型算法，金融科技公司助力银行完成数字化转型并完善自身的风险控制水平。以美国为例，美国助贷业务中 20% 的无风险业务是由银行承接，70% 的有风险业务则由非银金融机构来负责。双方互通有无，取长补短，从助贷业务比例结构上就排除了经营成本上升的可能。

（三）场景支持类助贷

场景支持类助贷依托于"衣食住行"等消费场景与金融机构开展合作，这类助贷机构主要包括硬件设备生产商、超市、服装店、第三方支付平台、电商平台等。同时，场景支持类助贷机构将消费者行为与金融需求结合得更加紧密，使得客户黏性增加，有利于精准发放小额信贷。例如，苹果与高盛，沃尔玛与 Capital One，亚马逊、PayPal、Google Store、EBay、Gap 与 Synchrony 等纷纷合作，实现提供场景零售的营销导流服务。其中，高盛与苹果合作推出的 Apple Card 仅一年就实现了新增客户 330 万人。

再以 Synchrony 公司为例，该公司与汽车、家装、电子产品、体育用品、珠宝饰品等大额消费产品公司合作，提供消费金融的解决方案。据 Synchrony 公司调研发现：超过 75% 的消费者在支付 500 美元以上的消费时，会寻求消费金融服务以提供资金周转。于是，Synchrony 公司提供联名信用卡、家装和汽车信用卡专项分期、消费贷款分期三项核心业务（见图 3 - 1），在满足消费者资金需求的同时，带动了经销商销量增长，对于促进消费和短期经济繁荣具有一定的促进作用。

适合您业务的促销融资解决方案

您的信用计划应该吸引您的客户和您的底线。我们的经验可以帮助您为您的业务提供最佳选择，包括以下选项：

自有品牌信用卡	计划信用卡	分期贷款
邀请您的客户获得一张带有您公司名称的卡片，并让您的品牌成为头等大事。此外，通过提供随时间推移付款的功能，我们的循环信贷计划选项可以帮助提高客户的购买力，提高平均订单价值，并提高您的重复购买率。	对于我们的家庭和汽车行业合作伙伴，我们已建立的计划信用卡网络-Synchrony HOME™和Synchrony Car Care™可以向新客户开放访问。这些计划在您的商店、网站和其他计划内零售商中被接受，鼓励您的客户一次又一次地使用他们的卡。	根据您的业务类型，为客户提供方便的分期付款贷款选项。在预定的时间内固定的、相等的每月付款可帮助您的客户规划其长期财务状况。由于没有持续的承诺，分期贷款可以轻松为您的业务创造收入，同时为您的客户提供有担保和无担保的融资选择。

图 3 - 1 Synchrony 公司核心产品

（资料来源：Synchrony 官网）

（四）平台支持类助贷

美国 P2P 平台 Upstart 在 2014 年 5 月上线以后，客户目标主要是 80 后、90 后年轻群体，平均年收入将近 10 万美元，平均 FICO 信用分数为 692 分，扣除房产后的净资产应不低于 100 万美元，或者在过去两年的收入不少于 2 万美元。[①] Upstart 认为，传统的信用评分不能很好地描述年轻消费者未来还款状况，但大数据征信手段可以解决年轻消费者信贷难题，因为年轻人教育背景以及工作经历和消费者未来金融状况密切相关。因此，在信用审查方面，Upstart 平台更看重包括就业能力、收入潜力和教育程度，大学 GPA（平均成绩）、学位、SAT／ACT 分数和专业是放款的关键评估指标。[②]

---

① Upstart 由首席执行官戴夫·吉鲁（前谷歌的负责人 Dave Girouard）、保罗·顾（Paul Gu）以及俄罗斯移民安娜（Anna Counselman）在 2013 年 12 月创立，总部位于美国加利福尼亚州圣马特奥，并于 2020 年 12 月 16 日在纳斯达克上市。

② 刘思平．美国 P2P 平台 Upstart 营运介绍［N］．E 金融，2015 - 06 - 08．

在面向消费者业务方面，Upstart 平台汇集了数十亿的消费者贷款需求数据，如信用卡或汽车贷款等，然后通过人工智能技术自动化地与银行合作伙伴连接起来，可以将贷款更频繁地提供给更好的借款人。今天，并不只有 Upstart 可以在贷款中提供人工智能技术，世界各国越来越多的放贷机构使用人工智能，但为什么美国 Upstart 能够脱颖而出？

首先，Upstart 拥有成熟的人工智能模型。Upstart 的人工智能模型包含了 1600 多个变量，Upstart 近 70% 的贷款是全自动的，也就是说在贷款过程中，全程没有人的参与，而且这个数字还在继续增长，理论上可以达到 99% 以上。强大的人工智能模型和自动化技术能使银行在一天内就完成整个贷款流程，违约率也可以降低。Upstart 对外宣称，99% 的申请人在接受贷款后的一个工作日内就能拿到钱。消费者通过 Upstart 人工智能模型贷款的年利率也比传统贷款模式低 16%。^① 显然，通过人工智能自动化匹配，Upstart 平台可以有更高的审批率、更低的利率、更快的速度。银行可以获得更多的新客户、更低的损失率，整个贷款流程自动化程度也有所提高。

其次，Upstart 运营模式与 Lending Club 和 Prosper 有所不同。一个主要的差异是 Upstart 不向投资者收取任何费用，只向借款人收取贷款的发放费。一般来说，Upstart 收取贷款本金的 2% 作为平台费和 0.5% ~ 1% 作为服务费，如果该客户由 Upstart 推荐而来，则再加收贷款本金的 3% ~ 4% 作为引流费。此外，如果借款人违约，Upstart 会将贷款发放费支付给投资者。也就是说，如果贷款违约的话，Upstart 将不能赚取任何费用。

最后，Upstart 平台大数据信用评估也是一大特色。在美国，金融消费信贷评估的一个重要依据是 FICO 信用评分，但随着信贷业务进一步开展，FICO 信用评分因其单一的标准、严苛的门槛和片面的评估结果而饱受诟病。年轻的消费者由于信贷历史比较短、信用记录比较少，所以一般信用评分分数比较低，影响了年轻一代享受信贷服务的机会。有鉴于此，Upstart 通过一

---

① Upstart：利用人工智能重组世界信用体系 ［N］. 猛兽财经，2021 – 06 – 10.

系列其他维度的消费者信息（例如，毕业学校、GPA、SAT 得分、所在公司的状况）来量化年轻一代借款人偿付贷款的能力。Upstart 平台不拘泥于现实和过去，着眼于消费者未来，认为年轻的消费者过去信用状况差，未来的信用状况可能比较好。Upstart 认为年轻一代就业能力、收入潜力和教育程度与未来还款之间存在很强的关联性，年轻消费者教育背景越好、职业前景越好的人，未来就会有较好的还款能力，越有可能在 Upstart 获得低息贷款。① 于是，Upstart 开始使用新型信用评估，给予消费者客户比 FICO 评分更合理的信用评级，并为其提供更加合理的贷款，利率比其他贷款低 30% 或更多。这种新型信用评估关注的不是消费者过去行为，而是消费者的未来状况。在 Upstart 潜在客户群中，具有良好教育背景的博士和常春藤名校的毕业生不一定就会在 Upstart 得到优先权。比如，耶鲁大学毕业生并不一定会比从事专业税务工作的人得到更多的信用评分，虽然税务师不是世界上收入最多的人，但他们的工作是可预测的。不论从何处毕业，如果有税务师资格，在 Upstart 平台上就可能有一个相当不错的借款资格。

针对这些年轻消费者大多缺乏传统信用信息问题，Upstart 寻找可靠的代替信息来进行信用预测。Upstart 认为，GPA 是最好的衡量信用分数的标准之一。因为获得高 GPA 的年轻消费者，往往有良好的自我管理能力，有可能找到好工作，获得不错的收入，这样的人员就是高质量贷款者。为此，Upstart 的研发团队创建了一个基于这些替代数据的分析模型。信贷申请者需要填写的内容包括教育背景、工作经历、考试分数、GPA、受教育年数等内容。Upstart 再把这些信息综合在一起，通过模型来决定对方是否可以通过以及利率将会是多少。

受 2020 年疫情影响，Upstart 业务在第二季度受到了严重影响，第三季度

---

① 在 Upstart 的新型评估模型中，如果一个人没有信用史或信用史很短，那么他的受教育程度就变得非常重要，因为可以通过教育程度评估借款人偿还贷款的可能性。如果消费者的信用史很长，而且信用记录非常良好，那么教育程度便不那么重要了。因为信用得到了证明。消费者的工作经历也很重要，因为从根本上放款人总是关心借款人是否有偿还能力。

收入开始大幅反弹，第四季度表现更为强劲，比第一季度增长了 40% 左右。在交易量方面，Upstart 平台第四季度的贷款数量已经超过了 8 万笔，每笔贷款的平均收入为 775 美元。总之，Upstart 在 2020 年四个季度中有三个季度实现了净利，基本走出了新冠疫情的负面影响。①

（五）银行代理类助贷

银行代理业务（Agent Banking，AB）也是金融服务供应商利用中介机构的优势为目标客户提供金融服务的一种方式。中介机构的种类非常丰富，可以是获得金融许可的金融机构，也可以是工商注册的非金融机构，还可以是独立的个人。银行代理类助贷业务比较如表 3 - 1 所示。

表 3 - 1　银行代理类助贷业务比较

业务类型	金融服务供应商	中介机构	服务
助贷业务	银行类金融机构等资金方	助贷机构	小额贷款
银行代理业务	银行	代理商	支付、储蓄、取款、贷款管理等
银行合作业务	银行	合作伙伴	支付、储蓄、取款、贷款、保险、信托、证券

2000 年前后，银行代理业务发展起来，目前其业务模式较为成熟，巴西、哥伦比亚、印度、马来西亚、肯尼亚、墨西哥、巴基斯坦、秘鲁等都是使用代理比较多的国家。从代理商网络的搭建来看，巴西的巴西银行拥有 15300 家代理商、布拉德斯科银行拥有 24200 家代理商、Caixa Economica 拥有 15200 家代理商，印度的 Fino 拥有 10000 家代理商，肯尼亚的 M - Pesa 拥有 20500 家代理商，巴基斯坦的 Easypaisa 拥有 10500 家代理商，菲律宾的 GCash 拥有 18000 家代理商。英国爱尔兰银行（Bank of Ireland UK）作为成立于 1978 年的老牌银行，它把自己定义为合作银行（Partnership Bank），非

---

① Upstart：利用人工智能重组世界信用体系 [N]. 猛兽财经，2021 - 06 - 10.

常重视代理的价值内核。英国爱尔兰银行典型的银行代理业务是"银行＋邮局"（助贷机构）模式，通过 1.1 万家邮局分支机构网点触达 240 万客户。

从监管来看，肯尼亚、墨西哥、巴基斯坦、秘鲁等国家实行许可管理方法，对申请资料、报告管理、银行和代理商的现场检查等都做了不同规定，如印度 2006 年颁布的《银行金融服务外包的风险管理和行为准则指南》、巴西 2007 年制订的银行代理专门监督计划、肯尼亚央行 2010 年颁发的银行代理指南等，对银行代理业务风险的管理与监管有一定参考意义。

马来西亚央行（Bank Negara Malaysia，BNM）于 2012 年发布代理银行指引，允许获得授权的金融机构与现有商业机构，诸如杂货店、咖啡馆、电信网点、餐馆、加油站等零售终端和邮局合作，向银行网点未覆盖的偏远地区提供金融服务。每个合作的代理（商业）机构获得用于支付的 POS 终端，与金融机构通过实时支付系统相连，开立储蓄账户、存取款、偿付贷款、转账等，可以为客户提供基本的金融服务。[1]

根据马来西亚央行规定，代理银行模式主要在马来西亚无金融服务或金融服务欠发达区域推行。[2] 金融服务点包括银行网点、金融机构移动服务点、电子终端，提供最基本的金融服务包括存款和取款。金融机构可在任何服务不足的地区指定一名以上的代理机构。代理机构提供的服务包括接受存款、便利客户提取资金、促进资金转移、便利马来西亚公民开立储蓄账户、接受贷款/融资偿还、便利支付账单。推行代理银行模式时，马来西亚金融机构需要遵循如下原则：

第一，金融机构应当确保其代理机构至少提供接受存款和为客户提取资金提供便利的服务。

第二，金融机构应确保其代理机构的所有交易均通过在线实时进行，并

---

[1] 马来西亚"代理银行"金融创新模式解析［R］. 亚洲金融发展报告——普惠金融篇（2020年版）.

[2] 马来西亚央行规定，金融服务欠发达区域是指人口超过 2000 人的区（Mukim），但拥有的金融服务点（Access Points）少于 5 个。

在代理机构的经营场所内进行。

第三，金融机构必须在进行任何代理银行活动之前对其进行培训，以提高代理机构的能力，其中至少包括金融机构提供的产品和服务、保护客户信息、欺诈侦查机制（如识别假币、反洗钱和打击资助恐怖主义行为程序、设备操作和故障排除、投诉处理）。

第四，金融机构必须制定和执行适当的程序，以监测和控制代理机构的业务安排，持续地管理代理银行安排产生的风险，包括金融、法律、技术、运营、合规和洗钱/资助恐怖主义风险，以确保代理机构业务以可靠、安全方式进行，并对其指定代理机构的活动和行为负全部责任。

根据马来西亚央行数据显示：从参与的金融机构分布来看，94%的代理银行是与马来西亚国民储蓄银行（BSN）、马来西亚伊斯兰合作银行（Bank Rakyat）和马来西亚农业银行（Agro Bank）合作的。金融服务的覆盖区域，从实施前的46%提升到2015年的97%。提供金融服务的代理机构网络急剧扩张，从2011年的460家增长到2020年的7984家。

》》【案例3－1】

马来西亚国民储蓄银行（BSN）是推行代理银行制的先驱。其"最后一公里"服务由代理银行提供，客户来到代理银行相当于到了BSN网点。

根据BSN估算，设立一个常规网点的投入约为12.4万美元，而一个代理银行的投入不到前者的1%。一个代理银行的运营成本约为500美元/年，低于ATM每年1万美元的成本，远低于常规分支行成本（每年约为6.2万美元）。

通过代理机构，BSN将服务延伸至社区。BSN为代理机构提供POS机、识别身份证与指纹的设备和网络连接，帮助验证客户身份，并提供培训。代理机构的服务时间比常规银行网点更长——从早上8时到晚上10时，更灵活地为居民提供服务。通过代理机构，九成以上的社区都能获得金融服务，大幅消除了银行网点覆盖不足、服务不充分的问题。通过代理机构，BSN 获得大量资金。2012—2016 年，BSN 通过代理机构获得的存款增加约 5 倍，从 4400 万林吉特增长到 2.15 亿林吉特；新增客户账户超过 2.5 万户。

案例来源：《亚洲金融发展报告——普惠金融篇（2020 年版）》。

代理银行模式（AB）不仅成为马来西亚推进普惠金融建设的重要抓手，在印度、孟加拉国等亚洲国家也同样生根开花。

印度央行（Reserve Bank of India）于 2006 年发布代理银行业务指引性文件，提出通过采用私人商业机构延伸银行服务，助力普惠金融发展。在印度，银行的代理机构主要分为两类：一类是由银行直接管理的，另一类是由被称为业务联系网络经理（Business Correspondent Network Managers，BCNMs）的中介管理的。2010 年，印度央行扩展代理机构范围，不再限定于非营利性企业。2015 年，印度央行进一步扩展代理银行制，将支付银行（Payment Banks）和小型金融银行（Small Finance Banks）也纳入代理银行网络。

孟加拉国央行（Bangladesh Bank）于 2013 年发布了第一份代理银行业务指引，2016 年开始在全国范围推广代理银行业务。业务范围起初限制在存款、取款和汇款，但近期开始为客户提供小额贷款。参与代理银行模式的银行数量从 2016 年的 10 家增加到 2020 年的 24 家，今后可能还会增加。其中最大的两个银行是荷孟银行（Dutch–Bangla Bank）和亚洲银行（Bank Asia），拥有 86% 的代理银行账户市场份额。

二、国外成功经验启示

（一）助贷模式符合世界金融科技潮流

当今世界，商业银行与金融科技公司依据各自优势展开不同层次合作，并非简单的资金合作。例如，以 Synchrony 为代表的金融机构与场景方深度合作，不仅在产品营销、运营、风险控制等环节深度绑定，双方还基于项目整体运营情况，按照一定比例进行利润分成。

助贷模式恰恰就是凭借新一轮科技合作优势，在全世界广泛存在并发展，说明其适应了当代金融与社会发展的需求，强化了借方—金融机构—贷方的媒介联系，促进互联网渠道的贷款投放力度和效率提升。因此，对于助贷业务定位需要重新审视，不可简单否定。

（二）有效降低金融机构风险

在互联网 3.0 时代，商业银行比拼的是云计算、大数据、区块链、人工智能技术结合体，特别是风险控制生命线。以往，中小商业银行基本都使用标准的人工流程进行风险控制，尽管比较稳健，但耗时长、成本高，难以覆盖互联网时代下服务的"下沉"人群，导致银行把握风险控制能力出现下降且不可控的局面。

然而，数字平台（助贷机构）通过大数据建立风险控制模型能够较好地进行风险评估。从市场实践看，助贷机构与银行合作过程中并未显露出系统性风险的苗头。相反，国内外很多数字平台都能够利用自身在大数据分析和建模方面的优势为银行提供风险控制领域的服务，有效地与商业银行风险控制形成互补，弥补小额信贷领域的"短板"。

（三）金融科技本身并不构成问题

虽然村镇银行线上存款问题显露，但通过分析村镇银行线上存款问题的成因发现，不能将监管缺位而导致的问题转移到金融科技模式本身。对于依法合规的金融科技和银行业而言，金融创新是未来金融业发展的趋势，不应该简单否定。金融市场发展面临许多新情况、新问题，市场环境越是严峻复杂，越要坚定不移地深化改革，健全各方面制度，完善金融监管体系，促进制度建设和治理效能更好地转化融合，善于运用制度优势应对风险挑战冲击。从长远看，应该鼓励金融科技创新，助力金融市场发展的新势能。

（四）专注特殊群体

在互联网金融时代，我国也有庞大的年轻消费者群体，仅2021年全国高校毕业生总数就达到900万人，比2020年增加100万人，创下历史新高。这些年轻的消费者步入社会，他们急于改善自己的生活，但又面临着创业时期的资金窘迫，对信贷需求比较迫切。目前国内现状是征信体系还不够完善，通用的信用评分还没有出现，无法对这类年轻消费者人群进行信用评估，但这些消费者的学历、学习成绩、职业状况等数据比较容易获得。因此，年轻消费者大数据征信思路在我国大有市场。

当然，我国更多的是没有受过高等教育的年轻人，例如，青年农民工、下岗工人以及中等教育的年轻人，情况比较复杂，需要探索其他新的方法，诸如利用电商数据、电信数据、支付数据等可替代数据对年轻消费者进行审贷。

（五）代理银行的普惠性

从亚洲、非洲、拉美等地区代理银行发展的情况看，代理银行形式扩展了客户基础，降低了提供金融服务的人力和设施成本，增加了存款，代理机构分享到金融服务的部分收益，并且与其他同行业商户相比获得差异化竞争优势，正很好地服务那些被传统银行业无力覆盖的农民、小企业主和低收入客户群体。因此，代理银行模式成功实现了三方共赢，成为发展中国家推广普惠金融的有效方式。根据 MicroSave 和 Helix 的报告数据显示：当今世界，越来越多有经验的代理机构加入网络，代理机构的收入和利润都显著提升，通过代理银行网络发生的交易笔数和交易量显著增加，覆盖空间越来越广，显示出代理银行模式的普惠性。

第二节 我国助贷业务市场实践与社会价值

一、我国助贷业务逻辑分析

(一) 助贷业务本质特征

从广义上看，助贷是资金方和第三方中介机构（助贷机构）为目标客户提供贷款服务的合作方式。为了更好地揭示助贷业务的本质，重点是以引流获客为特征的狭义助贷，就是有一定专业技术能力的助贷机构与持牌金融机构、类金融机构等资金方，通过商务合同约定双方权利与义务，由助贷机构提供获客、初筛等必要贷前服务，由资金方完成授信审查、风险控制等核心业务后发放百分之百的放贷资金，使借贷客户获得贷款服务的合作方式。显然，并不是所有与商业银行开展放款合作的机构，都可以称为助贷机构。以下5个业务特征可以更好地认识助贷。

第一业务特征：此定义将助贷的内涵圈定于使客户获得贷款服务，体现普惠金融"以客户为中心"的思路，即资金方和助贷机构利用这种优势互补的合作方式来提高金融服务可得性。

第二业务特征：强调助贷机构"有一定专业技术能力"，意在突出助贷机构的软实力，如技术优势、场景优势、数据优势、大数据风险控制优势等，可与资金方形成优势互补，弥补资金方做小额信贷业务时信息不对称的缺点。

第三业务特征：助贷机构需要为资金方提供获客、初筛等必要的贷前服务，即必要的贷前服务可作为是否是助贷业务的判断依据之一；反之，只提供贷后服务的机构，不能算作是助贷机构。

第四业务特征：助贷机构服务于"借贷客户"和"资金方"两端，将二者联系起来，实质性地参与了资金方贷款业务流程且帮助借贷客户获得贷款服务，符合信贷业务中介的角色定位。

第五业务特征：此定义强调以合同的方式来约定助贷业务各参与主体的权利与义务，体现资金方应该作为整个业务的核心与主导，通过合同来约束与规范助贷机构的行为与责任。

总体来看，助贷业务由获客筛选、资金供给、风险控制等多个环节组成，核心是金融机构通过引入第三方机构的协助，缓解资金不充足、信息不对称、定价不精细、风险控制不完备导致的信贷供给对信贷需求的不适应问题，并基于规模效应、协同效应和合作效应，共同实现信贷成本、信贷收益和信贷风险的动态平衡。

（二）助贷业务的理论逻辑

1. "比较优势理论"

英国经济学家大卫·李嘉图在《政治经济学及赋税原理》中提出了"比较优势原理"，即两个国家具有各自的比较优势，若按比较优势参与国际贸易，通过"两利取重，两害取轻"原则，两国的福利水平均可得到提升。

在传统信贷结构下，挑选客户、发放资金、风险控制的压力都集中于一家资金方，也就是商业银行。但是，商业银行并不具备对小微企业、个体工商户、农村经济组织等放款审核优势，难以在筛选客户、获取资金、风险控制等方面做到应善尽善。这就导致在传统的信贷模式下，小微企业、"三农"领域等融资难、融资贵问题持续存在的重要原因之一。而第三方数字平台（助贷机构）利用客户数量、场景数据、信息科技和个人风险控制优势，参与到遴选客户、资金放贷、风险控制等信贷环节，可以缓解信息不对称、贷款定价能力不足、风险控制技术滞后制约，提升资金配置效率。

也就是说，通过"谁最有能力承担谁承担"的比较优势原则，选择最后的商业运作模式。商业银行发挥出资金优势、信用优势、规模优势，数字平台（助贷机构）发挥出客户优势、服务优势、风险控制优势，在遴选客户、服务下沉、风险控制方面进行专业化分工，彰显出放贷机构与助贷机构的优势，实现双赢。可以说，根据"比较优势理论"，助贷业务可以视为"比较优势原理"在贷款领域的具体体现，其产生、发展具有一定的必然性。

2．"专业分工理论"

古典经济学之父亚当·斯密在《国富论》中第一次提出了劳动分工的观点。"专业分工理论"认为，不同的任务可以由不同的机构或个人根据各自分工完成，不是由单一的机构或个人独立完成。因此，复杂工作必须进行专业分工，可以大大提高工作效率。从 20 世纪开始，亚当·斯密"专业分工理论"就成为统治企业管理的主要模式，对金融行业的影响深刻且长久。从世界各国助贷发展情况看，都是由金融机构、助贷机构根据自身在资金、客户、技术、数据、场景和风险控制等方面的分工负责，共同完成整个信贷流程。

今天的互联网金融和金融科技发展，同样遵循着"专业分工理论"原理。助贷与"专业分工理论"存在必然性，符合亚当·斯密的"专业分工理论"传统银行通过与金融科技公司分工合作，无论在运营与风险控制能力上，还是在风险共担机制上，摆脱了传统信贷模式下客户、资金、风险控制由单一机构独自承担的桎梏，提供了差异化的信贷供给解决方案。

今天，我国助贷走过了 15 年发展历程，有效利用线上线下结合模式将银行与助贷机构优势进行组合，为大量社会低收入群体、个体工商户、农村经济组织、农户、中小微企业提供及时、可负担的贷款服务。可以说，助贷不仅是资金方和金融科技机构实现优势互补的有效形式，更是金融市场分工不断深化背景下的商业新模式，构成了我国多层次、广覆盖和高质量的信贷体系，成为我国信贷体系的重要工具之一。

二、我国助贷业务市场实践

2008 年，深圳市中安信业创业投资有限公司与国家开发银行深圳分行、中国建设银行深圳分行一起开创了"贷款银行 + 助贷机构"微贷款业务模式。该模式曾得到深圳市金融创新奖二等奖与国家开发银行总行金融创新奖的嘉奖。当时的深圳市中安信业创业投资有限公司创始人保罗·希尔被视为我国线下小额信贷第一人。"贷款银行 + 助贷机构"的微贷款模式被我国业内一致认为是助贷业务的起源,采用的是线下标准化获客和审批流程。当然,伴随互联网时代的到来,线上助贷业务发展迅猛,形成了今天的线上线下相结合或线上为主的形式。

在数字平台支持下,助贷机构不再是简单的客户引流,而是基于自身获取的客户数据进行场景和数据的评估,向银行等放贷机构推荐有效的客户需求,提供获客引流服务,利用自有场景吸引客户,收集并积累客户身份、行为、资信等金融数据,将有贷款资金需求的客户收集汇总,并运用大数据、人工智能对借贷客户进行初筛,筛选出符合资金方前置条件的目标客户群,推介给银行等放贷机构。银行等放贷机构收到客户和授信建议后,对客户进行更进一步的资信审查,并根据客户质量向助贷机构支付佣金和营销获客费用。在这一过程中,银行等放贷机构直接向客户放款、收取还款本金和利息,助贷机构则主要通过市场营销、居间推介的方式,从银行等放贷机构获取佣金和手续费,核心是要处理好客户流、资金流、风险控制三个方面的问题。

2017 年底是助贷业务发展的分水岭,此后,助贷业务的发展面临政策不确定性的困难。深圳助贷业务的主要模式是"银行 + 小额贷款公司",在2017 年底之前,深圳地区助贷业务总余额为 1 万亿元左右,而自 2018 年起,助贷业务规模持续缩小,目前整个助贷业务量缩小比例超过 90%。

从 2019 年开始,伴随着互联网金融崛起,我国助贷模式再一次快速发展起来。越来越多的商业银行、小贷公司、互金平台以及非银金融机构加入互联网贷款、助贷的行列,逐渐形成了商业银行、助贷机构和贷款担保人的三方合作机制,凭借着科技属性加持,在与传统金融模式竞争中脱颖而出。《财新周刊》一项调查显示:截至 2019 年 12 月末,我国助贷和联合贷款市场规模为 2 万亿元。深圳未来金融研究院《中国消费金融及助贷市场数据报告》显示：虽然受到新冠疫情的影响，2020 年我国助贷行业市场规模依然高达 2.8 万亿元。

但是，在 2020 年以后，我国严监管政策不断出台，助贷行业遭受到较大限制。2020 年 4 月，中国银保监会颁布了《商业银行互联网贷款管理办法》（2020 年第 9 号），进一步强化风险控制主体责任，要求商业银行独立开展互联网贷款风险管理，对出资比例、合作机构集中度、互联网贷款总量限额提出更严格的审慎监管要求，严禁将贷前、贷中、贷后管理的关键环节外包，再一次严控网贷的跨地域经营行为。以独立第三方助贷机构为例，在经历了 2020 年新冠疫情的影响之后，逐渐呈现两极分化态势。从 2020 年第三季度开始，助贷机构的业务量全面萎缩，仅有乐信、信也科技等少数助贷机构实现了业务量有限增加，大部分助贷机构业务量都有不同程度的下滑，有些甚至是断崖式下降。例如，趣店助贷规模连续下降超过 30%，达到 133 亿元，其中除了汽车金融外的自营贷款在贷余额为 64 亿元，环比下降 34.5%；开放平台在贷余额为 69 亿元，环比下降 29.6 亿元。中小型数字平台更是遭受重创，宜人金科、玖富、51 放款等助贷规模纷纷下降 20%~40%，放款量在 2021 年纷纷跌入 10 亿元级别。

无独有偶。2021 年 7 月，中国人民银行征信管理局向网络平台下发通知，要求平台机构在与金融机构开展引流、助贷、联合贷等业务合作中，不得将个人主动提交的信息、平台内产生的信息或从外部获取的信息以申请信息、身份信息、基础信息、个人画像评分信息等名义直接向金融机构提供。毫无疑问，监管机构是希望助贷业务实现个人信息与金融机构全面"断直连"，不得将个人主动提交的信息、平台内产生的信息以申请信息、身份信息、基础信息、个人画像评分信息等名义直接向金融机构提供。此举直接导致越来越多的助贷机构因无法与持牌征信机构达成合作关系而寸步难行。

2021 年 12 月，中国人民银行在《金融科技发展规划（2022—2025 年）》

中提出加快银行业数字转型；2022 年 1 月，中国银保监会印发《关于银行业保险业数字化转型的指导意见》认为，我国数字化转型处于"快车道"过程中，监管机构对商业银行的监管日趋严格，对信贷质量和信贷能力建设的约束本应该局限于特许经营的商业银行业中，导致了市场层面助贷业务发展受到较大限制。

监管机构强调助贷"回归"普惠金融的"本原"是正确的，但过于严苛的规定不仅将包括银行在内的所有融资渠道都限制住了，阻断了银行资金流向小微企业的渠道，提高了小微企业的融资难度和经营成本，挫伤了数字平台（助贷机构）与银行业金融机构合作的积极性。

三、我国助贷业务社会价值

（一）有助于服务社会弱势群体

传统征信模式中，只有存在信贷记录的客户才拥有信用信息，而"长尾人群"往往财务实力较弱，信用信息较难取得，其金融服务可得性相对较低。例如，中国人民银行征信中心只为具有信贷记录的人提供个人信用报告，而没有借款行为的"信用白户"则在系统中没有信用信息。截至 2021 年 12 月，中国人民银行征信中心收录自然人 11 亿人，而没有信贷记录的人数超过 3.2 亿人，他们面临金融资源短缺、融资成本较高以及配套金融服务少等困难，进一步加剧了信用信息问题，陷入恶性循环。

我国助贷业务借助大数据、爬虫技术储备了海量数据，扩展了信用信息数据范围和种类，为弱势群体、小微群体以及低收入人群的信用风险提供了有效征信信息，提高了"长尾人群"的金融可得性，推动社区生活、交通出行、购物消费、旅游休闲等场景供给和数据共享，在创业、教育、住房、医疗、就业和养老领域为低收入群体、下岗人员、返贫农户、新市民提供多元化的普惠金融服务。相比地下钱庄、P2P、信用卡借款，助贷给借款人带来的实际利息负担并不高，更符合普惠金融的"普"与"惠"理念。最重要的是，助贷业务服务对象大多数都是传统金融机构未覆盖的中小微弱企业、个体工商户、社会低收入群体、老年人、妇女以及新市民，具有广泛的社会覆盖性，增强了信贷普惠性。显然，我们没有理由忽视一个能够带给普罗大众金融服务的行业。相反，我们应该鼓励助贷机构为千家万户带去更多资金支持，支持数字平台为金融市场改革和银行商业化转型作出贡献，合作共进，让每一个低收入家庭都能够体会到普惠金融带来的快乐体验，推动我国数字普惠金融有效、有序发展。

（二）利用数字技术减少金融服务成本

以前，商业银行主要通过布局网点以达到获客目的，但线下获客需要长时间和多资源的投入，获客成本一直居高不下，且线下物理网点服务区域有限，使得其获客效率受到先天制约。而数字平台通过大数据技术记录了客户基于互联网活动产生的海量数据，收集量大、覆盖范围广、种类丰富多样，扩展了传统金融机构以财务数据为主的结构化数据类型，提高了金融机构获客效率。例如，我国 Wecash 闪银对单个客户的征信会采集多达 6000 个数据点，这样兼具深度和广度的数据积累形成了数字平台在"长尾人群"信用信息方面无可比拟的优势，让商业银行能够更放心投放信贷资金。

数字平台（助贷机构）采用大数据技术，更容易获取"长尾人群"的信用信息和交易数据，大批量处理相关数据，大大减少了采集和处理成本。据网商银行统计显示：采用大数据征信模式授信的每笔贷款平均运营成本只有 2.3 元，其中 2 元为技术化费用，0.3 元为营运费用。作为对比，传统银行按照传统征信模式发放一笔贷款的平均人力成本为 1500～2000 元。可见，助贷机构能利用规模化数据优势减少经营成本，对各维度数据进行综合评估和处理，提升普惠金融服务向"长尾人群"的供给效率。

（三）完善信贷供给形成多层次信贷体系

助贷业务通过资金方与助贷机构的优势互补，资金方的资金可以较为顺畅地流向客户，进一步扩大信贷业务的深度与广度，尤其是针对消费金融和小微企业的信贷服务得到了较大提升，支持小微客户发展、促进就业，加大信贷市场的金融供给，提升税收收入，打通金融服务实体经济的"毛细血管"，刺激消费，进而对国民经济的发展有积极作用。此外，助贷业务还提升了场景的黏度，使得场景客户提高留存率，更多介入信贷评价、风险防范业务，进一步丰富了我国信贷体系。

显然，助贷已经逐渐成为我国信贷体系的重要工具之一，它不仅是传统信贷体系的有益补充，还可以促进形成多层次、广覆盖和高质量的互联网信贷体系，助力供给侧结构性改革，更与国家近期强调的"积极规范发展多层次资本市场"指导思想相一致。

（四）优势互补提高客户融资能力

通过在线申请、无须人工接触的数字贷款方式为中小微企业、个体工商户、农户提供贷款，助贷机构将资金输送给社会低收入群体、农村经济组织、个体工商户、中小微企业，凸显线上基因优势，提升小额信贷工作效率，填补了银行业金融服务不能满足融资需求的空白领域，承担了金融微循环的底层功能，提高了客户的融资能力。如果没有助贷机构帮助，小微企业、农户、个体工商户基本无法通过正常渠道从商业银行等获取资金，更无法补足传统银行类金融机构触达短板。我国部分助贷机构合作状况如表3-2所示。

表3-2 我国部分助贷机构合作状况

助贷机构	合作银行	数据优势	客户群体
诺诺金服	浦发、招行、工行、瀚华金控、宁波银行、华夏银行等	财税数据、企业征信数据	社会低收入群体、农村经济组织、个体工商户、中小微企业

续表

助贷机构	合作银行	数据优势	客户群体
小望金科	工行、浦发、民生、交行、网商银行	财税数据、企业征信数据	社会低收入群体、个体工商户、中小微企业、新市民
金蝶效贷	平安银行、网商银行、宜信	财税数据、企业征信数据	社会低收入群体、城镇居民、个体工商户、中小微企业
友金所	建行、宜信、瀚华金控	财税数据、企业征信数据、个人征信数据	社会低收入群体、农村经济组织、城镇居民、个体工商户、中小微企业
查柜金服	微众银行	财税数据、企业征信数据、个人征信数据	社会低收入群体、农村经济组织、个体工商户、中小微企业
云金融	工行、浦发、平安银行	财税数据、企业征信数据、个人征信数据	社会低收入群体、农村经济组织、个体工商户、中小微企业
灵芝快贷	浦发银行、蚂蚁金服	财税数据、企业征信数据、个人征信数据	社会低收入群体、农村经济组织、个体工商户、中小微企业、新市民

资料来源：根据《新流财经》公开资料整理。

（五）有利于降低新冠疫情负面影响

面对突如其来的新冠疫情，银行业务物理网点很难展业，常规的贷前风险控制和贷后管理受到影响，金融支持和优惠政策很难迅速触达中小微企业和个体工商户，金融供给能力大幅削弱，金融机构线下获客、线下风险控制的经营方式面临很大挑战。

但是，助贷机构拥有海量小微企业、农户、个人客户的数据，掌握小额贷款风险控制模型，创新产品和服务模式，帮助商业银行进行初步的客户筛选及评估，在获客环节可做到广覆盖、精触达，快速调配信息流、商品流和资金流，特别是运用"无接触服务""非接触贷款"方式，以线上化、场景化的模式嵌入生产、生活，为客户提供随时随地的服务，提升了覆盖广度，电商、线上交易平台与小微群体有着更密集的互动，做到传统模式难以企及的精准小微触达，搭建云端网桥，提高了 C 端客户获取资金的可能性，及时为中小微企业和个体工商户雪中送炭，助力复工复产，加快实体经济回归潜在增速，促进就业、刺激消费，成为防疫期间我国稳经济、稳市场、稳民心的重要支持力量。

（六）有利于体现出市场的平等性和公开性

由于传统金融机构受限于风险控制技术、成本、信息不对称以及客流因素制约，无法做到为中小微弱企业和个人提供商业可持续的小额信贷服务，加剧了传统金融体系中同质化信贷供给与多元化信贷需求的不匹配矛盾。今天，建立在"比较优势理论"基础上助贷模式，助贷机构却可以利用自身的客户优势、技术优势、风险控制优势更好地服务中小微弱企业和个人，提高金融效率，完成普惠金融终极目标，不仅更好地体现出市场的平等性和公开性，也符合当前我国银行数字化转型趋势，有效改变银行同质化竞争局面，有助于提高银行业金融机构在获客、风险控制、技术方面的能力短板，顺应当今科技信息与金融市场融合发展的时代潮流。①

（七）构建金融机构风险共担机制

1. 资金支持型助贷授信联合决策，有效分摊信贷风险

在资金支持型助贷模式下，商业银行和第三方助贷机构根据自身在客户、资金、风险控制、数据、技术、场景等方面的比较优势，通过自有系统或渠道筛选目标客户群，完成自有风险控制流程后，将优质客户输送给银行等机构风险控制终审，由商业银行等放贷机构与助贷机构共同授信，双方依据约定比例共享利息收益，共同承担贷款资金风险，完成最终发放贷款工作，共同承担征信、授信、风险控制、贷后管理等工作，使信贷结构得到优化，信贷体系得到更高效的匹配机制，增强了资金适配的效率和信贷产品多元化带

---

① 大卫·李嘉图在1817年出版的代表作《政治经济学及赋税原理》中提出比较优势理论，他认为国际贸易的基础是相对差别（而非绝对差别），以及由此产生的相对成本的差异。每个国家都应该根据"两利相权取其重，两弊相权取其轻"的原则，集中生产具有"比较优势"的产品，进口其具有"比较劣势"的产品，以各国生产成本的相对差异为基础进行国际分工，并通过自由贸易获利。

来的便利。在实际操作中，助贷机构通常以保证金兜底，即现在银行等资金方自由账户中存在一定数额的保证金。银行等资金方享有优先受偿权利，以确保助贷机构及时应对贷款逾期和违约风险，有效化解了银行等传统金融放贷机构承担的贷款风险。

2. 风险控制支持型助贷信贷风险管理，解决风险控制能力不足问题

在风险控制支持型助贷模式下，助贷机构通过参与银行等放贷机构风险控制管理相关环节，提升了放贷机构风险管理的技术及能力。助贷机构不参与资金方出资，不完全提供获客引流服务，而是依托技术、数据、风险控制等优势参与到放贷管理流程中。具体而言，在贷前环节，助贷机构通过参与贷前调查，通过历史数据和积累的客户行为数据掌握客户情况，形成客户信用画像，为放贷机构授信决策提供支持。在贷中环节，助贷机构为放贷机构展开风险定价等方面支持，并帮助放贷机构创建反欺诈识别系统、电子合同、电子签名等技术服务。在贷后环节，助贷机构运用信息科技手段，协助放贷机构进行贷后管理，包括风险检测、贷款催收、逾期和不良处置等贷后风险管控业务，降低贷后管理成本，提升贷后管理效率。

3. 混合型助贷业务实现信贷成本、收益及风险动态平衡

在部分资金支持型模式中，助贷机构不仅是资金联合供给者，还将参与整体授信决策及信贷贷前调查、贷时调查及贷后审查，承担了大量风险控制职能。另外，一些资金支持型助贷机构在提供信贷资金以外，不仅承担了部分风险控制职责，还基于自身场景或平台优势，承担了获客引流的职责。而在部分客户支持型模式中，助贷机构不仅负责贷前客户引流和推荐，还会为放贷机构提供信用评估、贷后监测及到期催收等职责。

4. 融资担保及保险公司介入有助于分散市场风险

当前，我国小微、长尾客户风险在收入水平、资产净值、现金流稳定性等方面均处于较低水平，没有足够的还款能力，与大企业相比容易出现逾期和违约。倘若由银行单独承担风险，相关信贷资源将倾向于资信较好的大企

业及白领客户群体。而引入融资担保公司、保险公司等进行担保和增信，使银行可以借助其领先的风险控制能力，甄别和缓释潜在风险，提升服务能力，还可以扩大其客群服务范围，实现向普惠客群的服务下沉。

（八）头部平台科技属性进一步凸显

目前，我国头部平台特别注重客户数据与信息的收集、汇总与分析，在自动化和集成化的信贷管理系统方面，建立评分和授信系统创造条件。例如，360 数科（NASDAQ：QFIN）、乐信（NASDAQ：LX）、信也科技（NYSE：FINV）、小赢科技（NYSE：XYF）均采用高自动化与高集成度的评分卡业务系统对客户进行贷款分析，提高贷后管理和催收效率，进行动态的客户分析，促进交叉销售和进行账户管理，极大地提升了商业银行信贷审核的合理性与时效性，有效控制风险并识别防范欺诈行为。由此，头部平台都取得了较好的经营业绩。

截至 2022 年 11 月 30 日，360 数科（NASDAQ：QFIN）、乐信（NAS-DAQ：LX）、信也科技（NYSE：FINV）、小赢科技（NYSE：XYF）及嘉银金科（NASDAQ：JFIN）均发布了未经审计的 2022 年第三季度报告。财报显示：第三季度 5 家平台的业务规模均实现同比增长，但增速分化。360 数科成立于 2016 年，是 5 家金融科技企业中成立最晚的。在业务发展方向上，360 数科与其他平台的不同点是在资金端只对接机构，继续引领行业的轻资本转型，第三季度轻资本模式、智能风险控制引擎及其他技术方案促成贷款 645.83 亿元，同比增长 16.4%，占比达 58.4%。在促成贷款规模上，360 数科继续遥遥领先，牢牢占据线上贷款服务平台的龙头地位，在三季度首次单季促成贷款破千亿，达 1106.8 亿元，同比增长 13.4%。期末贷款余额为 1600.2 亿元，同比增长 19.9%。①

---

① 姚丽. 五家线上助贷中概股三季报对比：360 数科首次单季促成贷款破千亿，业务科技属性进一步增强［N］. 零壹财经，2022 – 11 – 30.

由于没有对接个人资金，在后续发展过程中没有历史包袱，360 数科逐渐成长为规模最大的线上贷款服务平台，尤其向不承担信用风险的轻资本模式转型，突出平台业务的科技属性，对行业严监管下的平台合规性和可持续性都有着不言而喻的意义。

5 家助贷机构 2022 年第三季度贷款规模及贷款对比如表 3－3 所示。

表 3－3　5 家助贷机构 2022 年第三季度贷款规模及贷款对比

助贷机构	促成贷款		贷款余额	
	金额（亿元）	同比（%）	金额（亿元）	同比（%）
360 数科	1106.8	13.4	1600.2	19.9
乐信	562	0.7	946	1.8
信也科技	455	19.4	603	34.3
小赢科技	198.25	31.4	337.89	37.9
嘉银金科	149	123.5		

资料来源：《零壹财经》。

自 2019 年以来，360 数科及乐信两家企业都开启轻资本转型。其中，360 数科的轻资产业务更为透明，除了相关收入外，具体业务规模也做了详尽的披露。财报显示，360 数科在 2021 年轻资本模式下业务规模占比已经过半；2022 年第三季度，360 数科轻资本模式、智能风险控制引擎及其他技术方案促成贷款 645.83 亿元，同比增长 16.4%，占比达 58.4%，与第二季度占比 55.7% 进一步上升，业务的科技属性进一步增强；相应地，第三季度 360 数科的平台收入 12.03 亿元，占比近三成。第三季度，乐信与轻资本业务相对应的技术平台服务收入为 5 亿元，占比 18.6%，与第二季度基本持平。① 其他 3 家平台，信也科技、小赢科技及嘉银金科均未有是否开展轻资本转型的公开信息。

---

① 姚丽．五家线上助贷中概股三季报对比：360 数科首次单季促成贷款破千亿，业务科技属性进一步增强［N］．零壹财经，2022－11－30.

第三节　我国助贷业务现实困境

一、缺乏对助贷行业的专属法律保护

目前，我国没有一部法律法规是专门调整助贷业务的。1995 年 3 月颁布的《商业银行法》只是调整商业银行业务规范，当时尚未开展助贷业务，谈不上助贷机构监管问题。2008 年 5 月颁布的《关于小额贷款公司试点工作的指导意见》（23 号文），主要对小贷公司进行规范，并不涉及助贷业务。

唯一与助贷业务有关联的两部法规是 2017 年 12 月互联网金融风险专项整治（以下简称"互金整治办"）、P2P 网贷风险专项整治工作领导小组办公室（以下简称"网贷整治办"）下发的《关于规范整顿"现金贷"业务的通知》（整治办函〔2017〕141 号文），规定金融机构与第三方助贷机构开展贷款时不得将授信审查、风险控制等核心业务外包，不得接受无担保资质的第三方机构提供增信服务以及兜底承诺等增信服务。2018 年 12 月，互金整治办、网贷整治办又联合发布《关于做好网贷机构分类处置和风险防范工作的意见》（175 号文），主要是针对退出 P2P 行业的合规机构转型网络小贷公司、助贷机构或持牌资产管理机构进行指导。

2020 年以后，科技平台频繁参与金融放贷行为，银行核心风险控制能力急剧弱化，跨区域放贷加剧，导致校园贷、暴力催收、欺诈消费等社会问题进一步发酵。同年 7 月，中国银保监会颁布了《商业银行互联网贷款管理暂行办法》，主要局限于商业银行互联网贷款范围，并未对助贷机构法律地位进行界定。

2021 年 9 月，全国人大颁布的《数据安全法》，主要规范数据处理活动，专注数据开发与利用，与助贷业务并无对应条款。同年 11 月，全国人大颁布的《个人信息保护法》主要涉及个人信息处理原则，规范个人信息隐私权保护等问题，与助贷业务也无直接关联。

近年不同层级法律法规对助贷业务的监管要求如表3-4所示。

表3-4　近年不同层级法律法规对助贷业务的监管要求

文件名称	文件相关信息		助贷业务重要监管要求
征信业务管理办法	法律地位	部门规章	第五条　金融机构不得与未取得合法征信业务资质的市场机构开展商业合作获取征信服务
	发布日期	2021年9月27日	
	发布文号	人行令（2021年第4号）	
	生效日期	2022年1月1日	
商业银行互联网贷款管理暂行办法	法律地位	部门规章	第六条　单户用于消费的个人信用贷款授信额度应当不超过人民币20万元，到期一次性还本的，授信期限不超过一年。 第九条　地方法人银行开展互联网贷款业务，应主要服务于当地客户，审慎开展跨注册地辖区业务，有效识别和监测跨注册地辖区业务开展情况。 第五十一条　商业银行应当在书面合作协议中明确要求合作机构不得以任何形式向借款人收取息费，保险公司和有担保资质的机构除外
	发布日期	2020年7月12日	
	发布文号	银保监令（2020年第9号）	
	过渡期	两年	
关于进一步规范商业银行互联网贷款业务的通知	法律地位	规范性文件	二、加强出资比例管理。商业银行与合作机构共同出资发放互联网贷款的，应严格落实出资比例区间管理要求，单笔贷款中合作方出资比例不得低于30%
	发布日期	2021年2月19日	
	发布文号	银保监办发〔2021〕24号	
	过渡期	同银保监令（2020年第9号）	
金融产品网络营销管理办法（征求意见稿）	法律地位	征求意见稿	第十七条　未经金融管理部门批准，第三方互联网平台经营者不得介入或变相介入金融产品的销售业务环节，包括但不限于就金融产品与消费者进行互动咨询、金融消费者适当性测评、销售合同签订、资金划转等，不得通过设置各种与贷款规模、利息规模挂钩的收费机制等方式变相参与金融业务收入分成
	发布日期	2021年2月19日	
	发布文号	银保监办发〔2021〕24号	
	反馈截止时间	2022年1月31日	

注：蒋鸿字制表。

从表 3 - 3 中可以看出，我国监管法律法规中并没有专门的助贷业务监管规定。在部门规章和规范性文件中，既没有在法律上界定"助贷"概念，也没有对助贷业务融资定位、产品价值、消费场景和数字保护等问题进行规范。显然，我国助贷业务立法规范长期处于空白状态，在市场中容易被动成为另类企业，甚至与"民间借贷"或"高利贷"混为一谈，造成社会公众对助贷的认知混乱，给助贷业务发展带来负面影响，不利于对助贷业务的监督和管理。

二、资金成本高企、盈利空间受限

面对新冠疫情和上半年行业总规模收缩，以及对客利率、息差、ROA 纷纷下降等情况，老客户流失、新客获客成本上升成为助贷机构客户运营的主要问题。大多数助贷机构纷纷面临资金成本高企，盈利空间受限的困境。关键是资金价格方面。现在行业资金价格普遍下调，尤其是针对 24% 以内的消费信贷资产，各家持牌金融机构纷纷主动降低了资金价格至 7% ~ 7.5% 。

依据有关 24% 利率上限监管规定，资金价格如果在 7% ~ 7.5% ，助贷机构盈利空间就非常低了，几乎没有盈利空间。加之出现原推荐贷款的助贷机构作为反担保人的情况，又使得助贷业务额外增加 0.5% ~ 1% 的通道费用。一旦遇到市场风吹草动就会出现几个月的亏损。虽然中小平台可以利用资金下行时机，开发资金渠道，降本增效，维持基本生存。但这种状况并不能帮助助贷机构维持太久，需要寻找新的盈利空间。

三、助贷机构收费标准有待明确

目前，助贷机构应该收取多少服务费并没有明确的规定予以限制，《商业银行互联网贷款管理暂行办法》第五十一条只是规定助贷机构不得直接收取担保费用。由于助贷机构风险控制技术投入较高，如果助贷机构无法通过收取高额服务费覆盖投入成本，现有的助贷行业或将难以为继。于是，一些助贷机构就利用各种名目向借款人收取费用以覆盖其坏账成本、实现获利，这直接导致助贷机构服务费与资金利率之和极易超过年化利率 36%。由此引发借款人和监管层不满。

不管未来怎样监管，助贷机构收取的服务费应清晰且有依据，把市场定价机制交还给市场，按照分类原则，寻求一个市场都能接受的均衡价格，明确助贷机构收费标准，惩戒那些违规收取服务费或变相收取高利率的做法，促进我国助贷行业健康发展。

四、"服务当地、不跨区域" 的负面影响

监管新规原则上要求商业银行开展互联网贷款不得跨区助贷业务。比如，2020 年 4 月颁布的《商业银行互联网贷款管理暂行办法》第九条规定"地方法人银行开展互联网贷款业务，应主要服务于当地客户，审慎开展跨注册地辖区业务"。这意味着辖内城商行、民营银行原则上只能经营本行有分支机构的地域的客户，辖内城商行分行原则上只能经营省内客户，不得跨地域、跨行业、跨市场进行放款。也就是说，商业银行和助贷机构必须在"审慎性原则"下开展跨注册地辖区互联网贷款业务，按照异地授信管理相关文件严格管控异地授信，限制了商业银行拓展互联网信贷的业务范围，抑制了助贷业务发展势头。

五、"断直连" 对助贷业务后续影响

2021 年 4 月 29 日，中国人民银行、中国银保监会、中国证监会、国家外汇局等金融管理部门联合对腾讯、京东金融、字节跳动等 13 家网络平台企业实际控制人进行了约谈，要求平台机构在与金融机构开展引流、助贷、联合贷业务合作中，不得将个人（客户）提交的信息、平台产生的信息或从外部获取的信息以申请信息、身份信息、基础信息、个人画像评分信息等名义直接提供给金融机构（合作银行）。数字平台（助贷机构）不允许直接跟商

业银行合作，要么通过征信机构做，要么就不做助贷业务，金融机构信息入口只能是征信机构，这有点类似于 2018 年第三方支付机构与商业银行的"断直连"。① 由此开启了助贷领域"断直连"模式，引发了业界较大反响，对助贷业务产生了巨大影响。

（一）"断直连"无益于小额信贷支持实体经济

在当前新冠疫情肆虐背景下，中小微企业经营受困，资金匮乏，国内信贷市场整体上呈现萎缩状态，再切断数字平台（助贷机构）与商业银行之间信贷合作途径，加剧了资金与流量之间不匹配程度，不利于形成金融机构与数字平台信贷投放的优势互补。

（二）"断直连"有违比较优势下互利共赢的一种全球趋势

以海外场景合作为例，金融机构与场景方助贷合作越来越深入，诸如沃尔玛与 Capital One 合作，苹果公司与高盛合作，Google Store、亚马逊、PayPal 与 Synchrony 合作提供场景零售卡的营销导流服务等演绎出波澜壮阔的市场前景。助贷已经成为数字平台与商业银行基于各自业务比较优势的一种商业选择。

（三）"断直连"推高了金融消费者借款成本

"断直连"新规增加了征信机构中间环节，从金融消费者视角看，只是同一块"蛋糕"不同方式切割罢了，金融消费者（借款人）并没有因此获得

---

① 根据央行支付结算司印发通知，从 2018 年 6 月 30 日起，包括微信、支付宝在内的第三方支付机构将全部接入网联清算平台，原本的直连模式终止。第三方支付机构将被切断各自的清算账户，此后需要经过网联才能连接到银行。这是我国金融发展历史上第一次"断直连"，主要限于第三方支付机构与银行之间清算账户的直接切断，要求第三方支付机构必须银联或网联系统后才能连接到银行。2021 年 6 月 29 日开始第二次"断直连"，主要限于助贷机构与银行之间清算账户的直接切断，要求助贷机构必须通过征信机构后才能连接到银行。这构成了我国金融发展历史上第二次"断直连"。

更低贷款利率；相反，金融消费者（借款人）的融资成本却有所提高，没有给借款人（客户）带来实质性好处。

（四）"断直连"导致助贷行业分化加剧

"断直连"要求所有数字平台调整业务流程与经营模式，加强和征信机构合作。这对于头部平台并不是难事。因为大型数字平台凭借自身行业地位、客户资源与科技手段，容易满足征信机构的合作要求，甚至不排除部分头部平台会选择申请或参股征信牌照，窑变完成"平台—征信机构—金融机构"合作模式。但对于大多数中小型数字平台而言，对于"断直连"新规提出的获客能力、运营能力、风险控制体系的严苛要求不可能完全满足。毫无疑问，这将加剧数字平台两极分化，行业集中度进一步提升，强者恒强，弱者更弱，容易形成助贷行业高度集中局面，不利于普惠金融市场公平、自由和均衡发展。

（五）"断直连"割断了数字平台与银行的合作关系

在助贷业务中，数字平台（助贷机构）拥有庞大的获客渠道与风险控制优势，可以源源不断地提供海量客户，同时，数字平台（助贷机构）打造的风险控制指标体系可以和金融机构风险偏好、标准化风险控制政策工具相互融合，再辅以海量日常行为场景数据的"软信息"，为商业银行放款提供决策依据。而金融机构拥有牌照资质和资金优势，依靠数字平台提供的数据，经过内部数字化风险控制处理，生成符合金融机构风险偏好的决策引擎。双方相互依存、相互促进，实现联合建模、分担风险、共享策略的优势互补，共同构筑数字化金融信贷体系新格局。

但是，我国"断直连"彻底打破了业已形成的助贷机构与商业银行之间的合作模式。一方面，助贷机构无法直接提供海量客户数据给金融机构，本身具备的科技优势基本丧失。助贷机构提供的海量数据只能通过个人征信机构，增加了中间环节，直接推高了助贷机构经营成本，挫伤了数字平台开展小额信贷积极性；另一方面，商业银行不得不自行开发全套个人信息测试系统、评价系统和风险控制系统，不仅开发周期漫长、研制成本巨大，而且金融机构能否获得成功并不确定，由此会失去很多商机。

其实，国外类似的助贷业务已经十分成熟，比如，Upstart 的银行客户通过在 AI 借贷模型上进行授信额度、风险容忍度、定价区间等相关参数设置，打造定制化的大数据风险控制模型，实现独立的风险控制决策，其规模正在稳步增长和扩大。但我国第二次"断直连"以后，全国助贷机构已从鼎盛时期 350 家，下降到仅剩下不足 200 家，对普惠金融市场造成的冲击是巨大的。

（六）"断直连"容易产生经营风险

在"断直连"框架下，商业银行与助贷机构之间交易流程变得更复杂了，数字平台（助贷机构）所有客户的申请数据、身份数据、场景数据和行为数据不能直接提供商业银行，必须通过征信机构才能用于信用评判或信贷评分。这就增加了中间环节，涉及数字平台、银行、个人征信机构、消费金融公司相关利益方，业务合作结构趋于复杂，平添不少审核流程，支付效率变得不再便捷，法律关系也更加复杂。就助贷机构而言，不仅话语权大为减少，还要不断协调各方面的关系。为了生存，不能排斥助贷机构打"擦边球"或"剑走偏锋"的激进尝试，容易产生经营风险和道德风险。

其实，并不是阻断助贷机构直接提供客户信息来源，或者增加中间环节就能彻底防范助贷业务风险的。如果助贷业务规则明确，助贷监管立法明确、执法到位，助贷业务应该不会有太大风险。从客户结构上分析，数字平台与金融机构之间并不存在客户结构冲突。蚂蚁、京东、腾讯、360 数科、乐信、信也科技等头部平台原有客群与商业银行重叠度并不高，偏重提供"数据服务"，与商业银行一直都是优势互补，正好弥补小额信贷需求空白，绝非

"抢食"，还能为小额信贷市场增添不少动力。

今天，我们需要思考的是适当调整"断直连"政策，减少不必要的"转手式"中间环节，确保商业银行可以直接获取海量风险控制数据，以此驱动自主风险控制数据，突出客户信息传递的真实性和准确性。同时，给予数字平台更多的包容和支持，增加助贷机构向商业银行提供个人信息数据连续性、稳定性和合法性，确保小额信贷连续性，而不是限制助贷业务的发展。

六、助贷监管体系有待完善

在当前监管体系中，地方银保监局负责银行助贷业务指导与监督，地方金融监督管理部门负责助贷机构的助贷业务与风险监管，互联网协会、小贷行业协会对助贷机构进行合规审查和日常管理，涉及征信和个人信息保护相关范畴则由中国人民银行负责监管。此外，助贷机构还接受国家发展改革委、网信办等部门对平台经济、反垄断、数据安全等方面的监管。

问题是，由于各监管条线关注的核心要素不同，出台的行业政策和规定不尽一致，更多的是从自身角度对助贷行业进行干预，在短期内各自出台一系列监管措施，政出多门，形成对助贷市场叠加性的同步震荡，相互之间缺乏必要的协调和配合，面临监管法规相互掣肘的局面，导致"铁路警察、各管一段"的情形发生。例如，对助贷业务风险的评估，银监局与金融办指标不同、标准不一，对助贷业务风险评估指标和评级方法差异较大，加上监管部门之间缺乏统一的协调，很难达到助贷业务风险监管评级应有的作用，对助贷机构经营产生更多不确定影响，加之五花八门的软性政策指导更可能导致行业环境趋于复杂多变。因此，建立新的助贷行业监管体制框架，提高金融监管协调性刻不容缓。

第四节　我国助贷业务市场化改革建议

一、尽快完善助贷行业制度性建设

2022 年 3 月，金融委会议传达出"规范、透明、可预期的监管"的政策吹风信号，严监管政策一定程度上对商业银行、数字平台（助贷机构）合作方式有影响。在新形势背景下，对于助贷这样的互联网新生业态，是鼓励规范发展还是准备放任自流，致其自生自灭，在法律规定上必须予以明确，要用法律规范助贷行业。否则，后续发展都无从谈起。

尽快完善助贷行业制度性安排，及时出台《非存款类放贷组织条例》，明确助贷业务法律地位，界定"助贷""助贷机构"概念，确立助贷各个参与主体的权利与义务，弥补交叉型金融业务的法律漏洞，让助贷业务能够有法可依、依法监管、管理有度，让助贷机构在相对完备的法律环境下健康成长，让助贷业务真正成为我国金融体系的重要补充。

二、探索助贷机构收费新方式

《关于规范整顿"现金贷"业务的通知》（整治办函〔2017〕141 号文）虽然规定"银行业金融机构应要求并保证第三方合作机构不得向借款人收取息费"，但没有对收取其他费用进行明确和限制。这就为助贷机构向客户收取合理的中介服务费留下想象空间。

从法理上讲，商业银行和助贷机构关系是民事法律主体之间的合作关系，并不是代理关系（代理机构只能向委托方商业银行收取费用而不能直接向客户收取费用），也是建立在意思自治基础上贷前、贷中、贷后的一种合作，并通过自身的劳动获得报酬，体现出公平、自愿、有偿的民事法律关系。因此，助贷机构收取中介服务费用是符合法理的。

我们认为，应该允许助贷机构收取一定的服务费用，用以保障助贷行业持续、稳定发展。否则，不仅直接影响到助贷行业生存，也有违《民法典》权利义务对等和契约自由精神。根据《民法典》第九百二十一条和第九百六十一条的规定，助贷机构在跟客户签订委托合同或中介合同后，有权利向客户收取委托或中介费用。① 加之助贷机构不是慈善机构，收取一定费用也是合乎市场规律的。当然，助贷机构收取费用需要注意以下3点：

一是只能收取中介服务费，不能收取风险管理费，更不能收取"砍头息"，必须严格区分，确保借款人合法权益。如果允许助贷机构收取风险管理费，客观上会导致商业银行放松对风险把控，患上"风险依赖症"，不利于商业银行对核心风险控制的管控。

商业银行与助贷机构不得超过"两高"颁布的24%的上限进行收费，在下限幅度内，双方都可以在不损害借款人利益情况下决定收取服务费。按照目前金融市场惯例，放款利率的20%~30%作为服务费较为合适。

2017年12月1日，互联网金融风险专项整治工作领导小组办公室、P2P网贷风险专项整治工作领导小组办公室共同发布《关于规范整顿"现金贷"业务的通知》，要求各类机构以利率和各种费用形式对借款人收取的综合资金成本应符合最高人民法院关于民间借贷利率的规定，即"借贷双方对逾期利率有约定的，从其约定，但是以不超过合同成立时一年期贷款市场报价利率四倍为限"。

二是助贷机构不能直接向客户收取中介服务费，必须通过与资金方规定的渠道和价格，诸如由第三方支付机构统一支付给助贷机构，避免出现助贷机构与商业银行之间"寻租"现象。

---

① 《民法典》第九百二十一条规定：委托人应当预付处理委托事务的费用。受托人为处理委托事务垫付的必要费用，委托人应当偿还该费用并支付利息。《民法典》第九百六十一条规定：中介合同是中介人向委托人报告订立合同的机会或者提供订立合同的媒介服务，委托人支付报酬的合同。

三是助贷机构收取的费用可以按照分类不同收取不同费用：第一类，流量型收费。只对商业银行提供客户流量的，可以按照客户数量来收费。向银行提供的客户越多，助贷机构收取的费用越高，也可以按照客户等级进行收费，向银行提供的优质客户，收费比例可以高一些。第二类，风险分担型收费。如果银行自身数据系统不全，短时间内无法了解客户还款意愿，必须由保险公司、融担公司介入分散风险，或者需要第三方数据机构补充，才能排除不良客户风险。助贷机构收费就应该适当低一些，将一部分利润让渡给保险公司、融担公司或第三方数据机构，这符合金融风险理论中权利义务对等原理。当然，是否引入保险公司、融担公司或第三方数据机构，监管不要做硬性要求，可以由资金方根据客户的资信程度和市场情况决定。

三、对"服务当地、不跨区域"的理解

（一）"服务当地、不跨区域"加剧金融风险

信贷业务过于集中在某一个区域，金融风险自然也趋于集中，不利于商业银行、助贷机构、保险公司、融担公司的安全运行。市场人士普遍认为，互联网是没有边界的，互联网信贷也就不可能存在边界。如果网络信贷只限定在特定地域，不能跨区经营的话，如何体现出互联网独特优势？与传统小贷的区别又体现在哪里？因此，服务当地、不得跨区经营的网络放贷（助贷业务）是难以想象的，不符合互联网信贷的本质特征，可能会影响市场前景。

（二）"服务当地、不跨区域"与供应链金融不相匹配

近年来，我国政府鼓励发展供应链金融。供应链金融（Supply Chain Finance）是银行向客户（核心企业）提供融资和其他结算、理财服务，同时向这些客户的供应商提供贷款，或者向其分销商提供预付款代付服务，成为金融机构将核心企业和上下游企业捆绑在一起提供金融产品和服务的一种融

资模式。

由此看来，供应链上、下游企业之间的货物交易（商流）、服务往来（物流）不可能固定在当地，这直接决定了供应链金融不可能局限在某一个地区（省市），其范围一定是超越银行所在地，跟随核心企业的下游企业扩展到全国甚至是全球的任何地区（行业和机构）。因此，所有与供应链金融相关的助贷业务也不可能局限在某一个地区（省市），跨地区、跨行业、跨机构已经成为供应链助贷业务的基本标配。

（三）对"审慎开展跨注册地辖区业务"简要分析

虽然监管新规要求原则上不得跨区域开展助贷业务，但相比 2018 年 11 月下发的《商业银行互联网贷款管理暂行办法（征求意见稿）》，2020 年 4 月颁布的《商业银行互联网贷款管理暂行办法》已释放出一些商业银行网络贷款业务的善意。例如，《商业银行互联网贷款管理暂行办法》第九条没有对助贷机构跨区域开展业务"一刀切"禁止，改称为"地方法人银行开展互联网贷款业务，应主要服务于当地客户，审慎开展跨注册地辖区业务"。这意味着监管层虽然坚持互联网贷款"立足当地、服务当地"原则，但鉴于地方金融市场和互联网金融发展，为商业银行域外开展互联网贷款业务留出了一线生机——"审慎开展跨注册地辖区业务"。

我们有理由相信，《商业银行互联网贷款管理暂行办法》并没有完全否定跨区域经营存在的可能性，只是规定了一条跨区域放贷的原则，要求商业银行和助贷机构必须在"审慎性原则"下开展跨注册地辖区互联网贷款业务。显然，这就为银行、数字平台（助贷机构）未来开展跨区域助贷业务预留了一定空间，至少可以理解是一个积极信号。

事实上，在金融市场中，如何认定一笔贷款是否属于"异地交易"仍存有争议，不同地方金融监管部门认定标准相距较大。为此，开展跨区域助贷业务的银行可以采取变通方式，在全国设立连锁经营模式，统一产品研发、流程设计和产品质量管控，对异地分支机构实行集中管理，允许较好风险控制能力的银行和较大体量助贷机构异地展业，有利于扩大信贷供给。此举并不违反现行《商业银行互联网贷款管理暂行办法》第九条规定，可以视为"审慎开展跨注册地辖区业务"，一定程度上解决了商业银行开展跨注册地辖区业务受阻问题，也解决了助贷机构开展网贷业务动力不足的问题。如果限定依托互联网获客的助贷机构本地展业，就不可能获得规模经济优势。为此，跨区域设立分支机构开展助贷业务就可以扩大贷款客户覆盖范围，减少风险集中度，分散金融风险，弥补地方商业银行缺乏异地风险管控能力的短板，促进本地金融市场与相邻地区金融市场协同发展，具有较好的市场前景。

四、对"断直连"监管措施重新评价

（一）"断直连"开辟了替代数据的新周期

当然，"断直连"也并非一无是处。在一定程度上，"断直连"解决了各平台机构自行对接个人信息数据的乱象，收归持牌征信机构统一管理，可以防止个人用户信息被过度收集、滥用和泄露，加强了个人隐私信息保护。尤其是"断直连"施行以后，商业银行为了解决信用"白户"问题，必须面对"替代数据"使用问题，包括缴税数据、工商登记信息、涉税信息、用电数据、用水数据、环保数据、用工数据、奖惩数据、司法诉讼数据等非信贷数据使用。从某种意义上说，"断直连"开启了替代数据广泛使用的新周期，个人征信信息的"替代数据"逐渐提上议事日程。

商业银行目前使用替代数据是否存在法律依据？监管机构是否可以接受这种做法？目前我国没有统一答案。所谓"替代数据"（Alternative Data）是指金融机构在金融信贷业务评分时传统上不使用的数据信息，例如，借款人的租金支付数据也可能是教育机构和学位等非财务性数据，从而分析出借款人重要的信用状况。2018 年 12 月 19 日，美国政府问责局（GAO）发布《金融科技：监管机构应该就放贷机构如何使用替代数据提供说明》（*Financial Technology：Agencies Should Provide Clarification on Lenders' Use of Alternative Data*）认为：放贷机构可以使用替代数据作为放贷的依据，但必须注意由此带来的潜在风险。为此，美国政府问责局建议美国消费者金融保护局（CFPB）、联邦银行监管机构分别与金融科技贷款机构、银行就如何正确使用替代数据进行了沟通，加快放贷的速度和准确率。虽然美国政府问责局描述的金融科技贷款机构与我国助贷机构并非完全一样，但业务模式较为相似，不失为一种可借鉴经验。

从立法上讲，《征信业务管理办法》第三条第 2 款采取了概括性规定方式，将信用信息范围规定在"依法采集，为金融等活动提供服务，用于识别判断企业和个人信用状况的基本信息、借贷信息、其他相关信息，以及基于前述信息形成的分析评价信息"。这里面的"其他相关信息"是否已经包括交通、通信、债务、支付、消费等海量的"替代数据"并没有明确规定，这就为今后使用交通、通信、债务、支付、消费等"替代数据"留有立法想象空间。同时，央行征信中心于 2020 年 1 月 17 日启动第二代征信系统切换上线工作。与第一代征信报告相比，第二代征信报告扩大了个人信用信息范围。例如，第二代征信报告在"共同借款"信息中留有水电费缴费信息格式。这意味着为今后进一步明确个人征信信息范围打下伏笔，也为征信业务管理立法增加了想象空间。

从技术上讲，商业银行要做好自主风险控制，就必须掌握客户申请数据、身份数据、场景数据和行为数据。"断直连"以后，银行必须自行解决个人数据收集和使用。2021 年 1 月，《征信业务管理办法》（征求意见稿）第三条曾经明确了个人征信信息的范围，"本办法所称信用信息，是指为金融经济活动提供服务，用于判断个人和企业信用状况的各类信息。包括但不限于：个人和企业的身份、地址、交通、通信、债务、财产、支付、消费、生产经营、履行法定义务等信息，以及基于前述信息对个人和企业信用状况形成的分析、评价类信息",但在后续征求意见过程中,一部分机构和人士提出了异议,认为个人征信信息范围过于明确,反而不利于征信信息的扩展。于是,2021年11月正式颁布的《征信业务管理办法》取消了对替代数据范围的规定。

从市场上讲,"替代数据"早就在很多环节中发挥积极作用。随着金融科技的快速发展,诸如个人电信、水电煤、交通、保险保费等非信贷交易数据用于预测或计量一个人信用程度的认可度越来越高。特别是今天,个人电信、水电煤、交通、保险保费等非信贷交易数据用于预测或计量一个人信用程度的市场认可度越来越高,小微企业名下的非信贷交易数据以替代数据形式提供给金融机构,具有可操作性,至少目前没有更好的办法。如果完全排除非信贷交易数据在征信业务上使用,是与互联网大数据时代格格不入的,也是不现实的。

特别是新冠肺炎疫情暴发以来,越来越多的商业银行、保险公司、消费金融公司、融资租赁公司、小额贷款公司、融资担保公司,通过对个人信贷信息以外的信用数据进行收集、分析、整理,加工成不同场景下的评分类、画像类等细分替代数据,在零售信贷、消费金融、小微企业贷、"三农"金融、信用卡审批等业务上大量使用,帮助商业银行触达客户、识别客户、判断客户、放款客户,保障金融机构在疫情期间信贷业务依然顺畅、高效开展。

当然,我们提倡助贷机构向银行提供客户征信信息,并不排斥个人征信机构在信贷合作过程中将客户信息直接提供给地方商业银行。一个比较合理的"自主选择方案"是,最后由银行根据自身业务需要,根据信息数量和质量要求,在比较分析后自主选择,并承担相关责任,形成双方选择模式,传达出既增加资金方自主选择权,也不违反现行监管规定的理念,体现"包容性监管为主,审慎性监管为辅"原则。

更重要的是,"自主选择方案"可以避免"断直连"带来的助贷行业萎缩态势,让助贷机构重新获得服务社会的机会,减轻银行风险溢出效应,拓展数字化平台的市场深度，丰富我国小额信贷体系，让更多的长尾客户获得小额信贷，让更多的低收入人群得到普惠金融支持，为普惠金融创新添加活力，让普惠金融市场沐浴到更温暖、更持久的阳光。

为此，尽快编制《征信业务管理办法实施细则》，对银行使用替代数据范围、数据种类、使用频率、使用期限、失效条件用法律形式固定下来，涉及个人财产、债务情况、支付、消费领域信息，包括但不限于个人身份、交通、通信、债务、财产、支付、消费、生产经营、履行法定义务等信息，以及基于前述信息对个人信用状况形成的分析、评价类信息，适当扩大个人数字信息适用范围，提高征信覆盖率，构建我国多种类、全覆盖、宽领域的个人征信信息体系，利用替代数据为金融机构提供信用管理服务，作为后续风险控制审核的依据，提高征信机构覆盖率，可以最大限度地降低银行与助贷机构合作中可能产生的风险。

（二）助贷合作成为比较优势下互利共赢的一种全球趋势

互联网数字金融时代，金融分工是一种必然趋势，而不应该越来越独立与割裂。在金融科技环节中，机构融合、产品融合、监管融合不仅是助贷机构和金融机构项下一种产品选择，也是市场基于各自业务活动比较优势的一种商业选择。

以海外场景合作为例，金融机构与各个场景方助贷合作越来越深入，诸如沃尔玛与 Capital One 合作，苹果公司与高盛合作，Google Store、亚马逊、PayPal 与 Synchrony 合作提供场景零售卡的营销导流服务等演绎出波澜壮阔的市场前景。在美国，2020 年美国私标信用卡就是银行机构与场景方合作发行的场景信用卡，可以在合作场景方平台消费，亚马逊、山姆会员店、劳氏等头部线上/线下消费平台的渗透率已达 55%。又如，以 Synchrony 为代表的金融机构与场景方深度合作，不仅在产品营销、运营、风险控制等环节深度绑定，双方还基于项目整体运营情况，按照一定比例进行利润分成。

显然，商业银行与平台机构之间的合作是一种基于比较优势的互利共赢的选择结果。商业银行优势在于雄厚资金流、规模效应和专业服务体验；数字平台（助贷机构）在移动互联、大数据、人工智能支持下，具备客户运营、风险控制识别和服务下沉等优势。双方各自发挥比较优势，在满足消费者贷款需求的同时可降低服务成本，缓解信息不对称、定价不准确、风险控制不健全问题。以国外为例，获客环节的 Credit Karma，综合信贷系统解决方案的 Upstart、nCino，贷后催收的 ENcollect、Simplicity Collect，以及反欺诈环节的 FICO、Zest Finance 都与商业银行建立起互利共赢的合作模式。

（三）为功能监管开启试验基础

"功能监管"（Functional Approach）是由哈佛大学商学院罗伯特·默顿（Robert Merton）在 1993 年最先提出的，一般指实施跨产品、跨机构、跨市场协调的监管方式。在功能监管框架下，金融监管部门不再直接针对金融机构监管，而是对不同类型金融机构进行标准统一的监管，更能适应多元化、复杂化金融业态下金融机构与参与机构之间、金融机构与监管部门之间的协调和管理。1999 年，美国《金融服务现代化法案》强化了"功能监管"概念，在法律上替代了以前的"机构监管"。在功能监管框架下，金融监管部门以金融产品所实现的基本功能为依据确定相应的监管机构、监管规则和监管方法，不再直接监管金融机构。

诺贝尔经济学奖获得者兹维·博迪（Zvi Bodie）曾经指出，对金融体系而言，功能发挥比金融机构更重要。在金融发展中，有着众多因素引致金融功能发挥的条件、方式、渠道、载体和机制发生变化，客观上要求各类金融机构（包括金融监管机构）进行调整。因此，不应墨守成规地固守金融机构原有格局，应该与时俱进对金融机构监管进行改革完善。

20 世纪 80 年代以后，不论是美国还是英国，都开始把投资公司、投资顾问公司等列入金融机构范畴，把不同金融机构的金融产品的基本功能作为唯一确定的监管目标，对跨界、跨领域、跨机构的金融产品进行了有效监管，逐渐建立了以功能监管为主的金融监管框架。但是，我国依然是以机构监管为主，局限在金融监管部门审批设立的监管范畴内。例如，从事几乎相同业务的经营性机构有的属于金融机构、有的不属于金融机构，诸如中资融资租赁公司、外资融资租赁公司不属于金融机构，但金融租赁公司属于金融机构，如果按照机构监管原则，对于不属于金融机构的融资租赁公司就无法得到有效金融监管。又如，非金融机构从事金融活动不在金融监管范畴内，诸如由互联网上的商家推出的各种形式的"互联网金融"。显而易见，在混合经营以后，跨行业的金融衍生品种越来越多，支付清算、价格发现、信息搜寻和风险评估发生了较大变化，仅局限在机构监管是不够的，无法做到对整个金融市场风险覆盖。唯一的出路就是改变监管方式，将金融监管视野覆盖到非银金融机构、类金融机构以及数字平台，扩大风险防控区域，强调混合经营下跨地区、跨行业、跨机构的功能监管。

以助贷业务为例。按照功能性监管理论，金融监管部门不仅可以对银行业金融机构实行统一监管，还可以对任何跨行业、跨市场、跨地域的数字平台进行监管，有效解决混业经营条件下金融创新产品的监管归属问题，避免"监管真空"或"多头监管"问题出现，更适应我国目前混业经营条件下跨专业、跨行业和跨领域的监管要求。这无疑是有利于普惠金融市场的安全运行的，更有效防控金融风险，成为未来对助贷行业创新业务的一项替代监管原则。

金融市场实践证明，功能监管优势在于监管的协调性高，可以避免遗漏或重复监管现象的出现。管理层不必再通过限制金融创新产品来维护金融业的安全，关注不同类型金融机构开展相同或类似业务进行标准统一的监管，可将精力放在如何完善功能监管体制上，采取更为包容的监管方式，远离"长臂监管"，更好把握各种金融创新产品监管尺度，给予商业银行与助贷机构一定的创新空间，为普惠金融创新产品的发展开辟一个宽松环境，化解银行与助贷机构在客户信息、资金资源、合作方式、跨区域经营等合作过程中的矛盾，适应复杂金融业态下金融机构之间、金融机构与监管部门之间、金融机构与个人之间的协调和管理。

五、明确权责边界和披露规则

助贷业务的复杂性在于参与主体多、流程长，参与方的权责边界不清、风险责任不明。例如，虽然我国监管明确规定风险控制等核心业务不得外包，但在实践中助贷机构推送给银行的授信建议、模型以及方法大多被采纳，金融机构只是做了一道形式上的"风险控制"。如果客户爆发风险事件，双方的责任划分往往难以厘清，这给风险处置责任界定、消费者维权等带来不少困难。

因此，有必要在信息披露方面做得更透彻、更清晰，充分披露助贷参与各方业务信息及合作各方的责任边界，揭示合作业务风险，便于金融监管部门监测、预警及防范风险，为监管部门在处置风险时提供清晰的政策依据。对助贷机构而言，通过明晰合作双方的责任、义务来明确合作业务的责任主体、风险承担主体和投诉应诉主体等。对借款人来说，信息披露也是一项十分重要的知情权表现，将弥补信息不对称，减少风险的不充分识别，降低投资风险。显然，北京市银监局提供了一个很好的范例，值得全国各地银监局系统认真学习。

第五节　我国助贷监管策略重塑

一、我国助贷监管原则反思

（一）对"机构监管"反思

"机构监管"（Institutional Approach）是分业经营市场中较为常见的监管

方法，按照金融机构法律实体的注册性质（如银行、证券、保险等）将其划分给不同的监管机构管理。简言之，监管机构对多类监管机构进行整合，形成一元监管体系，从生到死的全程监管，既负责金融体系的宏微观监管，也负责所有各类金融机构的日常监管。在分业经营模式下，机构监管可以起到较好的监管效果。但是，随着混业经营不断发展，出现了大量跨业、跨市场的交叉金融业务，面对数字金融领域的风险交叉传染现象，机构监管显得有些力不从心。在 2008 年国际金融危机之后，欧美国家纷纷对本国金融监管体系进行改革，机构监管也逐渐被功能监管和行为监管所替代。

今天，金融业务具有跨界融合性、跨地域性质。如果固守机构监管模式，以"不变应万变"方式对待千变万化的数字化金融市场，难以准确辨识跨界金融业务，无法对交叉重叠金融产品有效监管，导致监管"真空"地带越来越多，金融风险大幅增加。例如，银行、证券、保险、信托和基金管理公司都在发行各自的资管产品，其特点都是集合投资，法律关系是信托，产品属性是证券，加之发行机构不同、责任归属不同、金融产品归属不同，监管机构无法对资管产品实行统一监管，监管套利在市场上愈演愈烈，无法消除。

随着我国金融市场不断发展，机构监管难以对跨界、跨行业和跨机构风险进行有效监控，越来越不能适应数字金融发展需要，急需建立"包容性监管为主＋审慎性监管为辅"的监管框架。建议在守住不发生系统性风险底线的同时，探索出一套既具有弹性又有规范的包容性监管，给予数字平台一定的创新空间，而不是一味管控和限制，重新平衡金融创新与市场稳定的关系。

（二）对"穿透式"监管剖析

所谓"穿透式"监管（Look‑through Approach），简单说就是统一采用"一套标准"监管市场，运用无差别尺度管理市场行为。在 2008 年国际金融危机之后，各国监管机构就建立"穿透式"监管机制的必要性形成广泛共识，即对市场参与主体的无差别排查，对金融交易活动信息的被动报送实现

"穿透式"监管,对市场交易活动进行无差异监控。

20世纪90年代末,我国开始学习西方国家资本市场先进的监管理念,其中就包括在股票市场采取"穿透式"监管。经过二十多年的发展,从2015年开始,"穿透式"监管逐渐成为监管热词。中国银保监会在一些规范性文件中反复提及"穿透"一词,并将"穿透式"监管方式运用到互联网领域。①

"穿透式"监管最大的特点就是对金融领域混业经营进行"一站式"管控,可以提高金融市场透明度,快速整肃市场乱象,限制了监管套利。但是,数字金融市场不能完全等同于证券市场,尤其在市场结构、文化背景、人员构成与证券市场有很大差别,盲目照搬"穿透式"监管并不利于互联网金融市场和数字平台成长,更何况"穿透式"监管也存在一定局限性。

一是监管成本较高。虽然建立了交易报告库,但是对于分散的交易报告库,监管部门仍然无法掌握投资者的最终信息,同时,每日报送交易信息也增加了金融机构、监管部门或行业协会的经营成本、时间成本和人力成本。

二是信息覆盖面较窄。采用的全球法人识别码(LEI)并未实现所有投资机构全覆盖,无法实现全面"穿透式"监管,造成监管遗漏、监管重复,最后导致"穿透式"监管形同虚设,不利于整个金融市场的健康发展。

三是真实性有待提高。鉴于利益驱动原因,依靠银行业金融机构自行报送信息再给自己开展业务使用,等于是既当运动员又当裁判员,存在道德风险,可能成为虚假客户信息来源,影响助贷业务的真实性、有效性和公平性。

四是加剧监管冲突局面。如果地方机构过度使用"穿透式"监管,凭借自己的扩张解释,有可能使监管政策和法规被边缘化,造成各个监管新规之

---

① 2015年10月29日,中国证监会在对定增进行窗口指导意见时,列出的穿透式监管条款至少包含以下含义:(1)穿透披露至最终投资者,并要求合计不得超过200人;(2)董事会阶段确定投资者不能变为变相公开发行;(3)发行后在锁定期内,委托人或合伙人不得转让其持有的产品份额或退出合伙及发行对象,包括最终持有人,在预案披露后,不得变更。这就是我国证券市场穿透式监管,在后续监管法规中,穿透式监管成为经常出现的条款,对稳定当时混乱的证券市场起到了一定的作用。

间"公说公有理，婆说婆有理"的无序局面，加剧地方监管各自为政的割据状态，对原有的法律监管体系造成不必要的冲击，容易引发一系列监管不协调问题。滥用"穿透式"监管完全有可能"僭越既有法律的框架、原则和方向"，引发"概念滥用、过度解释"等新问题。

五是如果"穿透式"监管不断盲目加剧，有可能引发金融监管体系的混乱。2017 年以后，规范市场成了我国金融市场发展的指导性主张，"穿透式"监管必然会成为金融监管部门采用的首选办法。这主要是因为"穿透式"监管能够带来行政管理权限的扩张性解释，并以此制定出各种强监管性的规则、通知、办法和司法解释，进而在短时间内达到整肃市场目的。于是，越来越多的临时性行政法规、暂行性行政措施、阶段性指导意见纷纷出台，在打击多层嵌套、杠杆不清、监管套利行为的同时，"穿透式"监管已经渗透到所有金融领域，不再是为了解决管辖权分割、金融产品瑕疵追责问题，更多的是涉及诸如会计核算、票据交易、权益持有、资质认定、信息披露等经营领域，还涉及股东、关联者、一致行动人等的市场准入领域。显然，以严厉见长的"穿透式"监管正嬗变为行政管理的一把利剑，深深戳进普惠金融市场每一个角落。

但是，数字技术不仅改变机构运作模式、个人融资方式，金融市场风险特征也随之改变。为此，监管方式应该积极应变，与时俱进，形成一个针对金融机构、数字平台、投资者等多方交集的包容性监管架构，覆盖所有金融机构。相反，如果继续采取"一刀切"的监管方式，过度关注法律硬约束，片面强调制度管制，淡化市场合理竞争，将造成金融市场监管失衡，容易"误伤"包括助贷在内的智能投顾、网络小贷、人工智能以及开放银行等新型细分业务，不利于以混业经营为特征的普惠金融事业发展。因此，建议采用较为温和的监管策略，改进"长臂监管"，给予商业银行与助贷机构一定的创新空间，超越流程复杂的机构监管，用更宽容的监管理念化解在客户信息、资金资源、合作方式、跨区域经营过程中的矛盾，防止助贷业务"胎死腹中"，实现创新激励和风险防范的协同发展。

二、我国助贷监管原则重塑建议

（一）有限监管原则

如前所述，传统的机构监管对复合型金融产品、跨界式金融服务难以管控的弊端已无法完全解决，可能引发的系统性风险缺乏针对性防控手段。所以，究竟使用何种方式对助贷业务进行监管是需要重新思考的。

今天，我们不能回到过去依靠国家行政力量全面介入经济生活的管理模式，更不能以牺牲数字平台活力换取暂时的市场"平静"。对于数字平台创新业务的监管，要从有利于数字金融推广角度，采取一种在可持续原则下有限监管方式，把握好"最小、必须"干预标准，不宜过度介入金融市场和机构日常运营活动，重视有限但有用的监管作用；不宜给普惠金融市场带来过大成本，凸显整顿为特征的监管功能，避免对市场过度受限，实现从机构性监管向功能性监管的转移，特别是针对助贷、联合贷等交叉型新业态，有限且适度监管更加符合数字金融业务特点，应该体现出更大的政策包容性，为创新活动提供更宽的生存空间。无论何种形式的合作放贷模式，只要不违反现行监管规定，就应该认定为合法业务；无论何种方式的创新业务，只要不违背市场发展规律，就应该视为合情合理；无论何种类别的互金平台，只要有助于百姓幸福生活，就应该受到尊重和鼓励。

（二）适度监管原则

适度监管原则不是要不要监管，而是以最合适的方式、尺度和时段进行监管。简单说，就是让市场主体"法无禁止即可为"，让政府部门"法无授权不可为"，明确底线思维，形成"监管顶棚"。对于助贷业务而言，监管部门在助贷机构市场准入、业务范围核准、产品研发、违规处理等环节上采用更开放的姿态管理，给予助贷参与主体一定的创新空间，丰富金融产品，体现助贷业务自治优先、生存优先的监管思路。

当然，适度监管的边界并不容易把握，需要引入一种能够量化的利益衡量指标。这种指标必须体现出金融环境的差异性，对包括助贷在内的数字平台创新活动、准入条件、业务规范、资源配置、产品研发、销售渠道、人员资质以及风险处置手段采取差异化管理，秉持"法无禁止即可为"理念，有利于百姓即可行，避免对数字平台进行过度监管。[①]

只要监管没有明令禁止，银行还可以做助贷业务，助贷机构可以联合银行开展放款业务。当然，尽量要做那些有场景、有产业链的助贷，回避那些纯资金需求的助贷。根据不同的违法行为采取不同的监管措施，实施防御性监管策略，实现公平与效率的有机统一，杜绝使用"无差别"尺度去评判时刻变化的市场行为，在普惠金融创新业务与市场风险管控之间寻求平衡。

（三）参与主体平等原则

参与主体法律地位平等原则强调参加助贷业务所有主体，无论自然人或企业法人，不论所有制性质，也无关经济实力强弱，在法律上一律地位平等，任何主体之间都遵循同一种法律规则，任何一方不得把自己的意志强加给对方，法律给予双方提供平等的保护。

在助贷业务中，不仅有国有大中型银行，而且还有传统小贷公司、消费金融公司、网络小贷公司、金融科技企业，参与主体必须在法律地位上平等，才能顺畅开展助贷业务，否则，双方法律地位不平等，容易产生强势一方将自己意志强加给弱势一方的现象，不仅与《民法典》第四条规定的民事主体在民事活动中的法律地位一律平等相违背，而且与《电子商务法》第四条确

---

① "法无禁止即可为"出自"法无禁止即自由，法无授权不可为"的法律谚语，源于 17 世纪、18 世纪卢梭《社会契约论》、孟德斯鸠《论法的精神》的相关表述与延伸，现在已成为全球法治国家通行的法律原则。

立的"线上线下平等对待"原则也大相径庭，不利于弘扬公平、公正的市场精神，更不利于避免监管套利的发生。

三、我国助贷监管的统筹与协调

（一）制定统一的监管政策标准

历史经验显示，不同的行政机构大多从自身角度对市场进行干预，在短期内各自出台一系列监管措施，形成对叠加性的同步振荡，表面上是在管理金融市场，其实并不利于金融市场发展。因为行政对金融机构、数字平台过度干预，往往造成信贷配置失衡、市场供应受损、企业效益下降。

如前所述，银保监局负责商业银行助贷信贷业务指导与监督，金融办（地方金融监督管理局）则负责助贷机构助贷业务与风险监管，而互联网协会、小贷行业协会又对助贷机构进行合规审查和日常管理。由于这些机构立足点不同、监管角度不同，导致监管政策很难协调一致，形成"铁路警察，各管一段"的格局，暴露出很多监管盲区，留下不少风险隐患，影响了监管整体效能发挥。因此，必须加强监管协调，金融监管部门、金融行业协会、互联网协会、司法部门在制定各自的监管政策时，应实行统一监管标准，加强政策协调，避免政策不一致造成监管效率低下和监管套利，特别是避免政出多门甚至政策冲突的现象。

（二）预留金融科技数据监管的治理空间

助贷业务作为金融与科技融合的典型代表，科技与金融的结合可以改善助贷监管质效，充分发挥金融科技赋能作用，强调科技赋能金融数据治理，探索人工智能、物联网、隐私计算等技术在助贷领域的数据治理、数据共享，促进数据安全与数据价值增值之间的平衡，有效防御金融风险传播，为我国助贷科技监管预留出充足的数据治理空间。

（三）加强央地监管机构的统筹和协调

中央监管部门必须明确对助贷业务的监管态度，确立中央监管和地方监管的责任边界，形成监管共识和合力，实现刚性底线和柔性边界的协调。一方面，金融监管机构、行业主管、金融协会、司法机关在制定各自监管政策时，必须实现中央层面的监管政策和责任权限的统一，避免政策不一致造成监管效率低下和监管套利，强化助贷监管政策协调性，特别是要避免"政出多门"甚至政策冲突的现象；另一方面，从中央监管机构到各地银保监局，从各地金融办到各地互金行业协会应充分沟通协调，防止不当行政干预导致相互抵触。对于争议性较大的问题，加强监管协调性，利用监管科技减少人为监管错配可能，减少监管差异和监管竞争导致的制度性套利风险，防范解决助贷行业发展的问题和潜在风险问题。

第四章
ESG的普惠价值与社会责任

　　社会责任投资（ESG）是环境（Environment）、社会（Social）和治理（Governance）的缩写。ESG是一种投资理念，也是衡量企业可持续经营能力的一种指标。环境（E）代表了对周围生存环境的保护。现代社会高速发展，对环境造成了严重破坏，世界各国政府空前重视，环境治理的紧迫性成为目前影响人类命运最需要重视的部分，也是ESG三项中最重要的关注项。社会（S）代表对人类整体命运可持续发展的思考，包括社会责任、员工责任、供应链责任、产品责任等。治理（G）则是重要的实现手段，投资者主要通过公司治理方式（G）考察公司社会责任履行的结果。显然，社会责任投资（ESG）理念聚焦于企业环保责任（E）、企业社会责任（S）和企业自身治理（G）三个维度，融合了企业自身发展与其公共责任履行的综合情况，在追求财务回报的同时，重点考虑社会的可持续发展和企业的社会责任。

　　虽然社会责任投资作为一种投资理念正式进入我国只有4年左右的时间，但从2021年开始，在"碳中和"及"共同富裕"的背景下，不论是在政策层面，还是在资本市场投资实践层面，都能感受到一种前所未有的热度，尤其在疫情影响和"双碳"目标带动下，监管政策紧缩以及市场信息流通速度加快，推动ESG理念与企业经营深度融合迫在眉睫，社会责任投资越来越引起国人的高度重视，引导资本在投资时不能一味地考虑经济利益，还要秉持可持续性发展理念，特别是在全球气候变暖背景下，环境恶化成为事关人类前途命运的一个重大挑战，需要世界各国携起手来共同应对，社会责任投资逐渐成为全球经济重整过程中的一个关键表征。

　　当前，绿色发展是我国经济转型方向，ESG契合绿色、高品质可持续发展的目标，兼顾经济效益与社会效益，有望迎来历史机遇期。与此同时，全球相继出台CSR立法、监管法规、ESG披露指南也加速了ESG发展进程，创造商业价值，保证回报的长期和稳定效益。可以预计，ESG投资和ESG实践顺应国内经济社会发展大趋势，有望迎来历史发展机遇期。

第一节　ESG 环保治理与绿色开发

一、国外 ESG 的兴起

早期社会责任投资雏形可以追溯到 20 世纪 20 年代，早期资本主义工业化催生了宗教教会的"伦理投资"，在宗教、文化因素影响下，教会将酒精、烟草和博彩生意排除在投资名单之外，选择性投资来规避某些"有罪"行业，自发形成对环境、社会和治理问题有正面影响的行业进行重点投资。40年代中期，进一步演化为"社会责任投资"，反战、反种族隔离等观念被引入其中。[①]

伴随西方工业化发展加快，人类在享受现代化生产方式和科技进步带来红利的同时，能源短缺、生态恶化、社会问题突出等多重压力日益增加。因此，此前以"负面清单"为主的发展方式已经凸显不足，市场需要一套更加完善的理论体系，以支持不同行业、不同类型的市场主体参与其中。联合国开始推进全球顶尖金融机构开启 ESG 的落地。1971 年，全球首只责任投资基金——美国的柏斯全球基金诞生以来，全球资本市场对可持续性投资的关注度持续升温。20 世纪 80 年代以后，发达国家普遍兴起绿色消费和环境保护倡议，在全球各国得到积极响应。

20 世纪 90 年代，世界各国更加重视全球气候变化和温室气体含量变化所产生的影响。1992 年，联合国通过了《联合国气候变化框架公约》，针对部分国家规定了温室气体的减排责任。1997 年，全球 150 多个国家和地区共同签署了《京都议定书》（2005 年生效），旨在逐渐完成各国对温室气体的

---

① 洪偌馨，伊蕾. ESG 全球风暴：等风者、追风者与逆风者［N］. 新浪金融研究院网站，2022 - 06 - 09.

减排计划，成为控制二氧化碳等温室气体排放的重要协议。

21世纪以来，世界各国政府一致促进ESG政策发展，大多数依靠政府引导、市场推动。新加坡、日本以政府行政法规、出台标准指引、发布指导意见等形式，率先倡导上市公司ESG披露，并由资本市场进行强化和推广上市公司社会责任。欧洲多个国家通过法律条文形式，由"鼓励自愿披露"向"不遵守即解释"过渡，倡导投资者和投资机构与企业交流，要求上市公司提升董事多样性、独立性，同时披露利益相关方参与的情况。披露要求逐年从自愿披露向强制性披露方向发展。与此同时，也有国家依靠市场化力量助推ESG发展。美国就是依靠证券交易所发布指引，推进本国的ESG产业发展，淡化政府色彩，更多的是依靠市场化开展上市公司信息披露。

2003年，芝加哥气候交易所（Chicago Climate Exchange，CCX）正式成立，对温室气体中最主要的六种进行交易，并从碳交易中获得了巨大的经济利益和环境效益。

真正对ESG理念产生决定性影响的事件，是2004年联合国全球契约组织（UN Global Compact）首次提出的ESG概念，并于2006年发布"负责任投资原则"（Principles for Responsible Investment，PRI），对投资者以及被投资企业的ESG信息披露、将ESG议题纳入投资分析和决策过程作出了明确要求。截至2021年12月最新数据，全球负责任投资原则（PRI）的签署机构数量已经超过4900家，足见其在全球范围内持续增长的影响力。

2004年，时任联合国秘书长的科菲·安南（Kofi Atta Annan，1938—2018）向全球50家主要金融机构的CEO发出邀请，探讨如何将环境（E）、社会（S）及公司治理（G）等相关问题纳入资产管理、证券经纪服务等相关研究，与资本市场产生更深度的连接。不过，当时这个概念并没有引起所有机构的重视，只有来自9个国家的20多家金融机构参与其中。但是，他们编撰的报告 *Who Cares Wins* 依然有着划时代的意义，正式提出ESG的概念，倡议企业不再只注重单一的盈利指标，而是从环境、社会影响和公司治理多方面，追求长期可持续发展。联合国全球契约组织发布的 *Who Cares Wins* 明确了 ESG 发展的价值，厘清了企业、投资者、咨询公司、NGO 组织、监管部门等不同角色的职责，成为世界各国在 ESG 上协同合作的基础。

　　对比各国 ESG 体系发展情况发现，由于经济发展水平和政府目标不同，全球主要成熟市场 ESG 的发展路径虽有差异，但在 ESG 信息披露和资金引导方面都给予相同的重视。美国、欧盟市场均发布了完整的 ESG 信息披露体系及指南，引导上市公司编制 ESG 报告，大多数市场对于投资原则进行立法，规范受托管理人在决策中纳入 ESG 投资原则,[①] 如表 4 - 1 所示。ESG 重点关注指标如图 4 - 1 所示。

表 4 - 1　世界各国 ESG 投资政策

文件名称	国家	颁布日期	主要内容
《证据法 S－K 条例》	美国	1977 年	上市公司对可能造成环境负面影响和金融风险的经营活动进行披露
《职业养老金投资披露机会条例》	英国	2005 年	将社会、道德、环境纳入养老金投资考量指标
《气候风险披露指引》	美国	2010 年	上市公司必须披露可能影响环境的所有活动和投资项目
《投资机构信托责任》	英国	2014 年	受托人必须考量 ESG 因素，不得对环境有破坏的项目投资
《ESG 报告指南》	美国	2017 年	将强制劳动、纳税、数据安全等社会性议题纳入 ESG 范畴
《公司治理准则》	英国	2018 年	公司需要向公众披露其如何实现长期可持续发展计划，其中包含对环境保护项目
《投资中介机构信托责任》	英国	2019 年	将气候因素和 ESG 因素纳入投资机构考虑范围
《ESG 信息披露简化法案》	美国	2019 年	上市公司必须披露 ESG 评分与公司业务相关性

---

　　① 刘婧. 浅析 ESG 投资理念及评价体系的发展［J］. 财经界，2020（30）.

2005 年 1 月，欧洲联盟排放交易体系正式启动，共拥有来自 28 个国家的近 12000 个温室气体排放机构（企业）参与，这也是全球较早开展碳排放权的交易市场，目前已成为世界规模最大、交易主体范围最广的碳交易市场。

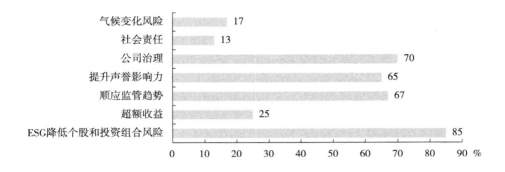

图 4-1　ESG 重点关注指标示意图

（资料来源：中国证券投资基金业协会）

2015 年 12 月 12 日，近 200 个《联合国气候变化框架公约》缔约方在巴黎气候变化大会上达成《巴黎协定》。这是继《京都议定书》后第二份有法律约束力的气候协议，为 2020 年以后全球应对气候变化行动作出了指导性安排。

2016 年 4 月 22 日，《巴黎协定》高级别签署仪式在纽约联合国总部举行。联合国秘书长潘基文（Ban Ki-moon，1944 年 6 月 13 日至今）宣布，在《巴黎协定》开放签署首日，共有 175 个国家签署了这一协定。与会国家一致承诺将全球气温升高幅度控制在 2℃ 的范围内。国务院副总理张高丽作为习近平主席特使出席签署仪式，代表中国签署《巴黎协定》。《巴黎协定》已于 2016 年 11 月 4 日正式生效。

《巴黎协定》是继 1992 年《联合国气候变化框架公约》、1997 年《京都议定书》之后，人类历史上应对气候变化第三个里程碑式的国际法律文本，形成 2020 年后的全球气候治理格局，充分体现了联合国框架下各方的共同诉求。美国在 2020 年 11 月曾经短暂退出，但在 2021 年 2 月又重新加入《巴黎协定》。①

《巴黎协定》共 29 条，其中包括目标、减缓、适应、损失损害、资金、技术、能力建设、透明度、全球盘点等内容。《巴黎协定》的最大贡献在于明确了全球共同追求的"硬指标"。从环境保护与治理来看，协定规定各方将加强对气候变化威胁的全球应对，把全球平均气温较工业化前水平升高控制在 2℃ 之内，并为把升温控制在 1.5℃ 之内努力。

从全人类发展角度看，《巴黎协定》将世界所有国家都纳入了保护地球生态，确保人类发展命运共同体。欧美等发达国家继续率先减排并开展绝对量化减排，为发展中国家提供资金支持。中印等发展中国家应该根据自身情况提高减排目标，逐步实现绝对减排或者限排目标。最不发达国家和小岛屿发展中国家可编制和通报反映它们关于温室气体排放发展的战略、计划和行动。

《巴黎协定》各项内容摒弃了"零和博弈"的狭隘思维，体现出与会各方多一点共享、多一点担当，实现互惠共赢的强烈愿望，鼓励全球尽快实现温室气体排放达到峰值，21 世纪下半叶实现温室气体净零排放，才能降低气候变化给地球带来的生态风险以及给人类带来的生存危机。

随着各国政府加入《巴黎协定》和签署联合国可持续发展目标，国际市场出现大量的 ESG 原则指引。例如，美国纳斯达克交易所和伦敦证券交易所均出台了《ESG 报告指南》，联合国也提出了可持续证券交易所倡议，引导上市公司完善 ESG 信息披露。在国际上，参与社会责任投资（ESG）的机构逐渐确定了自己的社会责任投资目标，甚至如果没有"社会责任投资"的"宣誓"，就感觉好像是被边缘化。② 所以，社会责任投资（ESG）

---

① 2019 年 11 月 2 日，美国特朗普政府正式通知联合国，美国一年后将正式退出《巴黎协定》。2020 年 11 月 4 日，美国正式退出了《巴黎协定》。2020 年 11 月 30 日，美国拜登和哈里斯已经与国家安全和气候政策官员进行远程会谈。双方商讨了拜登对于国际气候的承诺，其中包括在上任第一天就重返《巴黎协定》。2021 年 1 月 20 日，美国总统拜登签署行政令，美国将重新加入《巴黎协定》。同年 2 月 19 日，拜登总统办公室正式宣布，美国重新加入《巴黎协定》。

② 社会责任投资的实践与前景［N］. 中国普惠金融研究院网站，2021 - 11 - 12.

的发展已经成为当今世界负责任企业所倡导的流行趋势。截至 2022 年初，已经有超过 3000 家机构加入了联合国负责任投资原则组织（UNPRI），签署机构所管理资产规模（AUM）达 103.4 万亿美元。① 从各地区可持续投资发展情况来看，欧洲和美国签署 UNPRI 的机构数占据领先地位，是责任投资的主要践行者。加拿大、日本、大洋洲地区在社会责任投资市场上也展现出强劲的发展态势。

负责任投资原则组织由联合国前秘书长科菲·安南 2006 年牵头发起，是一个由全球资产拥有者、资产管理者以及相关服务商组成的、致力于在全球发展可持续金融体系，旨在帮助投资者认识环境（Environment）、社会（Society）和治理（Governance）（ESG）因素对投资价值的影响，鼓励各方采纳并合作贯彻"六项原则"，完善公司治理、诚信和问责机制，并通过扫除市场运作、结构和监管面临的障碍，支持签署方将 ESG 问题纳入投资和所有权决策中，推动全球可持续发展进程的国际组织。②

目前，在全球范围内加入联合国负责任投资原则组织机构达 4506 家，其中包括 3363 家投资机构，659 家资产所有者，以及 484 家服务商。在"双碳"目标下，我国金融机构对于 ESG 的重视程度与日俱增，加入联合国负责任投资原则组织的名单中越来越多。全球有 50 多个国家 1700 多家机构（包括资产所有者、投资者和中介服务机构）签署了联合国负责任投资原则组织合作伙伴关系，管理着超过 60 万亿美元的资产。③ 截至 2022 年 3 月 30 日，我国累计有 88 家机构加入联合国负责任投资原则组织，其中 65 家以资产管理者身份加入，4 家为资产所有者身份，另有 19 家的角色则为服务商。

---

① ESG 新时代下的中国市场 [N]. 新浪财经, 2022 - 04 - 02.
② 联合国负责任投资原则组织（UNPRI）"六项原则"：原则一：将 ESG 议题纳入投资分析和决策过程；原则二：成为主动的所有者并将 ESG 议题纳入所有权政策和实践中；原则三：寻求被投实体对 ESG 议题的适当披露；原则四：促进投资行业对原则的接受和实施；原则五：共同努力，提高原则实施的有效性；原则六：对实施原则的活动和进展情况进行报告。
③ 中国基金业协会. ESG 国外发展现状 [N]. 碳交易网, 2020 - 04 - 06.

根据全球可持续投资联盟（GSIA）调查显示：2020 年全球 ESG 资产管理规模达到 35 万亿～40 万亿美元，占全球整个资产管理规模的 30% 左右。预计到 2025 年，全球 ESG 资产规模将达到 50 万亿美元，在过去的三年里，全球 ESG 基金的管理规模连续三年取得了超过 60% 的复合增长。[①] 在 2021 年 11 月举行的第 26 届联合国气候变化大会（COP26）会议上，国际财务报告准则基金会（IFRS）正式宣布国际可持续性准则理事会（International Sustainability Standards Board，ISSB）成立，气候信息披露标准委员会（Climate Disclosure Standards Board，CDSB）和价值报告基金会（Value Reporting Foundation，VRF）于 2022 年 6 月并入 IFRS。价值报告基金会是由原本的国际综合报告委员会（International Integrated Reporting Council，IIRC）与可持续发展会计准则委员会（Sustainability Accounting Standards Board，SASB）合并而来的，为将来建立统一的可持续发展相关企业披露奠定了基础。

欧盟政策性银行——欧洲投资银行（European Investment Bank，EIB）为意大利的一个公立医院 PPP 项目提供了低于市场利率的贷款，节省下来的融资成本全部用于设立"社会影响力投资基金"，为当地项目提供融资，并聘请第三方机构监测投资产生的社会效益，关注农户利益，使产业发展能够惠及广大小农户。例如，社会影响力投资基金 Yield Uganda Investment Fund 在向乌干达一家豆制品加工厂注资时，要求加工厂建立常规采购机制，让提供原材料的农户一同受益，并通过构建反映小农户福祉的指标体系，评估投资对提供原材料的农户产生的影响。[②]

显然，在联合国负责任投资原则组织推动下，社会责任投资（ESG）投资理念在全球得到了越来越多投资者的关注，金融机构对于环境保护重视程度与日俱增。2022 年 4 月，美国证券交易委员会（SEC）发布《上市公司气

---

① ESG：价值投资的"新势力"[N]. 东方财富网，2022 – 03 – 20.
② 周艾琳. 以公益手段促进普惠金融研究和能力建设[N]. 中国普惠金融研究院网站，2022 – 10 – 18.

候数据披露标准草案》，要求未来美股上市公司都需要公布碳排放水平、气候变化对商业模式和经济状况的潜在影响、管理层的治理流程与碳减排目标等信息。据彭博社报道：2022年第一季度，全球可持续基金资产以9%的增速增至2.74万亿美元，ESG全球影响力迅速扩张。①

近年来，国际指数机构纷纷上线ESG评级产品，大型基金公司纷纷布局ESG指数产品，加速ESG责任投资的进程。据晨星公司统计：2019年流入美国ESG基金的资金较2018年增长了近4倍；2021年第一季度广泛支持可持续发展的共同基金流入了456亿美元，全球对遵循环境、社会和治理原则的资金需求大大增加。借鉴全球ESG公募基金的发展速度，预计到2025年，中国社会责任投资（ESG）公募基金规模将达到7500亿元，与当前规模相比有超过2倍的增长空间，发展前景乐观。

除参与政府主导的融资工具外，社会责任投资（ESG）可以投资农村中小金融机构，直接投资乡村创业项目，触达乡村，帮助各国农村中小银行补充资本金。在美国，支持乡村发展的一个渠道是投资社区发展金融机构（Community Development Financial Institution，CDFI），专注服务被传统金融机构排斥、被认为高风险的小众人群，它们在实践中找到了管理特定客群信贷风险的办法，财务表现并不比传统金融机构差。比如，Ludin Foundation给赞比亚的一家农具租赁公司Rent-to-Own Limited提供了17.5万美元的融资。这家投资专业合作社为小农户提供犁、牛车等农具租赁服务。又如，投资农产品加工龙头。2017年，TPG旗下的影响力基金Rise Fund向印度鲜奶制品企业Dodla Diary注资5000万美元。还比如，投资农村医疗卫生。Lok Capital向印度南部一家眼科医疗服务机构Drishti-Eye Centre提供了大约81万美元的股权投资，为印度南部贫困地区提供了有效的医疗救治。②

① ESG新时代下的中国市场［N］.新浪财经，2022-04-02.
② 胡熙.社会责任投资报告系列［N］.第一财经研究院网站，2022-07-15.

>> 【案例 4 –1】

CDFI 贷款公司 CalCostal 成立于 1982 年，专注为美国加州地区拉丁裔小型草莓种植农场主提供贷款。在获客方面，主要通过农场主口口相传；另外，因为一部分农场主会将草莓卖给中间商，这些中间商也会帮 CalCostal 介绍客户。在风险管理方面，CalCostal 的做法比较"老派"，不完全倚重信用评级，而是会花时间了解种植品种、市场以及农场主个人信用情况，通过投资 CDFI 触达原本不能服务的长尾客群。

案例来源：中国普惠金融研究院网站。

显然，社会责任投资（ESG）的出发点不只是财务回报，更加关注社会长远发展目标，更愿意融入当地经济和生活中，与当地居民和谐共赢。欧盟出资成立的 Yield Uganda Investment Fund 向豆制品加工作坊 Sesaco 注资 36 万欧元，要求 Sesaco 在向小农户采购大豆等原材料时建立常规机制，目的是希望小农户能从这笔投资中获益。在支持农产品加工业发展时，让小农户加入进来，一同受益。

国外大多数社会责任投资机构（ESG）会在一定范围内报告它们在社会效益方面的表现。为了提升报告可靠性，西方国家开始引入独立第三方机构审计和验证影响力绩效（Impact Performance），这是十分必要的。例如，国际金融公司（International Finance Corporation，IFC）在 2019 年提出影响力管理原则（Operating Principles for Impact Management）通用框架的 9 项原则，其中最后一项原则建议就是投资者定期披露其影响力管理实践是否符合 IFC 原则，并交由独立第三方机构验证。

截至 2022 年 10 月，全球已有近 3500 家机构加入联合国负责任投资原则组织（UNPRI），其中包括全球知名的养老金、主权基金和保险机构等，这些机构管理的资产总规模超过 80 万亿美元。[①] 这意味着机构在投资时不仅要关

---

① 汤立斌. 伦交所集团：中国 ESG 发展已逐步与国际标准接轨 投资前景愈渐广阔 ［N］. 上海证券报，2022 – 11 – 07.

注企业的盈利状况、股价行情，更要关注该公司是否具有较高水平的社会责任及公司治理制度。

当然，西方国家对 ESG 也不是都投赞成票的，反 ESG 的情绪也开始悄然兴起。在首只"反 ESG 基金"获得成功后，Strive Asset Management 打算趁热打铁，继续推出 4 只"反 ESG 基金"。2022 年 8 月，Strive Asset Management 又向美国监管机构提交了另外 4 只股票 ETF 的文件，而在这之前推出的"反 ESG 基金"——DRLL 已经积累了近 2.5 亿美元的资产。

Strive 有一个明确的目标：积累足够的资产，在公司董事会中占据主导地位。越来越多的投资者认为，带有政治色彩的 ESG 指令和大型资产管理公司的股权会影响公司的独立决定。近年来，美国共和党政界人士一直在严厉批评 ESG 投资原则。佛罗里达州州长 Ron DeSantis 曾经通过一项决议，要求该州养老金的基金经理在不考虑 ESG 标准的情况下，优先考虑回报最高的投资方式。①

二、我国 ESG 的发展

（一）全国推广 ESG 试验

我国一直积极参与绿色金融领域的国际合作，包括 G20 可持续金融工作组、可持续金融国际平台（IPSF）、"一带一路"绿色投资原则（GIP）、可持续金融与银行网络（SFBN）、国际标准化组织（ISO）、可持续金融技术委员会（ISO/TC 322）、联合国负责任银行原则（PRB）、负责任投资原则（PRI）等。虽然总体上与美国等发达的西方国家相比，我国在碳交易项目方面起步较晚，社会责任投资（ESG）尚处于初期阶段，与发达国家目前的 ESG 投资理念仍存在较大差距，但近年来在政府和各界高度重视下，我国碳交易市场

---

① 应依汝."反 ESG 基金"首炮打响，四只新基金已经在路上［N］. 华尔街见闻，2022 - 08 - 25.

建设不断推进，ESG 投资理念在越来越多的企业中扎下根来，并借此倒逼企业履行好自身环保责任，逐渐推动绿色发展。2006 年，国务院在"十一五"规划中首次提出节能减排目标。2007 年，兴业银行与 IFC 合作推出中国第一个绿色信贷产品。2008 年，上海证券交易所发布《关于加强上市公司社会责任承担工作的通知》。2009 年，联合国气候大会前夕，我国政府正式承诺问世气体排放标准控制。2012 年，香港联合交易所出台《环境、社会和治理指引》。2012 年，中国银监会引发《绿色信贷指引》。2013 年 6 月，深圳碳交易区域性试点的设立正式拉开了我国碳交易帷幕，同年又陆续在北京、上海、广东和天津设立社会责任投资试点。2014 年，重庆和湖北启动碳交易试点市场，实现了全国 7 个试点市场全部启动，全国市场设计框架开始清晰。2015年，我国形成以《绿色信贷指引》为核心，以绿色信贷统计制度和考评机制为基石的绿色信贷政策体系。2016 年，中国人民银行、财政部等七部门发布《关于构建绿色金融体系的指导意见》，这也是我国第一个绿色金融政策框架。

2017 年 5 月，中国人民银行将 24 家全国性金融机构的绿色信贷和绿色债券业绩纳入 MPA 考核。同年 7 月，中国证监会发布《关于支持绿色债券发展的指导意见》《绿色债券评估认证行为指引》。环保部与证监会签署《关于共同开展上市公司环境信息披露工作的合作协议》。同年 11 月，中国银行业协会印发《中国银行业绿色银行评价实施方案（试行）》，要求各主要银行将《绿色信贷实施情况关键指标填报表》《绿色信贷实施情况自评价报告》等材料作为绿色银行评价工作的基础材料，提交中国银监会等政府部门作为监管参考使用，并在浙江、江西、广东、贵州、新疆五省区已经陆续设立八个绿色金融试验区。同年 12 月，国家发展改革委印发《全国碳排放权交易市场建设方案（发电行业）》的通知，最终全国碳排放权交易于 2021 年 7 月 16 日在上海环境能源交易所正式启动，这无疑是我国碳交易市场建设的重大突破。

从 2018 年我国第一批机构加入联合国责任投资原则组织（United Nations of Principles for Responsible Investment，UNPRI）开始，目前已累计有 91 家机构加入。2018 年以后，我国企业加入联合国责任投资原则组织的节奏明显加快，目前已累计有 88 家企业加入 UNPRI，其中有 65 家为资产管理者身份，4 家为资产所有者身份，另有 19 家的角色则为服务商，南方基金、易方达基金、嘉实基金加入 UNPRI 并开展 ESG 投资实践，并发行 ESG 主题基金产品。①

同时，对绿色金融、ESG 立法也加快了步伐。2018 年 1 月，中国人民银行发布《绿色贷款专项统计制度》，要求金融机构报送绿色贷款专项统计。2018 年 5 月，我国 A 股正式被纳入新兴市场指数（MSCI）和全球指数（MSCI）。② 为此，新兴市场指数公司需对所有纳入的中国上市公司进行 ESG 评级，不符合标准的公司将会被剔除。此举推动了我国各大机构与上市公司对 ESG 的研究探索，倒逼相关政策与监管文件陆续推出。2018 年 6 月，中国人民银行决定适当扩大中期借贷便利（MLF）担保品范围，主要包括绿色金融债券、AA + 级和 AA 级公司信用类债券（优先接受涉及小微企业、绿色经济的债券），以及优质的绿色贷款。

2018 年 7 月，中国人民银行发布《关于开展银行存款类金融机构绿色信贷业绩评价的通知》，要求绿色信贷业绩评价每季度开展一次，其中定量指标权重为 80%，定性指标权重为 20%。同年 9 月，中国证监会重新修改《上

---

① 负责任投资原则组织（UNPRI）由联合国前秘书长科菲·安南 2006 年在纽约证券交易所发布，是一个由全球各地资产拥有者、资产管理者以及相关服务商组成的国际投资者网络，致力于在全球发展可持续金融体系。UNPRI 旨在帮助投资者认识环境（Environment）、社会（Society）和治理（Governance）（简称 "ESG"）因素对投资价值的影响，并支持签署方将 ESG 问题纳入投资和所有权决策中，推动全球可持续发展的进程。截至 2023 年 1 月，UNPRI 在全球范围内的签署机构达 4506 家，其中包括 3363 家投资机构，659 家资产所有者，以及 484 家服务商。

② 新兴市场指数（MSCI）是 MSCI 指数系列的一种，主要面向新兴国家资本市场。MSCI 新兴市场指数涵盖了 23 个新兴市场 822 只股票，分别是 5 个美洲市场，10 个欧洲、中东和非洲市场以及 8 个亚洲市场。亚洲新兴市场在指数中占比最高，为 70.25%。行业方面，金融、信息技术、能源占比最大。公司层面，三星电子、台湾积体电路以及腾讯控股是指数内三家最大的公司，分别占比为 3.82%、2.4% 和 2.24%。

市公司治理准则》，确立了上市公司 ESG 信息披露框架。

2019 年 8 月 15 日，上海陆家嘴金融城理事会绿色金融专委会联合华宝基金共同推出国内首只基于 MSCI（明晟指数）ESG 评级的指数型基金，以绿色金融产品创新服务实体经济，为完善我国社会影响力投资指标体系下绿色金融体系奠定了基础。[①] 同年 9 月 21 日，由深圳市蜂群物联网公益基金会主办，深圳市蜂群物联网应用研究院承办的"2019 社会影响力投资项目发布会"披露，数字化科技正在成为提高影响力和评估水平的重要手段，用数字化科技手段帮助最有需要的贫困人群，快速平衡公益和市场机制在价值观方面的冲突，将成为我国社会影响力投资的重大命题。[②]

同时，"碳达峰、碳中和"被写入中央各类重要政策文件，诸如中央经济工作会议、"十四五"规划纲要、政府工作报告等均明确提及。2021 年 3 月，国务院《政府工作报告》提出，实施金融支持绿色低碳发展专项政策，设立碳减排支持工具。中国人民银行将"落实碳达峰、碳中和重大决策部署，完善绿色金融政策框架和激励机制"列为 2021 年重点工作，明确了绿色金融发展政策思路。中国人民银行在 2021 年下半年工作会议上提出了绿色金融发力点：推动碳减排支持工具落地生效；向符合条件的金融机构提供低成本资金，引导金融机构为减排重点领域提供优惠利率融资；推进碳排放信息披露和绿色金融评价；开展气候风险压力测试。同年 7 月 1 日，中国人民银行《银行业金融机构绿色金融评价方案》（本章简称《评价方案》）正式实施，包括绿色信贷、绿色债券等绿色金融业务正式纳入考核业务的覆盖范围，其评价结果将纳入央行金融机构评级等政策和审慎管理工具。《评价方案》将绿色金融绩效评价结果由纳入宏观审慎考核（MPA）拓展为"纳入央行金融机构评级等人民银行政策和审慎管理工具"，鼓励"监管机构、各类市场参与者探索拓展绿色金融评价结果的应

---

① 参见中央财经大学绿色金融国际研究院《中国资本市场 ESG 发展总结报告（2019 年）》。
② 张晓峰. 民生科技创新活动是一种链式模式技术创新［N］. 凤凰新闻，2019－09－23.

用场景"，也成为 ESG 企业考核的重要内容。

国内有关政府部门也相继出台政策，ESG 信息披露机制建设稳步推进。生态环境部在 2021 年 5 月印发了《环境信息依法披露制度改革方案》等。中国证监会在 2021 年 6 月印发修订后的《公开发行证券的公司信息披露内容与格式准则第 2 号——年度报告的内容与格式》《公开发行证券的公司信息披露内容与格式准则第 3 号——半年度报告的内容与格式》中，新增"环境和社会责任"一节，鼓励上市公司披露碳减排的措施与效果。中国人民银行在 2021 年 8 月发布了《金融机构环境信息披露指南》，树立了金融行业标准。2021 年 10 月，中国证监会修订年报和半年报的格式准则，新增"环境和社会责任"章节，鼓励公司自愿披露为减少其碳排放所采取的措施，自愿披露有利于保护生态、防治污染、履行环境责任的相关信息，这些对促进上市公司 ESG 信息披露具有重大促进作用。同月，生态环境部发文，提出 2025 年完成强制性披露制度的路径框架，可以预见我国 ESG 信息披露体系会在"双碳"目标的驱动下得到完善。

2006—2021 年我国监管机构和相关部门 ESG 文件如表 4－2 所示。

表 4－2　2006—2021 年我国监管机构和相关部门 ESG 文件

部门/机构	文件名称及主要内容	发布时间
深圳证券交易所	《上市公司社会责任指引》。鼓励公司自愿披露公司社会责任报告深交所	2006 年 9 月
国家环境保护总局	《环境信息公开办法（试行）》，明确强制公开环境信息的标准	2007 年 4 月
国家环境保护总局	《关于加强上市公司环境保护监督管理工作的指导意见》，要求在发生可能对上市公司证券及衍生品种交易价格产生较大影响，且与环境保护相关的重大事件时，公司应当立即披露相关信息	2008 年 2 月
上海证券交易所	《上市公司环境信息披露指引》	2008 年 4 月

续表

部门/机构	文件名称及主要内容	发布时间
上海证券交易所	《关于加强上市公司社会责任承担工作的通知》和《上市公司环境信息披露指引》，鼓励上市公司披露社会责任报告	2008 年 5 月
中国银行业协会	《中国银行业金融机构企业社会责任指引》，鼓励银行业金融机构实施社会责任履行的第三方独立鉴证，并通过多渠道公开披露企业社会责任的履行情况	2009 年 1 月
财政部、中国证监会、审计署、原中国银监会和原中国保监会	《企业内部控制应用指引第 4 号——社会责任》，指出企业在经营发展过程中应当履行的社会职责和义务	2010 年 4 月
环境保护部	《上市公司环境信息披露指南（征求意见稿）》首次将突发环境事件纳入上市公司环境信息披露范围，并在附录中列示了上市公司年度环境报告编写参考提纲	2010 年 9 月
香港联交所	《环境、社会及管治报告指引》	2012 年版
中国保监会	《关于进一步做好〈保险公司治理报告〉报送工作的通知》，进一步规范《保险公司治理报告》的报送等相关内容	2012 年 2 月
环境保护部	《国家重点监控企业自行监测及信息公开办法（试行）》和《国家重点监控企业污染源监督性监测及信息公开办法（试行）》，要求国家重点监控企业公开企业污染物排放自行监测信息	2013 年 7 月
中国银监会	《商业银行公司治理指引》，阐明商业银行公司治理的具体准则	2013 年 7 月
第十二届全国人大	《环境保护法》发布，以法律的形式，要求重点排污单位应当如实向社会公开其主要污染物的名称、排放方式、排放浓度和总量等情况，并接受社会监督	2014 年 4 月
国务院	《生态文明体制改革总体方案》，要求资本市场建立上市公司环保信息强制性披露机制	2015 年 9 月
党的十八届五中全会	提出"创新、协调、绿色、开放、共享"的新发展理念，绿色发展成为"十三五"乃至更长时期我国的发展战略，倡导 ESG 成为上市公司践行绿色发展战略的抓手	2015 年 10 月

续表

部门/机构	文件名称及主要内容	发布时间
国家质检总局、国家标准化管理委员会	《社会责任指南》《社会责任报告编写指南》《社会责任绩效分类指引》等标准体系，意味着社会责任的实践由起步阶段步入实质阶段	2015 年版
国务院国资委	《关于国有企业更好履行社会责任的指导意见》，要求建立健全社会责任报告制度，加强社会责任日常信息披露	2016 年 6 月
中国人民银行等七部门	《关于构建绿色金融体系的指导意见》，率先在金融领域将构建绿色金融体系上升为国家战略和政策要求	2016 年 8 月
中国证监会	《上市公司治理准则》，确立 ESG 信息披露的基本框架	2018 年 9 月
中国证券投资基金业协会	《中国上市公司 ESG 评价体系研究报告》，指出研究和推广 ESG 是推动中国经济高质量发展和完成三大攻坚任务的重要工具	2018 年 11 月
中国证券投资基金业协会	《绿色投资指引》	2018 年 11 月
国家发展改革委	《绿色产业指导目录》	2019 年版
中国证券投资基金业协会	《关于提交〈绿色投资指引（试行）〉自评估报告的通知》，作为《绿色投资者指引（试行）》的具体实施文件	2019 年 3 月
中国人民银行	《中国绿色金融发展报告（2018）》。报告指出，中国绿色金融进入纵深发展的新阶段	2019 年 11 月
上海证券交易所	修订的《上海证券交易所科创板股票上市规则》要求企业报告其履行社会责任的情况，并视情况编制和披露社会责任报告、可持续发展报告、环境责任报告等	2020 年 12 月
商务部办公厅	《关于推动电子商务企业绿色发展工作的通知》，从三个方面规定推动电子商务企业绿色发展工作的措施	2021 年 1 月
国务院	《关于加快建立健全绿色低碳循环发展经济体系的指导意见》，指明建立健全绿色低碳循环发展经济体系的主要目标	2021 年 2 月
中国证监会	《上市公司投资者关系管理指引（征求意见稿）》，在第七条上市公司与投资者沟通内容中增加了 ESG 信息	2021 年 2 月
中国人民银行	《推动绿色金融改革创新试验区金融机构环境信息披露工作方案》	2021 年 3 月

续表

部门/机构	文件名称及主要内容	发布时间
生态环境部	《环境信息依法披露信息改革方案》，明确到2025年，环境信息强制性披露制度基本形成	2021年5月
中国人民银行	《银行业金融机构绿色金融评价方案》，制定绿色金融评价体系，并明确定性、定量指标评分方法	2021年5月
中国银保监会	《银行保险机构公司治理准则》，对于银行保险机构内外部各要素治理提出明确要求，以推进银行保险机构公司治理水平的提升	2021年6月
中国人民银行	《金融机构环境信息披露指南》，提出了金融机构环境信息披露需要遵循的原则、披露的形式、内容要素以及各要素的原则要求	2021年7月

资料来源：根据中国人民银行、中国银保监会公开资料整理。

近年来，我国披露 ESG 相关信息的 A 股上市公司数量逐年增加（见表 4-3）。根据首都经济贸易大学中国 ESG 研究院 2022 年 5 月发布的《中国 ESG 发展报告（2021）》，2021 年披露 ESG 相关报告的 A 股上市公司有 1130 家，占 A 股上市公司的 26.9%。

表 4-3　我国 ESG 评价体系指标框架

一级指标	二级指标	三级指标
环境（E）	环境管理	环境管理体系、管理目标、节能政策
	环境披露	能源消耗、温室气体排放等
	环境负面事件	水污染、大气污染、固体废物污染
社会（S）	员工管理	劳动政策、员工教育和培训
	供应链管理	监督体系、供应链责任管理
	客户管理	客户信息保密
	社区管理	社会沟通、人际交往
	产品管理	公平交易
	公益及捐赠	企业基金会、公益活动和捐赠活动
	社会负面事件	员工、客户、供应链及产品负面影响
公司治理（S）	商业道德	贿赂、反腐制度以及纳税透明度
	公司治理	董事会独立性
	公司治理负面事件	商业道德、公司治理负面新闻

自2021年以来，在联合国可持续发展目标及我国碳中和目标引领下，社会责任债券和可持续债券在我国碳市场逐步启动。2021年11月12日，中国银行在伦敦证券交易所举行6只可持续发展类（ESG）债券上市挂牌，金额合计达到22亿美元。同年，在沪深交易系统中共有52只A股使用环境、社会及公司治理因素挑选成分股的指数，并分为优选类和主题类。优选类指的是同时使用ESG三因素作为成分股筛选，或只使用三因素中其中一个或两个筛选成分股的指数。主题类是指以特定主题，如节能环保、精准帮扶、绿色经济、"双碳"目标等主体筛选成分股的指数。

2021年末，生态环境部印发了《企业环境信息依法披露管理办法》，对一定范围的上市公司及发债企业等五类企业提出环境信息依法披露的要求。与该管理办法相配套的《企业环境信息依法披露格式准则》于2022年1月发布。

2022年初，中国人民银行等四部门发布《金融标准化"十四五"发展规划》，要求遵循"国内统一、国际接轨"原则，建立健全一套严格、明确、细致、可操作的标准，加快制定上市公司和发债企业环境信息披露标准、研究制定并推广金融机构碳排放核算标准、建立ESG评价标准体系、建立可衡量碳减排效果的贷款统计标准、探索制定碳金融产品相关标准、加快研究制定转型金融标准。这些内容构成了2022年及未来数年的绿色金融及ESG标准工作的重点。

2022年4月，中央经济工作会议提出要促进平台经济健康发展，强调互联网平台的社会影响力投资方面的责任，对互联网平台反垄断与资本无序扩张开展治理行动，确保平台经济在国家经济"稳增长"中扮演更重要角色，强化社会责任使命担当。

与此同时，ESG在我国金融体系中也占据举足轻重的地位。大到推动碳中和、生态保护、经济绿色转型，小到污水处理、植树造林、风力发电，背后都活跃着金融机构身影。中国人民银行数据显示：截至2020年末，我国主要金融机构绿色贷款余额存量规模近 12 万亿元，绿色信贷规模居世界第一。2021 年第二季度末，我国本外币绿色贷款余额达到 14 万亿元，同比增长 26.5%。2021 年末，我国绿色贷款余额为 15.9 万亿元，同比增长 33%，居各类别贷款增速之首。

中国人民大学中国普惠金融研究院一项课题显示：当前的社会责任投资的规模正在快速成长，以联合国负责任投资原则成员机构 PRI 为例，2015—2020 年，签约的机构数量增长了 120%；资产管理规模在这 5 年当中增长了 75%。以美国为例，在过去 10 年美国社会责任投资增长了 4 倍，达到 17.1 万亿美元，占到美国本土专业管理资产的 33%。华尔街大机构更是确定了自己的社会责任投资目标，如果没有"社会责任投资"的"宣誓"，好像就是被边缘化，更加促使社会责任投资成为华尔街主流机构的一种投资趋势。①

2022 年 5 月，中国证监会发布《碳金融产品》标准，对碳金融产品分类、碳金融产品实施提出规范要求，为金融机构开发、实施碳金融产品提供指引。同年 7 月，中国绿色债券标准委员会发布《中国绿色债券原则》，标志着国内初步统一、与国际接轨的绿色债券标准正式建立，对促进绿色债券市场高质量发展具有里程碑意义。按照该原则的规定，绿色债券所募集资金必须 100% 用于绿色项目。

2022 年，我国颁布了较多的 ESG 团体标准。截至 2022 年 12 月，已经颁布了《上市公司 ESG 报告编制技术导则》《企业 ESG 评价指南》《企业 ESG 披露指南》《企业 ESG 信息披露通则》《企业 ESG 评价通则》《企业 ESG 评价规范》六项团体标准。

2022 年 6 月，中国银保监会在发布的《银行业保险业绿色金融指引》中，要求银行保险机构应当从战略高度推进绿色金融，加大对绿色、低碳、循环经济的支持，促进经济社会发展全面绿色转型，激励更多资金投向绿色金融领域。

---

① 社会责任投资的实践与前景［N］.中国普惠金融研究院网站，2021－11－12.

2022年9月，中国保险资管协会发布《中国保险资产管理业ESG尽责管理倡议书》，倡议保险资管机构积极推动绿色转型，从尽责管理职责出发，引导被投企业在内的利益相关方共同努力构建绿色发展生态圈。另外，还有一些标准由地方组织编制。2022年5月，国资委发布《提高央企控股上市公司质量工作方案》，要求央企控股上市公司贯彻落实新发展理念、探索建立健全ESG体系，推动更多央企控股上市公司披露ESG专项报告，力争到2023年相关专项报告披露全覆盖。同年6月，广东省印发《发展绿色金融支持碳达峰行动实施方案》，提出明确目标：绿色贷款余额增速不低于各项贷款余额增速，2030年绿色信贷占全部贷款余额的比重达到10%左右。同年7月，湖州市发布《"碳中和"银行机构建设与管理规范》，这也是湖州获批绿色金融改革创新试验区以来发布的第14项绿色金融地方标准。同年9月，深圳市制定《深圳市金融机构环境信息披露指引》，为金融机构开展环境信息披露提供统一、细致、实操、先进的指导。

2022年11月，中国人民银行牵头制定G20关于金融支持高碳行业有序转型的政策框架以及《2022年G20可持续金融报告》，该报告在2022年10月的G20财长和央行行长会议获得批准。此外，在政策引导下，2022年签署联合国发起或支持的负责任银行原则（PRB）的中资银行超过20家，签署负责任投资原则（PRI）的中资金融机构超过100家，中资会员数量均达到历史新高。

（二）统一绿色债券项目界定标准

近年来，我国积极推进绿色金融，不断完善绿色金融顶层设计，开展绿色金融改革创新实践，在标准制定、激励机制、产品创新、地方试点和国际合作等领域不断探索，已经成为全球首个建立系统性绿色金融政策框架的国家，尤其在"双碳"目标引领下，监管机构密集出台相关政策，绿色金融标准体系不断完善，促进了国内绿色金融标准的统一，为商业银行开展绿色金融业务提供了便利。

目前，我国商业银行通过发行绿色金融债能够满足不断增长的绿色产业融资需求，绿色低碳产业规模持续增长，绿色债券市场已逐步发展为全球最重要的债券市场之一。据中国人民银行数据：截至 2020 年末，我国绿色债券存量规模约 1.2 万亿元，居世界第二。初步测算，每年绿色债券募集资金投向的项目可节约标准煤 5000 万吨左右，相当于减排二氧化碳 1 亿吨以上。[①] 2021 年，我国全年商业银行发行绿色金融债券规模约为 1275 亿元，碳中和债券累计发行 1800 多亿元。[②]

根据 Wind 数据统计：2022 年以来已有 27 家银行发行绿色金融债，共计 2024.37 亿元，而 2021 年同期发行规模仅为 793 亿元，同比大幅增长。从发行绿色金融债的主体银行类型和规模来看，已有 3 家政策性银行共计发行规模达 704.8 亿元，5 家国有银行共计发行规模达 712 亿元，1 家股份制银行共计发行规模达 69 亿元，11 家城商行共计发行规模达 445 亿元，7 家农商行共计发行规模达 197.57 亿元。其中发行规模最大的银行为国家开放银行，共计发行规模达 512.8 亿元。[③]

绿债种类日益多元化，制度体系逐步完善，政策扶持力度不断提升，与绿色债券发行相关的政策有中国人民银行《关于在银行间债券市场发行绿色金融债券的公告》，配套发布《绿色债券支持项目目录》，对绿色金融债券的发行进行了引导，此外，还有国家发展改革委《绿色债券发行指引》、上交所《关于开展绿色公司债券业务试点的通知》、中国银行间市场交易商协会《非金融企业绿色债务融资工具业务指引》、中国证监会《关于支持绿色债券发展的指导意见》等。

---

① 我国绿色债券成效显著，累计发行约 1.2 万亿元 [N]. 国新网，2021 - 02 - 09.
② 前 8 个月我国绿色债券发行规模超过 3500 亿元，碳中和债券累计发行 1800 亿元 [N]. 21 世纪经济报道，2021 - 09 - 28.
③ 余俊毅. 年内银行发行绿色金融债规模超 2000 亿元，远超去年整体水平 [N]. 证券日报，2022 - 08 - 24.

我国现行绿色债券认定标准主要参考绿金委编制的《绿色债券支持项目目录（2015年）》。2017年，中国人民银行和中国证监会联合出台《绿色债券评估认证行为指引（暂行）》，对评估认证机构的资质、业务承接、评估认证内容、评估认证机构管理等方面进行了规范。2019年，国家发展改革委发布《绿色产业指导目录（2019年）》。2021年，中国人民银行等三部门联合发布的《绿色债券支持项目目录（2021年版）》统一了绿色债券相关管理部门对绿色项目的界定标准，科学准确界定了绿色项目标准，煤炭等化石能源清洁利用等高碳排放项目不再纳入支持范围。同年9月24日，国家绿色债券标准委员会发布了《绿色债券评估认证机构市场化评议操作细则（试行）》及配套文件，对于规范绿色债券评估认证行业，推动我国绿色债券市场高质量发展具有里程碑式意义。

（三）全国碳排放权交易市场启动

今天，无论是东南沿海发达地区，还是欠发达西北地区，不管是国有企业还是新兴民营经济体，越来越多的生产企业都在参与和推动碳排放权交易市场形成，社会责任投资（ESG）规模、方式、主体以及影响力不仅仅是一个理念，已经从边缘经济试验演化为主流经济模式，从宣传口号演变为碳排放权交易的经营活动，逐渐成为推动国内经济可持续发展的重要力量。

自2011年以来，我国在北京、天津、上海、重庆、广东、湖北、深圳7个省市开展了碳排放权交易试点工作。截至2021年6月底，试点碳市场共覆盖电力、钢铁、水泥等20余个行业近3000家重点排放单位，累计配额成交量约为4.8亿吨二氧化碳当量，累计成交额为114亿元人民币。

2021年1月，中国人民银行研究局课题组发布《推动我国碳金融市场加快发展》，提出适当放宽准入标准，鼓励相关金融机构参与碳金融市场交易、创新产品工具。

2021年3月，国务院在《政府工作报告》中提到，要"扎实做好碳达峰、碳中和各项工作……实施金融支持绿色低碳发展专项政策，设立碳减排支持工具"，从国家层面支持绿色低碳发展。

2021年6月，中国人民银行发布《中国货币政策执行报告》，提出碳减排支持工具的设计必须按照市场化、法治化、国际化原则，体现公开透明，做到"可操作、可计算、可验证"，确保工具的精准性和直达性，鼓励在银行间市场创设碳中和专项金融债以及碳中和债务融资工具品种，支持具有显著碳减排效应的项目，引导商业银行向符合条件的金融机构提供低成本资金，为具有显著碳减排效应的重点领域提供优惠利率融资，鼓励社会投融资向绿色低碳领域倾斜，推动实现碳达峰、碳中和目标。[1]

2021年7月16日，全国碳排放权交易市场启动上线交易，发电行业成为首个纳入全国碳市场的行业，钢铁、水泥等高耗能行业也将陆续纳入，共有2225家发电企业和自备电厂，配额规模超过40亿吨/年，标志着我国碳市场正式成为全球覆盖温室气体排放量规模最大的市场。

2022年，生态环境部将在发电行业碳市场稳定运行的基础上扩大市场覆盖范围，丰富交易品种和交易方式，实现全国碳市场的平稳有效运行。未来，如何进一步扩大市场覆盖行业范围、丰富交易品种和交易方式成为全国瞩目的焦点。[2]

"十四五"期间，重点推进的建设就是开展绿色贸易国际合作，加强与共建"一带一路"国家绿色贸易合作，积极参与绿色贸易国际规则和标准制定，加快绿色低碳转型，深化节能环保、清洁能源等领域技术装备和服务合作，参与多边和区域绿色贸易议题交流合作。据了解，中国人民银行正在研究碳减排支持工具，鼓励金融机构加大对碳减排重点领域的信贷支持。

---

[1] "可操作性"，明确支持具有显著碳减排效应的重点领域，包括清洁能源、节能环保和碳减排技术。"可计算"，金融机构可计算贷款带动的碳减排量，并将碳减排信息对外披露，接受社会监督。"可验证"，由第三方专业机构验证金融机构披露信息的真实性，确保政策执行效果。

[2] 李德尚玉．绿色金融正在崛起：ESG浪潮席卷之下仍有138万亿投资缺口［N］．21世纪经济报道，2021－12－10．

三、我国推进 ESG 背景与原因分析

（一）社会综合福利指数偏低

我国经历了 40 多年的改革开放，GDP 增长、人均收入水平提高，经济实力显著增强，但是，粗放型经济增长的背后付出了非常巨大的代价。我们将 GDP 和 HDI 的曲线进行对比后发现，我国 GDP 不管是总量增长率还是人均 GDP 增长率，都在 2000 年以后有一个比较陡峭的上升，但是我们的人类发展指数 HDI 相对来说是比较平缓的，没有明显上升。如果用包含经济、教育、健康、人均寿命等标准的联合国人类发展指数 HDI 来衡量，我国全球排名第 85 位，而巴西、斯里兰卡、古巴等经济并不发达国家居然排在我国前面。① 可见，经济上我国增长较快，但是在教育、健康、社会福利方面明显落后于世界。

（二）提高社会文明程度

从更大范围来看，社会责任投资（ESG）涉及如何来提高整个国家的文明程度，如社会整体文化建设、保护社会文化遗产、历史遗产等。以前，这些领域往往是民营经济或者私人资本不轻易涉足的，现在有更多社会资本流入这些领域。毫无疑问，社会责任投资（ESG）已经成为提高社会整体文明的象征，市场参与主体越来越多，具有长远的社会性和战略性。

（三）社会发展进入新阶段

在改革开放初期，为尽快摆脱经济落后局面，我国重点发展钢铁等重工

---

① 人类发展指数（Human Development Index，HDI），是由联合国开发计划署（UNDP）在《1990 年人文发展报告》中提出的，即以"预期寿命、教育水平和生活质量"三项基础变量，按照一定的计算方法，得出的综合指标，并在当年的《人类发展报告》中发布，用于衡量联合国各成员国经济社会发展水平的指标，是对传统的 GNP 指标挑战的结果。

业，导致过去几十年间，环境污染严重影响了人民群众对健康生活的追求，在教育、医疗、养老、民生福祉等方面遗留了很多问题。

近年来，我国社会发展已经进入新的发展阶段，需要重新反思社会发展的目标。我国政府认识到改革发展不能以牺牲国土环境为代价，开始重视 ESG 社会责任投资，无论是环境（E）方面，还是社会（S）和公司治理（G）方面都纳入了经济发展指标。双碳目标、"绿水青山"理念开始为社会接受，越来越多的人意识到这些指标才是一个社会发展的重要标志，而不仅仅是一个企业年终时赚了多少利润。

（四）"双碳"的直接促进因素

2016 年，我国正式加入《巴黎协定》，2021 年 10 月，在我国积极推动下，多国于云南昆明发布了《昆明宣言》，彰显了中国在世界环境治理中的责任担当。我国《政府工作报告》每年都明确指出要落实自身减排工作，通过引入碳交易的市场化调控机制能使相关主体有效调整自身碳排放行为，促进双碳目标的实现。

（五）绿色投资缺口巨大

据不完全统计，截至 2021 年底，国内存续的"泛 ESG"公募基金约200 只，总规模突破 2600 亿元，较上一年末几乎实现翻倍增长，新发产品数量接近过去五年总和。借鉴全球 ESG 基金发展趋势，有机构预计：我国 ESG 投资规模于 2025 年将达到 20 万亿～30 万亿元，占资产管理行业总规模的 20%～30%。① 但是，实现"双碳"目标需要大量资金支持，上述的资金量依然是远远不够的。据清华大学气候变化与可持续发展研究院《中国长期低碳发展战略与转型路径研究》显示：实现 1.5℃目标导向转型路径，还需新增投资约 138 万亿元人民币。也就是说，未来我国每年 ESG 投

---

① ESG：价值投资的"新势力"［N］. 东方财富网，2022 - 03 - 20.

资可能会超过 GDP 的 2.5%。为此，我们鼓励政策措施与机制建设多措并举，探索补贴、贴息、减免税等财税政策，丰富 ESG 投资运用领域，引导养老金、保险、社保等具有一定社会属性的长期资金进入 ESG 投资市场，丰富绿色债券市场资金来源。

第二节　我国社会责任投资的困境

一、ESG 立法存在较大差距

从全球来看，社会责任投资（ESG）已然成为主流投资理念及实操策略之一，相关指引框架和投资机制不断健全，包括全球报告倡议组织的可持续发展报告指引、国际标准化组织的 ISO 26000 社会责任指引、联合国责任投资原则协定、环境规划署金融行动计划（UNEP－FI），可持续发展会计准则委员会（SASB）针对不同行业制定的系列可持续会计准则等，以及气候信息披露标准委员会、金融稳定理事会等组织也越来越多关注 ESG 领域的立法和监管。目前，全球有 60 多个国家和地区出台了 ESG 信息披露规则，强制披露 ESG 信息。

但是，我国几乎没有真正意义上的社会影响力投资法规，只有零星散见各个部位发布的一些通知、指导意见等政策性文件，例如，2007 年 12 月 29 日国务院国有资产监督管理委员会公布的《关于中央企业履行社会责任的指导意见》（国资发研究〔2008〕1 号），基本停留在深化社会责任意识、制作社会责任报告、建立和完善企业社会责任指标统计、加强企业间交流与国际合作以及加强党组织对企业社会责任工作的领导等方面，真正的社会责任细节和量化指标几乎空白。

2016 年，我国七部门发布的《关于构建绿色金融体系的指导意见》是一部比较详细的有关绿色金融的法规，主要体现在以下 5 个方面：一是设立绿色发展基金，明确提出设立国家绿色发展基金，鼓励有条件的地方政府和社会资本共同发起区域性绿色发展基金。二是通过央行再贷款支持绿色金融发展，大力发展绿色信贷。[①] 三是发展绿色债券市场为中长期绿色项目提供新的融资渠道，完善环境权益交易市场、丰富融资工具。许多绿色项目是中长期项目，让银行发行中长期的绿色金融债券、让企业发行中长期的绿色企业（公司）债券，可一定程度上缓解期限错配带来的融资难问题。四是发展碳交易市场和碳金融产品。我国宣布在 2017 年启动全国碳交易市场，有助于提高市场的流动性和碳交易价格的有效性，并为绿色企业提供一系列的融资工具。五是强化环境信息披露，建立和完善上市公司和发债企业强制性的环境信息披露制度，以解决信息不对称问题对绿色投资构成的制约。当然，《关于构建绿色金融体系的指导意见》并不能消除我国社会影响力投资方面的立法空白，只是用指导性行政文件对社会责任投资（ESG）的规则进行了一些补充，有助于社会责任投资的健康发展。

二、ESG 评级制度尚不成熟

（一）与国际 ESG 评价差距较大

ESG 评级可以缓解投资者与企业之间信息不对称问题，帮助投资者识别潜在的 ESG 价值，降低投资决策成本。目前，国际主流 ESG 评级体系拥有较成熟评级体系，除 MSCI 外，富时罗素（FTSE Russell）、标普全球（S & P Global）、路孚特（Refinitiv）、晨星（Morningstar）、美国明晟公司（Morgan Stanley Capital International，MSCI）等知名机构都建立了 ESG 评级业务，并

---

① 这里说的"再贷款"，可以是央行给商业银行利息较低的贷款，也可以是支持商业银行购买绿色债券或绿色信贷资产支持证券，还可以是抵押补充贷款。央行会选择合适的具体操作方式，在风险可控的前提下支持绿色金融发展。

得到了全球投资者的认可和使用。①

哈佛大学商学院（Harvard Business School）一项研究显示：全球目前已有数十种社会影响力评估工具，从本质上看，既有事中衡量，也有事后评价，方法各不相同，原理也大相径庭。诸如社会投资回报率（SROI）、收益成本比（BCR）、经济回报率（ERR）、变革理论和逻辑模型（Theroy of Change and Logic Model）、任务调整方法（Mission Aligment Methods）以及实验和准实验方法（Experimental & quasi Experimental Method）都不尽相同。其中，由欧洲区域发展基金和罗伯兹企业发展基金（REDF）联合开发的"社会影响投资回报"评估（Social Return of Investment，SROI）是目前最直接核算混合价值体系的社会影响力投资回报率的评估工具。②

在美国，社会影响力投资基本上以"6E 模型"进行专业评估，就是通过 6 种方法来衡量影响力投资所产生的利润和社会影响。"6E 模型"包括 6 个以字母 E 打头的词汇概念，分别为经济（Economics）、就业（Employment）、赋权（Empowerment）、教育（Education）、道德（Ethics）和环境（Environment）。其中，"经济"状况与公司股票价值的计算有关；"就业"与直接和间接创造的就业机会有关；"赋权"与公司利益相关者的多样性有关；"教育"与公司在遵守和持续改进方面的成本有关；"道德"与管理企业的行为准则有关，指导人们作出对与错的判断；"环境"指标与企业对地球的影响有关。③

---

① 明晟公司，就是 Morgan Stanley Capital International 的缩写，是一家美国的公司，美国的指数编制公司，当今世界上最著名的指数编制公司之一，总部在纽约。MSCI 指数覆盖了 23 个发达市场、23 个新兴市场、23 个前沿市场和11 个独立市场。23 个发达地区市场指数，就组成了 MSCI 全球指数；23 个新兴市场地区市场指数，就组成了 MSCI 新兴市场指数；23 个前沿市场地区指数，就组成了 MSCI前沿市场指数；11 个独立市场地区指数，就组成了 MSCI 独立市场指数。同时，23 个发达市场+23 个新兴市场又共同组成了 MSCI 全部国家全球指数。当前，MSCI 与富时这两家公司是全球最大的指数编制公司，欧洲机构比较认可富时，而美洲和亚洲公司更认可 MSCI。

② 任钰. 如何评估长远的社会效益：社会影响力的机遇、盲区和痛点 [N]. 中国发展简报，2016 – 12 – 15.

③ 张明敏. 社会影响力投资：中国破局进行时 [N]. 公益时报，2018 – 01 – 09.

而国内机构更多考虑政治、经济、文化等因素，导致目前国内机构评级结果差异较为明显，同一公司所得评分相关性非常小。我国企业社会责任投资（ESG）获高评级的公司不论是数量还是比例都比较低，尚未有境内企业在 MSCI 的 ESG 评级中获得 AAA 级，获得 AA 级的企业也不足十家。有研究报告统计：目前国际主流 ESG 评级供应商的 ESG 得分相关性，总分的两两相关系数为 0.38 ~ 0.71，平均值为 0.54；而国内现有 ESG 评级的两两相关系数平均仅有 0.37，显著低于海外主流 ESG 评级机构的相关系数 0.54。[①]

（二）缺乏统一且权威的评价标准

国际上，很多机构在研究开发 ESG 指标体系，如 FTSE4Good 系列指数、MSCI ESG 系列指数、The Dow Jones 可持续发展系列指数等。全球各种 ESG 指标和评价体系之间都存在差异，到目前为止并没有统一标准。ESG 的评级机构之间跟 ESG 的评级相关性很低，大多数机构现在没有真正介入这个领域，绿色债券、社会责任债券从绩效上去度量也比较难，还没有找到很合适的方法。

首先，评级结果的"好"与"不好"很难客观、公正地加以统一衡量。随着 ESG 投资日渐兴盛，为了方便和支持投资方开展 ESG 投资，国际上出现了很多评级机构，如道琼斯、MSCI、晨星、Sustainalytics 等，它们将"散落四处""冗长复杂"的企业 ESG 数据收集并处理，或通过打分，或通过评级来衡量企业的 ESG 表现。但是，由于各评级机构重点不同，制定的评级体系各具风格，选择衡量的指标和方法差异较大，不同机构的 ESG 评价相关性系数比较低，同一家企业在不同评级机构眼中就出现了"毁誉不一"的评价。

由于经济发展程度、政策制度、文化背景不同，不同国家和企业面临的实际"社会需求""社会管理"也是不同的。对贫穷国家而言，解决温

---

① ESG：价值投资的"新势力"[N].东方财富网，2022 – 03 – 20.

饱、脱贫致富是重要的 ESG 议题，但是对发达国家而言，他们可能更看重循环经济发展和宜居环境保护。因此，当今世界是否应该寻找到一套具有共性的 ESG 评价体系？有学者认为这在技术上是可以实现的，只是时间问题。但也有人提出，除了技术难题待解决外，衡量企业的 ESG 还面临社会背景不同带来的主观因素影响，这会导致 ESG 评级像评判一个人的好坏一样困难，因为可持续发展是多元的，且与价值观相关联——一个人眼中的好，在另一个人眼中未必就是好；一个企业认为应该这么做，而其他企业就未必认为应该那么做了。[①]这就是衡量企业 ESG 好坏时的认知程度、政策不同和文化差异带来的影响，尤其是与价值观相关的更是没有办法用好与坏来衡量。

2022 年 5 月，特斯拉 CEO 马斯克对 ESG 评价体系进行了公开指责。马斯克认为"停止令人发指的虚假 ESG 评级""ESG 评级毫无意义""ESG 评级是魔鬼的化身，若不加以改进就应该取消"等，吸引众多社会关注和议论。马斯克的不满，有学者分析认为，最大原因可能是特斯拉在多个 ESG 评级中并未获得高分（主要原因是特斯拉未制定正式的道德准则或治理政策），甚至还低于两家石油公司。[②]不管背后是什么原因，这至少表明当前世界 ESG 评价体系的一致性受到质疑。

其次，评级高就一定意味着可持续发展好吗？

答案可能并不一定。从市场实践看，评级机构往往更加关注投资者需求，看重公司的经济价值，而不仅仅看重因 ESG 因素而面临的各种风险。例如，评级机构认为企业对污染行为管理得当就不会影响到企业评估等级。因此，一个所售产品为重要排放源的企业，仍有可能获得不错的 ESG 分数。这完全可以解释为什么尽管石油巨头壳牌产品燃烧产生温室气体排放，但该公司在 ESG 排行榜上的排名比生产电动汽车的特斯拉要高的原因。在很大程度上，

---

①② 胡文娟. 马斯克炮轰 ESG 评价背后，有哪些直击灵魂的拷问？［N］. 可持续发展经济导报，2022 － 05 － 19.

ESG 评级反映的是企业对风险的管控程度，不一定是真正解决了气候变化问题。这也许可以成为马斯克炮轰 ESG 评级的原因之一。

其实，有关社会责任投资（ESG）评价争议由来已久，其根本原因就在于，ESG 数据不具备传统财务数据所具有的财务中立性质。财务数据通常都是用货币度量，界定清晰，但 ESG 数据的度量和界定是比较模糊的，充满不确定性，而且由于评级机构本身的专业水平、人员构成和评价体系不同，更会造成评价结果迥异，使 ESG 评级的有效性受到质疑。

这种评价不一倾向也影响了我国社会责任投资领域。目前，我国 ESG 体系暂无统一信息披露标准，数据评价需要量化。当前我国第三方评级很多都承袭国外的评估标准，尚未搭建一套权威级的本土化评级框架和准则。例如，中央国债登记结算有限责任公司和中债金融估值中心有限公司联合发布的"债券发行主体 ESG 评价 2020"、中国社会科学院《中国企业社会责任报告编写指南》、中国证券投资基金业协会、国务院发展研究中心金融所《2019 中国上市公司 ESG 评价体系研究报告》以及商道融绿"商道融绿 ESG 评估系统"等社会影响力投资评价方法，众说纷纭，莫衷一是。其中有的聚焦"生态环境"中排放污染目标，有的关注"生物多样性"目标，还有的看重"气候变化"目标，五花八门，"评"出多门。① 这些 ESG 投资指标既没有统一的基础性评价标准，也没有一个权威机构进行全面评判，各机构的指标、权重设置不同，采用的评估方法也各不相同，缺乏对社会影响力投资评价的共识，很可能造成个别机构或企业滥用社会影响力投资，造成不良社会影响。有学者甚至称为"沽名钓誉，愚弄社会，甚至借机从事非法活动"。②

---

① 顾雷. 中国普惠金融数字化转型与合规发展 [M]. 北京：中国金融出版社，2021.
② 众投邦创投学院. 经济改革下"社会影响力投资"的发展与成长 [N]. 东方财富网，2021－08－24.

（三）缺乏本土化 ESG 评价体系

近年来，我国不断尝试与不同的国际组织进行合作，但其结果大多仅针对环境、社会和公司治理中的单项因素。尽管国际机构信息披露指标体系和方法较为健全，但不完全适用于国内上市公司的信息披露。尽管中国证监会修订的《上市公司治理准则》明确了上市公司环境、社会和公司治理信息披露的基本框架，但未对 ESG 信息披露格式作出对应规范，指标体系有待完善，ESG 理念的影响力有待提升，需要与可持续发展理念不断融合。

（四）ESG 数据真实性有待提高

为了获得社会责任投资（ESG）数据信息，现有评价往往将多种来源的数据源进行整合，或者根据自身需要对数据进行分段抽取、部分使用，造成数据采用标准不一、真实性不足，破坏了 ESG 的内在统一性。因此，使有关数据的收集难度较大。如果企业不披露相应的信息或是披露虚假信息，评估结果真实性更难有保障，加大了 ESG 评估难度。

（五）大多数企业对 ESG 认知匮乏

社会责任投资在我国尚处于初级发展阶段，大多数市场参与主体缺乏对 ESG 的认知，包括在企业年报披露的社会责任投资内容，参差不齐，内容更是五花八门。不少国有企业，甚至是沪深两地上市公司对 ESG 的认知还停留在"做 ESG 就是做慈善"的认知阶段，需要进一步提高对社会责任投资的认识。

三、ESG 企业信息披露问题较多

（一）ESG 信息披露数量较少

当前，我国社会责任投资（ESG）信息披露的上市公司只占上市公司总数不到25%，其中还有不少是公益、慈善内容，真正经过第三方机构审验的报告占比还不到5%。显然，与国外相比较，我国上市公司 ESG 信息披露是非常少的。《证券市场红周刊》统计信息显示：2020 年发布独立社会责任报告的 A 股上市公司数量为 1143 家，占比约 25%，且在各个行业之间披露情况差别较大，银行业已达到 100% 覆盖率，而机械、汽车等行业覆盖率均不足 15%。从企业属性角度来看，国企披露情况较好，覆盖率为 43%，而民营企业披露率较差，分别为 16% 和 14%。从企业规模角度来看，披露情况与市值大小存在较为明显的正相关关系，百亿元市值以下的公司仅有 14% 发布社会责任报告，而千亿元市值以上的公司覆盖率则达到 82%。① 令人欣慰的是，到 2025 年可能所有 A 股上市公司会被要求进行 ESG 信息的披露。这对于大多数上市公司而言，时间是紧迫的，对公司治理水平、环境保护以及社会责任承担方面提出了更高要求。

（二）ESG 信息披露规则不统一

在企业发布社会责任报告中，报告命名却多种多样，五花八门，例如"企业社会责任报告""企业可持续发展报告""企业影响力报告"等。目前，我国上市公司发布的社会责任报告以 CSR 报告为标题的占 94%，以 ESG 报告为标题的只有 6%。但问题是，企业社会责任（Corporate Social Responsibility，CSR），是指企业在创造利润、对股东和员工承担法律责任的同时，还要承担对消费者、社区和环境的责任。企业社会责任要求企业必须超越把利润作为唯一目标的传统理念，强调要在生产过程中对人的价值的关注，强调对环境、消费者、社会的贡献。显然，CSR 与 ESG 不是完全相同的一个概念，二者之间在视角、强制性和作用方面存在明显差异，并不能相互替代（见表 4 - 4）。

---

① 林中，黄振超. ESG：价值投资的"新势力"［N］. 证券市场红周刊，2022 - 03 - 20.

表 4 -4　ESG 与 CSR 的不同之处对比

	维度	ESG	CSR
不同之处	视角	从资本市场投资者角度出发，聚焦企业社会绩效与股东回报关系	从多个利益相关者视角，关注群体较为广泛，涉及社会各方面
	信息披露	从半强制逐渐过渡到强制	鼓励为主，不强制
	评价系统		投资者沟通
	监管		较为一致
	没有监管		监管介入

　　清控伟仕咨询一份研究报告显示：对中国 ESG33 个成员发布的报告加以统计，仅有碧桂园、海尔电器、中集集团、格林美和复星国际 5 家的报告命名为"环境、社会责任和公司治理报告"，其他均为"企业社会责任报告"或"可持续发展报告"。① 阿里巴巴、腾讯、茅台、小鹏汽车、比亚迪等均发布了 ESG 报告。不过，这些报告披露内容差异性较大，有的针对 E、S、G 三大领域展开论述，有的关注社会协作、抗疫保供，也有的将较多笔墨用于"自夸"。比较典型的是，阿里巴巴设置了 ESG 可持续发展委员会，从三个维度、七个方向发布 ESG 报告，展现对于环境、均衡发展、企业治理等一系列问题的思考与行动。该报告显示，2022 年阿里云使用电力中 21.6% 是清洁低碳的；与使用自建数据中心相比，用户在中国使用阿里自有数据中心提供的云计算服务能实现碳减排 85.5%。为此，有评论称该报告更像是围绕利益相关方的诉求进行的自我表白，"更像是披露给利益相关方看的"。小鹏汽车披露了在可持续发展方面的"环境""社会""管治"，用了较多的笔墨来描述公司的研发投入、专利数量、软硬件方面的创新等，宣传公司在责任管治、产品责任、社会关怀、绿色环保等领域的成就。部分公司对碳中和并没有明确规划，比如茅台的表述为"初步构想公司碳中和规划，制定思路，开展减碳行动路径，即将开展碳盘查工作"；京东对于"全面的温室气体排放盘查"

---

① 刘琪，黄苏萍. ESG 在中国的发展与对策［N］. 中国 ESG 研究，2021 - 06 - 01.

处于"筹备中"。[①] 由此可见，当前我国在 ESG 信息发布方面还没有统一的信息披露规则，导致我国 ESG 信心披露各自为政，莫衷一是。

（三）ESG 披露强制性较差

从 ESG 最基础信息披露角度来看，与海外强制信息披露不同，目前我国只有针对上市公司、中央企业的半强制社会责任披露规则。按照中国证监会和沪深证券交易所的要求，上市公司在年报和半年报中，需要对公司治理构架、环境污染预防、节能减排、排放物、投资者关系、社会公益事业、供应链管理、职工权益、客户与消费权益、内部审核等作出披露。但是，对非上市公司的社会责任投资（ESG）信息披露频次过低，导致数据时效性较差、准确度低，与在证券行业上市公司的披露频次相差甚远，不符合社会责任投资强制性要求。

令人欣慰的是，2021 年 4 月上海证券交易所发布《"十四五"期间碳达峰碳中和行动方案》，提出将强化上市公司在环境信息方面的披露。今后，随着我国社会责任投资政策逐渐完善以及双碳目标推进，大概率会加大上市公司社会责任投资披露力度。

（四）ESG 指标披露率较低

2020 年 A 股上市公司 ESG 指标披露情况较 2017 年改善明显，但绝大部分 ESG 指标尤其是 E 类指标披露率仍较低。中国光大银行《ESG 专题报告：争议事件与股价和成交量显著相关》显示：2020 年较 2017 年，披露区间在 0～12.5% 的企业数量大幅下降，证明我国 ESG 信息披露得到部分改善。但位于顶部区间（75% ～100%）的企业数量较少，仅占欧盟及北美市场的 15%。同时我国上市公司 ESG 得分水平偏低。截至 2021 年第一季度，在 A 股 4138 家上市公司中，共有 588 家上市公司的 ESG 评价在 B 级以上，占比 14.1%，主要集中得分区间在 B 级至 C 级，其中获得 B－级的上市公司有

---

① 温如军. ESG 乱象调查：当报告沦为生意［N］. 中国慈善家杂志，2022－12－22.

2385 家，占比最多，而仅有 13 家上市公司 ESG 数据得分在 A 级以上。这说明 A 股上市公司的 ESG 绩效还存在较大的结构化差异，总体上我国 A 股整体 ESG 指标披露率较低（见图 4 - 2）。

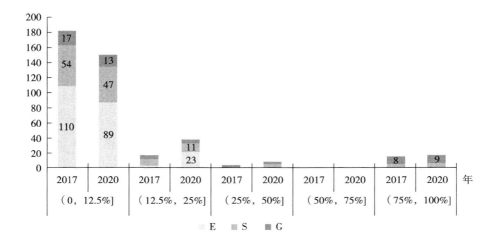

图 4 - 2 上市公司 ESG 指标披露率

（资料来源：光大证券研究所）

分行业来看，用每个公司披露指标数量除以 2020 年指标总数计算得到每个公司的 ESG 指标披露率以及行业平均披露率。对环境议题更敏感的煤炭、钢铁、有色等行业受排污披露等环境议题强制性披露政策影响。大部分公司披露率在 10% ~ 25%，所有行业平均披露率不足 20%，披露数不到 43 个指标。上市公司 ESG 行业分布率（见图 4 - 3）。

从指标覆盖率来看，尽管 2020 年沪深 300 成分股的 ESG 指标披露率相较于 2018 年有所提升，但是增长幅度较小，而且对于社会指标和环境指标的披露率较低（分别为 35.4% 和 49.2%）。这表明企业在信息披露的过程中未展示关键指标，可能是因为企业缺乏实践，也可能是因为没有强制披露要求，企业不清楚应该从哪些方面来披露（见图 4 - 4）。

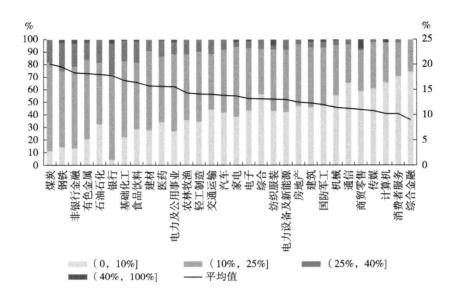

图 4 – 3　上市公司 ESG 行业分布率

（资料来源：光大证券研究所）

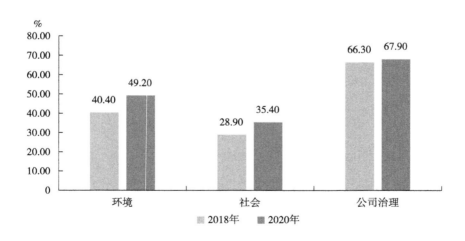

图 4 – 4　沪深 300 中 ESG 指标披露率

（资料来源：沪深 300 股票数据整理）

（五）ESG 信息披露质量低

截至 2020 年 6 月底，沪深 300 范围内发布 2020 年度 ESG 报告的公司占比 86.3%，但只有 12% 的报告经过了第三方审计，且已披露的社会责任报告以描述性披露为主，对负面指标披露较少，其真实性、客观性有待考证。此外，报告中指标层面的覆盖率较低。如图 4 - 4 所示，尽管 2020 年沪深 300 成分股的 ESG 指标披露率相较于 2018 年有所提升，但是增长幅度较小，而且对于社会指标和环境指标的披露率较低（分别为 35.40% 和 49.0%）。对此，有学者认为，这表明企业在信息披露过程中未展示关键指标，可能是因为企业缺乏实践，也有可能是因为没有强制披露要求，企业不明确应该从哪些方面披露。[①]

令人欣慰的是，中国证监会副主席方星海 2022 年 4 月在博鳌亚洲论坛 2022 年年会分论坛上表示，国际可持续发展准则理事会（ISSB）计划于 2022 年底出台一套 ESG 披露准则。目前已在国际上征求意见，我国将积极参与这项活动。[②] 目前，已经在国际上征求意见，预计 2023 年可能会全球发布，届时将对我国产生巨大的影响。我们现在有很多公司到境外上市，比如去美国、中国香港、瑞士、德国发行存托凭证。这些国家和地区都有可能会在两年之内就会采纳这个 ESG 方面的披露准则。这意味着去这些国家和地区发行股票上市，就要遵循新的披露规则。如果想接欧盟国家的订单，就必须达到他们的碳排放要求。假如要进入苹果公司的供应链，就必须满足苹果公司在 ESG 方面的要求。否则，如果不披露，就无法在这些国家和地区发行股票。

（六）衍生出相应的"漂绿"问题

伴随着 ESG 报告的演进，衍生出相应的"漂绿"问题，让企业 ESG 无

---

① 刘琪，黄苏萍 . ESG 在中国的发展与对策［N］. 中国 ESG 研究，2021 - 06 - 01.
② 国际 ESG 披露准则年底发布，对中国公司影响会很大［N］. 第一财经，2022 - 04 - 20.

论在投资实践还是社会认知上都争议不断。所谓"漂绿",就是指企业在 ESG 报告及信息披露、公关宣传、市场营销中,或者投资机构、资产管理机构等 ESG 投资过程中,标榜其产品、服务和经营活动符合绿色、低碳、环保的标准而事实上却名不副实的行为,其目的是隐瞒其存在的问题、掩盖不可持续的真相。

ESG 报告兴起之后,由于 ESG 发展缺乏明确且完善的规范标准和监管体系,致使市场"漂绿"行为普遍存在。有的企业将 ESG 报告过度包装为提升品牌、进而盈利的工具,有些报告只是文字堆积,缺少实质性内容,更像是自说自话。有的企业 ESG 报告并没有科学的评价系统,只是简单地找一个中介公司,把过去企业在社会责任、环保、劳工方面的闪光点总结一下形成报告,基本上是一种宣传噱头。[①] 显然,这样的报告形式大于内容,对企业评级做人为的更改,严重降低了 ESG 报告的公信力,进而影响到行业发展。

中国上市公司协会编写的《上市公司 ESG 实践案例》,曾经分析了 133 家上市公司 ESG 案例,存在不少"漂绿"现象,且选择性披露,报喜不报忧,只谈环境绩效不谈或淡化环境问题的现象比较突出。当然,在国际市场上,"漂绿"现象也不鲜见。比如,2021 年 3 月,环保组织向 FTC 提交了针对雪佛龙"漂绿"申诉,控告其用"降低排放强度"等术语误导公众,同时继续增加石油和天然气的整体开采和生产,存在多处夸大不实环保行为的信息披露。又如,2022 年 4 月,美国 FTC 指控沃尔玛百货公司将几十种人造丝纺织品宣传为竹纤维产品,以撒谎欺骗方式"漂绿",最后以沃尔玛承担 300 万美元处罚结案。

正因为"漂绿"现象普遍存在,削弱了 ESG 报告的公信力,影响了 ESG 评价的公允性。若不对企业的"漂绿"行为加以遏制,ESG 报告或可持续发展报告有沦为公关宣传噱头的风险,误导环保部门对碳排放控制成效的判断,成为阻碍我国 ESG 发展的一大"公害",不利于我国实现"双碳"目标。

[①] 温如军. ESG 乱象调查:当报告沦为生意 [J]. 中国慈善家杂志,2022 - 12 - 22.

四、政府监管方面薄弱

（一）政府管理层面

虽然我国政府直接参与了很多环境社会治理工作，主持成立了碳交易所，但是在理念引导、教育、研究方面只是刚刚起步，真实的操作还比较少，政府在社会责任投资领域所扮演的角色也处于摸索阶段，管理经验不足，局限在国有企业领域。为此，有学者提出希望政府能够带动私营部门、民营企业一起来参与社会责任投资，推动和制定 ESG 发展战略，建立相应的协调机构，出台政策法规、激励机制，保障环境社会治理发挥更大的作用。①

（二）金融监管层面

在金融监管角度，我国对 ESG 的监管尚处于初级阶段，尚未出台明确的 ESG 信息披露指引，对于应披未披的上市公司，真正处罚的几乎没有，基本上停留在软性监管的阶段，远远没有达到对于 ESG 企业要求"不披露就解释"的半强制状态。当然，虽然中国证监会并没有强制要求重点企业强制披露环境信息，但在环境方面，鼓励上市公司积极履行社会责任情况。

五、面临碳中和转型风险

根据世界经济论坛（World Economic Forum，WEF）发表的《2020 全球风险报告》，环境风险已成为当前全球必须面对的难题。如果不正面进行立法响应，首当其冲就是企业受到伤害，同时投资者、公民团体也无从监督企业和政府。

当前，ESG 最主要的是面临转型风险，即在碳中和背景下，如果高碳企业无法在特定期间把自己转型为低碳或者零碳企业，可能就要退出市场。于

---

① 贝多广. 社会责任投资的实践与前景［N］. 中国普惠金融研究院网站，2021 - 11 - 12.

是，对于金融机构来讲，可能面临两类金融风险：一是作为股权投资者，投资标的价值可能会大幅度下降；二是作为银行贷款，有可能会变成坏账。因此，现在很多金融机构都在估算自己面临的转型风险，把具体的管理风险做到位。

2022年爆发俄乌冲突，双方至今一直处于冲突的焦灼状态，短时间停止战争的可能性不大。由于俄罗斯是煤炭、天然气和石油出口大国，西方国家尤其是北约国家从2022年3月以后就开始了一轮高过一轮的经济制裁，特别是禁止俄罗斯石油和天然气出口，"北溪－1""北溪－2"部分管道被炸，目前处于完全停止状态，直接影响了欧洲国家的能源供应，尤其是先前依靠俄罗斯能源供应的国家。在此背景下，欧洲多国重新将目光转向煤炭发电，将目光转向了此前一度计划淘汰的煤炭。例如，2022年9月，荷兰政府率先表示，为应对能源危机，计划取消燃煤发电厂的产量上限，决定立即撤销2002—2024年对煤电厂的生产限制，修改法律以允许煤电厂最多以35%的产能运行，并称荷兰"在过去几天里与欧洲同事一起作出了这一决定"。奥地利、德国、法国也紧跟荷兰脚步宣布"回归"煤炭。奥地利总理内哈默决定重启位于施泰尔马克州的梅拉赫煤电厂，允许其在紧急情况下以煤为燃料继续运行。该发电厂为奥地利最后一座煤电厂，此前于2020年4月宣布关闭。此外，意大利、罗马尼亚、捷克等欧洲多国也在竞相寻找替代能源，并加大煤炭、木材供应，以应对冬季可能的能源危机。于是，一个因俄乌冲突引发的新能源问题必定会影响我国的能源产业链，增加对欧洲国家的煤炭出口，再次大量消耗不可再生性资源，重新造成大面积的空气污染，一定程度上破坏生态环境，对先前努力构建的ESG的生态造成了一定破坏，碳中和努力在一定程度上遭受损失，引发碳中和危机。

六、社会企业责任感有待提高

近年来，我国社会责任投资（ESG）发展迅猛，无论是共享经济、消费升级、金融科技等新的业态，还是大数据、区块链、人工智能等新技术，社会责任投资扮演了推动者与建设者的角色，取得了一定的成绩。早在 2014 年 9 月在北京召开的"互联网金融企业社会责任峰会"上，中国社会科学院以及百余家互联网金融企业联合发布了《互联网金融企业社会责任自律联盟、互联网金融企业社会责任报告白皮书》，承诺履行社会责任，追求阳光利润，保证利益相关方合法权益。但是，依然有很多互联网企业为了短期利益，并未投入更多精力来关注社会责任问题。近年来，互联网企业社会责任缺失缺位事件屡见不鲜。例如，2020 年 12 月、2021 年 1 月，中国银保监会两次约谈蚂蚁集团，指出了蚂蚁金融法律意识淡薄，利用市场优势地位排斥同业经营者，藐视监管合规要求，垄断互联网市场，要求蚂蚁集团停止侵犯金融消费者合法权益商业行为，履行更多的社会责任。

其实，从"百度魏则西事件"到今天约谈蚂蚁集团，都是互联网企业缺乏社会责任的一种反映。现阶段，我国社会影响力投资还处于"流量为王"的收割期，个别互联网企业伦理缺失责任缺位事件引起了社会广泛关注，引发业内对互联网企业社会责任的深入思考。

七、ESG 投资的应用难点

（一）平衡财务和非财务指标

如果投资者只追求的是财务回报，非财务指标最终无法通过影响财务指标来影响其投资业绩，其社会责任投资影响力就无从谈起。如果投资者只追究非财务指标，忽视财务指标，最后投资回报损失惨重，也不是正常的一个投资结果。因此，如何平衡财务指标和非财务指标，就成为社会责任投资（ESG）过程中非常微妙的协调问题。

（二）不同主体投资偏好差异

不同主体的诉求和偏好会有不同的倾向性，必然相互之间会有偏差。对于投资者而言，大多数是以股东视角来看待企业，追求股东回报。但 ESG 视角是将公司看作通道与节点，要实现社会和环境责任，追求环境、社会和经济的可持续性发展。因此，在社会责任投资（ESG）中，机构投资者往往希望获得细项指标，可以按照自身的投资偏好对细项指标赋予权重取舍，而不是一个综合性的整体评价结果。

（三）短期回报和中长期绩效之间差异

我国 ESG 相关的产品合计发行了 17 只，相对于公募基金 7289 只产品、17.69 万亿元的资管规模而言，ESG 的产品数量远远不够。究其原因，主要是从资产回报率、净资产回报率、边际利润率看，上市公司从事 ESG 在短期并没有带来应有收益，也不会给股东带来丰厚回报。ESG 投资需要 5 年、10 年才能有回报。而我国现在 ESG 投资历程非常短，还有很多问题没有解决，现有数据没有办法来支撑长期的绩效研究。

但从长远来看，社会责任投资（ESG）表现好的公司是具有长期价值的，能够给投资者带来更好回报。因为 ESG 是一个关于长远可持续发展的理念，实际上能达到股东利益最大化。比如，1 年内的股东利益最大化，还是看 5 年内的股东利益最大化，两者在经营上是有差异的。如果牺牲环境，压榨员工，这是一个简单办法，也许能短时间获取可观利润。对于股东来讲，真正能够长远发展，才是做到利益最大化、长期化。所以，我们赞成这样一种观点，社会责任投资（ESG）表现好的公司，中长期会带来比较好的投资回报，即重视社会责任、重视公司治理，不仅有长期发展战略，更有使命感，能够抵住短期诱惑。[1] 用 ESG 思维来管理企业，不但不损害股东利益，还可以为股东获取更长久、更好的收益。当然，这种回报在短期内可能无法实现，会给投资者造成收益迟缓，最终形成短期回报和长期绩效之间的不平衡。

---

[1] 中国市场 ESG 的重点和难点 [N]. 中国证券投资基金业协会网站，2020 – 11 – 12.

八、ESG 数据整合缺乏合理性

目前，国内已经出现 ESG 评级评价服务，但大多数受制于数据缺陷和专业整合能力不足，定量、客观的数据比重较少，更多采用定性指标或高度依赖专家评分。这使目前我国 ESG 数据精准度存在一定限制。例如，一些上市公司非财务性指标区分度不高，无法对其具体举措和实施效果进行有效衡量。有学者指出，有不少基金经理投资组合的绩效比较低，就把它包装成 ESG 基金，对外声称做了社会责任，导致 ESG 的投资和绩效存在负向相关关系。同时，不同行业数据与实现 ESG 投资诉求存在差距，社会责任投资数据整合缺乏合理性，需要投资者容忍基金回报率低下的现实。① 因此，如何将不同指标整合起来使其保持内在一致性，成为我国未来社会责任投资（ESG）数据整合的一个关键因素。

九、对 ESG 的理解分歧拉大

本章前面曾经提及马斯克炮轰社会责任投资（ESG）的事情，真实原因是马斯克的特斯拉公司在 2022 年 5 月被从标准普尔 500 的 ESG 指数里面踢出去了。为此，马斯克十分愤怒，就在推特平台上炮轰 ESG 是一场骗局。

其实，马斯克对 ESG 进行炮轰并不是一个偶然事件，实际上在整个投资界对 ESG 一直存在非常大的争论，隐藏着对 ESG 不同的理解。一种观点认为，ESG 是一种对企业经营不负责任的做法。1970 年，米尔顿·弗里德曼（Milton Friedman）在《纽约时报》上发表了一篇文章《企业的社会责任就是增加利润》，提出"企业只有一种社会责任，那就是利用其资源并从事旨在增加其利润的活动"，而做其他事情都是不务正业的表现。米尔顿·弗里德曼的理论经过半个多世纪，一直影响着企业家的思路和眼界，也是现代大多

---

① 张俊杰. ESG 投资的争议与困境［N］. 人大重阳金融研究院网站，2022 – 07 – 26.

数企业传统经营观念。①

但是，50 年以后的 2019 年，企业圆桌会议发布了《以公司为宗旨的声明》，由 181 位首席执行官签署，他们承诺领导公司，以造福所有利益相关者，包括客户、员工、供应商、股东。该声明概述了企业责任的现代标准，包含了 ESG 的功能性元素。

今天，整个市场逻辑发生变化了。50 多年前米尔顿·弗里德曼教授认为的一切增加利润的努力都是符合规范的观点似乎不能让所有人完全接受了。越来越多不同的观点和意见产生，并影响企业的生产和经营活动，哈佛大学迈克尔·波特（Michael E. Porter）教授就是其中之一。② 迈克尔·波特教授提出，企业战略是至关重要的，可以通过某一种战略达到很多种目的，这样可以起到企业"高人一等"效果，在做 ESG 过程中可以形成竞争优势，这个主要原因就是企业做很多对社会有益处的好事可能会有回报。③

当前，社会责任投资（ESG）在我国也是属于新兴事物。一方面，对于 ESG 表现优异公司的未来增长和长远收益，许多投资者仍持观望态度；另一方面，我国许多企业尚未意识到履行 ESG 责任对于企业自身长久发展有着重要意义，对履行公共责任的积极性不高。从 2010—2020 年文献中可以发现，大概有一半的研究发现 ESG 和企业财务回报之间是正相关的，还有一半的研究是发现 ESG 和企业财务回报之间没有任何相关性，尤其在 ESG 与企业财务

---

① 1970 年 9 月 13 日，米尔顿·弗里德曼（Milton Friedman）在《纽约时报》上发表了具有里程碑意义的文章"企业的社会责任就是增加利润"时，认为在自由企业私有财产系统中，公司高管是企业所有者的雇员。他对雇主负有直接责任。责任是按照他们的意愿开展业务，通常是在遵守其社会基本规则（包括法律和道德习惯）的前提下，尽可能多地赚钱。In afree‐enterprise, private‐property system, a corporate executive is an employeeof the owners of the business. He has direct responsibility to his employers. That responsibility is to conduct the business in accordance with theirdesires, which generally will be to make as much money as possible whileconforming to their basic rules of the society, both those embodied in law andthose embodied in ethical custom.

② 迈克尔·波特（Michael E. Porter, 1947—），哈佛大学商学院教授，在世界管理思想界可谓是"活着的传奇"，是当今全球第一战略权威，也是商业管理界公认的"竞争战略之父"，在 2005 年世界管理思想家 50 强排行榜上，长年位居第一。

③ 张俊杰. ESG 投资的争议与困境［N］. 人大重阳金融研究院网站，2022 – 07 – 26.

回报之间没有达成共识，折射出当前我国社会对社会责任投资（ESG）问题存在不同认识和理解。

十、没有形成本土化 ESG 理论体系

传统投资理论是十分成熟的，无论是著作还是学术研究报告都是丰富多彩的。但在社会责任投资（ESG）领域，我们基本上都是引入国外一些资料性文献，我国并没有真正形成符合国情的 ESG 理论体系，比如 ESG 立法保护理论、ESG 社会评价理论、ESG 生态环境保护、ESG 投资策略、ESG 产业转型升级模型、ESG 经济社会生态协调发展理论、ESG 监管策略与机制以及 ESG 与普惠金融关系研究没有真正开展起来，或者说只进行了一些局部或初步研究，尚未构成一个 ESG 理论体系。所以，有学者曾一针见血地指出，在 ESG 投资发展背后，实际上是金融投资理论体系的重大转型。如果没有形成自己的理论体系，最后将是没有理论指导的一场无主题商演活动而已。[①]

今天，我们不仅要看到 ESG 在投资技术方面的重大转型，更要看到这种转型对投资机构带来理论突破。比如在社会责任方面，乡村振兴、共同富裕等都是我国可持续发展、高质量发展内容的具体体现，如何与 ESG 有机结合起来，共同推动社会进步，促进 ESG 企业的可持续发展，这些都是需要逐渐建立本土化 ESG 理论才能够解决的。

第三节　我国社会责任投资改进与建议

一、提高 ESG 社会认知度

政府部门、监管机构和新闻媒体应加大宣传力度，增强市场主体对社会责任

---

① 屠光绍. 把握好 ESG 发展的"三重"主线［N］. 高金智库 SAIF，2022－07－27.

投资（ESG）的了解，提升 ESG 社会认可度。比如借助互联网优势，通过媒体宣传，让企业认识到社会责任投资的好处和重要性，鼓励发布 ESG 报告，联合相关机构从整体上加强国内上市公司对 ESG 理念和体系的认知。又如，通过举办论坛、培训等形式，让更多金融机构、上市公司、媒体甚至个人投资者参与进来，深入了解社会责任投资（ESG），引导更多金融机构开展高质量的 ESG 投资。

当然，提高 ESG 认知度最快的方法就是人才培养和岗位增加。目前，摩根士丹利、毕马威、高盛、德勤、普华永道、安永等诸多名企在全球范围内开放了大量 ESG 岗位。例如，普华永道针对 ESG 业务作出全球扩招 10 万人计划，并计划投资 120 亿美元在 ESG 业务，在中国内地＋中国香港招聘的人数将达到 15000 人。安永专门成立了 ESG 咨询公司安永碳业（EY carbon），并计划投资 1 亿英镑。未来 3 年内招聘 1300 人，推出行业内首个采用机器人技术的 ESG 管理平台。德勤与世界自然基金会合作，面向 33 万员工推出"气候学习计划"。毕马威也计划未来 3 年在中国扩招 7000 人，频繁与大学互动，加强对 ESG 人才的培养。

2022 年 9 月，中国香港财经事务局表示，拨款 1000 万港元培养 ESG 人才。香港特区政府计划还放宽移民要求，可以通过申请，不需要公司的 Sponsor 就可以来香港从事相关行业。香港上市公司新世界发展还举办过大型招聘会，增聘近 1000 个职位，其中薪酬中最高的就是 ESG 策略师，月薪高达 10 万港元（人民币约 8.8 万元）。[①] 香港特区政府一系列的操作提高了 ESG 人才的回流，也提振了香港社会责任投资行业的发展。

二、建立统一 ESG 评估标准

（一）设立本土化 ESG 评估体系

在设计国内社会责任投资评价体系时，可以适当参考国际标准。但是，

---

① 香港官宣：ESG 人才，来了就给绿卡［N］．图解金融，2022 – 12 – 23．

有一点是必须坚持的，我国与西方国家经济、社会发展情况不同，不能完全照搬照抄别国的样式，我们应该将国际经验与本国实际相结合，建立符合我国社会与经济发展情况的评价方法。比如，针对我国投资市场、行业特点，设计具有中国特色的评价指标体系，对联合国责任投资原则（PRI）中不适合我国本土化内容条款坚决不能接受，剔除国外影响力投资评价体系中不适用于国内市场的指标，不能盲目照搬照抄，聚焦国内社会舆论与投资者普遍关心的问题，从社会企业孵化到扶贫济困，从医疗健康、儿童福利到老人照料、残障人群保障都可采用社会影响力评估，增加经济安全度、社会/情感/物质福利、激活社区活力、就业机会等评价指标，设计出更完善、操作性更强的社会责任投资评估体系，立足我国"双碳"和绿色发展目标，完善我国ESG评价体系。

未来我国ESG评级该向何处走？首先，坚持"问题导向"，即针对国内社会责任投资领域存在的问题逐步改善评级体系，逐步提高评估的准确度。其次，坚持"目标导向"，即更好地通过评级体系引导ESG投资去实现可持续发展目标，加速推进这一体系的标准化、规范化，致力于建立统一的与国情相适应的ESG评价体系。最后，坚持"价值导向"，进一步探索具有共识的量化ESG价值的方法论。比如，在环境披露方面，管理部门所规定的准则尽快落地，企业披露方式多样化，无法进行量化分析的方法坚决取缔，导致"完整性的缺失，披露方式停留在责任报告层面"上的坚决不用。[①]

（二）提高评级客观性和透明度

目前，国内不同ESG评级机构在评价方法和体系上存在较大差异，导致不同机构评级结果客观性较低，无法确定市场对企业ESG表现的真实反馈，影响了投资者对ESG评级结果的使用价值。因此，应制定相应规则，关注能

---

① 安国俊，华超，张飞雄，等. 碳中和目标下ESG体系对资本市场影响研究——基于不同行业的比较分析［N］. 腾讯网，2022-06-03.

够影响公司中长期经营和估值的核心指标，并将其纳入指标体系，加强各科研机构对环境和社会风险测算、环境压力测试、环境效益评估，鼓励第三方评级机构对上市公司进行 ESG 评分，提高评级方法的客观性、透明度，提高评级结果的可信度。

（三）建立本土化 ESG 第三方评估数据库

2022 年 7 月 25 日，深圳证券信息有限公司正式推出国证 ESG 评价方法，发布深市核心指数（深证成指、创业板指、深证 100）ESG 基准指数和 ESG 领先指数。国证 ESG 评价方法旨在提供适应我国市场的 ESG 评价工具，在环境、社会责任、公司治理 3 个维度下，设置 15 个主题、32 个领域、200 余个指标，全面反映上市公司可持续发展方面的实践和绩效，为深交所进一步推动 ESG 指数及指数产品发展创新提供坚实数据库。①

随着"双碳"战略持续深入推进，必须遵循"立足本土、借鉴国际、特色鲜明、动态完善"原则，通过专业的、有公信力的中介机构整合 ESG 第三方评估数据库，为 ESG 相关产品创新、ESG 学术研究提供可靠的数据支持，为投资者提供决策依据，引导金融资源向低碳领域聚集，助力推动经济高质量发展。

三、加快制定 ESG 本土化信息披露制度

（一）加快制定本土化信息披露标准

从全球市场看，不少国家和地区针对机构投资者建立起了 ESG 信息披露规则，例如英国、新加坡开始实施强制披露制度或"不遵守就解释"的半强制披露制度。2022 年 3 月，中国香港联交所发布《2021 年上市委员会报

---

① 深交所发布 ESG 评价方法和 ESG 指数　完善深市特色指数体系　服务低碳可持续发展［N］.深交所网站，2022－07－25.

告》，企业的 ESG 报告应与年报同时披露。① 日本 GPIF 基金（Government Pension Investment Fund）选定运用"优秀的综合报告"和"改善度高的综合报告"作为公开披露的信息进行评估，取得了良好的社会影响力效果。②

反观我国沪深交易所对上市公司 ESG 信息披露的要求较为宽松，没有要求强制披露，也没有要求单独披露 ESG 报告。有学者初步统计：截至 2021 年 12 月末，发布 ESG 报告的数量大多数集中在上市公司，大约只有 27% 的公司发布了 ESG 报告，其中沪深 300 上市公司中有 259 家。这表明我国上市公司拥有 ESG 信息披露意识并不多，ESG 理念渗透到了企业经营管理中并不强。③ 不同国家与地区 ESG/环境信息披露对比如表 4 - 5 所示。

表 4 - 5　不同国家与地区 ESG/环境信息披露对比

国家/地区	欧盟	中国	美国	中国香港
参考依据	欧盟生态管理与审核体系（EMAS）	《上市公司环境信息披露指引》	《证据法》《环境会计导论》《超级基金法》	《环境、社会与管治报告指引》
披露力度	半强制	自愿披露	强制	不遵守就解释
披露内容	所有环境污染企业及上市公司必须公开环境信息。对环境信息进行编码，有利于投资者对比和分析	消耗资源总量。排污种类、去向、数量和浓度。废物处理、处置情况。定性描述指标和类型	环境负债、环境监控成本、环境问题对公司财务状况和竞争地位影响。有毒物质排放点、排放量和排放周期	环境指标、社会雇佣及劳动常规指标。四项原则：重要性、可量化、平衡性、一致性

为此，我国应该制定专门的社会责任投资（ESG）信息披露制度，在借鉴国际标准的基础上，中国银保监会、中国证监会、国家发展改革委等部门应建立相关监管政策框架，完善我国企业 ESG 信息披露制度，由监管机构制定统一披露指引，出台统一且 ESG 信息披露法规，逐步由自愿披露过渡至强

---

①　陈雨露. 加强金融科技监管顶层设计和审慎监管 [J]. 金融博览，2021（1）.
②　日本 ESG 投资的现状和问题——以日本养老金公积金为例 [J]. 当代经理人，2020（3）.
③　刘金硕. 我国 ESG 投资的痛点与对策 [J]. 金融界，2022 - 02 - 24.

制披露，特别在社会责任投资评估方面，由自愿到强制性、从定性到定量披露。

近年来，中央财经大学绿色金融国际研究院就陆续推出了以 ESG 为核心的"美好中国 ESG100 股票指数""深港通绿色优选股票指数""沪深 300 绿色领先股票指数"以及"中证——中财沪深 100ESG 领先股票指数"。这些指数成为建立国内 ESG 披露标准的参考因素，加快了构建具有中国特色的评价指标体系，使评估内容、评估过程和评估结果更符合中国国情。为此有学者提出，当前阶段，可以借鉴我国香港地区推行的 ESG 信息披露制度，逐渐将一些自愿披露事项转变为半强制性披露，不披露就解释，并增加部分强制性披露指标，激励企业披露 ESG 详细信息，进行可量化评价，最终实现"不披露就解释"，不断激励企业披露 ESG 详细信息，逐步实现由"自愿披露"转变为"半强制性披露"再转变为"强制性披露"。①

中国人民大学中国资本市场研究院在《中国 ESG 发展白皮书（2021）》预计未来我国 ESG 信息披露逐步趋严。金融监管部门发布了《公开发行证券的公司信息披露内容与格式准则第 2 号——年度报告的内容与格式（2021 年修订）》，相较于其 2017 年发布的年报格式准则，进一步明确了上市企业 ESG 信息披露标准和格式，完善了 A 股上市公司的 ESG 信息披露框架。生态环境部门发布了《环境信息依法披露制度改革方案》，将"到 2025 年基本形成强制性环境信息披露制度"定为主要工作目标，进一步对上市企业信息披露有关文件格式进行修订，将环境信息强制性要求加入上市企业申报规则中，并在申报文件中予以落实。

（二）提高信息披露数据真实性

完成 ESG 信息披露强制化的政策路径，细化专项报告、临时报告以及特别申明的具体披露要求，不能笼统披露，不能选择性披露，鼓励企业年度报

---

① 刘金硕. 我国 ESG 投资的痛点与对策 [J]. 金融界，2022 - 02 - 24.

告进行第三方审计，细化自愿披露具体标准，提高披露数据完整性和真实性。比如，各评估机构应实行智能化数据收集，避免出现主观判断，尝试智能化数据收集，自动生成数据，对每个企业作出公平客观评价，有效防止道德风险。

（三）提升信息披露监管执法效能

真实、准确、完整的信息披露是社会影响力投资生存之本，但信息披露的监管执法也是社会影响力投资的重要因素。鉴于国际上已有多家交易所、证券监管机构或一些非政府组织提出要求上市公司披露 ESG 相关信息，有的交易所还推出专门的信息披露指引，加强提升信息披露监管执法效能。未来我国必须依靠强力监管推动，加强对未履行数字信息公开披露的社会投资机构的处罚措施，完善监督管理措施，加大 ESG 信息披露力度，强化社会责任投资（ESG）的信息披露监管执法力度。

四、国企必须积极参与和推进

国际上倡导 ESG、影响力投资的企业都是私人企业，但我国具有自身的制度优势，在发展社会责任投资（ESG）进程中一定需要国有企业作为主力军来推动。有学者曾经提议，让国有主导型金融机构投入进来，而不是仅仅由民营机构在社会责任投资（ESG）中唱"独角戏"。只有这样，整个社会才会形成对社会责任投资的共识，带动更多的全社会的资本都来做这件事，从边缘走向主流的重要着眼点。① 中国工商银行、中国农业银行、中国银行、中国建设银行、交通银行和中国邮储银行均出具独立的 2020 年《社会责任报告》，披露了自身公司治理、环境绩效和社会绩效，中国银行、中国建设银行、交通银行对应对气候变化风险议题还设置了独立章节，公布了 2018 年以来三年的物料、能源、水资源使用、降碳减排等数据和相关信息，为国企树

---

① 贝多广. 社会责任投资的实践与前景［N］. 中国普惠金融研究院网站，2021 - 11 - 12.

立了很好的榜样。

从边缘迈向主流的关键是让国有企业投入。国有企业推进上市公司 ESG 投资实践，引领民营企业、中小企业开展社会责任投资，激发市场主体绿色低碳投资活力，发挥绿色金融、可持续金融、影响力投资的作用，对于社会责任投资发展将会产生深远影响。

五、完善独立第三方评级及认证机构

近年来，一批本土化 ESG 评级机构涌现，但还处在发展的早期阶段，面临一系列挑战，例如如何将国际通行的评级体系和中国实际相结合、如何保证第三方机构的客观性和独立性等。因此有学者提出，现阶段监管机构可对评级机构采取鼓励引导和监督管理措施，对披露的信息进行跟进和调查，保障 ESG 数据完整性和准确性，保证披露更加标准化和定量化，逐渐形成独立的第三方评级和认证系统。[①]

世界范围内，市场经济发达国家的 ESG 评分层面主要是第三方机构。通过信息技术的收集、存储、整合、查询功能，我国应该逐渐完善第三方评估机构的业务水平、信用高低、反响情况的信息资源库，促使第三方评估机构提高自身工作的独立性和专业性。同时，赋予第三方评估组织查阅信息的权限，明晰评估对象主动提交数据的义务，确保评估拥有准确、广阔的信息来源，保障最后得出的结论客观、公正。

六、ESG 理念和碳中和目标相结合

2020 年 12 月 16 日，中央经济工作会议首次将"做好碳达峰、碳中和工作"纳入发展重点对于资本市场发展和 ESG 评价指标体系。在碳中和政策引导下，包括银行、券商、基金、保险等各类金融机构开始将 ESG 作为新的发

---

① 安国俊，华超，张飞雄，等．碳中和目标下 ESG 体系对资本市场影响研究——基于不同行业的比较分析［N］．腾讯网，2022－06－03.

力点，充分说明了绿色金融作为碳中和实施路径的重要性。中国证券投资基金业协会统计数据显示：截至 2021 年 6 月 30 日，我国有 65 家资产管理机构和服务商成为负责任投资倡议组织（UNPRI）签署方，资产管理规模达到 1.5 万亿美元。我国多家银行签署《负责任银行原则》（*Principles for Responsible Banking*），积极推动 ESG 投资在我国市场深度融合，彰显了中国银行业在绿色金融、社会责任方面的承诺和实践。①

当前，"双碳"目标已成为全社会的共识，实现"双碳"目标以及推动大规模的低碳转型需要大量资金支持，在未来 ESG 投资必须得到更多的关注。2021 年 12 月末，我国已经发行了 95 只名称中含有"ESG"的银行理财产品。截至 2021 年 12 月，国内已发行的 ESG 相关基金共有 175 只，其中 2021 年发行的相关产品达 86 只。公募基金领域，2021 年泛 ESG 公募基金的规模超过 5000 亿元人民币，较 2020 年增加了 1 倍以上，未来可期。②

七、推进 ESG 与绿色金融协同发展

2021 年，中国绿色贷款余额为 15.9 万亿元，同比增长 33%，居各类别贷款增速之首。同时，泛 ESG 公募基金也实现快速增长，管理资产规模达 5400 多亿元，较 2020 年增加了 3 倍多。在全球范围内，我国绿色贷款和绿色债券存量分别占全球第一和第二的位置。然而，这只是 ESG 市场的"冰山一角"。虽然"碳达峰"目标节点是在 2060 年，但是大量的投资行为将发生

---

① 2019 年 9 月 22 日，联合国《负责任银行原则》（*Principles for Responsible Banking*）在纽约联合国大会期间正式发布。《负责任银行原则》是联合国环境规划署金融倡议（UNEP FI）牵头，由中国工商银行、花旗银行、巴克莱银行、法国巴黎银行等 30 家银行组织的核心工作小组共同制定。该《原则》为商业银行建设可持续发展体系提供了一致的框架，鼓励银行设定目标，在战略、投资组合和交易层面以及所有业务领域融入可持续发展元素。全球 130 家银行签署了该《原则》，合计资产总额逾 47 万亿美元，约占全球银行业资产总规模的 1/3。截至 2021 年 12 月，中国农业银行、上海农商银行、微众银行以及恒丰银行 4 家银行签署了《负责任银行原则》协议，成为《原则》的首批签署行。

② 刘金硕. 我国 ESG 投资的痛点与对策［J］. 金融界，2022 – 02 – 24.

在未来 5～10 年，成为转型的黄金窗口期。[①] 为此，越来越多专家学者建议，鼓励社会资本设立绿色低碳产业投资基金，推进绿色低碳循环发展的经济体系和清洁低碳安全高效的体系全面建立，为碳达峰、碳中和目标的实现提供稳定的融资支持和实现路径。[②]

目前，我国绿色贷款在国内各项贷款占比仅 8%，对于世界第二大经济体而言，无论是在表内还是表外，对公还是零售，绿色贷款的占比并不相称，存在巨大的增长空间。为此有学者预测，ESG 主题金融产品将成为一个热门赛道，在国内财富管理市场中崛起，从信贷策略、产品及业务模式创新、定价、信贷审核和风险加权等多方面入手，创新更多融资工具，提供多样化的融资服务，其背后的可持续投资产业链也能够快速扩张。[③]

中国企业管理研究会社会责任与可持续发展专业委员会与北京融智企业社会责任研究院共同发布的《中国上市公司 ESG 研究报告（2021）》也认为我国社会责任投资（ESG）有望从公司向项目、重大技术方向扩展，社保基金、养老金、绿色基金、保险资金、政府引导基金、社会公益基金、碳基金等绿色投资将代表不同利益的主体被纳入 ESG 新生态圈，成为中国社会责任价值的 ESG 生态体系的有机部分，践行"一带一路"绿色投资原则。

同时，新冠肺炎疫情也激发了社会投资，环境社会治理债券成为纾困新宠。2019 年，全球绿色债券、社会债券和可持续债券的发行总额共 4000 亿美元，而环境社会治理债券发行额只有区区 200 亿美元，仅占市场份额的5%。2020 年全球新冠肺炎疫情暴发以后，各国疫情纾困所急需的资金缺口巨大，仅仅靠政府拨款和慈善组织的捐助难以补足，社会债券在项目融资方面优势明显。从整体上看，环境社会治理债券在 2020 年上半年所占市场份额

[①] 洪偌馨，伊蕾. ESG 全球风暴：等风者、追风者与逆风者 [N]. 新浪金融研究院网站，2022 - 06 - 09.

[②] 安国俊，华超，张飞雄，等. 碳中和目标下 ESG 体系对资本市场影响研究——基于不同行业的比较分析 [N]. 腾讯网，2022 - 06 - 03.

[③] 洪偌馨，伊蕾. ESG 全球风暴：等风者、追风者与逆风者 [N]. 新浪金融研究院网站，2022 - 06 - 09.

增势迅猛，发行额不但快速超越 2019 年规模，甚至有追平追绿色债券的趋势。仅 2020 年 4 月，就有 320 亿美元等额的环境社会治理债券和可持续债券发行，总量已超过绿色债券。① 中金公司预测：到 2025 年，中国 ESG 投资规模将达到 20 万亿 ~30 万亿元，占全球资管行业总规模的 20% ~30% 。

>>>**【案例 4 – 2】**

　　截至 2021 年 12 月末，中国银河证券共发行 13 只绿色债券，规模 265.8 亿元。2014 年完成永清环保非公开发行项目，募集资金 3.27 亿元。2016 年发行"华能新能源股份有限公司绿色债券""武汉地铁绿色中期票据"。2018 年发行的"烟台银行绿色金融债券"获得"2018 年中国区五星绿色债券项目"。2018 年获得"银行间绿色债券优秀承销机构"奖项。同时，中国银河证券与亚金协绿金委合作，推介亚洲绿色金融实践，制定亚洲版绿色金融原则，开展东南亚地区绿色金融工作。

　　　　　　　　　　　　　　　　案例来源：中国银河证券网站。

　　总之，我国未来发展 ESG 投资，秉承求同存异、协同发展的理念，通过多样化金融产品和数据服务，满足不同投资者的多样化需求，支持资产所有者开展 ESG、绿色金融、可持续金融等工作，为社会债券在中国的发展带来了广阔的前景。

八、加快构建中国特色 ESG 体系

　　毋庸讳言，引进的社会责任投资（ESG）是"舶来品"，虽然个别部分有助于我国企业履行社会责任，但环境测评、社会标准、公司治理评价体系并不完全适合我国社会环境和经济市场，尤其不适合大多数国有企业。市场

---

　　① ESG 系列 9——中国可持续发展监管面临的难点、挑战与展望［N］. 舍得低碳频道，2022 – 06 – 05.

呼唤建立具有中国特色的社会责任投资评价体系由来已久，但绩效甚微。相反，套用西方国家社会责任投资（ESG）体系的做法在国内市场并不占少数。

我们主张构建属于本土化社会责任投资体系，这是由我国现阶段政治、经济和环境政策所决定的。

第一，我国经济发展最大特征就是发展不平衡，比如城乡差别，东西部地区经济、社会、生态发展不平衡，决定了我国社会责任投资不同的使命和任务，加之我国能源结构还是以化石能源为主，长期以来工业污染比较厉害，环境保护意识薄弱。这些因素构成了我国社会责任投资与西方标准的评估标准、认证体系以及数据指标之间存在一定的差异。

这就意味着，作为当今世界第二大经济体可以分享各国的成功经验，但不能盲目照搬照抄西方国家现成模式和体系。如果把不合适中国国情的一套东西强加到本国企业头上，最后的结果是可想而知的。

我们必须尊重本国社会发展阶段、市场结构、经济成分、环境保护意识的不同"国情"，在 ESG 的投资理念、指标建设、实际运用、信息披露等方面必须考虑本地企业现状，体现我国"十四五"规划、2035 年远景目标、绿色金融发展路线，形成适合本国市场的环境保护、公司治理、社会责任、企业等级的综合要求，不能简单地把西方国家的投资标准和评价体系移植过来就"大功告成"。比如，在全球碳达峰进程中，既要符合全球统一的标准框架，又应考虑把中国标准融入全球标准之中。再比如，鼓励发展培育本土化社会责任投资评级机构，提高本土评级机构的评价质量和效率，促进中国标准更安全落地，让本国社会责任投资（ESG）参与主体更容易接受。当然，我们也不能关起门来搞自己的社会责任投资体系，完全排斥西方国家社会责任投资系统中先进经验也是错误的，必须在全球社会责任投资和中国社会责任投资之间开启互动模式。

第二，在参与全球社会责任投资过程中，我们不仅要贡献中国力量，更要发出中国声音，体现出中国话语权。2022 年 11 月，中国上市公司协会

ESG专业委员会就率先提出要"形成具有中国特色、国际认同的ESG管理体系和评价体系",受到全国很多上市公司的响应和称赞。现阶段,全球社会责任投资并没有形成一整套基本的标准、规范,国际组织正在进行协调重组并推进这些基本准则的制定,比如国际可持续准则委员会(ISSB)启动信息披露准则征求意见行动,我国必须参与到这些基础准则的制定过程中,向全世界展示中国方案。

作为当今世界第二大经济体,我国社会责任投资(ESG)是全球社会责任投资的重要组成部分。今天的世界需要中国声音,不仅要参与到全球的社会责任投资(ESG)体系建设中,还要让全球社会责任投资(ESG)共识更多地体现出包括中国元素在内的多样化形式和内容,承担起共同促进社会企业可持续发展使命,拥有中国话语权,构建可持续发展理念下的人类环境保护和社会发展的命运共同体。

九、助推普惠金融健康发展

普惠金融是力求使受到传统金融体系排斥的中小微弱群体获得金融服务。所以,普惠金融就是社会责任投资(ESG)在小微金融领域的体现,可以实时、全方位、真实地体现企业的ESG表现,关注中小微企业环境行为、履行环境污染防治主体责任,督促开展环境信息披露,制定有效环保措施,促进节能减排和产业升级,引导中小微企业的投资都倾向社会责任投资方向,通过对绿色普惠金融的倡导去调整金融资源的流向,成为普惠金融战略发展的方向之一。

≫≫【案例4-3】

在社会责任方面,网商银行开发了卫星遥感风险控制系统——"大山雀"。2021年,"大山雀"已经应用于所有合作区县,服务超过60万种植大户,在缺乏数据的农村地区架起联网的"天线",以硬科技助力农村金融发展，并将持续拓展"大山雀"的识别种类。在绿色低碳方面，网商银行通过基于企业知识图谱技术的"大雁系统"，与 140 多家绿色品牌企业合作，为其下游 1.4 万小微经销商提供超过 200 亿元的绿色采购贷款；还通过"绿色经营"互动小程序，鼓励推广线上收款、扫码点单、使用电子发票、电子面单发货等绿色低碳的经营行为，参与的小微经营者超过 350 万家。

案例来源：网商银行《2021 年可持续发展报告》。

ESG 可以提供适合农村需求的普惠金融产品和服务，促进农村数字普惠金融更好地服务"三农"，深化"银税互动""银商合作""信易贷"等模式，支持金融机构为农民创业提供稳定资金流，不断净化农村数字普惠金融发展的生态环境。

十、金融科技融合互动

ESG 评价体系涵盖了很多非结构化数据源，需要借助金融科技力量进行提取。比如，使用卫星遥感数据，对影像区域的光谱特征、空间特征、极化特征和时间特性进行分析，获取植被信息、土壤墒情、水质参数、地表温度、空气质量等变化数据，有效填补环境维度的数据。又如，通过智能化数据采集系统自动收集各大新闻平台、监管平台的信息，第一时间发现企业诸如行政处罚、负面舆情风险，分析舆情正负面情感情况及严重程度，以此调整企业 ESG 评分，发挥 ESG 评分的参考价值。

未来，我国社会责任投资（ESG）与金融科技的结合有望进一步加深。ESG 评价涉及海量数据，通过智能报告图像解析、自然语义理解、遥感影像分析、大数据分析等技术，实现全方位、多视角、智能化的 ESG 评价信息的采集和量化。国外的 ESG 评级和指数公司 MSCI、新涌现的 FinTech 公司、老牌资管公司路博迈都是社会责任投资与金融科技的知名案例，其中的经验和教训也都值得我们借鉴和学习。

第五章
金融科技伦理失范与修正

1955 年 4 月 11 日，爱因斯坦在逝世前一周签署了著名的《罗素—爱因斯坦宣言》，其中有这样一句话："我们必须学会用新的方法来思考。"今天，这句名言依然具有意义，可以用来讨论金融科技伦理问题。从全球范围看，科技伦理治理也是一项富有挑战性的工作。

金融科技提高了服务效率、质量和能力，促进了经济社会发展，深刻改变了传统金融服务的方式和业态，同样也带来非常复杂的影响，带来更加多元化的伦理挑战，衍生出复杂多样的伦理问题，给金融监管、金融安全带来一系列新挑战。比如"大数据 + AI 技术"是金融数智化升级的强劲驱动力，但数据的非法或过度采集、隐私数据传播与滥用、算法歧视、模型黑盒（不可解释性）风险隐患也带来了伦理风险。

近年来，虽然我国积极参与国际科技伦理规范的制定，先后组织力量参加世界卫生组织《卫生健康领域人工智能伦理与治理指南》、联合国教科文组织《人工智能伦理问题建议书》等起草工作，与欧盟科技创新委员会联合举办中欧科技伦理和科研诚信研讨会，共谋科技伦理共治，但我国除了生命医学、实验动物、转基因技术外没有任何科技伦理规范。因此，今天我们就需要加强科技伦理研究，从科技创新的角度关注"能做什么"，从伦理道德的层面审视"该做什么"，探寻个人信息保护与合理合规使用的最大公约数，尽早要求科技伦理沿着不伤害人类、自然的方向发展，而不是阻碍、伤害金融科技发展。

第一节　金融科技伦理的由来与实践

一、金融科技伦理产生的原因分析

（一）两次金融危机的科技伦理思考

1998 年，美国经济学家保罗·克鲁格曼（Paul R. Krugman）分析 1997

年亚洲金融危机原因，根据各国应对金融危机的措施以及金融危机下各大中小型企业发展现状，总结出这一危机的爆发与金融市场的道德风险和伦理监管失衡有着密切关联。①

后来，英国学者安德里斯·R. 普林多（Andreas R. Prindl）和比莫·普罗德（Bimal Prodhan）2002 年在《金融领域中的伦理冲突》一书中，系统阐述了金融领域中的利益冲突与伦理冲突。他们认为，由于存在广泛的利益冲突、风险承担者之间冲突、信息拥有人之间冲突和社会价值冲突，金融领域伦理冲突就成为商业界一些最难解决的问题。②

美国人约翰·R. 博特赖特（John R. Boatright）在《金融伦理学》一书中，认为金融市场问题复杂多样，而金融伦理问题系统性研究更是到了迫在眉睫的地步。③《金融伦理学》对金融领域与伦理相关的话题进行了全面的考察，内容涉及金融市场、金融服务、金融管理和金融理论，还对金融公司理论和公司金融目标的观念进行了批判性考察，对金融伦理问题进行了分析。

这些英美金融伦理学家认为将金融业单纯认为是纯技术行业的论断是片面的。他们认为 2008 年美国次贷危机引发全球性金融危机，就是金融行业过度依靠"金融工具"的恶果。伦理原则不是某一行业或者某一领域的"独有

---

① 保罗·克鲁格曼（Paul R. Krugman），犹太人，美国经济学家，是自由经济学派的新生代，理论研究领域是贸易模式和区域经济活动，普林斯顿大学经济系教授。1991 年获克拉克经济学奖，2008 年获诺贝尔经济学奖。克鲁格曼主要研究领域包括国际贸易、国际金融、货币危机与汇率变化理论。他创建的新国际贸易理论，解释了收入增长和不完全竞争对国际贸易的影响，其中就包括对伦理的研究与分析。

② 《金融领域中的伦理冲突》围绕着风险承担者之间冲突、信息拥有者之间冲突，全面分析了金融领域存在的潜在冲突。《金融领域中的伦理冲突》已经成为全世界金融学和银行学学生和金融专业人员的重要读物。

③ 约翰·R. 博特赖特（John R. Boatright），美国经济学家，芝加哥洛约拉大学昆兰商学院 Raymond C. Baumhart 商业伦理教授，Baumhart 企业与社会责任中心主任，在芝加哥大学获得哲学博士学位。代表作品《伦理与商业活动（2012）》[*Ethics and the Conduct of Business*（2012）]。博特赖特教授是商业伦理协会前会长，目前担任《商业伦理季刊》（*Business Ethics Quarterly*）、《商业伦理杂志》（*Journal of Business Ethics*）和《商业与社会评论》（*Business and Society Review*）的编委，在经济伦理学方面颇有建树。

物"，在金融领域应该发挥出普遍约束力。^① 因此，任何金融创新行为都不能离开伦理道德的约束而自行发展，金融市场参与者也不能单纯地作为理性经济人而存在，还应当具有"道德人"应有的伦理素养。

（二）金融与科技融合不当

科技伦理是道德观照现实的产物。科技伦理起源于对部分科技工作者开展反人道主义科学研究实验的反思。而金融科技伦理则起源于对新工业革命特别是互联网金融市场乱象的反思。美国管理学家斯蒂芬·P. 罗宾斯（Stephen P. Robbins）根据企业的成长经历，把企业社会责任的扩展划分为四个阶段：第一阶段，管理者通过寻求企业成本最低、利润最大来增加股东的利益；第二阶段，管理者承认其对雇员的责任，改善工作条件，扩大雇员权利，增加工作保障等；第三阶段，管理者把他们所承担的社会责任扩展到具体环境中的利益相关者，包括消费者、供应商和销售商等；第四阶段，管理者对社会整体负责，他们经营的事业被看作公共资产，对提高公众利益负有责任，是一种对社会道德和秩序的责任。^② 这已经十分接近今天的金融科技伦理问题，特别是要求管理者的道德水准必须与市场准则相一致。

瑞士学者戈尔德·莱昂哈德（Gerd Leonhard）曾经说过，随着技术向人类生活各个方面渗透，数字伦理问题将愈演愈烈，成为每个人、每个机构都无法忽视的要害。可悲的是，我们至今没有通用的全球语言来讨论这个问题，更不用说就权力和责任达成一致意见。对于人类发展而言，数字技术伦理的

---

① 浅析共享金融：国内外研究现状和发展趋势 [N]. 财经小窝，2022 - 07 - 26.
② ［美国］斯蒂芬·P. 罗宾斯（Stephen P. Robbins）是管理学教授，组织行为学倡导者，他在亚利桑那大学获得博士学位，先后在布拉斯加大学、协和大学、巴尔的摩大学、南伊利诺伊大学、圣迭戈大学任教，罗宾斯博士兴趣广泛，尤其在组织冲突、权力和政治以及开发有效的人际关系技能等方面研究成就突出。斯蒂芬·罗宾斯还是一位多才的作者，曾经在《商业地平线》《加州管理评论》《商业和经济观察》《国际管理》《管理评论》《加拿大人事和工作关系》及《管理教育》等学术刊物上发表了许多论文。罗宾斯博士的《管理学》（第4版）已经成为目前世界很多国家最受欢迎的管理学教材，且连续数年畅销不衰。

威胁可能比核扩散还要大。①

确实如此。近年来，金融与科技实现了高度融合发展，大数据、云计算、人工智能和区块链使得传统银行、保险、证券行业能够提供高效率、高附加值的产品与服务，降低交易成本，提升金融行业运转效率。但是，随之也产生了一系列如数据过度采集、监管套利、算法黑箱等新型问题，背后隐藏的伦理道德问题也由此产生。

2018 年，一些影响重大的事件让市场人士开始反思互联网的发展变革。虽然大数据、模拟算法等新技术释放了更多落地空间，刷脸识别、指纹解锁等应用场景改变了生活和社交方式，但随之产生的各种信息安全风险，比如，Facebook—剑桥分析数据丑闻、滥用人脸识别技术、算法偏见等事件让人们深刻感知到科技发展背后隐藏的伦理问题，信息茧房、假新闻、算法歧视、人工智能滥用问题更是持续引发社会关注。

（三）金融市场存在制度性缺陷

在次贷危机爆发前，美国金融制度一直被很多国家所推崇。然而，恰恰是最不可能发生金融危机的美国却发生了席卷全球的金融危机。究其原因，是因为美国的金融制度缺乏诚信伦理精神的加持，使得金融市场所有制度成为一种功利性工具，只为赚取更多的利润服务而不是为了金融市场的道德与安全服务。除了谋取金钱和巨额利益外，美国金融制度中没有任何金融伦理可言，最后出现重大金融危机是必然的结果。因此，有学者撰文指出，美国这种崇尚自由精神的金融制度，使得个体的欲望没有节制的约束，失信和欺诈行为就会充斥整个金融市场。加之还存在一些制度决策失误，比如，市场和政府的过分干预产生了伦理危机。当政府政策没有倾斜性质的保护时，金

---

① ［瑞士］戈尔德·莱昂哈德（Gerd Leonhard）. 人机冲突：人类与智能世界如何共处［M］. 张尧然，高艳梅，译. 北京：机械工业出版社，2019.

融危机就爆发出来了。①

（四）传统文化缺失所致

对于中国人来讲，伦理学科在某种程度上是舶来品，我们没有与此相对应的传统与经验，在科技伦理上存在先天的不足。由于西方具有悠久的宗教传统，即便科技领域是一个全新的未知领域，并无相应规范，大多会受到宗教伦理约束。而中国传统的儒家伦理是基于农业社会建构出来的，仅仅解决了人伦与社会秩序问题，而建制化的科技是近代工业化的产物。有学者就此断言，我们根本不可能从儒家伦理中分化出符合科技发展的现代科技伦理观念。②

这种观点虽然有些偏激，但我国传统文化缺少对于至善的、普遍的形而上思考，在面对社会结构整体变迁时，原有的传统道德规范大多不太适合金融市场，可资借用的伦理资源不多，加上我国金融伦理研究大多处于起步状态，这就导致目前我国金融市场很难出现成熟定型的伦理规范，金融市场伦理空白随处可见，我国金融科技伦理领域基本是一片亟待开拓的处女地。

（五）金融监管制度滞后

一般而言，监管存在一定的滞后性，而金融市场不断发展变化，往往具有一定的超前性。金融监管政策和政府法令可能会跟不上金融市场变化，造成政府调控与市场机制不适应情况。同时，金融监管政策和政府法令覆盖面也是有限的，可能会出现辐射不到、偏离伦理精神或监管过度现象。一旦监管失灵，各种违背金融伦理和职业道德行为随之而来，造成金融市场伦理失衡风险。

---

① 董玉娇. 金融市场伦理道德风险研究［N］. 腾讯网，2022－02－28.
② 李侠. 科技伦理：没有约束的科技是危险的［N］. 光明日报，2015－07－31.

二、金融科技伦理指导与实践

（一）中央层面的金融科技伦理指导

1. 金融科技伦理监管框架和法律制度

2017 年 7 月，国务院出台《新一代人工智能发展规划》，明确提出要制定促进人工智能发展的伦理规范，首次将生物医学以外的学科领域的伦理问题提上日程。

2019 年 6 月，国家新一代人工智能治理专业委员会发布《新一代人工智能治理原则》，提出了人工智能治理的框架和行动指南，着重提出了发展"负责任的人工智能"这一主题。同年 7 月，中央全面深化改革委员会第九次会议审议通过《国家科技伦理委员会组建方案》。

2021 年 1 月，全国人大颁布施行《民法典》，新增科技伦理条款，规范新药研制、医疗器械使用以及从事与人体基因、人体胚胎等有关的医学和科研活动。同年 3 月，全国人大颁布施行的《刑法修正案（十一）》中，新增克隆人类胚胎、违反基因编辑伦理规范等行为的入刑标准及刑事责任条款，新增对违反严重人伦道德的新型职业犯罪的刑事处罚。

2021 年 3 月，中国人民银行发布了《人工智能算法金融应用评价规范》，建立了人工智能金融应用算法评价框架，系统化地提出基本要求、评价方法和判定准则，为金融机构加强智能算法应用风险管理提供指引，也为今后人工智能提供了伦理标准。同年 4 月，中国人民银行金融科技委员会明确"建立健全金融科技伦理监管框架和制度规范"。一旦金融机构、科技企业在经营过程中存在伦理"越界"行为，定将会受到监管处罚。

2021 年 4 月，全国人大颁布施行《生物安全法》，对生物技术研究开发与应用活动的伦理要求作出明确规定，建立生物科技伦理审查、信息披露等常态化工作机制，自觉践行科技伦理规范，坚决抵制一切利用生物技术牟利或者危害人民的不良行为。

2021 年 5 月，最高人民法院出台司法解释《关于审理银行卡民事纠纷案件若干问题的规定》（法释〔2021〕10 号），规定不管是借记卡还是信用卡，如果遭遇了盗刷，持卡人都可向银行索赔损失。司法解释认为，银行相较于持卡人理应具有更高的风险预防、控制和承受能力，应当以更加安全的技术措施保障持卡人用卡安全。显然，这个司法解释无疑嵌入了伦理元素，符合制造风险者应防范风险的法理，鼓励发卡行提供安全性更高的银行卡服务，从源头上降低风险发生概率。

2021 年 7 月，国家科技伦理委员会发布《关于加强科技伦理治理的指导意见（征求意见稿）》，向社会公开征求意见，落实中央关于"健全科技伦理治理体制""健全科技伦理体系"的决策部署，加大科技伦理治理力度，推动科技向善，保障我国科技事业健康发展。

2021 年 12 月 17 日，中央全面深化改革委员会第二十三次会议审议通过了《关于加强科技伦理治理的指导意见》，提醒金融行业充分认识金融科技伦理治理的重要性和紧迫性，把握伦理问题矛盾根源与本质规律，探索建立符合我国国情、与国际接轨的金融科技伦理治理体系，完善相关法律法规和伦理审查规则，为金融数字化转型加速推进、行稳致远保驾护航。

2022 年 1 月，全国人大新修订实施的《科学技术进步法》（第 82 号主席令）中，进一步细化增加了科技伦理治理的相关要求，尤其是针对滥用职权阻挠、限制、压制科学技术研究开发活动，或者利用职权打压、排挤、刁难科学技术人员的行为，都可以对直接负责的主管人员和其他直接责任人员依法给予处分。

2022 年 2 月，中国人民银行印发的《金融科技发展规划（2022—2025年）》，在明确金融数字化转型的总体思路、发展目标、重点任务的同时，明确指出"强化金融科技治理，全面塑造数字化能力，健全多方参与、协同共治的金融科技伦理规范体系，构建互促共进的数字生态"。

2022 年 3 月，中共中央办公厅、国务院办公厅正式印发了《关于加强科技伦理治理的意见》，成为我国国家层面科技伦理治理的第一个指导性文件，对科技伦理治理作出具体部署。该意见从总体要求、伦理原则、伦理治理体制、伦理治理制度、审查与监管、教育与宣传等角度对我国科技伦理体系建设提出了系统化的设计与意见，确立了开展科学研究、技术开发需要遵循的价值理念，明确了科技伦理是科技活动必须遵守的行为规范，促进科技活动与科技伦理协调发展、良性互动，填补了我国科技伦理治理制度的诸多空白。

2022 年 10 月 9 日，中国人民银行正式发布了《金融领域科技伦理指引》（*Guidelines for Science and Technology Ethics in Financial Sector*）（JR/T 0258—2022）标准，将金融科技定义为"技术驱动的金融创新"，其核心是持牌金融机构在依法合规前提下运用现代科技成果改造或创新金融产品、经营模式、业务流程等，推动金融发展提质增效。该指引明确科技伦理即开展科学研究、技术开发等科技活动需要遵循的价值理念和行为规范，提供了守正创新、数据安全、包容普惠、公开透明、公平竞争、风险防控和绿色低碳 7 个方面的价值理念和行为规范。

2. 金融伦理与负责任创新专业委员会

近年来，虽然违背金融伦理行为时有发生，但我国在开展科研诚信建设、制度规范、教育引导、监督惩戒等方面的工作一直在进行中，部门沟通、协同、联动有了较大提高，正在逐渐形成全社会推进金融科技伦理建设合力。

2020 年 10 月 21 日，我国政府专门成立"国家科技伦理委员会"，推动覆盖全面、导向正确、规范有序、统筹协调的科技伦理治理体系建设。

2022 年 3 月 23 日，中国人民银行金融科技委员会强调建立健全金融科技伦理监管框架和治理规范，加强科技伦理风险预警、跟踪研判和敏捷治理，引导从业机构落实伦理治理主体责任，用"负责任"的科技创新打造"有温度"的金融服务。①

2022 年 9 月 21 日，中国科学学与科技政策研究会科研诚信与负责任创新专业委员会正式成立，聚集学者、社会各界形成工作合力，重点培育金融伦理学术研究及决策咨询、学术交流、教育培训等品牌，在提高诚信意识、优化科研环境等方面取得实效，从事科技评估、科技咨询、科技成果转化、科技企业孵化和科研经费审计的科技中介服务机构要严格遵守行业规范，坚定遵守金融科技伦理，实现自我规范、自我净化，杜绝违背金融科技伦理和职业道德诚信要求的行为。

3. 政府科技伦理管理系统

2019 年 7 月，中央全面深化改革委员会第九次会议审议通过了《国家科技伦理委员会组建方案》，加强统筹规范和指导协调，推动构建覆盖全面、导向明确、规范有序、协调一致的科技伦理治理体系，完善制度规范，健全治理机制，强化伦理监管，细化相关伦理审查规则，规范各类科学研究活动。

2019 年 10 月，党的十九届四中全会提出"健全科技伦理治理体制"，亟须完善科技伦理治理研究机制，健全科技伦理监管制度，构建具有自身特色的学科体系、学术体系、话语体系，健全科技伦理治理体制作为国家治理体系的重要组成部分，促进我国科技伦理事业健康发展。

2020 年 10 月，党的十九届五中全会提出"健全科技伦理体系"，国家科技伦理委员会负责指导和统筹协调，推进全国科技伦理治理体系建设工作。科技部承担国家科技伦理委员会秘书处日常工作，国家科技伦理委员会各成员单位按照职责分工负责科技伦理规范制定、审查监管、宣传教育等相关工作。

4. 科技伦理治理国际交流合作

2021 年 6 月 28 日，世界卫生组织（WHO）发布了《卫生健康领域人工

---

① 张琼斯. 央行金融科技委员会：建立健全金融科技伦理监管框架和制度规范［N］. 上海证券报，2022－03－24.

智能伦理与治理指南》（*Ethics and Governance of Artificial Intelligence for Health：WHO Guidance*），这项指南依托世界卫生组织任命的卫生健康领域人工智能伦理与治理专家组编写。为此，世界卫生组织总干事谭德塞（Tedros Adhanom Ghebreyesus）在指南发布声明中特别指出："就像所有其他的新技术一样，人工智能对于提升世界上数以亿计民众的健康潜力巨大。但也正如其他技术一样，也能够被误用和带来危害。这份重要的新报告为不同的国家最大化人工智能的益处和最小化其风险并避免危害提供了一份有价值的指南。"①受国家卫健委和科技部推荐，中国科学院自动化研究所作为世界卫生组织卫生健康领域人工智能伦理与治理专家组成员参与了报告编写发布的全过程，为世界人工智能领域伦理合作和治理框架作出了积极贡献。

2021 年 11 月 24 日，联合国教科文组织大会第 41 届会议通过了《人工智能伦理问题建议书》，这是全球首个针对人工智能伦理制定的、包括中国在内的 193 个成员国正式采用的伦理框架，要求世界各国采取行动，禁止使用人工智能系统进行社交评分和大规模监控，确保个人都能够访问甚至删除其个人数据的记录，改善个人对自己数据的控制权，降低带来的人为风险。

（二）地方层面金融科技伦理实践

1. 深圳金融科技伦理委员会

2020 年 12 月 13 日，2020 年中国（深圳）金融科技全球峰会在深圳盛大举行，会上宣布"深圳市金融科技伦理委员会"正式成立。深圳市金融科技伦理委员会是在深圳市地方金融监督管理局推动下，由深圳市金融科技协会组建成立的，也是全国第一个关于金融科技伦理建设的专业组织，旨在探索建立金融科技道德标准、金融科技创新与监管机制，增强金融服务实体经济与防范化解金融风险能力，助力深圳市金融科技在"双区驱动"大背景下的合规创新建设，推动建设健康完整的金融科技生态系统。

---

① 世界卫生组织发布卫生健康领域人工智能伦理与治理指南 [N]. 科技日报，2021 - 06 - 30.

与此同时，《深圳市金融科技伦理宣言》首次正式发布，通过"九条倡议"呼吁每一个金融科技企业、每一位金融科技从业者维护金融科技伦理建设，共同促进金融科技领域中个人、组织和社会之间关系改进，使深圳市金融科技发展朝着有利于促进技术、商业和道德共同繁荣的方向发展。

2. 浙江金融科技伦理委员会

2021 年 3 月，浙江成立了全国首个省级金融科技伦理委员会——浙江数字金融科技联合会（Zhejiang Association of Fintech，ZAFT）金融科技伦理（专业）委员会，并发布《浙江金融科技伦理七倡议》（见图 5 - 1），呼吁金融科技从业者应始终坚持以人为本，在创新发展中考虑公平包容、尊重伦理和社会责任。

以人为本	关注技术对人和社会的影响，尊重人的主体性和社会共同价值，服务人类社会整体利益，促进社会健康和可持续发展。
创新发展	稳妥创新，推动金融科技不断升级；用科技创新的办法解决前进中的问题，推动伦理标准提升。
公平包容	关注技术对人和社会的影响，尊重人的主体性和社会共同价值，服务人类社会整体利益，促进社会健康和可持续发展。
开放共赢	尊重、维护行业参与者权益，坚持开放包容、互利合作，构建开放、共赢的商业生态，推动金融服务普及和经济社会效率整体提升。
安全审慎	把维护金融稳定与数据安全作为行业发展生命线守正创新、遵从监管，不断提高公司治理和风险管理水平。
尊重伦理	树立诚信、公平、透明、负责的企业行为准则，恪守社会主义价值观，尊重社会约定俗成的伦理、文化、公德，倡导健康、积极、绿色的消费观和金融文化。
社会责任	积极响应国家战略，服务实体经济和人民大众多样化金融需求；紧密协同企业与社会目标，增进行业与社会互信，实现行业发展与社会福祉双赢。

图 5 - 1　浙江金融科技伦理七倡议

浙江数字金融科技联合会金融科技伦理（专业）委员会联合由北大、人大、上海交大、浙大、蚂蚁集团研究院等发起的"数字金融开放研究尖峰计划"，融合清华大学经济管理学院中国金融研究中心、北京前沿金融监管科技研究院，开展对金融科技伦理探讨，推动金融科技行业高质量发展。

《浙江金融科技伦理七倡议》主要聚焦技术对人和社会的影响，尊重人的主体性和社会共同价值，尊重消费者的知情权、隐私权，充分做好消费者权益保护，把维护金融稳定与数据安全作为行业发展生命线，守正创新，服务实体经济和人民大众多样化金融需求等。

浙江数字金融科技联合会金融科技伦理（专业）委员会成立后，参与《金融科技伦理指引》国家标准编写、参与《金融科技人才评价体系研究》项目、发布《算法应用的用户感知调查与分析报告》，并利用浙江治理经验与科研力量，推动金融科技企业伦理自律机制研究、算法治理、数据利用与数据治理等重大课题研究，积极推动行业规范和标准落地。

3. 上海交通大学科技伦理委员会

2020 年 6 月 1 日，上海交通大学科技伦理委员会成立大会暨科技伦理委员会 2020 年度第一次全体会议召开。上海交通大学科技伦理委员会的成立，将在完善原有科技伦理审查的基础上，进一步保护受试对象的安全、福利及提高研究结果的可信性，更好地推动科研项目的健康发展以及相关技术的正确运用，科学、全面且精准地进行科技项目伦理审查与跟踪，尊重和保护人类受试者的合法权益，规范试验行为，规避伦理道德风险，助力金融科技研究工作迈上更高台阶。

4. 北京金融科技产业联盟

作为我国金融科技行业组织，北京金融科技产业联盟积极发挥行业组织自律功能，围绕《金融科技发展规划（2022—2025 年）》有关金融科技伦理建设要求，组织联盟成员单位准确研判金融科技伦理挑战，制定金融科技伦理自律公约、科技伦理体系、标准制定，组织会员单位参与金融科技伦理体系、标准等研究，并配套金融科技伦理自律公约和行动指南，发挥价值引领与行为规范自律作用，引导金融科技从业人员增强金融科技伦理意识，筑牢金融科技伦理自律防线，推动全行业形成金融科技创新向善的正确理念，推进金融科技良性可持续发展。[1]

（三）我国金融伦理学术研究动态

20 世纪是一个人类伦理文化风云际会的伟大时代。伦理学理论因激荡澎湃的社会生活而获得新的发展契机，不仅形成了系统的规范伦理学、严谨的分析伦理学和丰实的描述伦理学，而且产生了许多为其他世纪闻所未闻的伦理学新学科，如生命伦理学、生态伦理学、技术伦理学、核伦理学、空间伦理学、管理伦理学、经济伦理学、网络伦理学，等等。

我国对于金融伦理的研究开始于 20 世纪 90 年代末。亚洲金融危机爆发后，人们意识到金融领域所暴露出来的问题已经无法单纯依靠金融理论来解决，需要一种新的理论研究方式来弥补金融理论的空白。1999 年，王小锡教授发表经济伦理学权威著作《中国经济伦理学》，首次系统地归纳了经济伦理学总纲，对金融伦理的概念作出了具体的阐述，总结性地回答了什么是金融伦理、金融伦理包括什么以及金融伦理如何实践等一系列问题。2000 年，许国平与陆磊所写的《不完全合同与道德风险》中，反思了我国金融市场在亚洲金融危机中暴露的问题，其中就有金融伦理问题，认为对于金融伦理的研究必须具体到金融服务、风险控制、金融制度甚至财务成本层面，以确保金融伦理理论具有针对性与专业性，否则，空谈金融伦理是对金融市场的一种无聊浪费。[2]

2008 年，王琦教授在《金融职业道德概论》一书中，点明了道德伦理与金融业发展的密切关系。王琦教授认为，人性有善恶两重倾向性，未经社会关系

---

① 聂丽琴，黄本涛，姚文韬. 恪守金融科技伦理底线，促进金融科技健康发展 [N]. 金融电子化，2022 - 07 - 13.

② 张雄. 浅析共享金融：国内外研究现状和发展趋势 [N]. 财经小窝，2022 - 07 - 26.

熏陶的人性犹如一块白板，无所谓善恶，引导它们成为现实的是后天的道德实践。如墨子在《墨子·所染》中所言："染于苍则苍，染于黄则黄。"道德实践是人在某种道德理想指引下，依据是非善恶等道德观念和准则评价选择而进行的、有目的的活动。人们通过道德实践获得道德认知，坚定道德意志，然后再回到实践中，将道德认知变为实际行为，形成稳定一贯的道德品质，再反作用于实践。只有道德实践，才最终使有道德理想的人成为一个道德高尚的人。

2009 年，丁瑞莲教授在《现代金融的伦理维度》一书中，从宏观层面分析了金融学与伦理学的关系，从伦理学的视角出发来应对现代金融发展的要求。丁瑞莲教授又在第二年出版的《金融发展的伦理规则》中，对金融伦理规制进行了全新诠释，提出了金融伦理规制的内在根据和作用机理，从理论上回答了金融伦理规制何以可能的问题。

2010 年，梅世云教授出版《论金融道德风险》著作，以金融领域的道德风险为研究对象，从伦理学、经济学和管理学的视角，运用经济金融的基本原理、哲学、伦理学的基本思想，从人性、制度、道德脆弱性等方面对于经济伦理与金融伦理的概念进行系统论述，奠定了金融领域伦理理论基础。

2011 年，王曙光教授出版《金融伦理学》，试图解开利益关系与利益冲突的关键点。该书认为所有伦理学存在的根本原因是在于人类社会生活中的利益关系与利益冲突，在一个没有利益冲突的社会中，伦理是没有必要存在的。鲁滨逊在孤岛中，是不存在伦理道德的。但是，在金融体系中，之所以伦理成为必要，是因为无处不在的利益冲突。比如，在存款人与商业银行的利益关系中，就存在着利益冲突。商业银行就有必要持守一定的伦理原则，以诚信经营为核心，为存款人利益负责，解决商业银行与存款人的利益冲突。《金融伦理学》就此提出之所以金融领域普遍存在腐败现象，是因为金融领域比其他领域更容易发生与信任相关的不道德行为，根本原因在于金融所涉及的都是"别人的钱"（Other people's money），意味着金融领域中的机构和个人出于贪婪的欲望而更容易发生欺诈、操纵、违约和不公平交易。因此，金融市场必须寻找一个能够最大限度地解决金融体系中人类利益冲突的伦理准则框架，调整与委托人（存款人）的利益关系。

2020 年，唐丽华博士在《中国伦理文化与金融现代化》中提出，金融现代化与伦理之间存在紧密关系，离开了伦理文化，金融市场是不可能真正实现现代化的，最多只是一部赚钱的机器，没有人性，没有社会和谐，没有市场发展的内在人心动力。

2022 年，张雄教授在《浅析共享金融：国内外研究现状和发展趋势》中，从精神现象学的角度对 21 世纪金融化世界做了深刻的哲学解构，认为金融化世界是一种逐利的世界。在这种"逐利主义"的侵蚀下，金融的异化发展已经产生一种"金融内化"现象，这种现象直接导致了对人类整体主义精神的日趋衰减。

2022 年 4 月 14 日，中国财富管理 50 人论坛举行"构建金融科技伦理治理体系课题"成果发布会，发布了《构建金融科技伦理治理体系报告》，提出了治理框架和路径，包括一个目标、五项原则、七条路径，有助于推动金融产业科技各方面凝聚共识，提升对金融科技伦理治理的紧迫性的认识，对推动金融科技以人为本，伦理自觉先行、风险可控，加快金融产业科技的融合将发挥重要作用。

2022 年 7 月，国务院学位委员会印发《关于下达 2021 年学位授权自主审核单位撤销和增列的学位授权点名单的通知》（学位〔2022〕12 号），复旦大学"应用伦理"获批增列为硕士专业学位授权类别，成为培养我国复合型伦理人才的领先平台，试图解决当代医学实践、前沿科技探索等方面产生一系列伦理问题，同时也培养一大批兼具专业技术和哲学伦理学背景的复合型人才，增设健康伦理、医学伦理、科技伦理、大数据伦理等应用伦理专业人才，也缓解了当前我国此类专门人才奇缺的矛盾。①

---

① 陈琍，陈思．复旦新增 4 个学位授权点！应用伦理、社会政策、气象、口腔医学上榜［N］．复旦大学网站，2022 - 07 - 22．

2022 年 7 月，辽宁省人民政府办公厅发布《关于成立辽宁省科技伦理委员会的通知》，大连理工大学科技伦理与科技管理研究中心成为首批应聘的研究机构，重视科技伦理教育，充分发挥学校理工科优势，组建了一支由文科和理工科教师组成的"文工团"教学团队，面向全校本科生开设"科学技术与工程伦理"课程，面向全校工程专业研究生开设"工程伦理"课程。

2022 年 8 月，大连理工大学科技伦理与科技管理研究中心还积极参与国家和地方科技伦理治理调研和咨询工作，承担中国工程院院士科技咨询项目课题（新兴科技领域伦理治理的基本理念和演进路径研究）、科技部委托工作任务（科技伦理治理的发展趋势）、辽宁省智库软科学项目（辽宁省科技伦理治理的现状与对策研究）、中国科协高端科技创新智库青年项目（新兴科技伦理治理"社会试验"路径研究）、中国科协科技智库青年人才计划（人工智能伦理的全球研究态势与风险预判）等，探索金融行业、学校、企业和医院科技伦理治理合作研究，积极开展新工科人才的工程伦理意识与职业道德和规范研究。

三、国际金融科技伦理发展情况

（一）美国

在美国，人们对于伦理和道德规范的学术关注，可以追溯到 19 世纪晚期。美国早期社会学界的领军人物之一阿尔比恩·W. 斯莫尔（Albion W. Small）通过在 1895 年出版的首期美国社会学期刊发表文章，向企业时代打响了象征性的一枪："不仅仅是公共办事处，私人企业也应该为公众所信任。"阿尔比恩·W. 斯莫尔的观点反映了知识分子对新出现的"超级企业"的深切关注。这种关注不仅包含了对于这些经济组织获取的经济、政治权力的畏惧，更希望这些企业组织能够承担应负的社会责任。

20 世纪初，美国加利福尼亚大学伯克利商学院课程中有"哲学研究：商业伦理的历史和原则"，还出版了大量有关社会责任和商业道德方面的书籍，提供给大学生在课堂内开展学术讨论。① 20 世纪 50 年代，美国结束了战争，大多数美国公众并不关心有关商业伦理和公司社会责任的公共政策，更多的是享受着"和平与繁荣"的艾森豪威尔时代。学者理查德·T. 德·乔治（Richard T. DeGeorge）将这段时期归纳为"伦理道德起作用的前夜阶段"。显然，伦理道德并没有真正成为一个专门的商业伦理领域，美国人更关心商业活动中的等价利益交换。

20 世纪 60 年代，人们对于金融市场大银行、大公司的所作所为产生了不安和忧虑。哥伦比亚、哈佛、伯克利、康奈尔、卡内基梅隆和西北大学在内的美国商学院，开始关注商业道德对金融市场的影响，将非市场环境因素，诸如社会、政治、经济、宗教和伦理结合到管理学的教育中。

20 世纪 70 ~ 80 年代中期，美国金融街的商业领导者们面临一系列新出现的商业伦理和职业道德方面的问题。有学者总结为公司职工忠诚、信任以及安全稳定问题是由信息技术所引发的员工和顾客的隐私所致。② 虽然美国金融街不愿给出解决方案，但政府和立法机构十分重视这些问题。1974 年美国通过《隐私法案》（*The Privacy Act*），对收集和使用个人数据的行为边界和责任作出了规定，其中包含有金融伦理与道德的成分。20 世纪 80 年代，美国又颁布了一系列行业隐私法律，诸如《金融隐私权法案》《健康保险隐私及责任法案》《电视隐私法案》《儿童在线隐私权保护法案》，对最早的个人数据隐私保护法案作出补充，很多条款涉及伦理和道德成分。

---

① 在这一时期，美国涉及金融道德和社会责任主题的书籍，包括 1926 年由埃德加·黑尔曼斯（Edgar L. Heermance）所著的《商业伦理：当前标准的研究》。该书聚焦于一个非常现代的主题：商业伦理规范，并以此规范作为促进更多符合商业伦理的行为手段。另外，小阿道夫·贝勒（Adolf A. Berle, Jr.）和加德纳·米恩斯（Gardiner C. Means）于 1932 年出版的《现代公司与私有权》一书，还有稍晚一些时间出版的贝勒《20 世纪资本主义革命》和《没有所有权的权力》，霍华德·鲍恩（Howard R. Bowen）的《生意人的社会责任》，弗朗西斯·萨顿（Francis X. Sutton）等的《美国商业信条》以及爱德华·梅森（Edward S. Mason）的《现代社会中的公司》。这些书籍对日后美国学术界有关公司社会政策视角和商业道德发展产生了深远的影响。

② SINOSS. 美国的商业伦理研究 [J]. 国外社会科学文摘，2002（12）.

到了 20 世纪 90 年代，美国社会开始出现一些专注于商业伦理的学术团体、研讨会和期刊，诸如国际商业社团、经济与伦理道德规范学会，针对政府防务订单承包商过高索价、在外国市场销售美国国内被禁止的有害产品、不顾环境健康和安全标准的业务活动、服务人员失业数目增加以及商业行贿行为开展了广泛的讨论，企图唤醒政府官员、企业家、金融监管者以及社会大众对商业领域丧失伦理道德的认知和警惕。

2014 年 5 月，美国总统科学技术顾问委员会（President's Council of Advisors on Science and Technology，PCAST）向时任美国总统奥巴马提交独立报告《大数据与隐私：一种技术视角》（*Big Data and Privacy：A Technological Perspective*），提出美国隐私权的各个领域均与大数据应用发生了冲突，大数据不但削弱了人们对个人信息的控制，而且可以从普通数据中挖掘出隐藏的个人信息。

为此，美国总统科学技术顾问委员会（PCAST）鼓励美国发展可用于隐私保护的技术和策略，包括网络安全、密码学与加密技术、知情同意原则、匿名与去识别化、技术的稳健发展等，还建议美国科学与技术政策办公室（Office of Science and Technology Policy，OSTP）及有关教育机构、专业协会积极增加隐私保护方面的教育培训机会，让更多的美国人接受技术专业人员职业伦理教育。

2015 年，美国国家科学基金会（National Science Foundation，NSF）成立了"大数据、伦理与社会理事会"（Council on Big Data, Ethics and Society，BDES），通过汇聚一批人类学、哲学、金融、法律、宗教等不同学科的研究人员，开展一系列研究活动，帮助有关研究人员、从业者和社会公众理解支撑大数据现象的社会、伦理、法律和政策议题。[1]

2016 年，美国货币监理署（Office of the Comptroller of the Currency，OCC）宣布设立专门的创新办公室和有关工作框架来支持负责任的金融创新，

---

[1] 汪小亚. 数据伦理建设在金融科技发展中不可或缺 [J]. 清华金融评论, 2020 (1).

开展金融科技伦理方面的教育和指导，将"负责任的创新"作为一个监管主题。美国货币监理署（OCC）认为，在当今美国越来越多的金融科技公司通过替代平台和交付渠道，以及利用分布式账本、大数据分析等新技术提供金融产品和服务，产生了大量不公平的、欺骗性的、歧视性的活动。这必然要求金融科技数据处理过程也需在"负责任的创新"框架下执行。

2019 年，美国政府问责局（Government Accountability Office，GAO）发布的《互联网隐私》报告，强调推进类似于欧盟《通用数据保护条例》（*General Data Protection Regulation*，GDPR）的数据与隐私立法进程，弥补迄今为止美国没有一部通用的网络隐私保护立法的缺陷。从整体看，如果这一进程最终实现，全球网络空间治理复杂性将进一步增加。

2020 年以后，一些美国名牌大学的知名学者纷纷加入咨询公司做伦理道德咨询工作，或到大型公司担任伦理道德官员。他们是希望走出一条"学术走向企业"的道路，通过商业伦理实践而"获得不同的效果"，帮助金融科技企业内部的商业伦理实践者日趋职业化，金融伦理不断得到重视和加强。

（二）欧盟

1. 数据信息与金融伦理

随着金融科技应用深度和广度的不断拓展，数字鸿沟、技术排斥、算法歧视、隐私泄露等科技伦理挑战引发全球性关注，国际社会关于加强金融科技伦理治理的呼声日益强烈。对此，欧盟设立了数据保护机构——欧洲数据保护专员公署（European Data Protection Supervisor，EDPS），负责监督和确保个人数据和隐私保护，促进欧盟数据和隐私保护领域的沟通与完善。

2015 年，欧洲数据保护专员公署发布了一个 5 年计划解决数据领域新出现的道德问题，呼吁大家共同探讨随着数据领域的不断拓展，反思数据驱动背景下的权利和价值观，包括探讨如何借助数据伦理来强化数据保护原则。

2016 年，挪威主权财富基金（Government Pension Fund of Norway，GPFN）专门设立道德委员会，考虑禁止投资可能研发出杀人机器的高技术企业，不允许投资研发地雷与核武器的企业。现在，道德委员会正将目光投向研发自动武器的企业，禁止投资涉嫌系统性违反人权的企业。

2017 年，欧洲经济和社会委员会发布了《欧洲就业与社会发展报告》（*Employment and Social Developments in Europe*），全面回顾过去一年欧盟就业和社会发展状况，其中就有对欧洲科技伦理问题的政策回应，并对大数据环境下的科技伦理进行了总体概括。

2018 年 5 月 25 日，欧盟颁布《通用数据保护条例》（*General Data Protection Regulation*，GDPR），这也是全球个人数据保护的最著名立法之一，在全球范围内受到极大关注。《通用数据保护条例》建立了欧盟统一的个人信息保护和利用规则，明确规定了数据获取者与控制者的责任，给出了个人数据和隐私保护的严格规范，有效促进了欧盟范围内个人数据的合理流通和充分利用。

2018 年 11 月，欧洲数据保护专员公署发布《伦理与数据保护指引》（*Guidance Note on Ethics and Data Protection*），主要是为欧盟研究与创新框架计划中的研究项目提供数据伦理指引，指导研究者识别和应对有关伦理问题，其中涉及假名与匿名化、数据默认保护设计、儿童数据收集、知情同意、自动决策与大数据、数据保护影响评估、数据二次使用、境外收集与跨境传输等方面。作为独立数据监管机构和政策顾问，欧洲数据保护专员公署已将数据伦理见解融入其日常工作中，强调法律上可以接受的行为还应具备道德伦理的考量。

2018 年 12 月，欧盟人工智能高级专家组（High-Level Expert Group on Artificial Intelligence，AI HLEG）正式发布《可信人工智能伦理指南（草案）》（*Ethics Guidelines for Trustworthy Artificial Intelligence*），其中将"隐私和数据治理"作为人工智能伦理的七大准则之一，要求确保完全尊重隐私和数据保

护，以及确保具有充分的数据治理机制，并考虑数据质量、数据完整性和数据的合法访问。① 2019 年 4 月，欧盟人工智能高级专家组正式发布了《可信人工智能伦理指南》（*Ethics Guidelines for Trustworthy Artificial Intelligence*），提出了一个可信人工智能框架，强调伦理的规范性和技术的健壮性，提出总计 10 项可信人工智能的要求和 12 项技术、非技术性用于实现可信人工智能的方法。欧盟人工智能高级专家组列出了必须遵守的五项原则和相关价值观，确保以人为本的 AI 发展模式。比如，人类与 AI 系统互动时必须保持充分有效的自我决定权。如果一个人是 AI 系统的消费者或用户，有权决定是否受制于直接或间接的 AI 决策，有权了解与 AI 系统直接或间接的交互过程，并有权选择退出。又如"向善"原则，AI 系统通过创造繁荣、实现价值、达到财富的最大化以及可持续发展来为人类谋求福祉。因此，向善的 AI 系统必须是可以帮助提升公民心理自决，平等分享经济、社会和政治机会促进福祉。

2019 年 3 月，德国成立了数据伦理委员会，负责为德国联邦政府制定数字社会的道德标准和具体指引。同年 10 月，德国数据伦理委员会发布《针对数据和算法的建议》，围绕"数据"和"算法系统"展开，包括"一般伦理与法律原则""数据""算法系统""欧洲路径"四部分内容，旨在回答联邦围绕数据和人工智能算法提出来的系列问题并给出政策性建议。

德国数据伦理委员会认为，人格尊严、隐私安全、自我决策、可持续发展是德国不可或缺的数字社会行为准则，这一理念应在"数据"和"算法系统"监管中加以贯彻。数据伦理委员会主张多样化监管的理念，治理手段不仅包括立法和标准化建设，还包括各方利益的协调、科技伦理和行业自律。

《针对数据和算法的建议》是德国数据伦理委员会设立以来的主要研究成果，不仅为德国下一阶段数据和算法的监管提供了较为清晰的思路，其监管思路还有可能被纳入欧盟未来的人工智能规则构建之中，影响全球的数据保护政策。有学者就曾经认为，德国数据伦理委员会在论及欧洲未来的发展

---

① 汪小亚. 数据伦理建设在金融科技发展中不可或缺［J］. 清华金融评论，2020（1）.

时应提出数据和算法建议，在未来全球竞争中，能够更好地面对技术和商业模式的快速更迭，捍卫数字主权（the Digital Sovereignty）不仅是一种政治上的远见，还是一种道德责任外化（Expression of Ethical Responsibility），在未来有可能成为全球数据伦理规则的制定标准。①

2022 年，欧洲保险和职业养老金管理局（EIOPA）成立了数字伦理咨询专家组，协助制定保险行业数字伦理原则和规范，核心职责是提高金融产品透明度以及对保险投保人、养老金计划成员和受益人的保护，其中包括金融数字伦理的构建和推广。②

2. 人脸识别与金融伦理

近年来，自人脸识别技术成熟后，欧盟也开始重视人脸识别技术对金融市场产生的影响，当然包括负面影响。早在 2019 年，Ada Lovelace 研究所一份调查报告显示：受访者对其商业用途感到不安，55% 的受访者希望政府限制警方使用该技术。只有 17% 的受访者希望看到人脸识别技术用于超市的年龄验证，7% 的人赞成将其用于追踪顾客，4% 的人认为将其用于筛选求职者是适当的。③ 于是，2020 年 1 月，欧盟推出一项人脸识别技术限制使用立法议案，试图加强对个人隐私和数据权益的保护，以及对人脸识别技术适用范围的管理。2021 年，欧洲政府和公司又大规模地利用现有的公共摄像头网络，开展人脸与数据库实时匹配的生物识别试验。这让欧洲数据保护监督机构 EDPB 感到担忧，因为当前人脸伪造技术破译人脸信息，用"假人脸"顶替"真人脸"已经不是一件很困难的事情，可以利用人脸特征信息进行违法犯罪。

---

① 曹建峰，熊辰. 德国发布 AI 和数据伦理的 75 项建议，提出算法和协同治理等理念 [N]. 网络法专报，2019 - 10.

② 欧洲保险和职业养老金管理局（EIOPA）是欧盟取代欧洲保险和职业养老金监事（CEIOPS）委员会金融监管机构。它是根据欧盟法规 1094/2010 建立的。EIOPA 是负责欧盟层面微观审慎监管的三个欧洲监管机构之一，是欧洲金融监管体系的一部分。

③ 京莺. 欧盟拟推新立法：公众场所 5 年内禁用人脸识别技术 [N]. 中国新闻网，2020 - 01 - 19.

毫无疑问，人脸识别系统给我们生活带来诸多方便的同时，滥用人脸识别也暴露出触目惊心的隐私问题。在公共摄像头广泛运用的今天，私自获取涉及人们隐私、财产安全的人脸识别摄像头数量惊人，即便用户并没有同意便可采集人脸信息的情况越来越多，甚至这些最核心的生物识别信息，已经被和人们毫无关系的第三方公司所掌握。为此，对人脸识别的抵抗声也在世界各国不断高涨，如伊萨卡市康奈尔大学从事技术伦理研究的社会学家凯伦·利维描述的那样，研究人脸识别的学者"感觉像是科学界真正的觉醒者"。①

2022 年 9 月 24 日，欧盟议会第三大集团 Renew 与绿党、社会党和民主党签署了一项倡议，支持禁止"不加区分地实时扫描人群"的技术，未来的法制框架将会设定一些限制性措施，禁止在公共场所使用人脸识别技术，禁令时间预计 3～5 年，同时将出台更为健全的人脸识别技术风险管理措施。②欧盟委员会认为，虽然更多人认为该技术的存在是"不可避免的"，但人脸识别技术有可能违背科技伦理，必须尽快加以改变。据说，目前越来越多的欧盟议员支持全面禁止面部识别技术。

3. 人工智能与金融伦理

2022 年 9 月 28 日，欧盟委员会通过一项《人工智能责任指令提案》，允许消费者对人工智能技术的"错误行为"造成的损害提出索赔。欧盟委员会表示，索赔的依据可以包括"侵犯隐私，或由安全问题造成的损害"，同时还指出，"如果有人在涉及人工智能技术的招聘过程中受到歧视"都可以提出索赔。③ 这是欧盟委员会第一次提出有针对性地协调各国人工智能的责任规则，使人工智能相关损害的受害者更容易获得赔偿。该指令简化了受害者在证明某人的过错导致损害时的法律程序，同时在涉及高风险人工智能的案

① 人脸识别引发道德伦理担忧！你的脸被监视了吗？［N］. 科技日报，2020－11－27.
② 陈根. 欧洲拟全面禁止人脸识别，支持背后彰显对技术的不安［N］. 搜狐网，2022－09－27.
③ 何渊. 欧盟《人工智能责任指令（提案）》发布［N］. 数据保护官网，2022－09－29.

件中，增加了从公司和供应商处调取证据的权利，受害者将拥有更多的工具或手段寻求法律赔偿。

显然，新提案在保护消费者和促进创新之间取得了平衡，为消费者提供了法律保障，遵循了金融科技伦理和职业道德精神，成为《人工智能法》有效的法条补充，扩大金融科技伦理在人工智能领域的运用。① 如欧盟委员会负责价值和透明度的副主席 Věra Jourová 所说，"我们希望人工智能技术能在欧盟蓬勃发展。通过今天关于人工智能民事责任的提案，我们给用户提供了在人工智能造成损害时的补救工具，使他们拥有与传统技术相同的保护水平，我们确保市场的法律确定性和道德水准。"②

（三）新加坡

2017 年，为推动金融机构负责任和合乎道德地应用人工智能和数据分析，新加坡金融管理局采取了一系列措施，如成立专门委员会、发布应用原则、建立评估框架等，相关工作成果具有较强的参考借鉴价值。

2018 年 4 月，新加坡金融管理局组织行业力量成立了"公平、道德、可问责和透明（Fairness，Ethics，Accountability and Transparency，FEAT）委员会"，制定了一项旨在促进金融机构负责任和合乎道德地使用人工智能和数据分析（AIDA）的指南，帮助金融机构评估其人工智能与大数据分析解决方案的公平性。同年 11 月，新加坡金融管理局发布《促进新加坡金融业公平、道德、可问责和透明地使用人工智能和数据分析的原则》，标志着 FEAT 原则正式发布。③

2020 年 5 月，新加坡金融管理局宣布启动 Veritas 第一阶段，制定信用风险评分和客户营销两个场景的公平性指标，帮助金融机构评估其 AIDA 解决

---

① 欧盟委员会于 2021 年 4 月通过了《人工智能法》提案，确保在欧盟开发和使用的高风险人工智能系统的安全性和可信度，保证个人、企业的基本权利。

② 何渊. 欧盟《人工智能责任指令（提案）》发布［N］. 数据保护官网站，2022 - 09 - 29.

③ 肖翔，周钰博，何君荷. 新加坡人工智能金融应用伦理规范及其启示［N］. 金融电子化，2021 - 06 - 01.

方案的公平性。

2021 年 1 月，新加坡金融管理局宣布 Veritas 第一阶段圆满结束，并发布《FEAT 公平性原则评估方法》。同时，新加坡金融管理局还宣布启动 Veritas 第二阶段，为信用风险评分和客户营销场景开发道德、可问责和透明等方面的评估方法，以及将对公平的评估方法拓展到保险领域。

过去，新加坡人很反感政府干预，认为市场会自动调节，政府干预只会影响市场效率。但是，2008 年美国次贷危机发生之后，市场上大部分衍生金融产品风险还是转移给投资者承担了。由此，新加坡金融监管当局开始加强对金融市场弱势群体保护。深层次原因就是金融市场道德伦理丧失。新加坡金融监管部门和市场人士都意识到仅仅依靠法律和监管并不适合约束所有的金融活动，难以约束那些不道德行为。因为大企业凭借绝对信息优势对金融信息和产品进行误导性宣传，中小投资者和委托人很容易成为金融市场的"韭菜"。于是，加强伦理越来越成为新加坡金融科技领域必须遵守的一项规则。

（四）中国香港

1996 年，中国香港特别行政区设立了个人资料隐私专员公署（Office of the Privacy Commissioner for Personal Data）专门负责本地区个人数据信息的保护工作。1997 年，又颁布实施《个人资料（隐私）条例》［*Personal Data (Privacy) Ordinance*］，以法律形式规定了个人数据信息有关的保护原则、使用登记、使用及更正、核实与转移、投诉与调查、罪行和赔偿等。除了法律层面的规制外，隐私专员公署在行政管理和道德引导方面也做了大量的工作，例如，2014 年发布《银行业界妥善处理客户个人资料指引》，2015 年发布《开发流动应用程序最佳行事指引》，持续对消费者和数字领域特别是金融科技的供应商及运营商提供个人数据信息保护指导。

近年来，互联网、生物识别、数据挖掘等技术手段在香港地区各行各业被不断深入使用，这给香港地区金融业特别是银行与支付领域的个人数据保护机制和道德共识带来了新挑战，例如，金融科技（电子钱包、虚拟银行、开放程序接口等）带来的隐私风险包括未经授权的个人资料收集和使用；以不公或歧视的、偏见的方式使用个人资料；不能有效删除及更正、更新个人资料等。① 为此，香港银行业监管机构香港金融管理局于 2019 年 5 月发出通函，呼吁本地银行业参考和遵循隐私专员提出的数据伦理要求，强调数据伦理的问责，不允许违背社会公德和市场道德的经营行为弥漫开来。

第二节　金融科技伦理的概念与特征

一、金融科技伦理的基本概念

一般来讲，"伦理"就是人伦道德之理，指人与人相处的各种道德准则。伦理是法律、法规、标准、制度的基础，也是一切社会主体全部的社会活动所需遵守的第一道防护线。

金融伦理，广义地讲是指金融活动参与各方在金融交易中应遵循的道德准则和行为规范，是与金融交易活动相关的伦理关系、伦理意识、伦理准则和伦理活动的总和。狭义地讲是指金融机构及其从业人员，以及金融市场必须遵循的道德规范与行为方式，是作为主体提供各种金融服务的金融机构、金融从业人员和金融市场所应遵循的行为规范与道德准则，或者说是金融服务的供给方所体现出来的善恶行为与准则。

但是，对于什么是"金融科技伦理"，在我国没有统一定义。中国财富管理 50 人论坛发布的《构建金融科技伦理治理体系研究报告》认为：金融科技伦理是金融学、伦理学与科技的交叉部分，不仅是科技伦理的分支，也

---

① 汪小亚. 数据伦理建设在金融科技发展中不可或缺［J］. 清华金融评论，2020（1）.

是金融伦理的延伸，更是科技伦理与金融伦理的有机结合。

一般来说，我国金融科技伦理包括两个方面：一方面是金融伦理，指金融活动所有参与者，在金融活动中应遵循的道德准则和行为规范，包括金融服务所涉及各方伦理关系、伦理意识、伦理准则和伦理活动的总和；另一方面是在金融科技活动中，传统金融机构、互联网企业、科技企业、行业从业人员以及其他相关参与主体都应遵循的行为准则，是科技驱动的金融创新应遵循的道德准则和行为规范，也是科技伦理与金融伦理的结合。

二、金融科技伦理的主要特点

（一）正义、诚信和负责任

与传统金融伦理失范行为相比，金融科技伦理失范更多表现在数据与算法层面，比如，数据伦理，包括侵犯隐私、泄露数据、垄断数据和数据鸿沟等问题，又如，算法伦理，主要是算法歧视和算法控制。如果任其发展，它的潜在成果既有可能造福人类，也有可能摧毁人类的生存与社会秩序，特别是基因编辑技术、人工智能技术、辅助生殖技术发展在给人类带来巨大福祉的同时，也不断突破人类伦理底线。因此，科技活动必须遵守科技伦理准则，必须体现正义、诚信和负责任特点，让科学始终向善，划定金融机构与科技公司的合作边界，有效隔离金融风险与科技风险，杜绝以"创新"之名突破监管新规，杜绝以"科技创新"名义模糊业务边界、交叉嵌套关系、层层包装产品等行为，严防利用科技手段从事不法活动。

（二）考虑社会公共利益最大化

当前国际上数据保护法律正日益完善，金融伦理建设逐步朝着社会公共利益最大化方向发展。各个国家和地区的金融伦理多以社会最大多数人的权益为保护对象，以公共利益保护为出发点，在公正、正义和兼顾公共利益前提下，当数据处理所造成的危害远小于保护数据所造成的危害时，可容许优先选择处理数据。

（三）金融科技伦理的文化基因

从全球视角看，很多西方国家银行都形成了自己的伦理文化传统，优秀的银行总是与优秀的金融伦理文化相伴。有学者总结了金融伦理与文化之间的关系。英国金融业中贵族遗风非常浓厚，这就形成了英国独特的金融伦理文化。英国的商业银行往往凭借客户的资信和德行表现决定交易是否达成，银行与客户经常保持谨慎理财的稳定关系，银行家谨慎而温文尔雅的教养与职业风格，形成整个银行具有绅士风范的保守而谨慎的伦理文化，并成为英国商业银行的一项传统。德国也有自己独具特色的银行伦理文化。德国人行为谨慎，严谨、细致是德国民族的特点，保证存款者资金安全与金融机构信誉，实行全能银行制度，向客户提供全方位金融服务。这种以极端严谨慎重而著称的德国金融伦理文化，形成了世界上最严格、最保守的金融监管模式，有效保障了金融体系的稳健性。① 显然，金融科技伦理教育与金融道德文化的形成对于商业银行这样的金融中介机构的重要性是不言而喻的。

三、金融科技伦理准则

（一）信用准则

信用准则是金融活动的基础，也是科技伦理的重要准则。一般来讲，信用是以诚信为内核，以互信为前提，以信任为归宿的制度，各种金融借贷活动是信用的外在表现形式。由于我国金融信用体系构建的滞后，在信贷市场、资本市场、票据市场呈现出不少损害金融信用准则的现象。例如，许多已经贷到款的机构利用转型时期我国金融制度漏洞，制造大量呆坏死账，以此逃

---

① 王曙光. 金融伦理学［M］. 北京：北京大学出版社，2011.

废银行债务，侵吞银行资产，增加银行信用风险。上市公司与会计师事务所联手制造了多起虚报利润、隐瞒重要信息、发布虚假信息、伪造凭证等"金融黑幕"事件，"重庆亿安""银广厦""蓝田股份"为了逃避审计与监管，擅自伪造和虚报各种财务数据，不计成本、不择手段进行违规揽存或向客户推荐高风险的业务与产品，进行违规造假，扰乱市场秩序。所有这些行为都是对金融伦理信用准则的践踏，亟须重构金融健康发展的信用制度。

（二）公平准则

公平准则是金融科技活动主体公正平等履行自身权利和义务的准则与行为方式，是金融科技活动健康发展的内在要求。美国商业伦理学教授博特赖特（Boatright J. R.）曾经指出："只有当市场被人们认为是公平的时候，人们才会积极投入到资本市场中去。公平性具有一种伦理价值。"[1]

我国金融市场存在种种不公平现象，比如，不对称信息、欺诈与操纵、不平等表决权利以及不公平定价标准。这些使个人投资者和社会成员在金融市场运作中处于不公平待遇，诸如金融交易中经纪人违背对客户应尽的义务，利用其专门的金融知识或信息为了自己私利进行牟利。这些机会主义行为无疑增加了交易成本，严重破坏了金融活动公平性。

四、金融科技伦理关系

当前，金融科技在很大程度上改变了我国传统金融业态和服务方式，大量"理工男"变成金融从业人员，进入金融行业开展各种金融创新活动，从事各种金融业务。与此同时，大量金融从业人员也拥抱新科技，将金融融合到新型科技之中，数据生产力带来人与人之间关系的变化，需要新的金融科技伦理调整双方的关系。为此，对金融科技伦理关系中的人与自然、人与机构之间的关系有了新的认识。

---

[1]　［美］博特赖特. 金融伦理学［M］. 静也，译. 北京：北京大学出版社，2002.

（一）自然人之间的关系

金融科技活动中自然人之间的关系，指的是金融科技从业人员（工程师、科研人员）与借款人、储户、股民、投资者等之间的关系，这些自然人都要遵循各自的道德规范与行为准则。

（二）机构之间的关系

商业银行、保险公司、非银金融机构、中介机构以及上市公司、科技企业等法人相互之间的关系，不仅承担着经济责任，还要履行其相应的道德责任，否则会破坏其相互之间的伦理关系。

（三）机构与自然人之间的关系

自然人和法人在金融科技活动中由于其地位的不同，应该履行的责任、权利与义务也不相同。由于金融科技活动的复杂性与技术性，金融科技伦理关系也表现为多方面而复杂。比如，不仅是一种交易双方的关系，还会涉及金融机构，出现了债权人——金融机构或中介组织——债务人的三方关系，或者是委托人——金融机构或中介组织——受托人的关系。

金融科技伦理关系是金融参与主体在科技活动中形成的特殊社会关系，是金融参与主体在金融法律、金融制度、金融伦理规范下进行金融交易和科技活动时形成的健康、合理的金融关系。金融伦理关系具有金融规则与伦理规则的双重性。如果各利益相关方冲破金融伦理底线，进行违法乱纪的金融活动，就可以用强制性规范来约束其非道德的践踏伦理行为。金融活动还应该是一种伦理行为，各利益相关方还要遵循着伦理规范，通过社会或市场舆论对金融活动起约束作用，承担着伦理与法律的双重规范。

五、金融科技伦理与相邻概念的区别

（一）伦理与道德的差异

伦理（Ethics），汉语词汇，意思是人伦道德之理，指人与人相处的各种道德准则，就是人与人的关系和处理这些关系的规则。例如，"天地君亲师"为五天伦；又如，君臣、父子、兄弟、夫妻、朋友为五人伦。忠、孝、悌、忍、信为处理人伦的规则。从学术角度来看，人们往往把伦理看作是对道德标准的寻求。

伦理是从概念角度上对道德现象的哲学思考，也是对人与人之间的关系进行调整的行为模式，属于人类社会中人与人之间的人们与社会、国家的关系和行为的秩序规范，不仅包含着对人与人、人与社会和人与自然之间关系处理中的行为规范，也蕴含着依照特定原则来规范行为的深刻道理。

道德是社会意识形态之一，是人们共同生活及其行为的准则和规范。"道德"一词，在汉语中可追溯到先秦思想家老子所著的《道德经》一书。老子说："道生之，德畜之，物形之，势成之。是以万物莫不尊道而贵德。道之尊，德之贵，夫莫之命而常自然。"其中"道"是指自然运行与人世共通的真理；而"德"是指人世的德性、品行、王道。德的本意实为遵循道的规律来自身发展变化的事物。在当时，道与德是两个概念，并无"道德"一词。"道德"二字连用始于荀子《劝学》篇："故学至乎礼而止矣，夫是之谓道德之极。"

在西方古代文化中，"道德"（Morality）一词起源于拉丁语的"Mores"，意为风俗和习惯。可见，"道德"是人关于世界的看法，应属于世界观范畴。"伦理"则是维持这些看法的道德标准，应属于行为准则范围。伦理和道德并不是一个概念，很多学者把科研诚信，诸如学术造假、学术不端与科研伦理混为一谈，这是需要纠正的地方。

简单地说，任何持续影响全社会的团体行为或专业行为都有伦理的要求。企业作为独立法人也有企业伦理的要求。因此，在开展金融科学研究时需要遵守伦理，涉及人和动物的研究在开展前都需要进行伦理审查，这也是国际通用的伦理准则。

（二）金融科技伦理与金融科技监管区别

金融科技伦理是运用科技手段从事金融活动的价值准则，是科技伦理与金融伦理的有机结合，既是科技伦理的分支，也是金融伦理的延伸。金融科技伦理治理属于自律范畴，强调人的行为自觉和金融机构的公司治理，讲究内化于心、外化于行，以价值认同驱动人的外面行为方向，建立起符合道德的公序良俗。而金融科技监管属于他律范畴，是对金融机构的外部监管，是最低的道德底线，以强制规范保障秩序。显然，金融科技治理与金融科技监管有很大区别，两者可以相互渗透、相得益彰。

（三）金融科技伦理与客观真理的差别

金融科技伦理不能和客观真理直接画等号，它仅仅是人基于有限理性对自然、社会环境作出了有限的认识，属于主观意识形态的东西。但客观真理属于物质的内在发展规律，是不以人的意志为转移的客观规律。两者的区别是显而易见的。

（四）金融科技与日常生活关系

金融科技与我们日常生活息息相关，一方面，金融科技给我们日常生活带来便捷和效率，诸如手机银行、线上交易、自动转账无不表达现代金融科技效率和智慧，中小微企业、个体工商户以及农村经济组织可以借助网络小额信贷，使得生产经营变得富有效率，生产经营者变得更自信，市场创新能力变得更强；另一方面，金融科技又给日常生活带来困扰，人的自然基本生存技能、感知能力以及抵抗力降低了，日益依赖金融科技，依靠算法、数据和模型，越来越多的居民正在被一大堆数据、信息、图片、公式以及电子线路管理控制着生活，生产经营者也正在逐渐失去从前具备的独立生存能力。对此，我们知晓但无能为力。

第三节　金融科技伦理时代价值

一、承担社会责任

近年来，随着金融科技快速发展，金融数字化快速发展带来了网络安全、市场垄断、数据权属不清、消费者权益保护等问题，提高了风险防控难度，影响了市场公平和金融稳定。为此，金融科技健康发展需要伦理保驾护航，使之不脱离道德可以接受的范围，并且按照正常方向发展。这就要求我们始终把社会责任放在首位，坚持社会效益和经济效益相统一，牢固树立绿色发展、可持续发展理念，用"负责任"的科技创新打造"有温度、有情怀"的金融服务。在这个问题上，上海农商银行准确把握人民金融的政治属性、社会属性和商业属性，坚持金融向善，提出普惠金融赋能社会治理的"六度共治"模式，与各级政府、基层社会组织共创"广度"布局、"强度"攻坚、"温度"关怀、"密度"联结、"跨度"融合、"深度"服务，在上海城市发展的历史画卷上留下了亮眼的一笔。

【案例 5 - 1】

上海农商银行解决老旧小区加装电梯，创新推出"居民加梯贷"方案，推出"楼栋资金监管账户"，降低账户挪用风险，推出"鑫家园卡"，实现电梯卡与银行卡绑定的"一卡通行"，减少居民加装电梯费用。截至

2021 年末，上海农商银行对接加梯公司近 50 家，金融服务涉及 12 个区、超 70 个街镇、近 200 个小区、约 500 台电梯，为超过 1 亿元加梯资金提供了管理服务。

上海农商银行还全力参与脱贫攻坚，通过"公益体检项目"推动优质的医疗资源服务经济相对落后地区，提高人民群众健康素养和健康水平，展现"沪滇情谊"，反哺社会。此外，上海农商银行员工主动下沉一线，累计 4061 人次参与社区疫情防控志愿服务工作，共计捐赠现金及物资 1275.44 万元，以实际行动做有温度的银行、有担当的金融机构。

案例来源：上海农商银行网站。

近十年来，上海农商银行累计公益捐赠资金总额超过 1 亿元，设立"鑫公益专项基金"，开展"一个鸡蛋的暴走"等公益活动，持续推进定点帮扶行动计划。2022 年上海疫情期间，上海农商银行快速推出"20 条普惠金融举措"，设立 200 亿元纾困贷款、100 亿元保供专项融资和 100 亿元优惠专项消费信贷额度，推出"心家园"社区物资保障服务，开通全市首发的"战疫融资直通车""线上扫码"等服务模式，在 3 个月内与近 2500 户企业达成合作意向，意向总授信金额近 140 亿元。①

二、科技触发伦理内在关联

（一）金融科技形成的必然逻辑性

首先，金融科技有助于普惠金融从模式创新转向制度创新。很多年前，尤努斯先生创建了格莱珉银行，在苦心经营了 40 年后，仅仅覆盖了 900 万客

---

① 叶梓. 以"人民"为主线，以普惠金融为使命，上海农商银行走出十年发展路［N］. 时代周报，2022－10－16.

户。今天，移动互联网、大数据、云计算、智能终端等金融科技在短短的 10 多年时间内，不仅催生出 5G 技术、北斗定位、AR 和 VR 运用、区块链专利，还催生了类似新网银行、微众银行这样的互联网银行，覆盖了近 2 亿多的客户，确保普惠金融和中小企业金融服务具有可持续性。这也许是尤努斯先生想象不到的。

显然，金融科技已经解决了很多金融市场新问题，越来越多的场景得到了实际使用，资源不断得到共享，移动互联网、大数据、云计算、智能终端消除了时间和空间限制，促进了信息共享，扩大了金融服务覆盖面，为中小微企业和普惠金融发展提供了新思路。可见，金融科技和普惠金融的深度融合既顺应数字化时代要求，成为金融市场重要生产力，产生巨大经济效益，还能够规范金融秩序，让金融市场走得更远、更长久。

其次，金融科技有助于普惠金融参与主体从单一民间机构转向正规持牌机构并重模式。十几年前，从事普惠金融机构大多是小贷公司、村镇银行以及零散互金平台，大多以民间信贷方式介入普惠金融市场。但是，随着金融科技不断深入发展，直接带动了国有大中型商业银行转型方向，工行、农行、中行、建行和地方股份制银行近年来纷纷利用互联网技术将数据传递到城镇每一个街道。从一大堆纸质信贷审核到手机上轻触 APP 就可以实现贷款一条龙信贷服务，利用移动终端帮助偏远村落的人群享受到及时、可得的金融服务；从过去敲门放贷到今天智能远程信贷，经历了从传统微型信贷到电商、村淘、供应链金融过程；从数字支付走向数字理财，提高了中小企业小额信贷管理水平，构建起数字普惠金融、网络公益生态体系。

有学者就曾经把数字化转型这些从移动化到自动化，再到机器人化比喻为"会诱发海啸般的大变化"。[①] 显然，所有这一切都是金融科技的力量，金融科技已经从以民间非金融机构服务为主，转向以正规金融机构与互金平台

---

① ［瑞士］戈尔德·莱昂哈德（Gerd Leonhard）. 人机冲突：人类与智能世界如何共处［M］. 张尧然，高艳梅，译. 北京：机械工业出版社，2019.

共同开展普惠金融业务的并重格局，客观上要求金融伦理配套跟进，在系统、架构、接口、数据等技术领域形成行业标准。

（二）金融科技产生的风险关联性

大数据、云计算、人工智能和区块链建立的风险防控模型一定程度上降低了金融机构服务成本，提高了普惠金融服务效率，缓解了弱势群体和小微企业"融资难、融资贵"问题，但不能根除金融市场各种风险。金融数据的高价值导致金融隐私信息买卖的市场需求巨大、经济利益丰厚，不法分子为了牟利建立黑产业链条，非法数据交易屡禁不止。

在金融市场层面，跨行业、跨领域合作日益深化，单个市场风险可以沿着资金链、信用链扩散到多个关联市场，深刻改变风险传播方式与速率，不同金融产品相互关联渗透、交叉融合，交叉嵌套风险传播加剧，导致金融风险复杂多变、难以识别，给风险防范带来严峻挑战。

在机构或平台层面，金融机构与互金平台之间通过交叉持股、资产转移、提供担保等方式相互关联，这种复杂网状结构易成为金融风险的"放大器"，一旦触发风险传染源，将使个别机构风险在"蝴蝶效应"作用下迅速影响其他看似不相关的多个机构。

在风险监管层面，目前我国绝大多数小微企业的数据既不完善，又没有统一集中在国家数据库中，基本上没有形成统一的数据整合容易造成认定上的差异。例如，运用智能风险控制技术并不能完全解决诸如图像识别、区域探测和复杂网络识别和认定，尤其在统一数据标准建设尚未完成之前，各家数据不统一，最后得出的结论也大相径庭，极易对违法行为产生错误认定，进而影响司法机构认定。所以，在今后相对长的一段时期内，金融科技并不能完全解决信息不对称、信息不精准问题。由于智能化及大数据的金融科技还需要依赖对口专业性人才，缩短管理过程，降低过程误差，使各种资源匹配趋于最合理，不断提高风险资产流转过程中的识别度和评估准确性。由此来看，智能化管理体系及数据分析体系制定不一定就是最佳风险处置方案。

为此，2020 年 9 月 8 日，我国在"抓住数字机遇，共谋合作发展国际研讨会"上提出《全球数据安全倡议》，呼吁各国秉持发展和安全并重原则，平衡处理技术进步与保护国家安全和社会公共利益的关系，保护涉及公共安全、经济安全和社会稳定的重要数据及个人信息安全，给智能风险控制提供更加完善的技术支撑，构建更加安全的营商环境。

三、树立以人为本的经营理念

今天，互联网创新发展模式需要从获取用户注意力向促进用户数字福祉（Digital Wellbeing）转变，倾向以人为本的金融服务理念。[①] 在全世界范围内，越来越多的金融机构、互联网科技公司积极践行数字福祉理念，比如，Android P 版推出的 Dashboard 功能，通过统计用户的屏幕时间，帮助用户控制手机和网络使用，防止过度沉迷，实现数字福祉（Digital Wellbeing）。美国苹果公司于 2018 年 6 月发布的手机操作系统 iOS 12，推出了"屏幕使用时间"功能，意在帮助用户将手机使用控制在合理的限度，防止过度使用。Facebook 则发布了"数字福祉"工具，允许用户监测自己花在社交网络上的时间并设定时长限制，同时更容易地关闭推送通知。显然，这些都是以人为本的最好体现，绝对不是利润最大化的一套噱头。

我国同样关注以人为本的发展理念。金融机构、科技企业始终以人民利益为最根本的出发点和落脚点，部分数字化产品没有针对特殊群体的痛点设计，使得这部分群体无法享受金融科技服务带来的便利，"数字鸿沟"由此产生。老年群体因为不会使用智能手机、不会扫描二维码等，导致无法正常参加社会活动。为此，广东推出了适老版健康码，提升数字技术应用等适老

---

① "数字福祉"（Digital Wellbeing）有两大内涵：一方面是人人都可享受到数字技术带来的便利和红利，最大化地实现普惠和赋能；另一方面是促进个人对数字技术和网络服务的高质量使用，减小、防止数字技术对个人的负面影响。

化水平及无障碍普及率。"粤康码"通过与身份证结合，有效解决疫情背景下健康防疫和老人出行的矛盾。"粤康码"为我们提供了一个重要启示，数字化时代，科技向善不仅要学会做加法，也要学会做减法。我们理应将公共服务的便利性和公平性纳入视野，关键是以人为本，通过科技提升民众福利，让科技向善成为数字社会的共同准则，满足老年客户金融需求，助力填补"数字鸿沟"。

凭借多年来社区服务经验，上海农商银行服务老年群体已超过 400 万人，占全市老年人口总数的八成，通过一系列有"温度"的养老金融服务，让老年人在数字化大潮中有更多获得感、幸福感、安全感。

▶▶▶【案例 5 - 2】

针对老年人习惯实体网点消费特点，上海农商银行在线下进行了卓有成效的探索，坚持物理网点市内全覆盖，进行全方面适老化改造，形成了由 2 家"养老特色网点"、32 家"敬老服务网点"、300 余家适老服务网点为阵地的线下服务网格。即便在线上，上海农商银行也推出微信银行和长辈版手机银行 APP，并有针对性地开发了"一键添加客户经理""一键查询周边网点""一键智能业务咨询"等功能。此外，电话客服热线特设敬老人工服务专线和沪语专属座席，消除电话银行服务陌生感。

案例来源：上海农商银行网站。

上海农商银行敬老卡发卡量已突破 100 万张。依托敬老卡，上海农商银行树立"以人为本"的理念，打造融老年综合津贴发放、用卡消费、养老保险、社区养老、看病、家政等于一体的综合服务平台，推出产品门槛低、收益稳定的专属金融产品，深受当地老年客户欢迎。[1]

---

[1] 叶梓. 以"人民"为主线，以普惠金融为使命，上海农商银行走出十年发展路 [N]. 时代周报，2022 - 10 - 16.

四、秉持科技向善思维

移动支付、手机 APP 以及互联网增加了人与人之间沟通的手段，提高了信息传递速度，给老百姓生活带来便利，这些都是"科技向善"给全社会带来的福祉。但是，科技也是一把"双刃剑"，人们享受数字化、网络化、智能化科技的发展带来巨大福祉的同时，也正在接受伦理底线和价值尺度的挑战。

以人脸识别、指纹解锁、虹膜分辨为例，这些生物特征具有唯一性，一旦被"复制粘贴"恶意使用，后果不堪设想，这对金融行业的安全提出了挑战。金融机构通过人脸识别终端来识别 VIP 客户，为客户提供个性化金融服务，这确实体现了正面的应用价值。当然也有不少负面案例。湖北广水 94 岁的老奶奶为了激活社保卡，被人抬到银行进行人脸识别深深刺痛人心；有些卖家在网络售卖人脸、声纹等个人生物识别信息，导致"被贷款""被诈骗"等案件时有发生。①

显然，"科技向善"理念就是把"以人为本"作为技术尺度，把技术规则纳入由法律、伦理所构建的社会规则体系中，敬畏"人性之善"，彰显为民造福，规范科技伦理秩序、解决科技与伦理风险冲突，用科技把权力关进法治的笼子，挤压了权力"寻租"的空间。今天，我们身处大数据时代，自身"暴露"在智能设备感触下已成为常态，海量数据里汇总着人们行动轨迹、年龄、喜好、购物习惯，变得更加"透明"。长此以往，有可能"侵害用户的知情权，不断加剧的风险甚至可能挑战法律红线"。②

2019 年 3 月 6 日，腾讯公司董事会主席兼首席执行官马化腾曾向全国人大提交了 7 份建议案，其中就包括《关于加强科技伦理建设　践行科技向善理念的建议》，呼吁在全社会、全行业积极倡导"科技向善""负责任创新"

---

① 丁卫东. 做好金融科技伦理治理［N］. 中国银行保险报，2022 - 03 - 31.

② 陈圆圆. 守住科技伦理的底线［N］. 新华网，2021 - 11 - 03.

"创新与伦理并重"等理念，针对相关新技术制定伦理准则，加快研究数据、人工智能、基因编辑等新兴技术的法律规则问题，确保技术应用不偏离金融服务实体经济的正确轨道，严防"有技术就任性、有数据就滥用"伦理失范行为，鼓励全社会践行"科技向善"理念，坚守金融为本的底线。

▶▶▶ **【案例 5 – 3】**

腾讯作为一家负责任的科技公司，一直在积极思考科技伦理，并践行科技向善。在科技向善方面，腾讯一直致力于让所有人都能平等、方便、无障碍地获取并利用信息，全系列产品都有了"信息无障碍"版本。腾讯为此获得了联合国教科文组织颁发的"数字赋能残疾人奖"。

2018 年 12 月，腾讯发布《腾讯隐私保护白皮书》，倡导"数据有度"的隐私保护理念，视安全、透明和可控为隐私保护目标，并提出了 P. B. D 隐私保护方法论。此外，腾讯于 2018 年初发起"科技向善"项目，已将人工智能技术应用于医疗健康、农业、能源等领域，促进社会福祉。

案例来源：腾讯网站。

在社会全面数字化、智能化的今天，深入研究新技术应用及其影响已经成为摆在全人类面前的重大课题。只有发挥好科技伦理对科技创新及其应用的调节、规范作用，才能促使科技活动朝着有利于人类社会方向发展，解决科技与伦理风险冲突，实现科技向善的目的，让科技创新成果更为安全、更可持续地在普惠金融市场中生根开花。在这个意义上，科技创新是手段，科技伦理是保障，科技向善是目的，三者相互配合协调，缺一不可。

2020 年 6 月，中国向全世界郑重宣告，中国自主建设、独立运行的全球卫星导航系统全面建成，开启了高质量服务全球、造福人类的崭新篇章。这些都充分展示了我国从人类共同利益出发，以人类幸福美好生活为目标，始终做世界和平的建设者、全球发展的贡献者、国际秩序的维护者。

2022 年 3 月 29 日，国办印发的《关于加强科技伦理治理的意见》，是我国首个国家层面的科技伦理治理指导性文件，提出了伦理先行要求，致力于形成多方参与、协同共治的科技伦理治理格局，更多关切伦理，实现技术、人、社会之间的良性互动和可持续发展，共同推动建设一个持久和平、有爱有善的世界。

五、金融科技外在需要

随着互联网技术的发展，使得普惠金融服务广度、深度、效率都得到提高。从这个角度看，普惠金融能力提升和技术进步叠加在一起，意味着金融机构对企业管理、风险控制要求越来越高。但是，技术是不是每一个从业人员都能够理解和掌握呢？我们的员工是否能做到与数字化完美契合？对此，有学者就此问题提出过质疑。[①]

如果普通员工、普通用户理解不了金融服务内涵和背后逻辑，就有可能不断被各种算法、迭代、升级所控制，疲于应付的同时还要遭受个人隐私暴露的风险。所以，无论数字化转型所带来的服务成本降低也好，还是智能水平的提高也好，客观上要求所有员工既懂金融，还要懂数字技术，更要懂金融伦理。这就需要加强普惠金融伦理教育，开展"数字技术 + 金融服务"结合活动，缩小金融机构之间的差距，缩小金融机构、服务供应者、客户和员工之间的技术鸿沟。

六、无序市场竞争得到改观

金融和科技的深度融合带来了个人隐私保护、信息茧房效应、数字鸿沟等伦理道德挑战。例如，部分平台公司在经济利益驱使下，利用技术手段进行流量挟持、市场垄断、监管套利，严重扰乱市场竞争秩序，滥用市场支配

---

① 赵锡军. 金融与数字技术融合：需要考虑的技术与伦理问题［N］. 中国普惠金融研究院网站，2021－12－24.

地位，凭借积累的用户群体规模优势、数字渠道流量优势或闭环商业生态优势，利用网络效应进行不公平竞争，甚至强迫实施"二选一"，造成线上服务高度集中，形成"赢家通吃"的垄断局面，甚至引发"大而不能倒"风险，形成行业垄断，更有甚者违背金融科技初心使命，打着"科技创新"幌子模糊业务边界，掩盖风险本质，开展无照或超范围经营，游离于金融监管之外，利用监管空白套利，致使潜在风险伴随失德行为蔓延滋长。正如有学者撰文批评那些科技企业因涉足金融而赚得盆满钵满、社会边缘群体却因卷入"炒币"而债台高筑的"原罪"现象。①

这些问题已经引起社会关注与监管担忧。伦理问题会引发一些风险问题，做好伦理治理，维护金融安全与金融稳定的重要防线。为此，2021 年中央经济工作会议强调，正确认识和把握资本追逐利润的特性。而资本是和科技创新紧密联系在一起的。因此，提高科技伦理的市场运用价值，有利于防止资本无序扩张，遏制平台经济垄断市场，净化科技领域的金融行为。

七、提高金融科技国际竞争力

当今世界，越来越多的国家开始重视金融科技伦理，尤其是金融市场和科技产业较发达国家都围绕金融科技伦理治理发布了若干规则和规定。例如，欧盟委员会于 2019 年 4 月 8 日发布人工智能伦理准则，以提升社会对人工智能产业的信任。欧盟委员会同时宣布启动人工智能伦理准则的试行阶段，邀请工商企业、研究机构和政府机构对该准则进行测试，列出了"可信赖人工智能"的 7 个关键条件：人的能动性和监督能力、安全性、隐私数据管理、透明度、包容性、社会福祉、问责机制，以确保人工智能足够安全可靠。

欧盟将"人工智能"定义为"显示智能行为的系统"。根据官方解释，"可信赖的人工智能"有两个必要组成部分：一是应尊重基本人权、规章制度、核心原则及价值观；二是应在技术上安全可靠，避免因技术不足而造成

---

① 车宁. 金融科技监管的伦理维度［N］. 财经五月花，2021 - 08 - 28.

无意的伤害。例如，如果人工智能在未来诊断出一个人患有某种病症，欧盟的准则就可以确保系统不会作出基于患者种族或性别的偏见诊断，也不会无视人类医生反对意见，患者可以自行选择获得对诊断结果的解释。① 从国际实践看，以人为本、公平包容、公开透明、隐私保护和数据安全、风险防范、开放竞争是具有较高共识度的伦理要求。如果我国只重视互联网科技发展，而不重视金融科技伦理建设，恐怕就会与世界主流国家格格不入，容易成为边缘化的互联网国家，谈不上增强国际竞争力。

八、金融市场的监管要求

从金融监管角度看，在支持审慎监管的前提下守正创新，把握好创新与监管的动态平衡，查处不正当市场竞争，确保任何金融科技企业（互金平台）不能绑架市场，不能凌驾于监管之上，公平参与市场竞争，破除个别互金平台的垄断行为，坚持对各类违法违规行为"零容忍"，维护金融稳定和防范金融风险。这与金融科技伦理中的回归支付本源的精神是完全一脉相承的。

第四节　金融科技伦理十大挑战

一、金融科技伦理不受重视

长期以来，与互联网科技发展态势相比，金融伦理基础理论与应用研究跟不上，特别是跨学科、跨专业、跨文化协同研究很不够，尤其是伦理教育培训宣传普及仍不适应新形势发展需要，难以适应科技创新发展的现实需要。例如，我国各级各类教育中普遍欠缺科技伦理，某种程度上导致我国个别科

---

① 方莹馨. 欧盟发布人工智能伦理准则［N］. 人民日报，2019 - 04 - 11（17 版）.

研人员和企业伦理意识淡薄，在技术研发与应用环节没有很好把握伦理边界，导致发生数据和算法滥用、恶意竞争等伦理事件。

当前，我国科技创新快速发展，面临的科技伦理挑战日益增多。如果继续目前重科技、轻伦理，重发展、轻治理，重利益、轻道德的状态，不仅会使原有风险更为复杂和激烈，而且会加剧风险背后的诸如安全与效率之类伦理之间的冲突，引发服务适当性和发展持续性等问题。

当生产是为脱离人性的资本服务时，生产也就脱离人性伦理。而脱离人性伦理的生产是不可持续的，会发生有违伦理道德的反常举动。2022 年 3 月 21 日，国务院办公厅专门印发了《关于加强科技伦理治理的意见》，加快构建中国特色科技伦理体系，健全多方参与、协同共治的科技伦理治理体制机制，强化底线思维和风险意识，塑造科技向善的文化理念和保障机制，实现科技创新高质量发展与高水平安全良性互动，建立完善符合我国国情、与国际接轨的科技伦理制度。

二、造成系统性金融风险

今天，金融科技快速发展，容易产生一个重大认识误区，即高效的金融科技必定造福社会。其实，有时高效的科技也可被用于伤害人类福祉行动，最后有碍社会运行的总体效率。比如，过度的金融创新似乎很有效，但明显有损于金融市场系统性稳定，引发各种争议、纠纷、诉讼和市场紊乱，不一定对金融市场总体发展有多少帮助。

正如瑞士哲学家戈尔德·莱昂哈德（Gerd Leonhard）所描述的那样，创新大势虽然不可阻挡，但我们也不能忽视其中的巨大风险，更不可能作壁上观。① 虽然戈尔德·莱昂哈德（Gerd Leonhard）更多的是强调哲学思辨和道德追求，但其描述的现象也并非没有道理。互联网时代，技术迭代和金融产

---

① ［瑞士］戈尔德·莱昂哈德（Gerd Leonhard）. 人机冲突：人类与智能世界如何共处［M］. 张尧然，高艳梅，译. 北京：机械工业出版社，2019.

品创新周期大大缩短，金融科技企业与传统金融机构的边界模糊，交叉类、衍生类金融产品服务不断涌现，新技术风险的所有缺点都会很快暴露出来，正在传递给下一代。毫无疑问，如果什么都不做，不仅增大了风险防范复杂性，更像在坐以待毙。因此，人们应对未来风险必须提前预防和主动出击，否则无法阻断新技术带来的一系列不确定风险因素。

三、数据治理和信息安全面临伦理失范

1749 年，著名思想家卢梭就在其经典著作《论科学和艺术》中提出，科学发展并没有真正给人类带来幸福，相反还带来了人类道德的败坏，因为科学激发了人们的种种欲望，导致人类的虚荣和人与人之间的奴役。

不幸的是，300 年前西方哲人的论断如今依然适用，因为人类现代科技继续在重复着人性的恶。造成这一现象的原因固然有人性的弱点、资本的诱惑，但同样也有伦理建构问题。今天，我们再次面对金融科技领域的伦理问题，解决过快科技催生的市场贪欲和道德沦丧问题，突破由关注个体权利保护到关注公益规范治理，从强调绝对理念、天赋人权到强调相对权利、利益平衡，实现科技企业权利和社会责任的统一、追逐利润工具理性和科技"向善"价值理性的统一。

当前，数据信息已深度融入世界各国生产生活的方方面面，催生了更丰富、更智能的金融产品服务，但也带来了复杂的伦理问题。比如，超范围过度采集用户个人身份、行为、偏好等隐私数据，使更多敏感信息暴露在网络。在数据使用上，将大数据作为杀熟、过度营销、诱导消费的工具，侵害金融消费者合法权益，未经用户同意情况下随意共享或售卖数据资源，存在未经脱敏的个人信息被随意共享或售卖情况。

这些金融数据使用不当容易造成金融科技伦理失范危机。也如有学者撰文认为，部分机构或利用算法黑箱特性隐藏定价规则，将不同用户群体"标签化"并实施差别定价，严重损害金融的公平性和普惠性；或与同业达成

"算法共谋"形成市场垄断，将低收入人群、民营小微企业等拒之门外，以"防范风险"之名行"牟取利益"之实；或以算法优势排除和限制市场竞争、阻碍消费者自主选择，导致"劣币驱逐良币"。①

由此可见，科技企业存在严重的金融科技伦理问题。越来越多的伪技术治理打着科技之名，号称用新科技进行治理，但追求的却是商业利益，反映的则是西方价值观，服务的更是少数官僚权力，绝不是提高社会运行效率。究其原因，偏离伦理是重要因素之一。

>> 【案例 5-4】

2022 年 7 月 21 日，国家互联网信息办公室依据《网络安全法》《数据安全法》《个人信息保护法》《行政处罚法》等法律法规，对滴滴全球股份有限公司处人民币 80.26 亿元罚款，对滴滴全球股份有限公司董事长兼 CEO 程维、总裁柳青各处人民币 100 万元罚款。

案例来源：《国家网信办对滴滴全球股份有限公司依法作出网络安全审查相关行政处罚的决定》。

经查明，滴滴全球股份有限公司（以下简称滴滴公司）共存在 16 项违法事实，归纳起来主要是 8 个方面：①违法收集用户手机相册中的截图信息 1196.39 万条；②过度收集用户剪切板信息、应用列表信息 83.23 亿条；③过度收集乘客人脸识别信息 1.07 亿条、年龄段信息 5350.92 万条、职业信息 1633.56 万条、亲情关系信息 138.29 万条、"家"和"公司"打车地址信息 1.53 亿条；④过度收集乘客评价代驾服务时、APP 后台运行时、手机连接桔视记录仪设备时的精准位置（经、纬度）信息 1.67 亿条；⑤过度收集司机学历信息 14.29 万条，以明文形式存储司机身份证号信息 5780.26 万条；

① 李伟. 推进伦理治理 护航金融科技行稳致远［J］. 当代金融家，2022（2）.

⑥在未明确告知乘客情况下分析乘客出行意图信息539.76亿条、常驻城市信息15.38亿条、异地商务/异地旅游信息3.04亿条;⑦在乘客使用顺风车服务时频繁索取无关的"电话权限";⑧未准确、清晰说明用户设备信息等19项个人信息处理目的。[①]

从违法行为危害看,滴滴公司通过违法手段收集用户剪切板信息、相册中的截图信息、亲情关系信息等个人信息,严重侵犯用户隐私,严重侵害用户个人信息权益。从违法处理个人信息数量看,滴滴公司违法处理个人信息达647.09亿条,数量巨大,其中包括人脸识别信息、精准位置信息、身份证号等多类敏感个人信息。从违法处理个人信息情形看,滴滴公司违法行为涉及多个APP,涵盖过度收集个人信息、强制收集敏感个人信息、APP频繁索权、未尽个人信息处理告知义务、未尽网络安全数据安全保护义务等多种情形。显然,滴滴公司拒不履行监管部门的明确要求,严重违背了职业伦理道德,恶意逃避监管,已经给国家信息基础设施安全和数据安全带来严重安全风险隐患。

四、科技创新引发技术性金融风险

今天,数智化升级过程中伴随着伦理风险,比如,在数据伦理方面,涉及数据非法或过度采集、隐私数据的传播与滥用等问题;在技术伦理方面,存在算法歧视、模型黑盒(不可解释性)等隐患,还有大量底层技术路线的偏差等技术失灵在高频交易、海量数据场景下可能造成风险连锁反应。对此,有学者戏称为"蝴蝶效应"。[②]

[①] 滴滴全球股份有限公司(以下简称滴滴公司),成立于2013年1月,相关境内业务线主要包括网约车、顺风车、两轮车、造车等,相关产品包括滴滴出行APP、滴滴车主APP、滴滴顺风车APP、滴滴企业版APP等41款APP。滴滴公司对境内各业务线重大事项具有最高决策权,制定的企业内部制度规范对境内各业务线全部适用,且对落实情况负监督管理责任。"滴滴出行"于2021年6月30日赴美上市;"运满满""货车帮"所属的满帮集团于2021年6月22日赴美上市;"BOSS直聘"于2021年6月11日赴美上市。现任滴滴公司董事长兼CEO为程维、总裁为柳青。

[②] 苏洁. 金融科技应坚守数字向善[N]. 中国银行保险报,2022-08-03.

无独有偶，因将人脸识别作为进出小区的唯一通行验证方式，天津市一物业公司被居民告上法庭。2021年8月2～5日，顾某与兰州城关物业服务集团有限公司天津分公司（以下简称"城关天津公司"）诚基经贸中心项目部工作人员多次沟通，要求删除其人脸信息，并向其提供无障碍出入小区的方式，但物业公司拒绝了顾某的要求。2021年9月，顾某将兰州城关物业服务集团有限公司及城关天津公司告上法庭。

》》【案例 5－5】

一审法院认为原告顾某并未提交被告对其信息存在泄露、篡改、丢失的相关证据，且提供的相关证据不能证明二被告侵犯了其隐私权。但原告诉讼请求没有事实和法律依据，不予支持，驳回诉讼请求。

顾某不服一审判决，后上诉至天津市第一中级人民法院。二审法院认为，本案主要法律问题是个人信息保护而非隐私权，因为原告并未主张个人信息被泄露、篡改、丢失，无须提供相关证据，所以认定一审法院适用法律错误，案由选择错误，认为本案系因处理个人信息引发的纠纷，案由应确定为个人信息保护纠纷。6月初，二审法院作出改判，合议庭要求物业公司删除原告人脸信息，并为其提供其他出入小区的通行验证方式，赔偿合理费用6200元。

案例来源：《新京报》2022年6月6日《天津人脸识别案居民胜诉：小区以刷脸作为唯一通信方式二审被改判违法》。

审理此案的天津二审法院改判的突破性在于，合理地使用了2021年8月1日施行的《最高人民法院关于审理使用人脸识别技术处理个人信息相关民事案件适用法律若干问题的规定》，物业公司必须给业主或者其他有权进出的人提供人脸识别之外的其他合理验证方式。

根据《最高人民法院关于审理使用人脸识别技术处理个人信息相关民事

案件适用法律若干问题的规定》第十条规定，如果有业主或者物业使用人不同意采取上述验证方式而请求物业公司提供其他合理验证方式的，物业公司不能以智能化管理为由予以拒绝。根据《个人信息保护法》规定，人脸信息作为生物识别信息属于法律保护的敏感个人信息范畴，使用人脸识别技术时应严格遵守个人信息保护的相关法律规定。除法律、行政法规另有规定外，处理个人信息应征得该自然人或者其监护人同意，同时遵循合法、正当、必要原则。结合案情，顾某在办理入住时虽然同意城关天津公司提取其人脸信息作为通行验证方式，但其后多次就提取人脸信息作为唯一的验证通行方式提出异议。城关天津公司以人脸识别验证方式系业主委员会同意拒绝为顾某提供其他验证方式的抗辩理由，与前述规定相悖。城关天津公司关于使用人脸识别验证方式是按照疫情防控的相关规定和要求的主张，亦无证据证实。[①]

人脸信息具有唯一性、不可变性和易获得性。这些人脸固有特征既为人脸识别技术带来了价值，又带来了风险。如果泄露的人脸信息，可能被用于追踪个人行踪、盗窃资金账户、私闯住宅以及未经授权进入机要场所等，不仅危害个人的人身安全、隐私权和财产安全，更是对伦理的践踏。

当前，我国人脸识别在技术、应用管理方面仍然存在诸多问题。一方面是数据存储随意，一些分散的、未经安全认证的存储单位安全技术力量薄弱，数据安全得不到保证；另一方面海量的无监管人脸数据存在被买卖的风险。因此，有必要建立政府部门监管的全国统一的第三方人脸信息数据库，出台专项管理制度或法规，严格要求所有进行人脸识别的单位只能将采集数据存储于第三方人脸信息数据库。

---

① 在本案中，顾某诉称，被告拒绝删除其人脸识别信息、使用人脸识别作为出入物业服务区域的唯一验证方式，侵犯了原告的人格权，违反了处理人脸信息需要遵循的合法、正当、必要原则。城关天津公司辩称，人脸识别信息采集是经过业主委员会、综合治理办公室、社区、街道办共同完成的工作。一审法院判决认为，原告顾某并未提交被告对其信息存在泄露、篡改、丢失的相关证据，且提供的相关证据不能证明二被告侵犯了其隐私权。故原告的诉讼请求没有事实和法律依据，不予支持，驳回全部诉讼请求。顾某不服一审判决，后上诉至天津市第一中级人民法院。二审法院对一审法院查明的事实予以确认，认为本案系因处理个人信息引发的纠纷，案由应确定为个人信息保护纠纷。

五、对消费者权益保护带来威胁

近年来，有学者初步统计：从全国消协组织近三年受理的消费者投诉情况来看，金融服务消费者投诉主要集中在知情权和隐私权受损，最典型的就是隐私泄露问题。[①]

数字社会时代，智能终端已经成为人们生活不可或缺的一部分，个人的身份、位置、行为、个人财富与社交关系等信息被转化为数据予以标记并分析。大数据有时也会让个人隐私在互联网"裸奔"，存在大数据杀熟、欺骗投保人、默认勾选等一系列问题。

> ➤➤ **【案例 5 - 6】**
>
> 中国银保监会消费者权益保护局 2021 年 7 月 7 日发布通报兴业银行存在默认勾选信用卡自动分期起始金额等多项违法违规问题：
>
> 一是兴业银行为增加信用卡分期业务收入，将"立享卡"自动分期起始金额调整为默认 3000 元，客户办卡时无法选择其他分期起始金额，形成强迫交易倾向。
>
> 二是兴业银行销售中意人寿"乐安逸（B 款）"消费型意外保障计划时，销售人员称该产品的医药费报销"两边拿钱，跟医社保不会冲突"，与监管备案的保险条款不符，夸大保险责任，欺骗投保人。
>
> 三是兴业银行杭州、南宁、昆明、广州等分行向个人住房按揭贷款客户销售新华人寿借款人意外伤害保险时，提前预收超过保单约定保险期间的保费，预收保费 433.02 万元，涉及 761 笔，兴业银行取得手续费收入 120.86 万元，为保险公司和本行牟取不正当利益。

---

① 许予朋. 金融科技应遵循"伦理向善"［N］. 中国银行保险报，2021 - 10 - 25.

> 　　兴业银行上述违法违规行为，严重有违金融科技伦理，侵害消费者财产安全权、知情权、自主选择权、公平交易权等基本权利。为此，中国银保监会依法依规进行处理。
>
> 　　案例来源：新华社《兴业银行侵害消费者权益被银保监会点名批评》。

今天，网络边界更加模糊，信息安全问题变得更为复杂，金融消费者面临的风险更加复杂，隐私权也更容易受到侵害。因此，建议加强金融创新产品监管，加强全民信息安全意识，推广应用个人金融信息保护标准，健全金融消费者数据隐私保护制度，加强金融消费者自我保护教育。

六、数字鸿沟越来越大

"数字鸿沟"一直是社会公平、公正和可持续发展的重要伦理议题。有学者撰文指出，一些智能化、数字化金融产品在设计时缺乏"金融服务一个都不能少"的设计理念，没有抓住特殊群体需求痛点针对性优化金融服务体验，使得数字时代"弱势"群体无法充分享受智能化服务带来的便利，导致"数字鸿沟"问题日益严峻。[1]

确实如此。我国老年、残障、少数民族、农村偏远地区等群体人数众多，受理解能力弱、接受度低、适应性慢等因素制约，他们中间很多人不会上网、不会使用智能手机，在预约出行、电子支付、网络购物等场景面临很多困难，产生了"数字鸿沟"，给生活、工作造成了很大的不便。为此，大数据、客户移动终端、人工智能、App 等技术在远程开户、线上支付、保障网络转账等方面应该提供更加简单、更加方便的服务，尤其对老年人、残疾人或轻微智障人员，进一步提高网络技术便捷性，解决老年用户面临的使用不便、效

---

① 李伟. 推进伦理治理　护航金融科技行稳致远［J］. 当地金融家，2022（2）.

率不高和信息不全问题，强调差异化服务，缩小数字鸿沟，全面提高全社会数字金融使用效能。

七、算法滥用日渐严重

在算法方面，算法不合理应用导致"算法歧视""大数据杀熟"，已经严重影响用户使用金融产品。比如，算法基于人的支付能力、消费偏好、使用习惯等，转变为对人们的各种打分和预测，在提供金融产品和服务实施差别定价，阻碍消费者自主选择；与同业达成"算法共谋"形成市场垄断；利用算法黑箱特性实施差别定价；利用信息推荐技术，蓄意构建充斥高风险金融产品服务的信息茧房，阻碍消费者自主选择。

八、科技伦理公知研究有违常理

今天，在我国金融市场中，各种各样的专家正在以科技名义享有前所未有的"发布权力"。由于专业原因，普通老百姓很难对专家的建议或观点发表意见。于是，当今社会上就开始有不少所谓"专家"或"学者"胡说八道，有的是在为企业站台，也有的是国外利益集团收买的代言人，还有的是帮助某些互联网公司广告宣传。

瑞士学者戈尔德·莱昂哈德（Gerd Leonhard）曾经指出，生活中我们经常会轻信一些鼓吹者，常常会从有疑问发展到深信不疑，最终演变为疯狂追随，直至"中毒"。[①] 今天，当我们日益被科技魔法吸引时，我们以为自己在享受生活，但实际上却只是受到了荷尔蒙的刺激，而且是"大科技"所带来的荷尔蒙。

特别是随着物联网、大数据、云计算、虚拟现实（VR）、人工智能（AI）以及区块链等智能科技的兴起，一些无良公知片面鼓吹智能科技，夸

---

① ［瑞士］戈尔德·莱昂哈德（Gerd Leonhard）. 人机冲突：人类与智能世界如何共处 ［M］. 张尧然，高艳梅，译. 北京：机械工业出版社，2019.

大数据使用和商业氛围，变成"机器乌托邦"模式，严重脱离我国金融市场实际情况，背离我国金融市场大多数参与主体的主观诉求，走上一条与社会低收入群体以及弱势群体离心离德的商业化之路。

因此，监管机构必须运用手中的权力去监督这些丧失良心的公知，用制度化方法对伪公知的舆论权力进行约束，对金融科技舆论宣传进行必要管控，目标是减少甚至消除数据治理、科技治理负面效应，让金融科技和金融数据造福老百姓，走出一条具有中国特色的数字金融宣传与治理模式。

九、金融科技伦理失范危害市场可持续发展

可持续发展作为金融科技伦理的重要理念，但在很多金融机构、科技企业发展过程中往往过于重视短期利益，忽视长期效益。例如，近年来一部分金融机构、科技企业、互金平台凭借数据、技术、资本优势滥用市场支配地位，排除、限制了相关市场竞争，阻碍生产要素自由流动，妨碍公平竞争的良好生态形成，垄断成为金融市场发展障碍，金融机构、科技企业就会失去创新发展的良性环境，破坏金融机构、科技企业的可持续发展。特别是金融科技业务规模达到7.5万亿元的今天，金融科技一旦存在伦理失范问题，极易引起较大社会危害，直接关乎金融体系的安危。

十、金融市场存在的道德缺失基础

由于政策环境和金融市场治理不够健全，受错误价值观念和不良市场思潮影响，金融市场个别领域不同程度存在道德失范现象，比如，拜金主义、剥削主义、利润至上主义。在互联网金融领域，一些互金平台只考虑自身企业利益，不惜将私人利益的满足放在首要位置，为了个人利益而无视社会和国家利益。一些科技企业为追求利润的最大化，不能自觉履行企业的社会责任。一些金融从业人员道德观念模糊，善恶不辨、美丑不分，见利忘义、唯利是图，不讲信用现象更是久治不绝，突破公序良俗底线，侵害金融消费者

合法权益。在金融监管部门，一些官员道德败坏，贪腐案件时有发生，导致政府监管部门的公信力不断受到突发事件的考验。

今天，我们不应该回避金融市场存在的伦理丧失和道德缺失问题，这是我国金融市场发展进程中无法避免的"道德阵痛""伦理空洞"导致了金融市场发展与道德文化发展的不相协调。因此，不能单纯地认为我国金融市场发展水平提高了，市场中的道德伦理水平就必然相应提高。总之，金融市场发展与道德伦理进步之间并不存在正向对应关系。

对于我国金融市场而言，西方自由主义经济市场思潮对市场价值观影响是不可忽视的，有学者曾经专门撰文总结归纳为"利己主义、犬儒主义和道德相对主义"。利己主义是个人主义走向极端的产物，是抽象、极端的个人权利观。当个人利益与他人利益和社会公共利益发生矛盾时，只认同个人主义价值取向，为了个人利益可以走向极端个人主义，不顾集体利益和他人权益。利己主义侵蚀金融市场公共道德资源，它们对西方社会拜物教顶礼膜拜，把追求个人利益当作最重要的权利，只看重个人权利而放弃应承担的相应义务。在犬儒主义者眼中，没有道德规范存在的大我境界，只有纯粹的自然主义的小我地盘。既无视道德规范和监管规则，又玩世不恭、游戏人生，有时抑或愤世嫉俗、我行我素。道德相对主义将道德主观化和个体化，把道德看作个人的私事，社会生活中的道德规范只具有主观性和相对性，不存在客观的、普遍的道德规范。①

总之，利己主义、犬儒主义以及道德相对主义本质上都是极端个人主义的自我表现，打着维护自由和权利的旗号，做自我认为具有"最为有利"的选择，以非道德手段获取个人利益提供了自我辩解的理据，瓦解了公众权利、他人权利和市场秩序之间的伦理联系。

---

① 孙春晨. 理性认识公民道德教育面临的社会道德状况［J］. 中国德育，2022（14）.

第五节　金融科技伦理修正方案

一、加快制定金融科技伦理规则

金融科技伦理问题直接关乎个人基本权益、实体经济良性发展和社会环境可持续发展，必须明确金融科技伦理治理的总体目标、基本原则和工作要求，开展事前审查把关、事中动态监测和事后评估优化的全流程强化对金融科技创新活动的伦理监管，遵循有利于贯彻环境（Environment）、社会（Social）和公司治理（Governance）三大衡量企业可持续发展能力和长期价值的理念。

有学者撰文建议，金融科技伦理如果要作为一套行为规范体系独立发挥作用，就需要清晰划定伦理边界，建构有效执行体系，应是为了现实而有规范，而非追求道德空谈伦理。① 确实如此。金融科技伦理如果想成为一套行为规范体系而独立发挥作用，就必须清晰划定伦理边界，建构有效执行体系，遵循有利于公平交易、公平竞争的规则，遵循有利于准确、完整和可靠的金融信息披露规则，而非追求道德空谈伦理。

二、提高科技伦理法制化水平

（一）加快制定金融伦理管理办法

有学者建议，面对科技日渐进入人的身体、能力、意识和未来生命形态并且门槛越来越低的发展态势，唯有通过法律的刚性治理，加快我国金融伦理法制化进程，才可能有效遏制那些侵害人的生命权利的不负责任的研究和

---

① 车宁. 金融科技监管的伦理维护［N］. 搜狐网，2021-08-24.

创新。① 确实如此。在科技伦理作为"软法"基础上，坚持问题导向，加快金融伦理立法工作，逐步改变法律规定不够、配套法规不足、政策措施不清等问题，促进金融伦理法制化发展，重点加强银行、保险、信托、人工智能等领域的科技伦理立法研究，推动金融科技伦理规范上升为国家法律法规，构建中高风险领域伦理治理架构，成为"十四五"期间金融市场的一项重要工作。

（二）构建数据治理体系

首先，加强生产现场、服务过程等数据动态采集，建立覆盖全业务链条的数据采集、传输和汇聚体系，创新数据融合分析与共享交换机制。其次，强化业务场景数据建模，提升数据洞察能力，加强对金融消费者及其数据权利的尊重和保护，金融科技产品所服务的客户作为数据主体须知晓数据控制者、处理者的数据处理和数据保护策略。最后，加快数据治理体系建设，明确数据治理归口管理部门，加强数据标准化、元数据和主数据管理工作，定期评估数据治理能力成熟度。

三、建立金融科技伦理审查评估制度

对于为什么要建立金融科技伦理审查评估制度，有学者曾经明确指出：海量的科技知识被生产出来，并被迅速地运用于社会各个角落，改变着整个社会的基本面貌。然而，新科技应用的社会效应难以预计，正面效应总是伴随着意想不到的负面结果。② 因此，为了真正提升社会福祉，金融市场有必要建立金融科技伦理审查评估制度。通过咨询专家组、专门委员会、行业协会等多种形式，凝聚政、金、产、学、研各方力量，设立评估标准，组织金

---

① 段伟文 ."科技伦理意见"出台，为什么这四方面值得注意？［N］．新京智库，2022 - 03 - 21.
② 刘永谋 ．技治社会如何是"治技社会"？［N］．刘永谋个人网站，2022 - 09 - 08.

融机构和科技公司开展自我评估，将伦理道德纳入企业全面风险管理和内部控制流程，开展伦理治理研究、伦理规范制定、伦理审查评估等工作。例如，谷歌、微软、Facebook、DeepMind 等科技公司发起成立行业组织（比如，Partnership on AI），成立伦理部门（比如，伦理委员会），要求所有受资助的项目必须进行伦理审查或审核。新加坡金融管理局（Monetary Authority of Singapore，MAS）在金融伦理评估方面也开展了有益探索。比如，2018 年 4 月，新加坡金融管理局宣布组建的公平、道德、可问责和透明（Fairness，Ethics，Accountability and Transparency，FEAT）委员会，开展与金融领域、数据分析师合作，制定一项旨在促进金融机构负责任和合乎道德地使用人工智能和数据分析（AIDA）的指南。2018 年 11 月，新加坡金融管理局发布《促进新加坡金融业公平、道德、可问责和透明地使用人工智能和数据分析的原则》，标志着 FEAT 原则正式发布。2019 年 11 月，新加坡金融监管局与金融机构合作创建 Veritas 框架，要求金融机构根据 FEAT 原则（公平、道德、可问责和透明）评估其人工智能与大数据分析解决方案，为信用风险评分和客户营销场景开发道德、可问责和透明等方面的评估方法。①

2021 年 3 月，我国《人工智能算法金融应用评价规范》（JR/T 0221—2021）金融行业标准发布实施，从安全性、可解释性、精准性方面对人工智能算法金融应用评价进行评价规范，丰富了我国金融领域人工智能伦理治理标准。这是一件有意义的事情，但仅局限于人工智能方面的评价规范，对于范围更大的金融科技领域评价体系来说是远远不够的。因此，我们建议成立"金融科技伦理委员会"，对金融科技市场创新性和风险点进行伦理评估，纳入金融伦理中进行风险检测和伦理评价，组织金融科技企业风险沟通和广大公众伦理辩论，用社会伦理补充完善金融科技伦理，最后出台的金融创新活动更为社会大众接受和拥护。同时，各级政府、金融机构、互金平台以及科

---

① 肖翔，周钰博，何君荷. 新加坡人工智能金融应用伦理规范及其启示［N］. 金融电子化，2021－06－01.

技企业应立足自身金融科技发展阶段及文化特点，建立符合我国国情的金融科技伦理审查评估制度，在数据收集、存储、使用等环节遵守数据安全法律、伦理道德及相关法律标准，尤其加强对数据采集和算法开发伦理审查，提升数据完整性、规范性和准确性等，避免可能存在的数据采集与算法偏见，努力实现评估制度的公平性和非歧视性。

四、研发、使用中的伦理配套

（一）研发中的伦理事项

金融科技作为最具代表性的颠覆性技术，在给人类社会带来巨大发展红利的同时，其不确定性也带来许多全球性挑战，甚至引发伦理关切。国际社会普遍担心金融科技的误用滥用恐将损害人类的尊严，侵犯人权和基本自由，加剧歧视和偏见，冲击现有法律体系，并对各国政府管理、经济结构、社会民生产生深远影响。

我国始终致力于在人工智能领域构建人类命运共同体，积极倡导"以人为本"和"智能向善"理念，主张各国对伦理问题保持关注，确保金融科技安全、可靠、可控。各级政府、金融机构、互金平台以及科技企业加强金融科技研发的自我约束，重视金融科技伦理与法律基础理论问题研究，将伦理道德融入研发过程中，在算法设计、实现、应用等环节，不断提升透明性、可解释性、可靠性，避免使用可能产生严重消极后果的不成熟技术，确保人工智能始终处于人类控制之下，逐步实现可监督、可预测、可信赖、可追溯。

（二）使用中的伦理配套制度

履行伦理治理主体责任，必须建立健全伦理管理组织架构与配套制度，监督各行各业落实金融伦理治理责任，制定金融科技伦理相关行业标准、指南和自律公约，细化伦理治理的具体要求和操作规程，以标准为支撑、以评估为手段，进一步强化科技伦理治理力度，将一些科技行业公认的底线型伦理要求上升为法制约束，要求金融行业都普遍遵守执行，坚守诚信履约行为准则，切实维护各方合法权益。

五、提升科技伦理审查和监管水平

科技决定奔跑的速度，监管决定奔跑的方向。审查和监管是科技伦理治理的重要环节，金融监管部门、各地方和行业主管部门都要明确监管职责和监管流程，按照职责权限和隶属关系具体负责本地、本系统科技伦理监管工作，健全对金融科技活动全流程伦理监管机制、监督评价机制，对科技伦理违法违规行为严肃查处，依法依规对科技伦理违规行为责任机构、责任人给予责令改正，停止相关金融科技活动，追回资助资金，撤销获得的奖励和荣誉，取消相关从业资格，禁止一定期限内承担或参与财政性资金支持的金融科技活动等处理，弘扬金融向善、违法必究的法律精神。

2021 年 11 月，联合国教科文组织发布《人工智能伦理问题建议书》，明确了问责制。由于人工智能技术本身不应获得法律人格，所以最终责任必须始终由人类承担。这一点原则特别重要。虽然这个文件没有法律约束，但值得我们学习和借鉴。

我国各级政府、金融机构、互金平台以及科技企业应建立并完善金融科技伦理准则、规范及问责机制，明确金融科技相关主体的职责和权利边界，逐步建立科技伦理审查和监管制度，加强金融科技安全评估和管控能力，逐步建立有效的风险预警机制，采取敏捷治理，分类分级管理，不断提升风险管控和处置能力。同时做好创新风险补偿，积极健全创新退出机制，认真落实追责问责。比如，在金融科技产品和服务正常退出或因特殊情况导致非正常退出时，确保用户资金安全、信息安全，实现平稳退出，必须及时告知客户，做好协议解除、资金退还等工作，处理好利益相关方之间的权利义务关系，确保各方依法公平合理分担退出的成本，涉及数据的，按照国家及金融

行业有关制度、标准要求做好数据清理、关联数据回滚或修改、隐私保护等
工作。

六、加快金融科技伦理人才培养

首先，在职业培养方面，强化在职人才培养的伦理导向，搭建宣传交流
平台，向公众普及金融科技伦理知识，引导公众科学对待金融科技发展，推
动公众提升金融科技伦理意识，加强入职伦理培训和职业操守教育，研究制
定企业级科技伦理守则并开展常态化宣贯培训，不断提升从业人员科技伦理
素养，打造德才兼备的金融科技人才队伍。

其次，加大金融科技伦理基础研究，编写适合从业人员特点的金融科技
伦理教材，将金融科技伦理作为高等院校财经类专业的教学内容，研发金融
科技伦理通识教材，增强学生的科技伦理意识，培育更多兼具专业知识和伦
理素养的金融科技人才后备力量，明确嵌入科技伦理要求，构建金融科技伦
理知识体系。

再次，高等学校、科研机构、科技企业要履行科技伦理管理主体责任，
建立常态化工作机制，加强科技伦理日常管理，主动研判、及时化解本单位
科技活动中存在的伦理风险。未来，研究内容涉及科技伦理敏感领域的单位，
可以考虑设立科技伦理（审查）委员会，逐年建立与伦理审查相契合的培训
体系，完善金融科技人才伦理培训机制。比如，鼓励规模较大、技术复杂的
金融机构设立"首席伦理官"，特别在互联网科技企业，普及从业人员伦理
知识，将金融科技伦理培训纳入常态化业务培训，牢固树立向善为民的伦理
意识，将伦理道德作为衡量人才综合素质的"定盘星"，发挥伦理因素在人
才选用育留中的作用，让违背科技伦理要求的行为无所遁形，引导和督促金
融科技企业开展负责任的科技研究与创新活动。

最后，推动设立中国科技伦理学会，发挥科技类社会团体的作用，健全
科技伦理治理社会组织体系，组织动员科技人员主动参与科技伦理治理，加

强与高等学校、科研机构、医疗卫生机构、企业等的合作，开展科技伦理知识宣传普及，提高社会公众科技伦理意识。

七、适度借鉴国外金融科技伦理经验

当前，世界不少国家专门出台了金融科技数据伦理规范，有的国家金融监管部门或国际组织通过发布政策白皮书、行业规划、技术文件等方式，明确金融科技伦理治理的总体原则，包括以人为本、公平包容、公开透明、隐私保护和数据安全、风险防控等。

从全球实践看，金融监管部门一般按照"急用先行、共性先立"的原则，以应用范围广、创新活跃程度高、对生产生活影响深的人工智能技术为切入点，出台人工智能应用（算法）的伦理规范。例如，新加坡金融管理局在这方面开展了有益探索，2019 年 11 月，新加坡金融管理局宣布与金融行业合作创建了 Veritas 框架，旨在帮助金融机构根据 FEAT 原则评估其 AIDA 解决方案。此外，有的国家将一些行业公认的伦理要求从相对柔性的道德约束上升为刚性的监管要求，为成员国提供了相关监管指引。

国外先进经验可以支持我国相关机构、智库、社会团体、科技人员开展本国金融科技伦理探索，细化个人数据利用与隐私保护、个性化推荐算法的规制、AI、基因编辑等科技伦理、机器人的责任等规范条款。但是，所有金融科技研究活动应符合我国本土化科技伦理管理要求，并通过我国科技伦理审查，对其中的一些不适合我国金融市场发展的金融伦理规定、条款或原则，金融监管、行业主管部门应该组织专家对科技伦理进行必要的审查和复核，做到去粗取精、去伪存真和为我所用。

八、抓好金融科技伦理普及宣传

瑞士哲学家戈尔德·莱昂哈德（Gerd Leonhard）曾经告诫读者：当我们日益被科学技术的魔法吸引时，我们以为自己在享受生活，当我们为科技带来的蜜月派对狂欢时，请不要忘了伦理道德的约束。否则，我们要付出明天，乃至以后永远的代价。①

王曙光教授在《金融伦理学》中明确指出，与其他领域相比，金融领域的知识壁垒更高。金融体系的运转具有较高的专业性。如果不经过特别的系统培训，一个人很难掌握如此系统全面的金融知识。因此，在专业人士和普通人之间就形成了一道知识鸿沟。普通投资者和民众很难清楚地了解金融体系的运作模式，特别是各种新兴金融机构和金融产品层出不穷，各种衍生金融工具更是令人眼花缭乱，五花八门的保险产品使保险合同充斥各种令人难以理解的术语。所有这些都使投资者很容易被各种新兴金融产品和繁复的合同条款所误导，作出错误的投资决策，而银行职员、基金经理和保险经纪人正是凭借在知识和信息上的优势来欺骗投资者和投保人。②

如果在金融机构中从业人员缺乏较高的伦理素养，则投资者受骗概率是很高的。所以，我们必须开展面向社会公众的金融科技伦理宣传，推动公众提升金融科技伦理意识，理性对待金融科技伦理问题，鼓励金融机构、科技企业以及互金平台就金融科技伦理问题与金融投资者、金融消费者交流。对存在公众认知差异、可能带来科技伦理挑战的科技活动，相关单位及科技人员应加强科学普及，引导公众正确看待。

同时，加大媒体对金融伦理的宣传作用，鼓励各类学会、协会、研究会等搭建科技伦理宣传交流平台，传播科技伦理知识。通过在金融发展中注入伦理视角，在金融从业人员中广泛渗透金融伦理观念，营造和培育一种积极的金融伦理文化和社会责任意识，提高金融体系和整个经济运行的安全性。

九、提倡包容性和透明化科技设计

金融科技伦理治理的实现，更多需要依靠行业和技术的力量，而非诉诸

---

① ［瑞士］戈尔德·莱昂哈德（Gerd Leonhard）．人机冲突：人类与智能世界如何共处［M］．张尧然，高艳梅，译．北京：机械工业出版社，2019.

② 王曙光．金融伦理学［M］．北京：北京大学出版社，2022.

立法和监管。因为金融科技快速迭代，成文的立法和监管很难跟上技术发展步伐，可能带来适得其反的效果，而行业标准、伦理框架、技术指南等更具弹性的科技治理方式就显得越发重要。正如在隐私和数据保护方面，经由设计的隐私（Privacy by Design，PbD）理念在过去十几年获得了强大的生命力，加密、匿名化、差分隐私等技术机制发挥重要的作用，成为数据保护机制中不可或缺的组成部分。

因此，未来需要通过标准、技术指南、设计准则等方式赋予"经由设计的伦理"理念以生命力，将伦理价值和要求转化为金融科技产品和服务设计中的构成要素，将价值植入技术，提倡包容性设计，建立"容错型"产品交互机制，弥合因智能技术运用困难导致的数字鸿沟问题，自觉主动接受外部监督，强化科技伦理宣贯教育，金融机构、互金平台更好地践行金融科技伦理。

十、秉持守正创新与协同发展

在守正创新方面，坚持金融科技的本质是金融，金融机构应建立健全伦理管理组织架构与制度规范，涉及金融业务的按照相关规定取得金融牌照和资质，划定金融机构与科技公司的合作边界，规范开展经营活动。

在公平竞争方面，平等合理设置平台规则，鼓励科技服务开放互通，严防滥用数据与流量，公平公正使用智能算法，杜绝以"创新"之名突破新型规定，严防利用科技手段从事不法活动。以数据使用为例，对个人数据的收集不能是任意和无限的，必须基于明确的目的且做到最少收集，不能单纯为了金融科技创新而私自窥探和随意收集客户数据，特别是对隐私信息而言，防止金融科技领域产生数据联盟和数据垄断。

在数据处理方面，金融科技产品往往拥有较大的客户群体和海量交易数据，做到数据处理方法安全可靠，设计思路和流程逻辑清晰，系统和程序实现准确无误，避免因为技术不成熟、系统程序漏洞、信息处理偏差导致出现数据信息泄露、系统易被攻击、数据内容被篡改、数据质量无法保证等问题。

在相关方协同治理方面，一方面，需要通过相关方协同参与的方式，让监管机构、学术界、行业、社会公共机构、专家、从业者、公众等都能参与到新技术治理中来，避免决策者和从业者脱节；另一方面，需要增进科研人员和社会公众伦理自觉，对技术发展应用的潜在影响及其防范进行反思和预警性思考，坚持"金融为本，科技为器"原则，划定金融机构与科技公司的合作边界，互促共进，有效隔离金融风险与科技风险。

参考文献

［1］刘小萃．"绿色金融"助推"绿色发展"！广西农信金融活水浇灌八桂秀美山川［J］．中华合作时报农村金融，2020（8）．

［2］石登峰．广西农信社：120 亿资金助推"甜蜜事业"［N］．农产品期货网，2019（12）．

［3］赵耘旎．助力乡村振兴实施　衢州农信推进农村绿色金融"小而美"发展［N］．证券日报，2018－12－02.

［4］鲁政委，汤维祺．协同推进绿色金融与普惠金融发展［J］．银行家，2017（1）．

［5］王文珠．浙江农信十五年华丽嬗变的内在逻辑［J］．中国农村金融，2019（12）．

［6］马连贵．多维度全面风险管理构筑风险控制堡垒［J］．中国农村金融，2018（16）．

［7］陈涛，胡正航．绿色金融支持雾霾防治研究［J］．青海金融，2018（11）．

［8］俞红．论文化哲学与伦理学的关系［J］．理论月刊，2010（8）．

［9］樊浩．中国伦理理念的价值生态及其在文明互动中的意义［J］．中国人民大学学报，2003（6）．

［10］鲁宽民，乔夏阳．诚信建设是市场经济伦理发展的必然诉求［J］．征信，2011（4）．

［11］黄云明．论中国企业家的责任伦理及其信念伦理基础［J］．河北大学学报（哲学社会科学版），2011（4）．

［12］田文富．制度伦理建设中的弱势群体保护与弱势心态矫正［J］．学习论坛，2011（8）．

［13］钟震，董小君．双峰型监管模式的现状、思路和挑战——基于系统重要性金融机构监管视角［J］．宏观经济研究，2013（2）．

［14］孙天琦．金融业行为、风险行为监管与金融消费者保护［J］．金融监管研究，2015（3）．

［15］刘鹏．金融消费权益保护：危机后行为监管的发展与加强［J］．上海金融，2014（4）．

［16］特伦斯·埃尔文．柏拉图的伦理学［M］．陈玮，刘玮，译．北京：译林出版社，2021．

［17］蔡元培．中国伦理学史［M］．长春：吉林出版集团，2017．

［18］陈向阳．金融结构、技术创新与碳排放：兼论绿色金融体系发展［J］．广东社会科学，2020（4）．

［19］常烃，武圣钦．优化乡村振兴路径思考——基于中西方国家乡村发展评价［J］．农业现代化研究，2020，41（6）．

［20］陈志钢，周云逸，樊胜根．全球视角下的乡村振兴思考［J］．农业经济问题，2020（2）．

［21］宁满秀，袁祥州，王林萍，等．乡村振兴：国际经验与中国实践——中国国外农业经济研究会2018年年会暨学术研讨会综述［C］．中国农村经济，2018（12）．

［22］黄少安．改革开放40年中国农村发展战略的阶段性演变及其理论总结［J］．经济研究，2018，53（12）．

［23］吴绪亮．新发展格局下数字经济创新的战略要点［J］．清华管理评论，2021（3）．

［24］梅燕，鹿雨慧，毛丹灵．典型发达国家数字乡村发展模式总结与比较分析［J］．经济社会体制比较，2021（3）．

［25］殷浩栋，霍鹏，汪三贵．农业农村数字化转型：现实表征、影响机理与推进策略［J］．改革，2020（12）．

［26］钟文晶，罗必良，谢琳．数字农业发展的国际经验及其启示［J］．改革，2021（5）．

［27］黄小强．我国互联网消费金融的界定、发展现状及建议［J］．武汉金融，2015（10）．

［28］谢平，邹伟传，刘海二．互联网金融的基础理论［J］．金融研究，2015（8）．

［29］李燕桥，臧旭恒．消费信贷影响我国城镇居民消费行为的作用渠道及检验［J］．经济学动态，2013（1）．

［30］崔海燕．互联网金融对中国居民消费的影响研究［J］．经济问题探索，2016（1）．

［31］刘湖，张家平．互联网是扩大居民消费的新引擎吗？［J］．消费经济，2016（2）．

［32］邢天才，张夕．互联网消费金融对城镇居民消费升级与消费倾向变动的影响［J］．当代经济研究，2019（5）．

［33］吕雁琴，赵斌．数字普惠金融与城乡居民消费差距［J］．金融与经济，2019（12）．

［34］赵保国，盖念．互联网消费金融对国内居民消费结构的影响——基于 VAR 模型的实证研究［J］．中央财经大学学报，2020（3）．

［35］邓峰，贾小琳．高技术产业绿色技术创新的动因：内外部研发与协同创新［J］．生态经济，2021，37（1）．

［36］翟华云，刘易斯．数字金融发展、融资约束与企业绿色创新关系研究［J］．科技进步与对策，2021，38（17）．

［37］葛晓梅，王京芳，薛斌．促进中小企业绿色技术创新的对策研究［J］．科学学与科学技术管理，2005（12）．

［38］郭峰，王靖一，王芳，等．测度中国数字普惠金融发展：指数编制与空间特征［R］．经济学，2020，19（4）．

［39］郭静怡，谢瑞峰．数字普惠金融、融资约束与环境敏感企业投资效率——基于1173家上市企业面板数据［J］．金融理论与实践，2021（9）．

［40］何凌云，梁宵，杨晓蕾，等．绿色信贷能促进环保企业技术创新吗？［J］．金融经济学研究，2019，34（5）．

［41］何宗樾，张勋，万广华．数字金融、数字鸿沟与多维贫困［J］．统计研究，2020，37（10）．

［42］胡滨．数字普惠金融的价值［J］．中国金融，2016（22）．

［43］胡文悦，张晓花．企业环保社会责任对绿色创新的倒逼效应研究［J］．财会通讯，2020（24）．

［44］黄国平．数字金融促进中小微企业发展［J］．中国金融，2021（12）．

［45］黄倩，李政，熊德平．数字普惠金融的减贫效应及其传导机制［J］．改革，2019（11）．

［46］黄益平．数字普惠金融的机会与风险［J］．新金融，2017（8）．

［47］梁榜，张建华．数字普惠金融发展能激励创新吗？——来自中国城市和中小企业的证据［J］．当代经济科学，2019，41（5）．

［48］星焱．普惠金融：一个基本理论框架［J］．国际金融研究，2016（9）．

［49］易行健，周利．数字普惠金融发展是否显著影响了居民消费——

来自中国家庭的微观证据［J］. 金融研究，2018（11）.

［50］詹韵秋. 数字普惠金融对经济增长数量与质量的效应研究——基于省级面板数据的系统 GMM 估计［J］. 征信，2018，36（8）.

［51］张贺，白钦先. 数字普惠金融减小了城乡收入差距吗？——基于中国省级数据的面板门槛回归分析［J］. 经济问题探索，2018（10）.

［52］中国人民银行开封市中心支行课题组. 疫情冲击下小微企业金融纾困效果研究——基于河南省小微企业调查数据［R］. 金融理论与实践，2021（5）.

后 记

　　1987 年，我结束了一年的上海支援农村教育活动，从新浜中学返回原单位上班。重新面对机关生活，天天开会喝茶，没有了农村田野的绿色，清澈的河水，还有可爱的学生，我顿感无聊至极，加上当时我还不想马上和女友结婚，就经常逛新华书店，在那里重新找回了属于自己的一份安静，满足自己读书的爱好。

　　1988 年 4 月中旬的一个周日，我去南京东路新华书店，当年是上海最大的一家国营新华书店，在那里邂逅了大学同学孔繁明。他见我总翻阅法律方面的书籍，就问我是不是要考研。我说有这个想法，但不知道自己应该考哪所学校。孔繁明告诉我说聂明同学已经考上了上海社会科学院，目前正在那里攻读硕士研究生，建议我去找他，也许他能给我一定的帮助。

　　聂明也是我的大学同学，但比我低一个年级。当年在校期间，我们俩经常在一起交流考试和复习的经验，还一起搭乘 51 路公共汽车回家。

　　当时我一听就兴奋起来，感觉这应该是一个机会。孔繁明顺手就撕下一张小纸片，在上面写了聂明的宿舍电话。当时我没有想到，就是这张小小纸片，改变了我今后的人生轨迹。

　　后来，我顺利联系上了老同学聂明，他很支持我报考上海社会科学院，并在同年 6 月一个下午，引荐我结识了当时上海社会科学院研究生部主任吴章法研究员——一个影响我一生的长者。在以后几十年的日子里，吴章法老师一直是我事业上和生活中的良师益友，一直帮助和指导我成长。应该讲，吴章法老师帮助我走进了上海社科院高耸而略显空落落的大厦。在那里，我结识了当时上海法学界一大批法学知名教授和优秀年轻学者——萧开权（已故）、吕继贵、顾肖荣、林喆（已故）、沈国明、徐开墅（已故）、汪纲翔、郑树周（已故）、程辑雍（已故）、董立坤、齐乃宽（已故）、柯葛壮、林荫茂、刘华、苏惠渔（已故）、黄道（已故）、朱华荣（已故）、游伟和曹建明等，他们其中许多人在我日后的学业道路上给予了我至多的关爱和帮助，并成为我人生中的师长和朋友。其中对我人生影响最大的就是吴章法老师。

吴老师一生历经坎坷。1950 年以优异的成绩毕业于复旦大学法律系，分配到共青团上海市委，负责上海市高校学生学习和生活等工作，那年他 23 岁，正值风华正茂的年纪。可是，1956 年反右斗争时，吴老师提出了自己的建议和设想，最后却被撤销其党内外一切职务，打成右派。

当时，吴老师和新婚不久的妻子朱进宝刚结婚 5 年，儿子朱志平还不满 3 岁。迫于政治环境压力，当时的妻子朱进宝选择了离开吴老师。1957 年，吴老师被押解到偏远的上海市青东农场接受劳动改造。在这个鲜为人知的地方，吴老师蒙受冤屈度过了人生最宝贵的 23 年。在第六劳改队里，吴老师几次想到自杀，就在那一刻，千里之外的老母亲似乎太懂儿子倔强的性格，从福清捎来一封家信，并寄来一件白布衬衫。信中告诉儿子："身体发肤受之父母，不可毁伤。做人要像白衬衫一样清白。"

从此，吴老师沉默少语，除了吃饭睡觉就是埋头干活，顽强而艰难地生存下去。记得很多年后的一天，母亲和我邀请吴老师来我家中做客时，吴老师亲口告诉我们这段鲜为人知的劳改经历。吴老师当时说，他一直舍不得穿那件慈母寄来的衬衫，就是那件衬衫陪伴着他在非人的环境中熬过了一个又一个的春夏秋冬。从此以后，吴老师最喜欢穿的就是白衬衫，并把自己的名字改成了"吴章法"，以庆幸自己在那个没有章法的年代还能坚强生存下来，从一个血气方刚的小伙子磨炼成一个成熟的中年男人。

历史不能任意戏弄，岁月必须有章可循。1979年春天，吴老师的冤案彻底得到了昭雪平反。当年还在襁褓中的儿子朱志平看见父亲时，吴老师已是两鬓染霜的中年人。当时，组织最初安排吴老师回原单位，但仅仅过了一年，吴老师毅然决然地选择了同民主法制密切相关的法学研究作为自己追求的新目标。1981年，吴老师调到上海社会科学院法学研究所，担任上海社会科学院法学研究所学术秘书，选择了人民教师作为自己的最后职业。在法学所科研岗位中，吴老师一直爱岗敬业、勤勤恳恳、任劳任怨，推动上海社科院法学科研工作，成就了上海社科系统改革开放以后第一批法学类科研成果。

1983年，吴章法老师升任上海社会科学院研究生部主任，掌管社科院硕士、博士研究生的考试、招生以及毕业分配事务。在以后的十多年中，吴老师主推研究生部扩招扩建，以其独特的个人魅力吸引了一批又一批全国各地年轻人考入上海社科院，为上海乃至全国培养和输送了一大批急需的法学、经济、国际贸易、宗教、历史、文学和哲学领域的人才。开设研究生专属图书馆、外语语音室、乒乓球厅，与此同时，吴老师还在上海社科院创建了上海联合律师事务所第三分所，出任首位主任。不仅为上海社会科学院法学研究所师生提供了一个良好的实习基地，也为上海联合律师事务所培养了一大批优秀律师，为上海输送了一大批年轻的律师和法律工作者，也为当地百姓提供法律支持和援助，深受欢迎。

在上海社科院研究生部岗位上，吴老师循循善诱、呕心沥血、废寝忘食，用亲切的话语去启发学生，悉心培育了一大批博士生、硕士生；用公正无私的关爱，滋润着来自全国各地的莘莘学子；用严谨的行为，影响学生成长道路的前进方向。真是片片丹心为学子，一心一意育英才。吴老师就像蜡烛一样燃烧自己，照亮别人。十年树木，百年树人。吴老师用23年的春秋之笔，书写桃李满天下的辉煌，也为上海社科院研究生教育立下了一座永远的丰碑。

在那几年中，大家看见的总是吴老师宽厚的微笑和积极的生活态度。上海社科院同事们都说，与吴老师共事轻松愉快，信心十足。研究生部学生们都说，与吴老师交往醍醐灌顶，如迎春风。

的确如此。吴老师始终恪守与人为善、以德为首的行为准则。对家庭，他是一位真正负责任的丈夫；作为儿子，吴老师忠孝双全，尽心尽孝；作为父亲，吴老师教子有方，严宽适度，对子女成长倾注了无尽的心血。但是，同学们很少从他儒雅的风度中感觉到他过去的坎坷经历，同时也很难想象他过去的生活艰辛和家庭不幸。

1976 年，经朋友介绍，吴老师与小 8 岁的林杏珍结为夫妇，共同生活。林杏珍老师原先在上海友谊羊毛衫厂工作，后来因为感情不和离异。当时吴老师案件并没有完全平反，林杏珍一直鼓励吴老师积极反映情况，争取早日平反，给了吴老师很大的精神安慰和生活帮助。

当然，两个再婚家庭，子女成为考验这个再生家庭的主要尺码。吴老师十分关照林老师的两个儿子。记得有一次我去上海社科院办公大楼找吴老师，正巧看见吴老师正在给林老师大儿子葛振华同志介绍案子，还把很多司法系统的资源和案件都介绍给了葛振华同志，没有一点保留，没有一点不舍，完全尽到了一个非血缘父亲的责任。这是绝大多数男人做不到的一件事情。如果没有宽容胸怀，没有包容气度，他们不可能在以后的几十年生活中相处得和谐愉快。

在上海社科院教师岗位上，吴老师一干又是 23 年。2002 年正式退休。难怪吴老师总笑着对我说他的一生和 23 有缘，如果身体允许还想再干上 23 年，再为社会培养出更多的有用人才。吴老师就是这样乐观、豁达，眼睛里流露出的永远是对老师的感激、对同事的宽容、对学生的鼓励、对家人的理解。吴老师在平凡的工作岗位上默默地耕耘着、奉献着，为上海社科系统教育事业作出了实实在在的贡献。可以说，吴老师的一生，是为社科教育事业奋斗的一生，是光明磊落的一生。

2003 年，我博士毕业后留在北京工作，时常出差或节假日回上海。只要工作不是太忙，我都要抽空去看望吴老师和林师母。每次，林师母总是亲自下厨招待我，经常烧出的却是一桌福建风味的菜肴。知道我喜欢吃鱼虾，林师母就会提前一天买好活鱼，养在自家厨房，专等我来了以后再烧，让我感受到的不仅是鱼虾之香，更是两位老人对学生的疼爱之心。

2013年4月28日，我回上海过"五一节"，看望吴老师时，发现吴老师家中居然还用老式电视机，心中十分愧疚。当天我就在大宁国际商厦购买了一台"TCL－5300D"42寸彩色电视机送到吴老师家安装，更换了老式笨重的电视机。当吴老师看上了液晶屏电视机时，我心里欢畅无比，但更多的依然是内心愧疚，因为我给予吴老师的实在太少……

2014年春季，吴老师开始尿血。后经过医院检查，确诊是膀胱肿瘤。2014年10月15日，我专程从北京飞到上海，去瑞金医院卢湾分院看望病中的吴老师。躺着病床上的吴老师异常消瘦，两眼凹陷，说话已经很费力了。但吴老师依然示意我坐在床边，用尽气力朝我点了点头，再没有说出一句话。当时，由于林师母身体欠佳，行走不便，吴老师老战友的女儿施礼英阿姨主动承担起照顾吴老师的工作，和朱志平一起在上海华山医院、上海香山中医医院和瑞金医院卢湾分院来回住院、就诊，每日看护病重的吴老师。

2015年1月18日，我从北京飞回上海，参加吴老师的葬礼。追悼大会在上海闸北西宝兴路殡仪馆举行，上海社会科学院叶青副院长代表单位参加了追悼大会。我作为吴老师唯一的学生代表敬献花圈，朱志平、吴春梅、吴博云、施礼英、于涛等亲朋好友三十多人参加了吴老师的告别仪式，我们一起送别吴老师。

遗憾的是，我至今也没能亲赴福建三山陵园祭扫吴老师，一直深感不安。不久前，我专门咨询了在福州发展改革委工作的林文宽同学，知道了三山陵园就在福州西北郊。我们已经约好了，等疫情防控放开后，我会专程去福州，一起去陵园祭奠吴老师。

2017年2月2日，我回沪期间约了朱志平先生，一起赶到共和新路寓所看望了在家休养的林杏珍师母。当时林师母由其弟弟照顾平时的生活起居。当时林师母患有阿尔茨海默症，已经不认识我了。坐在林师母对面的那一刻，我心情十分难过。记得 1988 年我复习考研究生时，林师母还特意烧了葱烤鲫鱼，让吴老师送到我当时浦东新区上南新村住所，鼓励我好好复习，争取明年考试通过。正是吴老师和林师母的关爱，更加激励我努力学习，成为考上硕士研究生重要的精神力量。

1999 年，我当时准备博士研究生考试，但苦于自己的英语基础较差，想在半年之内快速提高英语考试水平，我又求助于吴老师。吴老师当即书信一封，让我拜访深圳大学法学院董立坤院长，请董老师帮助在深圳当地物色一位英语老师。董立坤院长为我推荐了深圳大学外国语学院的蔡国华老师。于是，在深圳复习迎考的 3 个月里，每周两次的单独补课，尤其在英语写作方面有了较快提高。2000 年 3 月 27 日我参加中国人民大学博士研究生入学考试，英语写作题的得分起到了决定性作用，让我以 2 分的微弱优势跨过了当年中国人民大学英语入学考试最低录取分数线。直至今天，我每每回想当时的情景，心里依然涌起一股感激之情。

由于修改《后记》缘故，我有一段时间经常与上海朱志平先生联系。好几次，从电话耳机里传来的声音，仿佛是从遥远的上海传来吴老师当年说话的声音。每次我挂完电话都会愣神半天，一直不相信吴老师已经离开我们多年，真所谓"想见风范空有影，欲闻教诲杳无声"。让我怀念的不仅是吴老师的音容笑貌，更是他诚信为本、平淡做人、谦虚为怀的大师风范。今天，大家热衷于追捧"大师"，其实，真正的大师并不多见。在我看来，人文领域的大师多具有四个特征：师德、胸怀、学识和方法。

先说说师德与胸怀。

人世间，争者比比皆是。晏子说过："凡有血气者，皆有争心。"从这个意义上说，争是一种无法避免的事情。《淮南子》说得更明白："争者，人之本性也。"古往今来，大焉者争国争位，最后血流成河；中焉者争权夺利，最后你死我活；小焉者争强好胜，最后两败俱伤。但是，关键是我们要争什么？传说晚清重臣张之洞评价自己时说："吾平生有三不争：一不与俗人争利，二不与文士争名，三不与无谓争闲气。"张之洞正是有了"三不争"，才使得他内敛平和、清风廉洁，也成就了他日后两江总督、军机大臣，与曾国藩、李鸿章、左宗棠并称"晚清中兴四大名臣"。

可以说，人的一生，"争"是在所难免。只是什么该争，什么不该争，却要细细思量。如果只是一味地争名夺利，搞得六亲不认，争得鸡飞狗跳，抢得众叛亲离，争到最后原本阔大邈远的空间只容得一副自私的心肺。于是，课题争到了，团队散伙了；博导争到了，快乐没有了；基地争到了，集体不见了。

吴老师既有"争"的一面，有一种不畏浮云遮望眼的拼搏精神，义无反顾地追求真理，并教育学生必须坚持真理。同时，对于名利金钱等虚幻之物又有"不争"的一面，对待荣誉、金钱和地位都是虚怀若谷、淡泊名利，成就了科研团队的拥戴和敬重。当时上海社会科学院有很多申报课题，吴老师领衔挂帅，课题完成以后吴老师从来不拿课题经费，全部分配给课题成员，尤其照顾一些生活比较拮据的年轻老师，关照外省市来沪安家创业的科研同事。在今天浮躁涌动的社会里，此种高尚的品德更是难能可贵，体现出吴老师与人为善的高尚情怀。真可谓，水利万物而不争，却以其不争，致天下莫能与之争也。吴老师的不争名不争利，一生为人堂堂正正、平易近人，体现了襟怀坦荡师范道德和不争名利的君子风度，大有只缘身在最高处的超然脱俗境界。

再说说教育和方法。

多年来，吴老师以其丰富的阅历、严谨的治学态度，让我学到许多终身忘怀的学识。吴老师的治学风范不仅是传授法学知识，而且有着一套独特的研究方法和学术风格。吴老师经常走进研究生宿舍，与研究生面对面交流和沟通，询问他们在学习、生活上遇到的问题，帮助外省市研究生解决生活困难。当时我们在校住宿的研究生，无论是上海本地还是外省市的学生，遇见困难都喜欢去找吴老师，而吴老师也不遗余力地帮助我们排忧解难，在欢笑和理解中一起学习进步。

吴老师经常开启学术之窗，从繁忙的研究生行政工作中抽出时间，悉心指导学生如何从复杂社会行为中总结出法学思想的价值。每次指点总使我们茅塞顿开，受益匪浅。吴老师多次鼓励、推荐学生在《政治与法律》《上海法学研究》上发表文章，用自己的学术思想影响社会法制发展。

罗丹（法）曾经说过："真正的大师就是这样的人，他们用自己的眼睛去看别人见过的东西，用最通俗的方式挖掘出深刻的美。"很多次，吴老师为我修改文章、调查报告和硕士论文。吴老师逐字逐句进行修改，那蓝色的一条条横线，删除了许多晦涩难懂的长句，让冗长乏味的文章变得言简意赅；那红色的一段段文字，增添了不少通俗易懂的短语，让艰深难懂的理论问题变得深入浅出、流畅自如。那不拘泥形式的交流，变成一场场坦诚的对话，一杯白水、一支粉笔、一块黑板，记载着吴老师与学生之间的情缘，道义之交，师生之道。

吴章法老师用具体而生动的身体力行浮现在每一位学生记忆中，在研究生培养和教育方法上，独辟蹊径，深入浅出，一直影响着上海社会科学院研究生教育模式。吴章法老师用自己的关爱让每一位学生深切体会到师生情谊的厚重，增强了学生直面困难的勇气和信心。

说到感谢，这点文字是不够的。我现在无法在此以简单的语言概括我的感激之情。是啊，唯有不懈地努力，否则，任何鲜花和赞美都无法代替学生对恩师吴章法老师倾注心血的报答！

今天，我常常想念吴章法老师。每每在我人生至暗的那几个夜晚，吴老师就像星星一样，照耀着我，指引我前进方向。我会立刻坚强起来，不惧困难，勇敢前行，哪怕是步履艰难。本书修改过程中，适逢全国开始新冠肺炎疫情管控措施全面放开。12 月 7 日，我开始突然发烧，怀疑是"中招"了，但不敢相信这么快就到我的身上。好在我只烧了2天，最高也就37.7°，除了咳嗽外，倒也没有其他症状。于是，我索性就躲在家里，全力以赴投入新书的最后修改中。记得当时我用一块冷水毛巾盖在头上，安静地坐在书房里，整个思绪都在方寸之间，一段一段地修改着，倒也忘记了发烧病痛，忘记了北风呼啸下弥漫京城的新冠传染恐惧……

当然，本书的出版还要感谢中国金融出版社肖丽敏主任的大力支持，责任编辑赵晨子女士做了大量艰苦细致的文字整理工作。本书也是她们为我编辑的中国普惠金融系列丛书的第三本了，三年来，她们俩付出了大量的辛勤劳动，在此表示感谢。书中的部分数据、图表借鉴了中国人民大学中国普惠金融研究院助贷课题组研究报告，感谢张亦辰、赖丹妮等研究人员的帮助，我的硕士研究生白雪、丁柳建华、乔浩、徐垚同学帮助寻找资料、制表和勘验数据，一并表示感谢。

同时，还要感谢杜晓山老师为中国普惠金融系列丛书写了《总序》。有着"中国小额信贷之父"美誉的杜老师，对普惠金融领域深耕多年，对网络借贷行业也深有研究。杜老师主张普惠金融应该是可负担、能持续的金融，必须多为小微企业和低收入群体提供可得的金融服务。我深以为然，如果中国的普惠金融不为中国老百姓服务，这样的普惠金融究竟是谁家的金融？又是为什么人提供了"普惠"服务？

今天杜晓山老师、刘勇老师专门拨冗写序，不仅是对北京大学普惠金融与法律监管研究基地的鼓励，更是对我的一种鞭策。

当然，本书得以顺利出版，必须感谢两位资助人。

2022年10月24日，我微信告知北京华联律师事务所谢炳光主任新书出版经费面临缺口，希望得到资助，并表示可以在新书中指名感谢北京华联律师事务所。微信发出后，谢主任一直没有回复，我心想肯定是不愿意资助而采取的冷处理方式吧。第二天中午，谢主任突然打来电话，告诉我他愿意资助，而且婉言谢绝了指名感谢的请求。当时我心里除感激外，还真有点儿不敢相信。不久，谢主任如数打款给我，面对我的再三谢意，谢主任只说了一句"你写书有了资金困难，我应该给上帮助，一起为中国普惠金融作一点小贡献。看见你在学术上有所成就，这是我非常愿意看到的一件事情"。简简单单，平静如水，彰显北京爷们局气，成就了我和谢炳光大律师20年交往的一段佳话，令我感动至今。

另一位资助人是我多年好友周波青老师。认识她还要追溯到1990年春天，当时正在上海师范大学英语系读书的周波青，青春飞扬，意气风发。一晃30年过去了，当得知我的新书出版费用还有一点资金缺口时，周波青老师还专门郑重回复了一封信，信上说："作为多年的好朋友，我愿意资助出版新书！"我看着周老师回信中的文字，不仅深受感动，更受鼓舞，激励我更加努力奋斗。

由于我的学术水平有限，书中存在不妥之处，特别是我国普惠金融发展日新月异，书中涉及的普惠金融创新业务变化较快，部分学术观点只是具备阶段性描述特征，未必能够完全跟上后续互联网金融市场步伐，仅供参考，加之时间仓促，书中难免有所疏漏，欢迎各位业内同人和广大读者批评指正。

顾雷 谨识
2023年1月21日除夕夜写于北京寓所